CLASSIQUES EN POCHE

Collection
dirigée
par
Hélène Monsacré

HOMÈRE

ODYSSÉE

Chants I à VII

Texte établi et traduit par Victor Bérard
Introduction d'Eva Cantarella
Notes de Silvia Milanezi

Sixième tirage

LES BELLES LETTRES

2025

Ce texte et la traduction sont repris du volume correspondant dans la Collection des Universités de France (C.U.F.), toujours disponible avec apparat critique et scientifique. (Homère, Odyssée, Tome I, *13e tirage, 2009)*

95 bd Raspail 75006 Paris.
www.lesbelleslettres.com

Première édition 2001

ISBN : 978-2-251-79957-5
ISSN : 1275-4544

Introduction*

*par Eva Cantarella***

Jusqu'au milieu du siècle dernier, cela ne faisait pas l'ombre d'un doute : les origines de la civilisation grecque remontaient autour de 1000 avant J.-C., à l'époque où les Doriens, population arrivée du Nord, s'étaient installés en terre grecque. Mais nous savons aujourd'hui avec certitude que, dès avant cette date, avait déjà fleuri – et passé – une autre civilisation grecque : celle que l'on appelle traditionnellement, en raison de son centre principal, la civilisation mycénienne, et que depuis quelques années beaucoup nomment, peut-être plus justement, la civilisation « achéenne » (du nom par lequel les poèmes homériques appellent habituellement les Grecs de préférence à Troyens et à Danaens).

* Une version beaucoup plus complète et développée de ce texte figurera dans une étude consacrée à Ithaque, à paraître en février 2002 chez Feltrinelli.

** Professeur de droit grec et de droit romain à l'université de Milan.

La découverte de la civilisation mycénienne

L'histoire mouvementée de la découverte de la civilisation, que je continuerais de qualifier de mycénienne, commence avec les aventures bien connues de Heinrich Schliemann, ce marchand de tapis qui découvrit les ruines de Troie. Autodidacte et dilettante par excellence, Schliemann avait appris le grec tout seul, à cinquante ans, en lisant Homère, et s'était convaincu que les poèmes ne pouvaient raconter des fables : la guerre de Troie avait eu lieu et avait dû laisser des traces.

En 1870, quand il se mit à la recherche de la ville détruite par les Achéens dans la localité d'Hissarlik, dans le nord de l'Anatolie, il fut la risée des antiquisants unanimes : mais Schliemann, son Homère à la main, repéra l'emplacement de la ville de Priam. Même si, en vérité, les lieux qu'il repéra étaient bien antérieurs à l'époque homérique, il avait lancé une recherche qui devait mettre au jour neuf installations successives, révélant ainsi que, dans les lieux identifiés, avait existé une grande cité plusieurs fois détruite et reconstruite. Et les fouilles poursuivies après sa mort ont révélé que la cité homérique était celle que les archéologues désignent aujourd'hui sous le nom de Troie VII A[1].

Encouragé par son incroyable succès, Schliemann commença en 1874 des fouilles à Mycènes, la capitale du royaume d'Agamemnon, et en 1876 découvrit le fameux cercle de tombes dans lesquelles, entre autres trésors, se trouvait un masque funéraire en or (aujour-

1. Les fouilles furent continuées par W. Dörpfeld, assistant de Schliemann à partir de 1882. Après la mort de ce dernier, en 1890, il mena deux autres campagnes dont les résultats furent publiés en 1902 dans le désormais classique *Troia und Ilion*, puis (entre 1932 et 1939) repris par Blegen (cf. C. W. Blegen, *Troy and the Trojans*, Londres, 1963).

d'hui conservé au Musée national d'Athènes), qu'il identifia sans aucune hésitation comme celui d'Agamemnon. Au roi de Grèce, il envoya alors un télégramme fameux pour expliquer qu'il avait vu le visage du roi. De nouveau, les antiquisants ricanèrent. Reste que même si les critiques, et Schliemann lui-même[2], devaient ensuite modérer sa foi en Homère, celle-ci avait porté ses fruits. Et devait en donner d'autres dans les années à venir.

Après avoir vu les découvertes de Schliemann à « Mycènes la riche en or », comme l'appelait justement Homère, Arthur Evans (le deuxième savant dont les vicissitudes marquèrent une étape fondamentale dans la découverte de la civilisation gréco-mycénienne) se convainquit qu'une société qui produisait de semblables joyaux – et dans laquelle existait donc une spécialisation du travail très précise et poussée – devait nécessairement connaître l'écriture. Et alors même qu'à Mycènes n'avait été découverte la moindre trace d'une écriture disparue, c'est animé d'une foi qui ne le cédait en rien à celle de Schliemann qu'il partit pour la Crète : parmi les pierres précieuses dénichées chez des antiquaires d'Athènes se trouvaient des pierres gravées qui, à son avis, provenaient de l'île. Se rendant sur l'île accompagné de John Myres, il retrouva soudain ces pierres, que les femmes du pays portaient pour favoriser l'allaitement et que l'on appelait donc « pierres de lait ».

Les fouilles ne purent cependant commencer à Cnossos qu'en 1900 : au bout d'une semaine seulement, le 30 mars, il découvrit des tablettes d'argile sur lesquelles était gravée une écriture inconnue[3]. Et des

2. Voir M. I. Finley, « La Troie de Schliemann cent ans après », in *Le Monde d'Ulysse*, Paris, Maspero, 1983 ; rééd. Points-Seuil, 1990, p. 199 *sq.*

3. Sur les découvertes d'Evans, voir J. Chadwick, *The Decipherment of Linear B*, Cambridge, 1958 (2ᵉ éd. 1967) ; *Le Déchiffrement du linéaire B. Aux origines de la langue grecque*, trad. P. Ruffel, Paris, Gallimard, 1972, p. 21 *sq.*

découvertes ultérieures montrèrent que plusieurs types d'écriture avaient bel et bien été utilisés sur l'île. À un premier type, remontant à la période la plus ancienne, entre 2000 et 1600 avant J.-C., Evans donna le nom de « hiéroglyphes crétois ». Un deuxième type, dont on peut situer l'apparition autour de 1750, fut découvert sur des tablettes provenant en grande partie de Haghia Triada, près de Phaïstos, et se caractérise par des signes pictographiques ; apparemment une simplification des hiéroglyphes évoqués à l'instant, ici réduits à de simples contours. Evans baptisa cette écriture du nom de « linéaire A ». Le troisième type, découvert d'abord en Crète sur les tablettes de Cnossos, puis dans la Péninsule, en particulier à Pylos, semble être une évolution ultérieure du linéaire A, qui apparaît à une époque dont on continue de débattre et qui disparaît avec la civilisation mycénienne. Ce troisième type d'écriture, de type syllabique, a reçu le nom de « linéaire B ».

En revanche, Evans s'efforça vainement de déchiffrer cette écriture[4]. En 1941, lorsqu'il s'éteignit à l'âge de quatre-vingt-dix ans, il n'avait encore découvert que le système métrique décimal. Mais, d'une certaine façon, c'est par son intermédiaire que l'énigme du linéaire B devait être résolue en une dizaine d'années.

Le déchiffrement du linéaire B

En 1936, Evans avait présenté ses découvertes à un auditoire dans lequel se trouvait, très attentif, un garçon de quatorze ans, Michaël Ventris. Fasciné par le récit

4. L'écriture hiéroglyphique crétoise et le linéaire A n'ont toujours pas été déchiffrés. Dernièrement, cependant, C. Consani et M. Negri ont publié un « Projet de transcription et d'interprétation du linéaire A » : « Progetto di Trascrizione e Interpretazione della Lineare A », in *Testi minoici Trascritti, con interpretazione e Glossario*, CNR Istituto per gli Studi micenei ed egeo-anatolici, Rome, 1999.

d'Evans, le garçon se jura de déchiffrer un jour la mystérieuse écriture. Seize ans après, il annonçait au monde que le linéaire B cachait une langue grecque.

Ainsi, le commencement de l'histoire grecque se trouvait-il reculé de plusieurs siècles. Mais à quelle période exactement remontaient les tablettes écrites en linéaire B ? Sur la foi de la stratigraphie d'Evans, la conclusion s'imposait, apparemment, que les Grecs avaient dominé la Crète au XVe siècle avant notre ère (plus précisément entre 1450 et 1400). Mais L. R. Palmer, en réexaminant les cahiers de fouilles, porta contre Evans une retentissante accusation de forgerie : les tablettes, assurait-il (comme le signalait le journal de fouilles de Duncan Mackenzie, assistant d'Evans), avaient été découvertes à vingt centimètres au-dessus du niveau indiqué par Evans[5]. Il fallait donc les dater de 1250-1200 avant J.-C.

Mais ce qui nous intéresse ici, ce sont les conséquences du déchiffrement du linéaire B sur les études homériques : la civilisation mycénienne était la civilisation grecque. Voilà, au moins, qui était acquis. Et cela obligeait à considérer Homère dans une optique nouvelle : s'il y avait du vrai dans son récit, si le monde qu'il décrivait était réel, ce monde devait être celui de Mycènes (dans lequel, précisément, se déroulaient les événements racontés), non pas le monde très différent, plus pauvre et plus en retard, de siècles réputés obscurs.

Toutefois, la confrontation entre la réalité sociale décrite par Homère et celle qui peu à peu émergeait de la lecture des tablettes mycéniennes ne tarda pas à créer des problèmes. Entre le monde qui se profilait et celui d'Homère, la distance paraissait toujours plus irréductible.

5. Evans avait présenté les résultats des fouilles dans *The Palace of Minos at Cnossos*, Londres, I, 1921 ; II, 1922 ; III, 1930 et IV, 1935. La publication s'était donc achevée de longues années après les découvertes.

Le monde mycénien et le monde homérique

Comme le fit tout de suite valoir Moses Finley, l'Ithaque d'Ulysse n'avait pas grand-chose, sinon rien, à voir avec un royaume mycénien. Le monde homérique, pour commencer, ignore complètement les enregistrements sur lesquels se fondait toute la structure de l'État mycénien. Dans le même sens, Palmer écrivait en 1961 : « Aucun tableau de la civilisation mycénienne fondé sur Homère ne ressemble à l'organisation religieuse du roi-prêtre, qui s'est peu à peu dégagée de la patiente étude des tablettes en "linéaire B[6]". » Et Page confirma à son tour que les tablettes avaient mis en évidence que les poèmes homériques n'avaient pas conservé grand-chose de la réalité mycénienne[7].

Mais les observations les plus éclairantes, à ce propos, sont celles de Jean-Pierre Vernant : « De Mycènes à Homère, écrit-il, le vocabulaire des titres, des grades, des fonctions civiles et militaires, de la tenure du sol, s'effondre à peu près en entier. Les quelques termes qui subsistent, comme *basileus* ou *temenos*, ne conservent plus, l'ancien système détruit, exactement la même valeur. Est-ce à dire qu'il n'y ait entre le monde mycénien et le monde homérique aucune continuité, aucune comparaison possible ? On l'a prétendu. Cependant le tableau d'un petit royaume comme Ithaque, avec son *basileus*, son assemblée, ses nobles turbulents, son *dêmos* silencieux à l'arrière-plan, prolonge et éclaire manifestement certains aspects de la réalité mycénienne. Aspects provinciaux, certes, et qui restent en marge du

6. L. R. PALMER, *Minoici e Micenei*, p. 115.

7. D. L. PAGE, « Il mondo omerico », in *The Greeks*, éd. H. Lloyd-Jones, trad. it. *I Greci*, Milan, 1967, p. 23. Et voir également, contre l'idée qu'Homère représenterait le monde mycénien, J. CHADWICK, « Homère : un menteur ? », *Diogène*, n° 77, 1972, p. 3-18.

palais. Mais, précisément, la disparition de l'*anax* semble avoir laissé subsister côte à côte les deux forces sociales avec lesquelles son pouvoir avait dû composer : d'une part les communautés villageoises, de l'autre une aristocratie guerrière dont les plus hautes familles détiennent également, comme privilège de *genos*, certains monopoles religieux[8]. »

Pour apporter une solution juste au problème Mycènes-Homère, une fois constatées les différences, il ne faut pas oublier (ainsi qu'y insiste Pierre Vidal-Naquet[9], lui aussi tenant de l'idée d'une diversité fondamentale entre les deux mondes) qu'il existe également entre eux beaucoup de continuité, notamment en ce qui concerne la culture matérielle (architecture, peinture et sculpture), mais aussi la mythologie et peut-être les institutions politiques[10]. Le monde d'Ulysse n'est pas mycénien, mais il lui est rattaché par quelque lien de continuité.

De l'oralité à l'écriture : la poésie épique et Homère

Après cette parenthèse historique, revenons aux poèmes envisagés comme poésie orale, « encyclopédie de la Grèce », instrument de la *paideia* archaïque. C'est dans cette optique que nous lirons Homère, en quête de

8. J.-P. Vernant, *Les Origines de la pensée grecque*, Paris, PUF, 1962 ; rééd. « Quadrige », 1988, p. 34-35.

9. P. Vidal-Naquet, « Homère et le monde mycénien », *Annales ESC*, 18, 1963, p. 703 *sq.*

10. Sur la possibilité de repérer certaines lignes de continuité entre le monde mycénien et les institutions politiques homériques, voir G. Pugliese Carratelli, « Dal regno miceneo alla "polis" », in *Atti del convegno internazionale « Dalla tribù allo Stato »*, Accademia dei Lincei, n° 54, Rome, 1962, p. 175 *sq.* (= *Scritti sul mondo antico*, Naples, 1976, p. 135 *sq.*, notamment p. 147 *sq.*), et *Il mondo greco dal II al I millennio*, ainsi que G. Maddoli, « Contributo allo studio delle origini della "polis" », *SMEA*, 12, 1970, p. 757 *sq.*

la société d'Ithaque, de ses structures et de son organisation, de ses moyens de contrôle social de la vie matérielle et spirituelle de ses habitants. Mais avant de nous plonger dans cette lecture, il nous faut affronter un dernier problème : le rapport entre l'épopée orale et ce qui a été rédigé par écrit, et qui nous est parvenu sous le nom d'Homère[11]. Le problème se pose de toute évidence quand on s'interroge sur celui ou ceux qui mirent par écrit les 22 000 vers qui forment l'*Iliade* et l'*Odyssée* (12 109 pour celle-ci), sans nul doute leur grand œuvre. Dans cette entreprise confluèrent des chants que les aèdes et les rhapsodes répétaient de mémoire depuis des siècles, qu'ils marquaient de leur esprit poétique en leur apportant innovations et modifications même si, cela va de soi, il est assez difficile de dire dans quelle mesure. De la même façon, il est difficile de dire dans quelles circonstances exactes s'est faite la rédaction écrite. Pour résoudre ces problèmes – ou, tout au moins, pour essayer d'apporter une solution –, il faut commencer par répondre à la question controversée de l'introduction de l'écriture alphabétique, puis chercher à comprendre quelles furent les étapes de sa diffusion.

En 1953, fut trouvée à Pitecusa (Ischia) une coupe portant une inscription sur trois lignes dans l'alphabet de Chalcis, et généralement datée des années 732-720[12].

11. Dans le langage courant, « poésie épique » et « Homère » ne font qu'un. En un sens, cette identification est exacte, donc recevable. Homère est le nom du poète auquel a été attribuée la rédaction écrite de deux poèmes (ou selon certains, qui pensent à deux auteurs, de l'un d'eux). Rien ne change si l'on considère qu'Homère n'est qu'un nom conventionnel, qui désigne en fait un groupe de personnes (un groupe d'aèdes, comme le pensent certains, les Homérides) auquel il faudrait attribuer le mérite de la rédaction. En tout état de cause, dans cette perspective, Homère et les « poèmes épiques » sont synonymes.

12. P. A. Hansen éd., *Carmina epigraphica greca saeculorum VIII-V a. Chr. n.*, Berlin-New York, 1983, et *id.*, pour un rectificatif, in *Zeitschrift für Papyrologie und Epigraphik*, 58, 1985, p. 234 n.

Composée d'un vers iambique et de deux hexamètres, l'inscription évoque une coupe de Nestor ; or, il est également question d'une coupe de Nestor dans l'*Iliade*[13], composée comme l'*Odyssée* en hexamètres. Il ne saurait donc s'agir que d'une citation de l'*Iliade*. Cela permet de déduire, d'un côté, que l'introduction de l'écriture remonte à quelques années avant ce document et, de l'autre, que vers 735-720, l'*Iliade* était devenue, comme l'écrit J. Latacz, une sorte de best-seller[14].

D'un avis assez proche est R. Janko, suivi par J. Morris[15], pour qui les poèmes auraient trouvé leur forme actuelle avant la composition des œuvres d'Hésiode et des Hymnes homériques, plus précisément entre 750 et 725 pour l'*Iliade* et entre 743 et 713 pour l'*Odyssée*[16]. Mais est-il réellement concevable que, une fois introduite, l'écriture ait été soudain utilisée avec une telle rapidité pour coucher par écrit des œuvres comme l'*Iliade* et l'*Odyssée*[17] ?

Pour certains, et l'hypothèse paraît convaincante, cela eût été très difficile, pour ne pas dire impossible[18]. À cet égard, l'opinion de G. Nagy est particulièrement intéres-

13. *Il.*, IX, 632 *sq.*

14. J. Latacz, *Homer. Der erste Dichter des Abendlands*, Munich et Zürich, 1989. Voir également L. E. Rossi, « I poemi omerici come testimonianza di poesia orale », in coll., *Origini e sviluppo della città*, op. cit., p. 92 *sq.*, avec des indications bibliographiques.

15. I. Morris, « The Use and Abuse of Homer », *Cl. Ant.*, 5, 1986, p. 81-138.

16. R. Janko, *Homer, Hesiod and Hymns. Diachronic Development in Epic Diction*, Cambridge, 1982, p. 228-231.

17. Sur le problème, avec des positions diverses, voir, entre autres, R. Cantarella, « Omero tra formula e poesia », in *Atti del Convegno internazionale su « La poesia epica e la sua formazione », Atti Accademia nazionale dei Lincei, 3670*, Rome, 1970, n° 139, p. 63 *sq.* (en particulier p. 69), et C. Gallavotti, « I documenti Micenei e la poesia contemporanea », *ibid.*, p. 71.

18. L. E. Rossi, *loc. cit.*, p. 93.

sante : selon lui, il serait en substance impossible de proposer une datation exacte[19]. La fixation d'une date précise, explique-t-il, présuppose l'acceptation de la théorie bien connue de la dictée *(dictation theory)* formulée par A. B. Lord[20], et encore récemment reprise, selon laquelle les poèmes, à un certain point, auraient été dictés[21]. Mais cette théorie est difficilement conciliable avec cet autre constat : dès le dernier quart du VIIe siècle, l'*Iliade* et l'*Odyssée* étaient diffusées sur les deux rives de la mer Égée. Compte tenu de la quantité réduite de matériaux écrits, il est difficile de rattacher cette diffusion à une multiplication inimaginable des manuscrits.

À la théorie de la « dictée », mieux vaut donc opposer le modèle « évolutionniste » : le développement de la tradition épique, affirme G. Nagy, ne s'explique qu'en évaluant, à côté des éléments de la composition et de la représentation, celui de la diffusion du texte, qui aurait

19. G. NAGY, « An evolutionary Model for the Text Fixation of homeric Epics », in J. M. FOLEY éd., *Oral Traditional Literature : A Festschrift for Albert Bates Lord*, Columbus, Ohio, 1981, p. 390-393. Mais voir également du même auteur, *The Best of the Achaeans : Concepts of the Hero in Archaic Greek Poetry*, Baltimore, 1979, p. 5-9 (*Le Meilleur des Achéens. La fabrique du héros dans la poésie grecque archaïque*, trad. J. Carlier et N. Loraux, Paris, Seuil, 1994), et *Pindar's Homer, the Lyric Possession of an epic Past*, Baltimore, 1990, p. 8-9, 53-55 et 79-80. Enfin parmi ses travaux plus récents, cf. « An Evolutionary Model for the making of homeric poetry : comparative perspectives », in J. B. CARTER et S. P. MORRIS éd., *The Ages of Homer*, Austin, 1995, p. 163-177, et *Poetry as Performance, Homer and beyond*, Cambridge University Press, 1996 (*La Poésie en acte. Homère et autres chants*, trad. J. Bouffartigue, Paris, Belin, 2000).

20. A. B. LORD, « Homer's Originality : Oral Dictated Texts », *TaphA*, 74, 1953, p. 124-134, repris in A. B. Lord, *Epic Singers and Oral Tradition*, Ithaca, 1991, p. 38-47.

21. Cf. M. L. WEST, « Archaische Heldendichtung : Singen und Schreiben », in W. KULLMANN-M. REICHL éd., *Der Übergang von der Mündlichkeit zur Literatur bei den Griechen*, Tübingen, 1990, p. 33-50.

conduit progressivement l'épopée à un statut toujours plus stable dans ses modèles de recomposition, jusqu'à atteindre une phase « relativement statique », qui a pu durer de la fin du VIIIe au milieu du VIe siècle, date à laquelle les poèmes avaient peut-être atteint un état quasi textuel *(near-textual)* dans le contexte des exécutions *(performances)* des rhapsodes aux Panathénées d'Athènes[22]. Une telle hypothèse s'oppose donc à celle de la « dictée » mais aussi, et plus généralement, à tous ceux qui imaginent la fixation par écrit comme un événement de versification presque *ex abrupto*. Et si, comme je le crois, cette théorie repose sur des assises solides, elle a aussi un intérêt aux fins qui sont ici les nôtres. Dès lors que la forme actuelle des poèmes n'est pas le produit d'un événement que l'on puisse dater avec précision, mais le fruit d'un processus plus fluide, la probabilité s'accroît qu'ils soient non pas le miroir d'une société unique, institutionnellement monolithique, mais une sorte de kaléidoscope associant des scènes de périodes institutionnellement diverses et même éloignées, qui peuvent aller du mycénien jusqu'au milieu du VIe siècle[23].

COMPRENDRE ITHAQUE

Comprendre Ithaque : son organisation sociale, la mentalité de ses habitants, leurs croyances religieuses, leur monde. Fascinant projet, qui n'est pensable qu'à partir d'une conviction : que la société d'Ithaque ait réellement existé. Autrement dit, il faut croire à l'historicité des événements racontés par Homère. Mais peut-on y croire ? Comme Moses Finley, grand connaisseur de la

22. G. NAGY, « An Evolutionary Model », p. 174.

23. Sur l'histoire des poèmes et l'introduction de l'écriture, voir également B. KNOX, *Introduction a Homer, Odyssey*, trad. Robert Fagles, Viking Penguin, 1997, p 5 *sq*.

société d'Ithaque et du monde homérique, l'a observé en son temps, il n'est rien qui ait une dimension historique dans les poèmes. Tout est « intemporel » *(timeless)*, comme dans les fables, tout arrive « une fois pour toutes » *(once upon a time)*. Même les personnages : lorsqu'ils se retrouvent, à vingt années de distance, Ulysse et Pénélope sont les mêmes, au physique comme dans leurs sentiments[24].

Faut-il le préciser : croire en l'historicité du monde d'Ithaque ne veut pas dire croire qu'ait réellement existé un roi nommé Ulysse, que celui-ci avait une femme du nom de Pénélope et un fils qui s'appelait Télémaque. Ce n'est pas non plus croire que la guerre de Troie ait été réellement livrée (la discussion continue de faire rage[25]).

Pour ma part, je crois que les personnages – imaginaires – mis en scène dans les poèmes homériques

24. Cf. M. I. Finley, *The Use and Abuse of History*, Londres, 1975, p. 14-16. Les positions sur le problème du temps chez Homère sont diverses : pour certains exemples, cf. P. Vidal-Naquet, « Temps des dieux et temps des hommes », *Revue de l'histoire des religions*, 1960, p. 55 *sq.*, et « Homère et le monde mycénien », *Annales ESC*, 1963, p. 717 ; A. Setti, « La memoria e il canto », *St. ital. Fil. Class.*, 1958, p. 130-171, et S. Accame, « L'invocazione alle Muse e la verità in Omero e in Esiodo », *Riv. filol. e istruz. class.*, 1963, p. 257-281 et 483-515.

25. La polémique fut lancée lorsque les fouilles de Blegen révélèrent que la Troie VII A des archéologues (identifiable à celle que décrit Homère) avait été détruite par des violences humaines. Mais par qui exactement ? Selon Blegen, par une coalition d'Achéens (Blegen, *Troy and the Trojans*, p. 20). Selon Page, par une guerre qui opposa le royaume d'Assuwa et celui d'Ahhijawa, dans le monde féodal hittite (D. L. Page, *History and the Homeric Iliad*, 1963). Selon M. I. Finley, par des envahisseurs venus du Nord (M. I. Finley, « The Troian War », *JHS*, 84, 1964, p. 1 *sq.*, notamment p. 9, puis M. I. Finley, « La Troie de Schliemann cent ans après », in *Le Monde d'Ulysse*, Paris, Maspero, 1983 ; rééd. Points-Seuil, 1990, p. 199 *sq.*). Le débat est donc demeuré ouvert : à ce propos, voir notamment Bockisch, « Troja. Streit ohne Ende », *Klio*, 57, 1975, p. 261 *sq.*

évoluent dans le cadre d'une guerre qui a réellement eu lieu ; mais on peut croire à l'historicité d'Ithaque même si l'on ne croit pas à celle de cette guerre. Tout dépend, naturellement, du sens que l'on attribue au mot « histoire ». Pour moi, croire en l'historicité de l'épopée homérique veut dire croire que l'*Odyssée*, décrivant la vie d'Ithaque et des personnages qui la peuplent, décrit les linéaments de l'organisation sociale que les Grecs se donnèrent à un moment (à déterminer) de leur histoire. Cela veut dire aussi croire que la poésie épique décrit la culture au sens le plus large : les croyances magiques et religieuses, les règles éthiques et sociales, la mentalité, les valeurs, la psychologie, la façon dont sont vécues les émotions. Dans cette perspective, la poésie épique est donc bien plus importante qu'un document quelconque qui, tout en rapportant des événements d'une historicité indubitable, mais isolés et sélectifs, ne nous fournit pas la totalité des informations que nous transmettent les poèmes homériques. Tout le monde ou presque en convient aujourd'hui. Rares sont ceux, désormais, qui pensent qu'on ne saurait considérer Homère comme un document historique parce que, étant un poète, il évoque des événements projetés dans un passé tellement irréel que, comme disait H.-I. Marrou, « même les bêtes » parlent. Les études qui, dans les dernières décennies, ont mis en lumière les caractéristiques et le rôle de la poésie dans les cultures orales sont pour beaucoup dans ce changement de perspective.

Poésie et communication : la transmission de la culture dans les sociétés orales

Sont qualifiées d'« orales » les sociétés dans lesquelles l'écriture n'existe pas ou dans lesquelles, tout en existant, elle ne remplit pas la fonction d'instrument de transmission de la culture qui demeure l'apanage de la parole. Et tel fut le cas de la Grèce à certains siècles importants de son histoire, précisément dans les longs siècles au cours desquels des générations de poètes – aèdes ou rhapsodes – sillonnèrent la Grèce, régalant leur auditoire d'histoires de dieux et de héros, de monstres et de magiciens, de nymphes et de guerres[26], et au terme de celles-ci de longs retours qui n'en finissent jamais : ainsi de celui d'Ulysse, contraint d'errer sur les mers dix années durant avant de retrouver sa « pierreuse Ithaque[27] ».

26. On entend généralement par « aède » le compositeur et par « rhapsode » l'interprète des chants épiques en accord avec le sens du mot *aoidê* (chant) et avec l'étymologie couramment acceptée de « rhapsode », qui rattache le mot au verbe *rhaptô*, « coudre » (cf. H. FRISK, *Griechisches Etymologisches Wörterbuch*, Heidelberg, 1960-1972, p. 646). Le « rhapsode » serait, au fond, celui qui « coud ensemble » les chants des autres. D'aucuns considèrent cependant que les rhapsodes aussi composaient, tandis que d'autres associent le mot à *rhabdos* (bâton), suivant une étymologie pourtant récusée de nos jours. Cf. A. LESKY, *Storia della letteratura*, I, p. 106 n. 3. Sur ce problème, voir C. O. PAVESE, *Studi sulla tradizione epica rapsodica*, Rome, 1974, p. 14 *sq.* Pour ce qui est des personnalités, du rôle social des aèdes et des rhapsodes ainsi que de l'objet de leur chant, voir notamment W. SCHADEWALDT, « Die Gestalt der homerischen Sängers » (1943), in *Von Homers Welt und Werk*, Stuttgart, 1951, p. 254 ; M. BOWRA, *Homer and his Forerunners* ; A. PAGLIARO, « La terminologia poetica di Omero e le origini dell'epica », *Ricerche linguistiche*, 2, 1951, p. 1 *sq.*, repris sous le titre « Aedi e rapsodi », in *Saggi di Critica semantica*, Messine-Florence 1953, p. 1 *sq.*, et « Origini liriche e formazione agonale dell'epica greca », in *Atti Convegno internaz. su « La poesia epica e la sua formazione »*, p. 31 *sq.*

27. Sur les caractéristiques des cultures orales au niveau institutionnel, voir notamment R. B. TAYLOR, *A Compact Introduction to Cultural Anthropology*, Boston, 1969 ; et, pour une analyse plus approfondie, R. H. LOWIE, « Oral Tradition and History », in *Selected Papers in Anthropology*, Berkeley, 1960. Concernant plus précisément la Grèce, voir E. A. HAVELOCK, *Preface to Plato*, Cambridge, Mass., 1963 ; G. CERRI, « Il passaggio dalla cultura orale alla cultura di comunicazione scritta nell'età di Platone », *Quaderni Urbinati*, 8, 1969, p. 119 *sq.* ; B. GENTILI, « L'interpretazione dei lirici greci arcaici nella dimensione del nostro tempo. Sincronia e diacronia nello studio di una

En racontant ces histoires, ces poètes ne se contentaient pas de divertir leurs auditeurs. Ils transmettaient de génération en génération l'ensemble d'un patrimoine culturel que le public, en les écoutant, apprenait à conserver et à répéter. Ce faisant, il apprenait aussi les valeurs auxquelles il fallait croire et qui devaient inspirer ses actions, quels étaient les modèles physiques et éthiques de réussite qu'il fallait suivre, quels personnages admirer, sur qui modeler ses aspirations et qui il convenait, au contraire, de dénigrer et de tourner en ridicule.

Cette analyse du rôle de la poésie dans les sociétés orales vaut non seulement pour les sociétés entièrement telles, comme la Grèce homérique, mais aussi pour celles qui n'employaient l'écriture qu'à titre exceptionnel ou en partie seulement : ainsi de la société mycénienne, où l'écriture ne servait qu'à enregistrer des opérations comptables ou administratives. On retrouve le même cas de figure dans l'Europe du haut Moyen Âge, où des moines et des clercs écrivaient en latin leurs chroniques, réservées à une minorité de personnes cultivées, tandis que les chanteurs ambulants diffusaient parallèlement, dans la masse illettrée de la population mais aussi parmi les nobles, une culture orale qui avait pour tâche de transmettre les valeurs fondamentales de la société. De même que les aèdes et les rhapsodes, ces chanteurs transmettaient ces valeurs en racontant des gestes héroïques.

---

cultura orale », *ibid.*, p. 7 *sq.* ; J. RUSSO-B. SIMON, « Psicologia omerica e tradizione epica orale », *ibid.*, 12, 1971, p. 40 *sq.* ; M. DURANTE, *Sulla preistoria della tradizione poetica greca* ; ROSSI, *loc. cit.* ; J. P. HOLOKA, « Homer, Oral Poetry and Comparative Literature : Major Trends and Controversies in Twentieth-Century Criticism », in J. LATACZ éd., *Zweihundert Jähre Homer Forschung. Rückblick und Ausblick*, Stuttgart-Leipzig, 1991, p. 456 *sq.*, et l'introduction de R. B. Rutherford à *Homer*, éd. Ian MCAUSLAN et Peter WALCOT, Oxford University Press, 1998.

Dans le midi de la France, en particulier, les troubadours, employant une langue parlée née peu à peu de la rencontre du latin et des langues germaniques dans des pays d'ancienne tradition romaine, divertissaient leur auditoire en racontant les histoires de Roland – l'Orlando des Italiens – mort au cours d'une escarmouche le 15 août 778, lorsque l'arrière-garde de l'armée de Charlemagne s'était laissée surprendre dans une embuscade[28]. Petit à petit, dans les récits colportés de place en place, de château en château, le modeste affrontement avait pris les dimensions d'une guerre, et Roland était devenu ce qu'Achille avait été pour les Grecs : le héros par excellence. Dans la version médiévale, un homme courageux, mais aussi fidèle à son seigneur jusqu'à la mort, un défenseur héroïque de la foi contre les « infidèles » musulmans, auquel s'opposait, comme antihéros, le perfide Ganelon, traître de son seigneur et de sa foi. Le modèle et son antithèse, comme en Grèce, avec Achille, Agamemnon, Ajax et Ulysse (Hector dans le camp des Troyens), opposés à Thersite, rustre et lâche, ou Pâris, le noble mirliflore ; ou encore, du côté des femmes, la vertueuse Pénélope opposée à Clytemnestre, l'adultère assassine.

Toute cette analyse du rapport entre poésie et transmission culturelle est donc complexe et délicate, mais pertinente : avec la prudence de rigueur, on pourrait l'étendre au monde actuel et au moyen de communication que l'on peut considérer, par certains aspects, comme l'équivalent de la poésie épique, la télévision. Autrement dit, les chanteurs épiques étaient les « moyens de communication de masse » de leur temps, à ceci près que, si puissants soient-ils, les médias actuels subissent la concurrence de l'écrit et d'un système éducatif fondé sur l'écriture. À l'opposé, la poésie chantée des Grecs

28. Cf. G. T. Jones, *The Ethos of the Song of Roland*, Baltimore, The Johns Hopkins University Press, 1963.

était, ou a été pendant des siècles, le seul et unique moyen de communication et d'acculturation.

Homère, « éducateur de l'Hellade »

La poésie n'a pas du tout les mêmes caractéristiques dans une culture orale et dans une culture « de l'écriture ». En premier lieu, comme l'observe Platon (*Rép.*, X, 603b), une poésie faite pour l'oreille doit attirer et retenir l'attention par toute une série de moyens tels que le recours à la figuration paratactique ou hypotaxique[29]. Afin de permettre au spectateur d'entrer comme protagoniste dans sa représentation, le poète doit donner vie à un spectacle de type mimétique. Pour représenter les états d'âme, il les décrit comme un rapport entre le dieu et le héros, ou entre le héros et ses organes[30]. Plus intéressante encore est pour nous, peut-être, la question de la fonction sociale de l'épopée, qui n'était pas uniquement récréative. La poésie était aussi l'unique moyen de diffusion et de transmission du savoir, à tous les niveaux – y compris institutionnel, assurent d'aucuns non sans, peut-être, une certaine outrance.

Homère, affirme ainsi Havelock[31], était un moyen d'éducation « institutionnelle », qui ne se bornait pas à transmettre des valeurs et des règles de conduite générales. Il transmettait en outre tout un patrimoine d'informations techniques, qui allaient de la description des règles pour l'arrivée et le départ des navires dans les ports aux principes de la construction d'un radeau ; des

29. Le fait a également été mis en lumière, dans une autre perspective, par Erich AUERBACH, *Mimésis. La représentation de la réalité dans la littérature occidentale*, Paris, Gallimard, 1968, p. 11 *sq.*

30. J. RUSSO-B. SIMON, *loc. cit.*, et B. GENTILI, introduction à E. A. HAVELOCK, *Cultura orale*.

31. *Ibid.*, p. II *sq.* et p. 95 *sq.* ; et sur la thèse de ce dernier, cf. ROSSI, *loc. cit.*, p. 73 *sq.*, et en particulier p. 88-90.

prescriptions pour la célébration des rites nuptiaux aux formules des serments ; des normes pour accomplir des sacrifices à la divinité à celles concernant l'administration de la justice[32]. Dans cette perspective, la fameuse affirmation d'Aristophane suivant laquelle Homère avait reçu « honneur et gloire » en raison de « ses bonnes leçons de tactique, de vertus et d'armements militaires » (*Grenouilles*, 1034-1036) prend tout son relief. Mais il n'est nul besoin de souscrire à cette thèse extrême pour reconnaître en Homère un texte pédagogique d'une importance fondamentale. En tout état de cause, une culture qui ignore les documents écrits ne peut éduquer ni ne peut insuffler un sentiment d'identité collective, sinon à travers la poésie. Et dans une semblable culture, la poésie est sans conteste l'unique source de connaissance. À la lumière de tout cela, on peut bien reconnaître à Homère le rôle que lui reconnaissait déjà Giovanbattista Vico, celui de « premier historien de tout le monde païen qui nous soit parvenu[33] ».

La culture homérique : l'éthique du succès et la « vengeance glorieuse »

L'éducation à ces valeurs – que l'on peut résumer, selon Werner Jaeger, au concept d'*aretê*[34] – se faisait donc à travers la poésie. C'était la poésie qui enseignait

32. Voici quelques exemples parmi bien d'autres : le radeau construit par Ulysse pour quitter l'île de Calypso (*Od.*, V, 233-266) ; le sacrifice qu'offrit Nestor à Athéna (*Od.*, III, 425-446) ; la description des rites d'hospitalité (par exemple, *Od.*, III, 31 *sq.* ; IV, 26 *sq.*, et VII, 159 *sq.*) ; les règles en matière de partage du butin (*Il.*, I, 123-126).

33. G. B. Vico, *La scienza nuova, libro III (Della discoverta del vero Omero), II, 2, XXV*, in *Tutte le opere*, Milan, 1957, p. 438 ; *La Science nouvelle*, trad. A. Pons, Paris, Fayard, 2001, p. 430.

34. Cf. W. Jaeger, *Paideia. La formation de l'homme grec*, Paris, Gallimard, 1964.

et répétait inlassablement les qualités qui faisaient d'un homme un *agathos*, un homme fort et noble, et apprenait à mépriser qui ne possédait pas ces qualités. C'était la poésie qui incitait à « être le meilleur toujours, [à] surpasser tous les autres », suivant la recommandation de Pélée à son fils Achille (*Il.*, XI, 784) ou du roi de Lycie Hippoloque à son fils Glaucos (*Il.*, VI, 208).

Mais que voulait dire exactement « être le meilleur toujours » ? Dans quel horizon culturel, dans quel contexte social, s'inscrivaient ces vertus ? De toute évidence, le monde homérique était très différent du monde actuel. C'était un monde dans lequel des valeurs comme la collaboration, la piété et la justice n'avaient pas encore fait leur apparition. Un monde violent dans lequel qui voulait être un héros ne devait pas tolérer les offenses. Le moindre outrage portait atteinte à la *timê*, autrement dit à l'honneur, à la considération sociale de la victime. En conséquence, qui avait souffert dans son honneur devait restaurer sa *timê* en se vengeant. C'est à cette condition seulement qu'il montrait qu'il était plus fort que l'offenseur (être le plus fort étant la vertu socialement la plus prisée). Et l'épopée ne se lassait jamais d'inciter à la vengeance.

Les exemples sont innombrables. Dans le chant III de l'*Odyssée*, Télémaque est à Pylos, à la cour de Nestor. Apprenant les abus des prétendants de Pénélope, qui installés dans le palais royal dévorent les biens d'Ulysse, Nestor l'exhorte à ne pas s'en laisser imposer. Souviens-toi d'Oreste, lui dit-il, qui en tuant Égisthe vengea l'assassinat de son père Agamemnon. Il ne saurait faire moins : « Sois vaillant pour qu'un jour quelque arrière-neveu parle aussi bien de toi ! » (*Od.*, III, 200). Au demeurant, Télémaque avait déjà reçu la même exhortation de la part d'Athéna (*Od.*, I, 298-300) : « Écoute le renom que, chez tous les humains, eut le divin Oreste, du jour que, filial vengeur, il eut tué ce cauteleux Égisthe qui lui avait tué le plus noble des pères ! »

Ainsi lui avait parlé la déesse : ce n'est qu'en trucidant les prétendants de sa mère, qui dilapidaient ses biens et offensaient son honneur, que Télémaque aurait mérité la gloire. Telles étaient les vertus nécessaires pour jouir de la considération générale, les vertus pour vaincre et écraser ses adversaires[35]. Il n'est de personnage qui ne se vante, d'abord et avant tout, de sa force physique *(biê)*. Celle-ci était, au fond, la première vertu de l'*agathos :* c'est à la force que celui-ci devait, en définitive, sa *timê* et, en conséquence, son *statut social.* Mais la force ne suffisait pas : il lui fallait aussi posséder le courage et ne pas craindre la mort. La seule chose dont il devait avoir peur, c'était la mort sans honneur, loin du champ de bataille : et l'*epos* répétait inlassablement cet enseignement, à ceux qui devaient tomber à la guerre, mais aussi aux femmes qui ne devraient pleurer que les morts tombés sans gloire. Quand Pénélope – érigée en modèle impérissable et angoissant de vertu féminine – se tourmente en pensant que son fils Télémaque pourrait se faire occire par ceux qui lui font une cour pressante, elle ne se désole pas, comme le ferait une mère moderne, de ne plus jamais le voir, de voir sa

35. Sur le thème des valeurs homériques, cf. d'abord W. JAEGER, *op. cit.*, puis G. WALLACE, *The Homeric Conception of Human Excellence*, Berkeley, 1921 ; L. A. POST, « The Moral Pattern in Homer », *TAPhA*, 70, 1939, p. 174 *sq.* ; A. W. H. ADKINS, « "Honour" and "Punishment" in the Homeric Poems », *BICS*, 7, 1960, p. 23 *sq.*; *La morale dei Greci, op. cit.* ; « "Friendship " and " Self-Sufficiency " in Homer and Aristotle », *C.Q., n.s.*, 12, 1963, p. 30 *sq.*; « Homeric Gods and the Values of Homeric Society » ; « Art, Belief and Values in the Later Books of the Iliad », *Class. Phil.*, 70, 1975, p. 239 *sq.* Sans être spécifiquement consacrées à Homère, les recherches sur la « morale populaire » grecque n'en sont pas moins d'une importance fondamentale : voir en particulier L. PEARSON, *Popular Ethics in Ancient Greece*, Stanford, 1962, et K. J. DOVER, *Greek Popular Morality in the Time of Plato and Aristotle*, Londres, 1974.

jeune vie fauchée prématurément. Ce qu'elle craint, c'est qu'il meure « sans gloire » (*Od.*, IV, 728).

Et ce n'est pas tout. L'*agathos* devait s'affirmer non seulement dans la guerre, mais aussi dans la vie de la cité : il devait savoir convaincre ses concitoyens, faire accepter ses propositions, imposer ses opinions. Il devait donc posséder une autre vertu, la parole, et être un bon orateur[36]. À Ulysse, qui n'est pas par hasard le meilleur des mortels « en calculs et discours » (*Od.*, XIII, 297-298), Euryale rapporte, sur la terre des Phéaciens, que lorsque un dieu couronne de beauté les discours d'un homme « il charme tous les yeux : sa parole assurée, sa réserve polie le marquent dans la foule ; quand il va par les rues, c'est un dieu qu'on admire » (*Od.*, VIII, 170-173)[37].

Et, pour finir, l'*agathos* est inévitablement beau. Suivant un modèle qui restera dans le monde grec, la beauté était liée à la vaillance dans le binôme indissociable du *kaloskagathos*, « beau et valeureux[38] ». Et de même que le héros était beau, le lâche était laid, répugnant à voir et physiquement ridicule. Ainsi de Thersite, « l'homme le plus laid qui soit venu sous Ilion. Bancroche et boiteux d'un pied, il a de plus les épaules voûtées, ramassées en dedans. Sur son crâne pointu

36. En voici quelques exemples parmi bien d'autres : Phénix, chargé de l'éducation d'Achille, avait fait de lui « un bon diseur d'avis, un bon faiseur d'exploits » (*Il.*, IX, 443) ; Thoas, fils d'Andrémon, est loué parce que, « à l'assemblée, peu d'Achéens sur lui l'emportent, quand les jeunes guerriers discutent des avis » (*Il.*, XV, 283-284).

37. Voir également *Il.*, XVI, 626-632, où Patrocle gourmande Mérion, qui se laisse aller à d'inutiles vanteries en pleine bataille : « Les bras décident à la guerre, comme les paroles au Conseil. Ce qu'il faut, ce n'est pas entasser des mots, c'est se battre. » Le héros doit savoir parler, mais aussi faire bon usage de cette qualité au moment opportun.

38. Sur l'expression *kaloskagathos*, voir notamment DOVER, *op. cit.*

s'étale un poil rare. Il fait horreur [...] » (*Il.*, II, 216-220).

Mais la beauté et la force ne devaient pas se séparer : la beauté devait être le visage de la bravoure. D'où l'inutilité de la beauté de Pâris : les Achéens, dit Hector en parlant de son frère beau mais lâche, « se figuraient tel champion comme un preux, à voir la beauté sur ses membres, alors qu'au fond de lui il n'est ni force ni vaillance » (*Il.*, III, 44-45). Faute de s'accompagner de vaillance, la beauté de Pâris devient une tare : il n'est que « bellâtre, coureur de femmes et suborneur » (*Il.*, III, 39). Ainsi l'apostrophe Hector à plusieurs reprises : d'autant plus méprisable que, étant beau, il donne le change, laissant croire qu'il est un héros. C'est sa beauté trompeuse qui a séduit Hélène, qui l'a amenée à abandonner sa patrie et sa famille pour le suivre à Troie. Et quand, à l'épreuve de la guerre qu'il a pourtant lui-même déclenchée, Pâris se révèle timoré, Hélène déplore, inconsolée, de n'avoir point à ses côtés un « brave, capable de sentir la révolte, les affronts répétés des hommes » (*Il.*, VI, 351-353). Bref, qui ne sait se venger est indigne de l'amour d'une femme.

Telles sont donc les qualités culturellement prisées et socialement récompensées dans le monde homérique : des qualités, des vertus différentes de celles qui aujourd'hui permettent d'acquérir et de conserver l'estime générale. Des vertus pour vaincre et pour écraser, et qui permettent de comprendre le comportement, autrement souvent surprenant, des héros homériques.

Anthropologie des héros

Des fleuves d'encre ont été versés pour essayer de comprendre la nature des héros homériques : leurs caractéristiques, à l'évidence, ne correspondent aucunement à celles d'autres héros, non moins dignes de ce nom. Achille et Jeanne d'Arc, pour se contenter d'un exemple, n'ont pas grand-chose en commun. Et que dire de Gilgamesh, de Robin des Bois ou du roi Arthur ? Pendant un temps, le modèle des héros a eu tendance à être transculturel, immuable, insensible au cours de l'histoire. Ainsi en allait-il, typiquement, des trop célèbres « Héros » de Thomas Carlyle. Aujourd'hui, cependant, il est acquis que le modèle héroïque change au fil du temps et d'une culture à l'autre, de même que l'attitude de la société face à l'héroïsme.

Dans le monde antique, le mythe associait le nom du héros à des actes de fondations de cités ; on lui consacrait des épopées et des chants ; les citoyens devaient s'inspirer de sa conduite s'ils voulaient mériter estime et honneur. Dans le monde moderne, en particulier dans le monde actuel, l'idéal héroïque semble avoir perdu son charme et sa fonction d'autrefois. Pour employer un mot à la mode (et à ce titre heureusement voué à un rapide déclin), on a pu dire que l'idéal héroïque avait été « déconstruit[39] ». Il est permis d'en douter. Il semble plutôt avoir été disloqué, des suites – inévitables – d'une mutation radicale des valeurs. Mais laissons l'analyse de l'héroïsme actuel aux personnes compétentes en la matière – les sociologues, les critiques littéraires et les philosophes – pour en revenir à nos héros homériques.

Ils sont différents, très différents, à leur tour des héros modernes mais aussi de ceux de la Grèce classique : de Léonidas, par exemple, qui en 480 avant J.-C., avec ses trois cents soldats spartiates parvint à bloquer trois jours durant l'immense armée des Perses au défilé des Thermopyles ; finalement encerclé, il refusa de se rendre, préférant sacrifier sa vie et se tailler ainsi une place dans la légende[40].

39. À ce propos, mais en termes problématiques, cf. L. DION éd., *Le Paradoxe du héros, ou d'Homère à Malraux*, Paris, De Boccard, 1999.

40. Sur le modèle grec des héros, voir l'ouvrage désormais classique de K. KERENY, *The Heroes of the Greeks*, trad. H. J. Rose, New

Le héros classique – comme Léonidas, précisément – sacrifie sa vie pour sa patrie, meurt pour le bien commun, fait passer l'intérêt de sa cité (ou du monde grec tout entier, dans le cas de Léonidas) avant son intérêt personnel, avant ses affections et sa vie même. C'est là une chose qui ne serait jamais venue à l'idée du héros homérique : pour lui, seul comptait son intérêt spécifique, privé, assez souvent brutalement égoïste. Si je ne crois pas que l'on puisse dire que le héros homérique était foncièrement asocial[41], il est vrai que, fondamentalement, il n'acceptait de mourir pour la Grèce que dans la mesure où, par là même, sa gloire rejaillirait sur les siens. En somme, le héros homérique mourait pour lui, afin que son nom ne fût pas oublié.

Voyage et condition humaine

Selon une interprétation si connue qu'elle ne mérite pas qu'on s'y attarde, Ithaque est la fin d'un voyage, d'une expérience à travers laquelle le héros mûrit, se forme à la douleur et, ce faisant, se transforme. Son objectif est de permettre, au prix de fatigues et de souffrances infinies, de se réapproprier son individualité, de prendre conscience de la condition humaine ; le voyageur, tout en en connaissant les coûts, décide d'accepter les limites de sa nature, affirmant par la même occasion

York, Thames and Hudson, 1978. Sur les différences entre le héros homérique et le héros grec ultérieur, voir maintenant D. A. Miller, *The Epic Hero,* Baltimore et Londres, The Johns Hopkins University Press, 2000, p. 4 *sq.*

41. *Ibid.*, p. 5. En vérité, il ne s'agit pas d'asocialité, mais d'une socialité différente, nourrie d'une éthique sociale compétitive qui empêchait les héros de cultiver l'esprit de collaboration que l'on tient aujourd'hui pour la seule forme de comportement social.

l'autonomie de sa conscience et la liberté de se déterminer[42].

Pourtant, il faut le dire d'emblée, Ithaque n'est pas une métaphore. C'est un lieu réel, une petite communauté grecque qui se donne les structures fondamentales de ce qu'on appellera une organisation politique. Mieux encore, elle est le prototype de l'une des nombreuses communautés de ce type ayant réellement existé en terre grecque au plus tard au VIIIe siècle avant J.-C. Une cité avec ses habitants, ses maisons, son port, ses navires, avec son roi *(basileus)* – et avec son *agora*, où se réunissait l'assemblée du peuple. Le prototype, au fond, d'une communauté qui s'apprête à devenir une *polis*, l'organisation politique dont Athènes restera le modèle inégalé, ou tout au moins le mieux connu, et dont Ithaque présente déjà à l'état embryonnaire tous les éléments caractéristiques.

Autrement dit, il faut se garder de voir l'*Odyssée* comme un *Bildungsroman*, un « roman d'apprentissage ». À juste raison, elle demeure le territoire des lettrés et des philosophes. Toutefois, il ne faut pas y voir non plus, suivant une autre interprétation chère aux lettrés, la répétition d'épisodes qui racontent toujours, sans fin, la même expérience du protagoniste[43].

Il est incontestable que les aventures d'Ulysse ne s'achèvent pas avec son retour à Ithaque. Ulysse lui-même le dit dans l'*Odyssée*. Enfin de retour sur son île,

42. La littérature consacrée à cette valeur symbolique du voyage est immense. Voir entre autres, par-delà les différences spécifiques, W. B. STANFORD, *The Ulysses Theme*, Oxford, Blackwell, 1954, et plus récemment Ann BERGREN, « Allegorizing Winged Words : Similes and Symbolization in Odyssey V », *CW*, 74, 1980, p. 109 *sq.*

43. Sur ce second type de lecture, voir P. PUCCI, *Ulysse Polutropos. Lectures intertextuelles de l'*Iliade *et de l'*Odyssée, trad. J. Routier-Pucci, Lille, Presses Universitaires du Septentrion, 1995, p. 30 *sq.*

après avoir trucidé les prétendants de sa femme et châtié les subalternes qui l'avaient trahi (Mélanthios, le chevrier, les cinquante servantes infidèles), Ulysse s'apprête à jouir avec sa femme d'un « doux sommeil », qu'ils ont amplement mérité, lui et la pauvre Pénélope qui s'est montrée si patiente. Mais avant de se l'accorder, il croit devoir prévenir sa femme qu'il ne restera à Ithaque que quelque temps : dans l'Hadès, le devin Tirésias lui a prédit que ses épreuves ne se termineraient pas avec le retour dans la patrie (*Od.*, XI, 119-137), et la vertueuse Pénélope se garde bien de récriminer : je serai toujours ici à t'attendre, dit-elle au mari, dans le lit qui sera toujours prêt pour toi, chaque fois que « tu le voudras dans ton cœur ».

Il y a cependant une question, une seule, que Pénélope veut lui poser : quel sera le but du prochain voyage ? Et Ulysse lui fait part de la prophétie de Tirésias (*Od.*, XXIII, 267-272), suivant laquelle il devra naviguer jusqu'à ce qu'il « arrive chez les gens qui ignorent la mer et, vivant sans jamais saler leurs aliments, n'aient pas vu de vaisseaux aux joues de vermillon, ni de rames polies, ces ailes des navires ! ».

Une autre Odyssée l'attend, sur les détails de laquelle nous ne savons pourtant pas grand-chose. Chez Homère, selon la prophétie de Tirésias, il voyagera en portant une rame à l'épaule, jusqu'au jour où un autre voyageur lui fera remarquer qu'il porte sur l'épaule un van, une pelle à grains : autrement dit, jusqu'au jour où il rencontrera des gens qui ignorent la navigation. C'est alors seulement, après avoir planté sa rame en terre et avoir sacrifié à Poséidon, qu'Ulysse pourra enfin rentrer chez lui et y demeurer en attendant que « la plus douce des morts me viendra de la mer ; je ne succomberai qu'à l'heureuse vieillesse, ayant autour de moi des peuples fortunés » (*Od.*, XIII, 267-285).

Traduit de l'italien par Pierre-Emmanuel Dauzat

ODYSSÉE

Chants I – VII

⟨ΕΠΙΚΛΗΣΙΣ⟩

Ἄνδρα μοι ἔννεπε, Μοῦσα, πολύτροπον, ὃς μάλα πολλὰ
πλάγχθη, ἐπεὶ Τροίης ἱερὸν πτολίεθρον ἔπερσε,
πολλῶν δ' ἀνθρώπων ἴδεν ἄστεα καὶ νόον ἔγνω·
πολλὰ δ' ὅ γ' ἐν πόντῳ πάθεν ἄλγεα ὃν κατὰ θυμόν,
ἀρνύμενος ἥν τε ψυχὴν καὶ νόστον ἑταίρων,
ἀλλ' οὐδ' ὣς ἑτάρους ἐρρύσατο ἱέμενός περ·
αὐτῶν γὰρ σφετέρῃσιν ἀτασθαλίῃσιν ὄλοντο,
νήπιοι, οἳ κατὰ βοῦς Ὑπερίονος Ἠελίοιο
ἤσθιον· αὐτὰρ ὁ τοῖσιν ἀφείλετο νόστιμον ἦμαρ.
Τῶν ἁμόθεν γε, θεά, θύγατερ Διός, εἰπὲ καὶ ἡμῖν.

1 Sur *andra*, « l'homme », comme premier mot de l'*Odyssée*, cf. Kahane, 1992, 115-131.

2. En grec *polutropos*. Il s'agit d'Ulysse dont le nom apparaîtra seulement au v. 21. Si cette épithète souligne la ruse sans égale qui lui permet de se tirer toujours d'affaire, elle pointe également les difficultés qui marquèrent son retour plein d'embûches. Le héros, en effet, a fait beaucoup de détours avant de trouver le chemin d'Ithaque. Sur la question, voir, particulièrement, P. Pucci, 1995, 31-33 ; Gigante, 1994, 209-230.

3. L'inspiratrice du chant. En tant que filles de Zeus et de Mémoire, *Mnémosyne*, les Muses connaissent « ce qui est, ce qui fut et ce qui sera » (Hésiode, *Théogonie*, 38), et de ce fait elles dictent le chant à l'aède. Dans l'épopée, l'aède est le véhicule de la parole poétique, il est uniquement un *performer*, et non pas un créateur : c'est

INVOCATION

(CHANT I.) C'est l'Homme[1] aux mille tours[2], Muse[3], qu'il faut me dire, Celui qui tant erra quand, de Troade, il eut pillé la ville sainte, Celui qui visita les cités de tant d'hommes et connut leur esprit, Celui qui, sur les mers, passa par tant d'angoisses, en luttant pour survivre et ramener ses gens[4]. Hélas : même à ce prix, tout son désir ne peut sauver son équipage : ils ne durent la mort qu'à leur propre sottise, ces fous qui, du Soleil, avaient mangé les bœufs[5] ; c'est lui, le Fils d'En Haut[6], qui raya de leur vie la journée du retour.

Viens, ô fille de Zeus, nous dire, à nous aussi, quelqu'un de ces exploits[7].

la Muse qui dicte les chants qui donnent du plaisir aux mortels. Celui qui ose se passer de cette inspiration, comme Tamyris (*Il.*, II, 594-600), est sévèrement puni. Sur les rapports entre l'aède et la Muse, cf. Ford, 1992 ; Gigante, 1993, 11-28 ; Floyd, 1991, 70-72.

4. La magnanimité d'Ulysse, toujours soucieux du bien-être de ses compagnons, sera souvent soulignée par la suite. Sur l'amitié dans le monde homérique et les engagements qu'elle comporte, voir Kakridis, 1963, particulièrement 51 sq.

5. Pour cet épisode, voir XII, 341 sq.

6. En grec, *Hypérion* est l'épithète d'Hélios, le Soleil. Sur ce dieu, voir Burkert, 1985, 175.

7. Le poète invite la Muse à opérer un choix parmi tous les chants qui circulaient en Grèce sur Ulysse. C'est pour cette raison que le poème débute *in medias res*, le poète démontrant ses capacités à mener de front les récits du présent et des *flash-backs* riches en aventures.

ΘΕΩΝ ΑΓΟΡΑ

Ἔνθ' ἄλλοι μὲν πάντες, ὅσοι φύγον αἰπὺν ὄλεθρον,
οἴκοι ἔσαν, πόλεμόν τε πεφευγότες ἠδὲ θάλασσαν·
τὸν δ' οἶον νόστου κεχρημένον ἠδὲ γυναικὸς
νύμφη πότνι' ἔρυκε Καλυψώ, δῖα θεάων,
ἐν σπέεσι γλαφυροῖσι, λιλαιομένη πόσιν εἶναι.
Ἀλλ' ὅτε δὴ ἔτος ἦλθε περιπλομένων ἐνιαυτῶν,
τῷ οἱ ἐπεκλώσαντο θεοὶ οἶκον δὲ νέεσθαι
εἰς Ἰθάκην, οὐδ' ἔνθα πεφυγμένος ἦεν ἀέθλων,
καὶ μετὰ οἷσι φίλοισι· θεοὶ δ' ἐλέαιρον ἅπαντες
νόσφι Ποσειδάωνος· ὁ δ' ἀσπερχὲς μενέαινεν
ἀντιθέῳ Ὀδυσῆι πάρος ἣν γαῖαν ἱκέσθαι.
Ἀλλ' ὁ μὲν Αἰθίοπας μετεκίαθε τηλόθ' ἐόντας,
Αἰθίοπας, τοὶ διχθὰ δεδαίαται, ἔσχατοι ἀνδρῶν,
οἱ μὲν δυσομένου Ὑπερίονος, οἱ δ' ἀνιόντος,
ἀντιόων ταύρων τε καὶ ἀρνειῶν ἑκατόμβης·
ἔνθ' ὅ γε τέρπετο δαιτὶ παρήμενος· οἱ δὲ δὴ ἄλλοι
Ζηνὸς ἐνὶ μεγάροισιν Ὀλυμπίου ἁθρόοι ἦσαν·
τοῖσι δὲ μύθων ἦρχε Πατὴρ ἀνδρῶν τε θεῶν τε·
μνήσατο γὰρ κατὰ θυμὸν ἀμύμονος Αἰγίσθοιο

8. Ce nom est forgé à partir du verbe *kaluptô*, « je cache ». Fille d'Atlas, la nymphe Calypso vit sur l'île d'Ogygie que les Anciens associaient soit à Ogilos entre le Péloponnèse et la Crète, soit aux îles dans les parages de Crotone et du cap Lacinion (actuel cap Colonne). Sur ce point, voir Ballabriga, 1998, 172-187.

9. Sur la rancune du dieu à son égard, cf. particulièrement v. 68 sq. et le chant IX, 282-296, où l'aède raconte la visite d'Ulysse au fils de Poséidon, le cyclope Polyphème.

10. Voir V, 282 sq.

L'ASSEMBLÉE DES DIEUX

Ils étaient au logis, tous les autres héros, tous ceux qui, de la mort, avaient sauvé leurs têtes : ils avaient réchappé de la guerre et des flots. Il ne restait que lui à toujours désirer le retour et sa femme, car une nymphe auguste le retenait captif au creux de ses cavernes, Calypso[8], qui brûlait, cette toute divine, de l'avoir pour époux.

Même quand vint l'année du cycle révolu, où les dieux lui filaient le retour au logis, même dans son Ithaque et dans les bras des siens, il n'allait pas trouver la fin de ses épreuves. Tous les dieux le plaignaient, sauf un seul, Posidon[9], dont la haine traquait cet Ulysse[10] divin jusqu'à son arrivée à la terre natale.

Or le dieu s'en alla chez les Nègres[11] lointains, les Nègres répartis au bout du genre humain, dans leur double domaine, les uns vers le couchant, les autres vers l'aurore[12] : devant leur hécatombe de taureaux et d'agneaux, il vivait dans la joie, installé au festin. Mais tous les autres dieux tenaient leur assemblée dans le manoir de Zeus : devant eux, le seigneur de l'Olympe venait de prendre la parole. Or le Père des dieux et des hommes pensait à l'éminent Égisthe[13], immolé par

11. Soit les Éthiopiens, ou littéralement les « visages brûlés » par le soleil. Selon Ballabriga, 1998, 77-78, ces Éthiopiens orientaux seraient une projection mythique des Nubiens du sud de l'Égypte.

12. Pour les Grecs, les Éthiopiens étaient un peuple bienheureux. Très pieux, ils fréquentaient les dieux dans des festins et des banquets. Sur ce peuple, cf. Gernet, 1933 = 1976, 139-153, et plus récemment Mac Lachlan, 1992, 15-33.

13. Fils de Thyeste, Égisthe est le cousin d'Agamemnon. Il deviendra l'amant de Clytemnestre, épouse du chef des Achéens, et le tuera alors qu'il rentre en vainqueur dans sa patrie. Selon West, *ad loc.*, il serait préférable de traduire *amumonos* par « éminent » ou « astucieux » plutôt que par « irréprochable ». Voir aussi Parry, 1973.

τὸν ῥ' Ἀγαμεμνονίδης τηλεκλυτὸς ἔκταν' Ὀρέστης·
τοῦ ὅ γ' ἐπιμνησθεὶς ἔπε' ἀθανάτοισι μετηύδα·
ΖΕΥΣ — "Ω πόποι, οἷον δή νυ θεοὺς βροτοὶ αἰτιόωνται·
ἐξ ἡμέων γάρ φασι κάκ' ἔμμεναι· οἱ δὲ καὶ αὐτοὶ
σφῇσιν ἀτασθαλίῃσιν ὑπέρμορον ἄλγε' ἔχουσιν,
ὡς καὶ νῦν Αἴγισθος ὑπέρμορον Ἀτρείδαο
γῆμ' ἄλοχον μνηστήν, τὸν δ' ἔκτανε νοστήσαντα,
εἰδὼς αἰπὺν ὄλεθρον, ἐπεὶ πρό οἱ εἴπομεν ἡμεῖς,
Ἑρμείαν πέμψαντες, ἐύσκοπον ἀργειφόντην,
μήτ' αὐτὸν κτείνειν μήτε μνάασθαι ἄκοιτιν·
ἐκ γὰρ Ὀρέσταο τίσις ἔσσεται Ἀτρείδαο,
ὁππότ' ἂν ἡβήσῃ καὶ ἧς ἱμείρεται αἴης.
ὣς ἔφαθ' Ἑρμείας, ἀλλ' οὐ φρένας Αἰγίσθοιο
πεῖθ' ἀγαθὰ φρονέων· νῦν δ' ἁθρόα πάντ' ἀπέτισε.
Τὸν δ' ἠμείβετ' ἔπειτα θεὰ γλαυκῶπις Ἀθήνη·
ΑΘΗ. — "Ω πάτερ ἡμέτερε Κρονίδη, ὕπατε κρειόντων,
καὶ λίην κεῖνός γε ἐοικότι κεῖται ὀλέθρῳ·
ὡς ἀπόλοιτο καὶ ἄλλος ὅτις τοιαῦτά γε ῥέζοι.
ἀλλά μοι ἀμφ' Ὀδυσῆι δαΐφρονι δαίεται ἦτορ,

14. La vengeance d'Oreste sera évoquée plus longuement en III, 306-310 et IV, 546 sq.

15. Parce qu'il est le vengeur de son père. Dès le premier chant de l'*Odyssée*, le poète introduit un parallèle entre le sort d'Agamemnon et celui d'Ulysse.

16. Ce dieu est, par excellence, le messager, *diasktoron* (v. 84), des Immortels. Sur Hermès, voir Burkert, 1985, 156-159, et Bader, 1991, 35-86.

17. Littéralement *Argeiphontes* signifie « le tueur d'Argos ». Cette épithète qui s'applique uniquement à Hermès a fait couler beaucoup d'encre. Les spécialistes, en se fondant sur Aristarque, n'admettent pas

Oreste[14], ce fils d'Agamemnon dont tous chantaient la gloire[15].

Plein de ce souvenir, Zeus dit aux Immortels :

ZEUS. – « Ah ! misère ! Écoutez les mortels mettre en cause les dieux ! C'est de nous, disent-ils, que leur viennent les maux, quand eux, en vérité, par leur propre sottise, aggravent les malheurs assignés par le sort. Tel encor cet Égisthe ! pour aggraver le sort, il voulut épouser la femme de l'Atride et tuer le héros sitôt qu'il rentrerait. La mort était sur lui : il le savait ; nous-même, nous l'avions averti et, par l'envoi d'Hermès[16], le guetteur rayonnant[17], nous l'avions détourné de courtiser l'épouse et de tuer le roi, ou l'Atride[18] en son fils trouverait un vengeur, quand Oreste grandi regretterait sa terre. Hermès, bon conseiller, parla suivant nos ordres. Mais rien ne put fléchir les sentiments d'Égisthe. Maintenant, d'un seul coup, il vient de tout payer ! »

Athéna, la déesse aux yeux pers[19], répliqua :

ATHÉNA. – « Fils de Cronos, mon père, suprême Majesté, celui-là n'est tombé que d'une mort trop juste, et meure comme lui qui voudrait l'imiter ! Mais moi, si j'ai le cœur brisé, c'est pour Ulysse, pour ce sage,

cette traduction, considérant que le récit sur Argos, le chien qui gardait Io, est postérieur aux poèmes homériques. Reste que l'épithète est obscure et les essais d'interprétation ne sont pas convaincants, cf. West, *ad v.* 39.

18. Agamemnon et Ménélas sont désignés comme Atrides car leur père, chef de leur lignée, se nomme Atrée.

19. L'épithète *glaukôpis*, que certains lient à *glaux*, signifierait « à l'aspect de chouette » ou « semblable à une chouette ». Certains philologues la rattachent cependant à *glaukos* et, dans ce sens, traduisent « aux yeux brillants », « aux yeux qui scintillent ». Cf. West, *ad loc.* ; voir aussi Detienne-Vernant, 1974, 173-175, et Bardolley, 1991, 125-128.

δυσμόρῳ, ὃς δὴ δηθὰ φίλων ἄπο πήματα πάσχει
νήσῳ ἐν ἀμφιρύτῃ, ὅθι τ' ὀμφαλός ἐστι θαλάσσης,
νῆσος δενδρήεσσα, θεὰ δ' ἐν δώματα ναίει,
Ἄτλαντος θυγάτηρ ὀλοόφρονος, ὅς τε θαλάσσης
πάσης βένθεα οἶδεν, ἔχει δέ τε κίονας αὐτὸς
μακράς, αἳ γαῖάν τε καὶ οὐρανὸν ἀμφίς ἔχουσι·
τοῦ θυγάτηρ δύστηνον ὀδυρόμενον κατερύκει,
αἰεὶ δὲ μαλακοῖσι καὶ αἱμυλίοισι λόγοισι
θέλγει, ὅπως Ἰθάκης ἐπιλήσεται· αὐτὰρ Ὀδυσσεύς,
ἱέμενος καὶ καπνὸν ἀποθρῴσκοντα νοῆσαι
ἧς γαίης, θανέειν ἱμείρεται. οὐδέ νυ σοί περ
ἐντρέπεται φίλον ἦτορ, Ὀλύμπιε ; οὔ νύ τ' Ὀδυσσεὺς
Ἀργείων παρὰ νηυσὶ χαρίζετο ἱερὰ ῥέζων
Τροίῃ ἐν εὐρείῃ ; τί νύ οἱ τόσον ὠδύσαο, Ζεῦ ;
Τὴν δ' ἀπαμειβόμενος προσέφη νεφεληγερέτα Ζεύς·
ΖΕΥΣ — Τέκνον ἐμόν, ποῖόν σε ἔπος φύγεν ἕρκος ὀδόντων;
πῶς ἂν ἔπειτ' Ὀδυσῆος ἐγὼ θείοιο λαθοίμην,
ὃς περὶ μὲν νόον ἐστὶ βροτῶν, περὶ δ' ἱρὰ θεοῖσιν
ἀθανάτοισιν ἔδωκε, τοὶ οὐρανὸν εὐρὺν ἔχουσιν ;

20. Malgré l'épithète « malfaisant », qui le caractérise et qui le rapprocherait des bêtes sauvages, Atlas est présenté comme celui qui supporte le monde, maintenant séparés les mortels et les immortels. Les colonnes qu'il soutient seraient celles que les poètes désignaient plus tard comme les colonnes d'Héraclès et que l'on associe au détroit de Gibraltar.

21. En lui accordant l'immortalité. Cependant, Ulysse ne veut pas oublier le retour, comme il le prouve lui-même chez les Lotophages, IX, 103, et chez Circé, X, 483-486.

accablé du sort, qui, loin des siens, continue de souffrir dans une île aux deux rives. Sur ce nombril des mers, en cette terre aux arbres, habite une déesse, une fille d'Atlas[20], cet esprit malfaisant, qui connaît de la mer entière les abîmes et qui veille, à lui seul, sur les hautes colonnes qui gardent, écarté de la terre, le ciel. Sa fille tient captif le malheureux qui pleure. Sans cesse, en litanies de douceurs amoureuses, elle veut lui verser l'oubli[21] de son Ithaque. Mais lui, qui ne voudrait que voir monter un jour les fumées de sa terre, il appelle la mort ! Ton cœur, roi de l'Olympe[22], est-il donc insensible ? Ne fut-il pas un temps qu'Ulysse et ses offrandes, dans la plaine de Troie, près des vaisseaux d'Argos, trouvaient grâce à tes yeux ? Aujourd'hui, pourquoi donc ce même Ulysse, ô dieu, t'est-il tant odieux ? »

Zeus, l'assembleur des nues, lui fit cette réponse :

ZEUS. – « Quel mot s'est échappé de l'enclos de tes dents[23], ma fille ? Eh ! comment donc oublierais-je jamais cet Ulysse divin qui, sur tous les mortels, l'emporte et par l'esprit et par les sacrifices qu'il fit toujours aux dieux, maîtres des champs du ciel ? Mais non ! c'est

22. Comme dans l'*Iliade*, les demeures des immortels se trouvent sur l'Olympe que l'on associe à la montagne haute de 2885 m, au nord de la Thessalie, et plus précisement en Macédoine.

23. Cette formule est toujours utilisée pour indiquer qu'une parole déplacée vient d'être prononcée.

24. En grec, *gaiochos*. Le sens de cette épithète est obscur. Certains l'attachent à *gê* et *ocheô* en traduisant « celui qui court avec un char sous terre », pour d'autres, formée par *gê* et *echô*, l'épithète signifierait « celui qui soutient la terre » ; voir West, *ad loc.* Sur Poséidon, cf. Burkert, 1985, 136-139.

ἀλλὰ Ποσειδάων γαιήοχος ἀσκελὲς αἰεὶ
Κύκλωπος κεχόλωται, ὃν ὀφθαλμοῦ ἀλάωσεν,
ἀντίθεον Πολύφημον, ὅου κράτος ἔσκε μέγιστον
πᾶσιν Κυκλώπεσσι· Θόωσα δέ μιν τέκε νύμφη,
Φόρκυνος θυγάτηρ, ἁλὸς ἀτρυγέτοιο μέδοντος,
ἐν σπέεσι γλαφυροῖσι Ποσειδάωνι μιγεῖσα·
ἐκ τοῦ δὴ Ὀδυσῆα Ποσειδάων ἐνοσίχθων
οὔ τι κατακτείνει, πλάζει δ' ἀπὸ πατρίδος αἴης.
ἀλλ' ἄγεθ' ἡμεῖς οἵδε περιφραζώμεθα πάντες
νόστον, ὅπως ἔλθησι· Ποσειδάων δὲ μεθήσει
ὃν χόλον· οὐ μὲν γάρ τι δυνήσεται ἀντία πάντων
ἀθανάτων ἀέκητι θεῶν ἐριδαινέμεν οἶος.
Τὸν δ' ἠμείβετ' ἔπειτα θεὰ γλαυκῶπις Ἀθήνη·
ΑΘΗ. — Ὦ πάτερ ἡμέτερε Κρονίδη, ὕπατε κρειόντων,
εἰ μὲν δὴ νῦν τοῦτο φίλον μακάρεσσι θεοῖσι
νοστῆσαι Ὀδυσῆα πολύφρονα ὃν δὲ δόμον δέ,
Ἑρμείαν μὲν ἔπειτα, διάκτορον ἀργειφόντην,
νῆσον ἐς Ὠγυγίην ὀτρύνομεν, ὄφρα τάχιστα
Νύμφῃ ἐυπλοκάμῳ εἴπῃ νημερτέα βουλήν,
νόστον Ὀδυσσῆος ταλασίφρονος, ὥς κε νέηται.
αὐτὰρ ἐγὼν Ἰθάκην δ' ἐσελεύσομαι, ὄφρα οἱ υἱὸν
μᾶλλον ἐποτρύνω καί οἱ μένος ἐν φρεσὶ θείω,
εἰς ἀγορὴν καλέσαντα καρηκομόωντας Ἀχαιούς,

25. Littéralement, l'« Œil rond ». Au chant IX, 191-192 et 257, Ulysse le décrit comme une sorte de montagne à la voix rauque. Il est intéressant de remarquer qu'ici le Cyclope est présenté comme le roi de ses congénères, alors qu'au chant IX Ulysse précise à maintes reprises que les Cyclopes n'ont ni foi ni loi et que chacun gouverne sa propre maison sans s'occuper de l'autre ; voir particulièrement vv. 112-115.

26. Littéralement, « celui dont la renommée est grande ».

27. Littéralement, « la rapidité ».

28. Chez Hés., *Th.*, 270 et 274, ce dieu marin est le fils de Pontos et de Gaia. Uni à Ketô, il serait le père des Gorgones et des Grées. Cependant, rien dans l'*Odyssée* ne laisse transparaître cette parenté.

Posidon, le maître de la terre[24] ! Sa colère s'acharne à venger le Cyclope[25], le divin Polyphème[26], dont la force régnait sur les autres Cyclopes et qu'Ulysse aveugla : pour mère, il avait eu la nymphe Thoossa[27], la fille de Phorkys[28], un des dieux-conseillers de la mer inféconde[29], et c'est à Posidon qu'au creux de ses cavernes, elle s'était donnée. De ce jour, Posidon, l'Ébranleur de la terre[30], sans mettre Ulysse à mort, l'éloigne de son île... Mais allons ! tous ici, décrétons son retour ! cherchons-en les moyens ! Posidon n'aura plus qu'à brider sa colère, ne pouvant tenir tête à tous les Immortels, ni lutter, à lui seul, contre leur volonté. »

Athéna, la déesse aux yeux pers, répliqua :

ATHÉNA. – « Fils de Cronos, mon père, suprême Majesté, si, des dieux bienheureux, c'est maintenant l'avis que le tant sage Ulysse en sa maison revienne, envoyons, sans tarder, jusqu'à l'île océane, Hermès, le rayonnant porteur de tes messages, et qu'en toute vitesse, il aille révéler à la Nymphe bouclée le décret sans appel sur le retour d'Ulysse et lui dise comment ce grand cœur doit rentrer ! Moi-même, dans Ithaque, allant trouver son fils et l'animant encor, je veux lui mettre au cœur l'envie de convoquer à l'agora[31] les Achéens aux longs cheveux[32] et de signifier un mot aux

29. L'épithète *atrugetos* est attribuée à la mer et une fois à l'Éther dans la poésie épique. Son étymologie est obscure. Certains tentent de l'attacher à *trugaô* et traduisent par « stérile », « infécond » ; mais il serait préférable de la traduire par « infatigable », « inépuisable » en la rattachant à *truô*. Sur la question, voir West, *ad loc.*

30. En grec *enosichthôn*, « celui qui tient la terre » ou « celui qui secoue la terre ». Poséidon, en effet, était considéré comme responsable des tremblements de terre et des raz-de-marée (*Il.*, VII, 445 ; XI, 751 ; *H.h.P.*, 1-2 ; cf. aussi *Il.*, 13, 43 où il est dit *enosigaios*).

31. Sur les assemblées et les délibérations dans l'épopée et particulièrement dans l'*Odyssée*, cf. Finley, 1986 (1re éd. 1954), 94 sq. ; Ruzé, 1997, 13-106 ; Carlier, 1999, 278-283.

32. Épithète appliquée dans l'*Iliade* à tous les Grecs.

πᾶσι μνηστήρσιν ἀπ⟨ο⟩ειπέμεν, οἵ τέ οἱ αἰεὶ
μῆλ' ἁδινὰ σφάζουσι καὶ εἰλίποδας ἕλικας βοῦς,
πέμψω δ' ἐς Σπάρτην τε καὶ ἐς Πύλον ἠμαθόεντα
νόστον πευσόμενον πατρὸς φίλου, ἤν που ἀκούσῃ,
ἠδ' ἵνα μιν κλέος ἐσθλὸν ἐν ἀνθρώποισιν ἔχῃσιν.
Ὣς εἰποῦσ' ὑπὸ ποσσὶν ἐδήσατο καλὰ πέδιλα, 96
βῆ δὲ κατ' Οὐλύμποιο καρήνων ἀΐξασα, 102
στῆ δ' Ἰθάκης ἐνὶ δήμῳ ἐπὶ προθύροισ' Ὀδυσῆος,
οὐδοῦ ἐπ' αὐλείου, παλάμῃ δ' ἔχε χάλκεον ἔγχος,
εἰδομένη ξείνῳ, Ταφίων ἡγήτορι, Μέντῃ,
εὗρε δ' ἄρα μνηστῆρας ἀγήνορας· οἱ μὲν ἔπειτα

vers 97 : ἀμβρόσια, χρύσεια, τά μιν φέρον ἠμὲν ἐφ' ὑγρὴν
98 : ἠδ' ἐπ' ἀπείρονα γαῖαν ἅμα πνοιῇσ' ἀνέμοιο,
99 : εἵλετο δ' ἄλκιμον ἔγχος, ἀκαχμένον ὀξέϊ χαλκῷ,
100 : βριθύ, μέγα, στιβαρόν, τῷ δάμνησι στίχας ἀνδρῶν
101 : ἡρώων τοῖσίν τε κοτέσσεται ὀβριμοπάτρη

33. Comme Ulysse tarde à rentrer après la guerre de Troie, des rois et des princes de la région s'installent pratiquement dans son manoir pour obliger Pénélope à accorder sa main à l'un d'entre eux. C'est ainsi qu'ils dévorent les biens d'Ulysse. Sur les prétendants, cf. Scheid-Tissinier, 1993, 1-22, et Lowenstam, 1993.

34. Cité de Lacédémone dont Ménélas, l'époux d'Hélène et le frère d'Agamemnon, est roi.

35. Royaume de Nestor, le plus sage des Achéens à Troie. Il y avait trois Pylos dans l'Antiquité : une en Messénie, une en Triphylie et une en Élide. Philologues et archéologues se disputent quant à la localisation du palais de Nestor puisque des sites importants ont été découverts dans les deux premières, soit à Epano Englianos, soit à Kakovatos. Malgré la proximité de l'Alphée, auquel Nestor fait allusion dans l'*Iliade* en racontant ses exploits de jeunesse (VII, 123-160), les spécialistes préfèrent l'associer à la Messénie où l'on a trouvé un palais à 17 km de la mer.

prétendants[33] qui lui tuent, chaque jour, ses troupes de moutons et ses vaches cornues à la démarche torse. Puis je l'emmène à Sparte[34], à la Pylos des Sables[35], s'informer, s'il se peut, du retour de son père et s'acquérir aussi bon renom chez les hommes. »

À ces mots, la déesse attacha sous ses pieds ses plus belles sandales, divines et dorées, qui la portent sur l'onde et la terre sans bornes, vite comme le vent, saisit sa forte lance à la pointe de bronze, cette solide lance, et de taille et de poids, qui couche les héros par rangées quand se fâche la Fille du Dieu Fort[36], et s'en vint, en plongeant des cimes de l'Olympe, prendre terre en Ithaque[37], sous le porche d'Ulysse. Sur le seuil de la cour, lance de bronze en main, elle semblait un hôte : on aurait dit Mentès[38], le doge de Taphos[39].

C'est là qu'elle trouva les fougueux prétendants. Ils jouaient aux jetons[40], assis, devant les portes, sur les

36. Athéna, fille de Zeus, poursuit ceux qui s'opposent à son protégé, Ulysse ; allusion à la guerre qu'elle livrera à ses côtés contre les prétendants.

37. Île de la mer Ionienne, Ithaque sera décrite en IV, 601-608.

38. La déesse prend l'apparence d'un ami d'Ulysse. Ces transformations des dieux sont très courantes dans les poèmes épiques. Cf. *Il.*, XIII, 43-65, 206-239 ; XVI, 70- 82, 322-334, 712-725 et *Od.*, VII, 19-21 ; X, 278-279.

39. Le terme *hêgêtor*, que V. Bérard traduit anachroniquement par « doge », signifie étymologiquement, « celui qui conduit », « commandant ». Au v. 181 sq., les Taphiens sont décrits comme un peuple de marchands et de marins, plus tard, en XV, 427, comme des pirates. Certains pensent que Taphos était une île voisine d'Ithaque, la petite Megarisi qui, à l'époque de Strabon (X, 2, 14), se nommait Taphos. Ballabriga, 1998, 208, suivant Ps.-Hésiode, *Catalogue*, fr. 193, 16, considère que Taphos se trouverait en Acarnanie. Sur ce peuple, voir aussi *Od.*, XIV, 452 ; XV, 427 ; XVI, 426, et Hés., *Bouclier*, 19.

40. Première mention dans la littérature occidentale de ce type de jeu connu depuis l'époque mycénienne. On a en effet retrouvé un damier dans les fouilles de Tirynthe ; cf. Murray, 1952, p. 24 sq.

πεσσοῖσι προπάροιθε θυράων θυμὸν ἔτερπον,
ἥμενοι ἐν ῥινοῖσι βοῶν, οὓς ἔκτανον αὐτοί·
κήρυκες δ' αὖ τοῖσι καὶ ὀτρηροὶ θεράποντες,
οἱ μὲν οἶνον ἔμισγον ἐνὶ κρητῆρσι καὶ ὕδωρ,
οἱ δ' αὖτε σπόγγοισι πολυτρήτοισι τραπέζας
νίζον καὶ προτίθεντ' ἠδὲ κρέα πολλὰ δατεῦντο.
Τὴν δὲ πολὺ πρῶτος ἴδε Τηλέμαχος θεοειδής·
ἧστο γὰρ ἐν μνηστῆρσι φίλον τετιημένος ἦτορ,
ὀσσόμενος πατέρ' ἐσθλὸν ἐνὶ φρεσίν, εἴ ποθεν ἐλθὼν
τιμὴν αὐτὸς ἔχοι καὶ δώμασι οἷσι ἀνάσσοι.
τὰ φρονέων, μνηστῆρσι μεθήμενος, εἴσιδ' Ἀθήνην,
βῆ δ' ἰθὺς προθύροιο, νεμεσσήθη δ' ἐνὶ θυμῷ
ξεῖνον δηθὰ θύρῃσιν ἐφεστάμεν, ἐγγύθι δὲ στὰς
χεῖρ' ἕλε δεξιτερὴν καὶ ἐδέξατο χάλκεον ἔγχος
καί μιν φωνήσας ἔπεα πτερόεντα προσηύδα·
ΤΗΛ. — Χαῖρε, ξεῖνε· παρ' ἄμμι φιλήσεαι· αὐτὰρ ἔπειτα
δείπνου πασσάμενος μυθήσεαι ὅττεό σε χρή.
Ὣς εἰπὼν ἡγεῖθ'· ἡ δ' ἕσπετο Παλλὰς Ἀθήνη·
οἱ δ' ὅτε δή ῥ' ἔντοσθεν ἔσαν δόμου ὑψηλοῖο,
ἔγχος μέν ῥ' ἔστησε φέρων πρὸς κίονα μακρήν,
δουροδόκης ἔντοσθεν ἐυξόου, ἔνθα περ ἄλλα
ἔγχε' Ὀδυσσῆος ταλασίφρονος ἵστατο πολλά,
αὐτὴν δ' ἐς θρόνον εἷσεν ἄγων, ὑπὸ λῖτα πετάσσας,

vers 116 : μνηστήρων τῶν μὲν σκέδασιν κατὰ δώματα θείη
vers 131 : καλόν, δαιδάλεον · ὑπὸ δὲ θρῆνυς ποσὶν ἦεν

41. Vases à mélanger le vin. Les Grecs ne buvaient pas le vin pur (ce qui est une habitude propre aux sauvages) ; une mesure de vin était coupée par trois mesures d'eau. Cependant, des vins particulièrement sucrés comme l'Ismaros étaient coupés vingt fois selon Ulysse, IX, 209.

42. Fils d'Ulysse et de Pénélope. Son nom signifie « celui qui combat de loin », souvenir d'une des qualités de son père.

43. L'image de la chasse reviendra à maintes reprises dans l'*Odyssée*, les prétendants étant souvent comparés à des sangliers ou à

cuirs des taureaux abattus de leurs mains, tandis que des hérauts et des servants-coureurs leur mélangeaient le vin et l'eau dans les cratères[41], ou lavaient, de l'éponge aux mille trous, les tables, qu'ils dressaient pour chacun, ou tranchaient force viandes.

Bien avant tous les autres, quelqu'un vit la déesse, et ce fut Télémaque[42] au visage de dieu ; car il était assis parmi les prétendants, mais l'âme désolée : il voyait en son cœur son père, le héros ! S'il pouvait revenir (de tous ces prétendants, quelle chasse[43] il ferait à travers le manoir !), reprendre en main sa charge, régner sur sa maison ! Télémaque rêvait, mêlé aux prétendants. Mais il vit Athéna et s'en fut droit au porche : il avait de l'humeur qu'un hôte fût resté debout devant sa porte !

Près d'elle, il s'arrêta, lui saisit la main droite, prit la lance de bronze et lui dit, élevant la voix, ces mots ailés :

TÉLÉMAQUE. – « Salut ! Chez nous, mon hôte, on saura t'accueillir ; tu dîneras d'abord, après tu nous diras le besoin qui t'amène[44]. »

Il dit et la guidait. Athéna le suivait. Quand ils furent entrés dans la haute demeure, il s'en alla dresser la lance qu'il portait au râtelier luisant de la grande colonne, où déjà se dressaient en nombre d'autres lances du valeureux Ulysse ; puis, toujours conduisant la déesse, il la fit asseoir en un fauteuil qu'il couvrit d'un linon, un beau meuble ouvragé[45], avec un marchepied ; pour lui-même,

des porcs à la dent blanche, tandis qu'Ulysse est le lion par excellence. Sur la question, cf. Schnapp-Gourbeillon, 1981, 38-63.

44. La première règle de l'hospitalité *(xenia)* homérique est de nourrir d'abord son hôte avant de le questionner. Placés sous la protection de Zeus, les hôtes sont religieusement respectés. Sur les rites d'hospitalité, cf. Edwards, 1975, 51-72 ; Adam, 1992, 50-60 ; Auffarth, 1992, 193-216, et Alden, 1993, 75-95.

45. Sur l'ameublement des palais homériques, cf. Richter, 1966, 13 sq.

πὰρ δ' αὐτὸς κλισμὸν θέτο ποικίλον, ἔκτοθεν ἄλλων 133
μνηστήρων, μὴ ξεῖνος ἀνιηθεὶς ὀρυμαγδῷ
δείπνῳ ἀδήσειεν, ὑπερφιάλοισι μετελθών. 134
χέρνιβα δ' ἀμφίπολος προχόῳ ἐπέχευε φέρουσα 136
καλῇ, χρυσείῃ, ὑπὲρ ἀργυρέοιο λέβητος,
νίψασθαι, παρὰ δὲ ξεστὴν ἐτάνυσσε τράπεζαν·
σῖτον δ' αἰδοίη ταμίη παρέθηκε φέρουσα· 139
δαιτρὸς δὲ κρειῶν πίνακας παρέθηκεν ἀείρας 141
παντοίων, παρὰ δέ σφι τίθει χρύσεια κύπελλα·
κῆρυξ δ' αὖ τοῖσιν θάμ' ἐπῴχετο οἰνοχοεύων.
Ἐς δ' ἦλθον μνηστῆρες ἀγήνορες· οἱ μὲν ἔπειτα
ἑξείης ἕζοντο κατὰ κλισμούς τε θρόνους τε. 145
τοῖσι δὲ κήρυκες μὲν ὕδωρ ἐπὶ χεῖρας ἔχευον·
σῖτον δὲ δμῳαὶ παρενήνεον ἐν κανέοισιν· 147
οἱ δ' ἐπ' ὀνείαθ' ἑτοῖμα προκείμενα χεῖρας ἴαλλον. 149

ΑΘΗΝΑΣ ΠΑΡΑΙΝΕΣΙΣ ΠΡΟΣ ΤΗΛΕΜΑΧΟΝ

Αὐτὰρ ἐπεὶ πόσιος καὶ ἐδητύος ἐξ ἔρον ἕντο 150
μνηστῆρες, τοῖσιν μὲν ἐνὶ φρεσὶν ἄλλα μεμήλει,
μολπή τ' ὀρχηστύς τε· τὰ γάρ τ' ἀναθήματα δαιτός·
κῆρυξ δ' ἐν χερσὶν κίθαριν περικαλλέα θῆκε
Φημίῳ, ὅς ῥ' ἤειδε παρὰ μνηστῆρσιν ἀνάγκῃ·

vers 135 : ἠδ' ἵνα μιν περὶ πατρὸς ἀποιχομένοι' ⟨ἐρέ⟩οιτο
vers 140 : εἴδατα πόλλ' ἐπιθεῖσα, χαριζομένη παρεόντων
vers 148 : κοῦροι δὲ κρητῆρας ἐπεστέψαντο ποτοῖο

46. Dans le monde homérique, les hérauts exercent différents rôles. Attachés souvent à un personnage important, ils peuvent porter des messages ou simplement s'occuper de tâches domestiques comme la préparation des repas ou du sacrifice.

47. Les aèdes sont des figures essentielles du banquet. Ils sont présents chez tous les grands héros de l'*Odyssée* (à l'exception de Nestor dont la voix douce remplace celle des chanteurs inspirés). Ils

il ne prit qu'un siège de couleur, loin de ces prétendants, dont l'abord insolent et l'ennuyeux vacarme auraient pu dégoûter son hôte du festin : il voulait lui parler de l'absent, de son père.

Vint une chambrière, qui, portant une aiguière en or et du plus beau, leur donnait à laver sur un bassin d'argent et dressait devant eux une table polie. Vint la digne intendante : elle apportait le pain et le mit devant eux, et leur fit les honneurs de toutes ses réserves. Puis le maître-tranchant, portant haut ses plateaux de viandes assorties, les présenta et leur donna des coupes d'or. Un héraut[46] s'empressait pour leur verser à boire.

On vit alors entrer les fougueux prétendants : en ligne, ils prenaient place aux sièges et fauteuils ; les hérauts leur donnaient à laver sur les mains ; les femmes entassaient le pain dans les corbeilles ; la jeunesse remplit jusqu'au bord les cratères ; puis vers les parts de choix préparées et servies, chacun tendit les mains.

Les conseils d'Athéna

Quand on eut satisfait la soif et l'appétit, le cœur des prétendants n'eut plus d'autre désir que le chant et la danse, ces atours du festin. Un héraut avait mis la plus belle cithare aux mains de Phémios[47], qui chantait devant eux, mais bien à contrecœur.

sont tenus en grande considération, non seulement parce qu'ils sont la voix poétique des dieux parmi les hommes, mais aussi parce qu'ils transmettent par leurs chants la gloire, la mémoire de ceux qu'ils servent ou de ceux qui ont accompli de grands exploits. Le nom de Phémios signifie d'ailleurs « celui qui répand la gloire » ou « la renommée ». Sur le rôle des aèdes dans la société homérique, cf. Pucci, 1995, 313-323.

ἤτοι ὁ φορμίζων ἀνεβάλλετο καλὸν ἀείδειν.
  Αὐτὰρ Τηλέμαχος προσέφη γλαυκῶπιν Ἀθήνην,
ἄγχι σχὼν κεφαλήν ἵνα μὴ πευθοίατο ἄλλοι·
ΤΗΛ. — Ξεῖνε φίλ', ἦ καί μοι νεμεσήσεαι ὅττί κε εἴπω;
τούτοισιν μὲν ταῦτα μέλει, κίθαρις καὶ ἀοιδή,
ῥεῖ'· ἐπεὶ ἀλλότριον βίοτον νήποινον ἔδουσιν
ἀνέρος, οὗ δή που λεύκ' ὀστέα πύθεται ὄμβρῳ
κείμεν' ἐπ' ἠπείρου ἤ' ἐν ἁλὶ κῦμα κυλίνδει.
εἰ κεῖνόν γ' Ἰθάκην δὲ ἰδοίατο νοστήσαντα,
πάντές κ' ἀρησαίατ' ἐλαφρότεροι πόδας εἶναι
ἢ ἀφνειότεροι χρυσοῖό τε ἐσθῆτός τε.
νῦν δ' ὁ μὲν ὣς ἀπόλωλε κακὸν μόρον· οὐδέ τις ἡμῖν
ἐλπωρή, εἴ πέρ τις ἐπιχθονίων ἀνθρώπων
φῆσιν ἐλεύσεσθαι· τοῦ δ' ὤλετο νόστιμον ἦμαρ.
ἀλλ' ἄγε μοι τόδε εἰπὲ καὶ ἀτρεκέως κατάλεξον·
τίς, πόθεν εἰς ἀνδρῶν; πόθι τοι πόλις ἠδὲ τοκῆες;
ἠὲ νέον μεθέπεις ἦ καὶ πατρώιός ἐσσι
ξεῖνος, ἐπεὶ πολλοὶ ἴσαν ἀνέρες ἡμέτερον δῶ
ἄλλοι, ἐπεὶ καὶ κεῖνος ἐπίστροφος ἦν ἀνθρώπων;
  Τὸν δ' αὖτε προσέειπε θεὰ γλαυκῶπις Ἀθήνη·
ΑΘΗ. — Τοὶ γὰρ ἐγώ τοι ταῦτα μάλ' ἀτρεκέως ἀγορεύσω·
Μέντης Ἀγχιάλοιο δαΐφρονος εὔχομαι εἶναι
υἱός, ἀτὰρ Ταφίοισι φιληρέτμοισι ἀνάσσω·
νῦν δ' ὧδε ξὺν νηὶ κατήλυθον ἠδ' ἑτάροισι,

vers 171 : ὁπποίης τ' ἐπὶ νηὸς ἀφίκεο ; πῶς δέ σε ναῦται
172 : ἤγαγον εἰς Ἰθάκην ; τίνες ἔμμεναι εὐχετόωντο ;
173 : οὐ μὲν γάρ τί σε πεζὸν ὀίομαι ἐνθάδ' ἱκέσθαι.
174 : καί μοι τοῦτ' ἀγόρευσον ἐτήτυμον, ὄφρ' ἐῢ εἰδῶ

48. Formule qui rappelle le v. 3 de l'*Odyssée*, « celui qui visita les cités de tant d'hommes et connut leur esprit ».

Comme, après un prélude, l'aède, débutant, chantait à belle voix, Télémaque, pour n'être entendu d'aucun autre, dit en penchant le front vers la Vierge aux yeux pers :

TÉLÉMAQUE. – « Mon cher hôte, m'en voudras-tu de mes paroles ? Regarde-moi ces gens : voilà tout leur souci, le chant et la cithare ! Ce leur est si commode ! ils vivent chez autrui, mangeant impunément les vivres d'un héros, dont les os blanchissant, pourrissant à la pluie, jonchent quelque rivage ou roulent sous le flot. Ah ! si, dans son Ithaque, ils le voyaient rentrer, comme ils donneraient, tous, pour des pieds plus légers, les trésors les plus lourds et d'étoffes et d'or ! Mais voilà qu'il est mort, et de mort misérable ! et je n'ai plus d'espoir quel que soit en ce monde l'homme qui me viendrait annoncer son retour ! La journée du retour ! Non ! pour lui, c'est en fait ! Mais voyons, réponds-moi sans feinte, point par point : quel est ton nom, de peuple, et ta ville, et ta race ? quel est donc le vaisseau qui chez nous t'apporta ? comment les gens de mer t'ont-ils mis en Ithaque ? avaient-ils un pays de qui se réclamer ? car ce n'est pas à pied que tu nous viens, je pense... Dis-moi tout net encor ; j'ai besoin de savoir. Arrives-tu chez nous pour la première fois ? ou plutôt n'es-tu pas un hôte de mon père ? tant d'autres ont jadis fréquenté la maison, et lui-même, il était si grand coureur de gens[48] ! »

Athéna, la déesse aux yeux pers répliqua :

ATHÉNA. – « Oui ! je vais là-dessus te répondre sans feinte. Je me nomme Mentès ; j'ai l'honneur d'être fils du sage Anchialos[49], et je commande à nos bons rameurs de Taphos. Je viens de débarquer, tu vois : j'ai mon navire, et j'ai mon équipage ; sur les vagues vineuses, je vais à

49. Littéralement, « celui qui est entouré par la mer », « celui qui est voisin de la mer ».

πλέων ἐπὶ οἴνοπα πόντον ἐπ' ἀλλοθρόους ἀνθρώπους,
ἐς Τεμέσην μετὰ χαλκόν, ἄγω δ' αἴθωνα σίδηρον.
νηῦς δέ μοι ἥδ' ἕστηκεν ἐπ' ἀγροῦ νόσφι πόληος,
ἐν λιμένι Ῥείθρῳ, ὑπὸ Νηΐῳ ὑλήεντι.
ξεῖνοι δ' ἀλλήλων πατρώιοι εὐχόμεθ' εἶναι
ἐξ ἀρχῆς, εἴ πέρ τε γέροντ' εἴρηαι ἐπελθὼν
Λαέρτην ἥρωα, τὸν οὐκέτι φασὶ πόλιν δὲ
ἔρχεσθ', ἀλλ' ἀπάνευθεν ἐπ' ἀγροῦ πήματα πάσχειν
γρηὶ σὺν ἀμφιπόλῳ, ἥ οἱ βρῶσίν τε πόσιν τε
παρτιθεῖ, εὖτ' ἄν μιν κάματος κατὰ γυῖα λάβῃσιν
ἑρπύζοντ' ἀνὰ γουνὸν ἀλωῆς οἰνοπέδοιο.
νῦν δ' ἦλθον· δὴ γάρ μιν ἔφαντ' ἐπιδήμιον εἶναι,
σὸν πατέρ'· ἀλλά νυ τόν γε θεοὶ βλάπτουσι κελεύθου.
οὐ γάρ που τέθνηκεν ἐπὶ χθονὶ δῖος Ὀδυσσεύς,
ἀλλ' ἔτι που ζωὸς κατερύκεται εὐρέι πόντῳ,
[νήσῳ ἐν ἀμφιρύτῃ· χαλεποὶ δέ μιν ἄνδρες ἔχουσιν,
ἄγριοι, οἵ που κεῖνον ἐρυκανόωσ' ἀέκοντα.]
αὐτὰρ νῦν τοι ἐγὼ μαντεύσομαι, ὡς ἐνὶ θυμῷ
ἀθάνατοι βάλλουσι καὶ ὡς τελέεσθαι ὀίω,
οὔτέ τι μάντις ἐὼν οὔτ' οἰωνῶν σάφα εἰδώς·
οὔ τοι ἔτι δηρόν γε φίλης ἀπὸ πατρίδος αἴης
ἔσσεται, οὐδ' εἴ πέρ ⟨ἑ⟩ σιδήρεα δέσματ' ἔχῃσι·
φράσσεται ὥς κε νέηται, ἐπεὶ πολυμήχανός ἐστιν.

50. Dans l'Antiquité cette ville était identifiée à Témésa (Calabre) ou à Tamassos (Chypre), les deux produisant du cuivre. West, *ad loc.*, indique que Temessa pourrait être une corruption de l'expression *es t'Alasin*. Dans ce cas, Mentès-Athéna ferait allusion à Alasia (identifiée à Encomi, Chypre), connue pour avoir été grande productrice de ce métal. D'ailleurs, le nom du cuivre vient de Chypre. Sur la question, voir Hadjioannou, 1966, 205-210 ; Finley, 1980, 35-43 ; pour le travail du métal, cf. Gray, 1954, 3-15 ; Richardson, 1991, 125-128.

51. Sur le commerce des métaux à l'époque homérique, cf. Finley, 1980, 35-43.

52. Le texte suggère que le Néion est une montagne d'Ithaque. West, *ad loc.*, observe qu'il pourrait simplement s'agir ici d'un malen-

Témésa[50], chez les gens d'autre langue, troquer mon fret de fer luisant contre du bronze[51] : mon navire est mouillé loin de la ville, aux champs, sous les bois du Neion[52], au port de la Ravine[53]. Du temps le plus lointain, nous sommes l'un pour l'autre, et nous nous en vantons, des hôtes de famille. Interroge plutôt le vieux héros Laërte[54] à ton premier voyage ; car on me dit qu'en ville, il ne vient plus jamais, qu'il vit aux champs, dans la retraite et le chagrin, qu'une vieille lui sert le manger et le boire, quand ses membres sont las d'avoir traîné longtemps sur son coteau de vignes[55]... Moi, si je suis ici, c'est que l'on m'avait dit ton père revenu.

Mais je vois que les dieux lui barrent le chemin. Ce n'est pas qu'il soit mort, notre divin Ulysse ! Il est encore au monde et vivant, mais captif, au bout des mers, qui sait ? dans une île aux deux rives, aux mains de quelque peuple intraitable et sauvage qui le retient de force. Veux-tu la prophétie qu'un dieu me jette au cœur et qui s'accomplira ? Je ne suis ni devin ni savant en présages[56] ; mais avant qu'il soit peu, Ulysse reverra le pays de ses pères ; quand il serait lié d'une chaîne de fer, il saura revenir : il a tant de ressources ! Mais, à ton tour,

tendu, d'une incompréhension de l'épithète obscure, *hyponeion* (cf. III, 81).

53. Port d'Ithaque que V. Bérard identifie à l'actuel Port Frikais, sur le rivage oriental de l'île. Il pourrait simplement s'agir d'un courant d'un fleuve, voire de son embouchure, comme le nom grec l'indique.

54. Grand-père paternel de Télémaque. Malgré la présence des prétendants chez son fils, Laërte n'intervient jamais. Le poète de l'*Odyssée* n'explique pas pourquoi il n'exerce pas la royauté ; seul son chagrin dû à la disparition de son fils (cf. XI, 187-196 ; XVI, 138-145) pourrait expliquer le peu de cas qu'il fait de l'insolence des prétendants.

55. Cf. particulièrement XI, 187-196.

56. Sur la divination dans l'Antiquité, cf. Bouché-Leclercq, 1879-1882 ; Defradas, 1968, 157-195.

ἀλλ' ἄγε μοι τόδε εἰπὲ καὶ ἀτρεκέως κατάλεξον
εἰ δὴ ἐξ αὐτοῖο τόσος παῖς εἰς Ὀδυσῆος.
αἰνῶς μὲν κεφαλήν τε καὶ ὄμματα καλὰ ἔοικας
κείνῳ· ἐπεὶ θαμὰ τοῖον ἐμισγόμεθ' ἀλλήλοισι,
πρίν γε τὸν ἐς Τροίην ἀναβήμεναι, ἔνθά περ ἄλλοι
Ἀργείων οἱ ἄριστοι ἔβαν κοίλῃσ' ἐνὶ νηυσίν·
ἐκ τοῦ δ' οὔτ' Ὀδυσῆα ἐγὼ ἴδον οὔτ' ἐμὲ κεῖνος.
Τὴν δ' αὖ Τηλέμαχος πεπνυμένος ἀντίον ηὔδα·
ΤΗΛ. — Τοὶ γὰρ ἐγώ τοι, ξεῖνε, μάλ' ἀτρεκέως ἀγορεύσω.
μήτηρ μέν τέ μέ φησι τοῦ ἔμμεναι· αὐτὰρ ἐγώ γε
οὐ οἶδ'· οὐ γάρ πώ τις ἑὸν γόνον αὐτὸς ἀνέγνω.
ὡς δὴ ἐγώ γ' ὄφελον μάκαρός νύ τευ ἔμμεναι υἱὸς
ἀνέρος, ὃν κτεάτεσσιν ἑοῖσ' ἔπι γῆρας ἔτετμε.
νῦν δ', ὃς ἀποτμότατος γένετο θνητῶν ἀνθρώπων,
τοῦ μ' ἔκ φασι γενέσθαι, ἐπεὶ σύ με τοῦτ' ἐρεείνεις.
Τὸν δ' αὖτε προσέειπε θεὰ γλαυκῶπις Ἀθήνη·
ΑΘΗ. — Οὐ μέν τοι γενεήν γε θεοὶ νώνυμον ὀπίσσω
θῆκαν, ἐπεὶ σέ γε τοῖον ἐγείνατο Πηνελόπεια.
ἀλλ'. ἄγε μοι τόδε εἰπὲ καὶ ἀτρεκέως κατάλεξον·
τίς δαίς, τίς δαὶ ὅμιλος ὅδ' ἔπλετο; τίπτε δέ σε χρεώ;
εἰλαπίνη ἠε γάμος ; ἐπεὶ οὐκ ἔρανος τάδε γ' ἐστίν.
ὥς τέ μοι ὑβρίζοντες ὑπερφιάλως δοκέουσι
δαίνυσθαι κατὰ δῶμα· νεμεσσήσαιτό κεν ἀνὴρ
αἴσχεα πόλλ' ὁρόων, ὅς τις πινυτός γε μετέλθοι.
Τὴν δ' αὖ Τηλέμαχος πεπνυμένος ἀντίον ηὔδα·

57. Ces vers provoquaient la perplexité des Anciens. Pour certains, il était naturel que Télémaque exprimât son désarroi : son père partit faire le siège de Troie alors qu'il n'était qu'un petit enfant.

58. Ce souhait fait écho à celui d'Achille en XI, 489-491.

59. Nommée ici pour la première fois. L'étymologie de son nom est obscure. Certains l'attachent au tissage puisque *penion* en grec signifie « le fil » ou « la trame du tisserand ». D'autres pensent que ce

dis-moi sans feinte, point par point : c'est d'Ulysse, de Lui, que vraiment tu naquis ? Quoi ! déjà ce grand fils ! C'est frappant en effet : sa tête, ses beaux yeux ! comme tu lui ressembles ! Car nous allions ainsi, bien souvent, l'un chez l'autre, avant qu'il s'embarquât vers le pays de Troie, avec les chefs d'Argos, au creux de leurs vaisseaux. Mais depuis ce jour-là, je ne vis plus Ulysse, il ne m'a plus revu. »

Posément, Télémaque la regarda et dit :

TÉLÉMAQUE. – « Oui, mon hôte, je vais te répondre sans feinte. Que je sois bien son fils ? Ma mère me le dit : moi, je n'en sais pas plus ; à quel signe un enfant reconnaît-il son père[57] ? Ah ! que ne suis-je né de quelque heureux mortel, qui, sur ses biens, aurait attendu la vieillesse[58] ! Mais le plus malheureux des humains, des mortels, voilà, dit-on, mon père, puisque tu veux savoir. »

Athéna, la déesse aux yeux pers, répliqua :

ATHÉNA. – « Ne crois pas que les dieux aient refusé leur signe à cette descendance, quand c'est un pareil fils qu'enfanta Pénélope[59]... Mais à ton tour, dis-moi sans feinte, point par point : pourquoi donc ce festin ? et pourquoi cette foule ? qu'en avais-tu besoin ? dîner rendu par toi ? banquet de mariage ? Il est clair qu'il ne peut s'agir d'écot[60]. Mais je dis qu'attablés sous ton toit, ces gens-là passent toute insolence : devant pareil scandale, à première rencontre, est-il homme de tact que ne fût indigné ? »

Posément, Télémaque la regarda et dit :

nom viendrait de *penelops*, « sarcelle », animal sauvage qui figurait, avec un dauphin, sur le bouclier d'Ulysse ; cf. Gershenson, 1993, et Bader, 1998, 1-41.

60. Les Anciens fréquentaient différents types de banquet. Parfois, les invités devaient payer leur part ou apporter une corbeille contenant de la nourriture. Sur la fonction des banquets dans les cités grecques, cf. Schmitt-Pantel, 1992.

ΤΗΛ. — Ξεῖν', ἐπεὶ ἂρ δὴ ταῦτά μ' ἀνείρεαι ἠδὲ μεταλλᾷς,
μέλλεν μέν ποτε οἶκος ὅδ' ἀφνειὸς καὶ ἀμύμων
ἔμμεναι, ὄφρ' ἔτι κεῖνος ἀνὴρ ἐπιδήμιος ἦεν·
νῦν δ' ἑτέρως ἐβόλοντο θεοὶ κακὰ μητιόωντες,
οἳ κεῖνον μὲν ἄιστον ἐποίησαν περὶ πάντων
ἀνθρώπων· ἐπεὶ οὔ κε θανόντι περ ὧδ' ἀκαχοίμην,
εἰ μετὰ οἷσ' ἑτάροισι δάμη Τρώων ἐνὶ δήμῳ·
τῶ κέν οἱ τύμβον μὲν ἐποίησαν Παναχαιοί·
ἠδέ κε καὶ ᾧ παιδὶ μέγα κλέος ἤρατ' ὀπίσσω.
νῦν δέ μιν ἀκλειῶς Ἅρπυιαι ἀνηρείψαντο·
οἴχετ' ἄιστος, ἄπυστος, ἐμοὶ δ' ὀδύνας τε γόους τε
κάλλιπεν· οὐδέ τι κεῖνον ὀδυρόμενος στεναχίζω
οἶον, ἐπεί νύ μοι ἄλλα θεοὶ κακὰ κήδε' ἔτευξαν·
ὅσσοι γὰρ Νήσοισιν ἐπικρατέουσιν ἄριστοι,
Δουλιχίῳ τε Σάμῃ τε καὶ ὑλήεντι Ζακύνθῳ,
ἠδ' ὅσσοι κραναὴν Ἰθάκην κάτα κοιρανέουσι,
τόσσοι μητέρ' ἐμὴν μνῶνται, τρύχουσι δὲ οἶκον·
ἡ δ' οὔτ' ἀρνεῖται στυγερὸν γάμον οὔτε τελευτὴν
ποιῆσαι δύναται· τοὶ δὲ φθινύθουσιν ἔδοντες
οἶκον ἐμόν, τάχα δή με διαρραίσουσι καὶ αὐτόν.
Τὸν δ' ἐπαλαστήσασα προσηύδα Παλλὰς Ἀθήνη·

vers 238 : ἠὲ φίλων ἐν χερσίν, ἐπεὶ πόλεμον τολύπευσε

61. D'abord incinérés sur une pyre, les restes des os des héros morts au combat sont ensuite conservés dans un récipient et enterrés. On construit un tombeau en l'honneur du mort qui conservera sa mémoire pour les générations à venir (cf. IV, 584 ; XI, 71-78 ; XII, 10-15).

62. Mourir au combat c'est acquérir une gloire impérissable. Celle-ci se transmet également aux descendants des combattants. Sur la question, cf. Nagy, 1979, 174-210, et Vernant, 1982, 45-76 = 1989, 41-79.

63. Filles de Thaumas et de l'Océanide Électre (Hés., *Th.*, 265), ces divinités sont liées aux tempêtes. Ici, cependant, le poète joue sur

TÉLÉMAQUE. – « Puisque tu veux savoir, mon hôte, et m'interroges, il se peut qu'autrefois, ce logis ait connu l'opulence et la règle..., au temps où le héros vivait en son pays ! Aujourd'hui, quel revers, par le décret des dieux qui nous veulent du mal puisqu'ils l'ont fait le plus invisible des hommes ! Ah ! sa mort, oui ! sa mort me serait moins cruelle, si je savais qu'il eût péri avec ses gens, au pays des Troyens, ou, la guerre finie, dans les bras de ses proches ; car, des Panachéens, il aurait eu sa tombe[61], et quelle grande gloire il léguait à son fils[62] ! Mais, tu vois, les Harpyes[63] l'ont enlevé sans gloire ; il est parti dans l'invisible et l'inconnu, ne me laissant que la douleur et les sanglots. Et, quand je me lamente, ce n'est plus seulement son destin que je pleure : les dieux m'ont préparé d'autres soucis funestes. Tous les chefs, tant qu'ils sont, qui règnent sur nos îles, Doulichion, Samé, Zante la forestière[64], et tous les tyranneaux[65] des monts de notre Ithaque, tous courtisent ma mère et mangent ma maison. Elle, sans repousser un hymen qu'elle abhorre, n'ose pas en finir. Vois-les, à belles dents, dévorer mon avoir ; on les verra bientôt me déchirer moi-même. »

Athéna répondit d'un ton plein de colère :

l'étymologie de leur nom qui, dérivant du verbe *harpazô* (« je vole »), indique leur caractère de ravisseuses. Pour la mort comme une sorte de rapt, cf. Vermeule, 1981.

64. Îles « qui forment le détroit devant l'Élide » selon le poète de l'*Iliade* (II, 625) et qui appartiennent au royaume d'Ulysse. Zante a conservé ce nom jusqu'à nos jours ; Samé, connue de Strabon (X, 2, 10), serait l'actuelle Céphalonie, tandis que les spécialistes ne savent pas précisement où se trouvait Doulichion. Certains pensent que ce nom s'appliquerait à la partie septentrionale de Céphalonie, d'autres à la partie méridionale de Leucade.

65. En grec, le verbe *koiraneô* signifie « commander ». La traduction de V. Bérard est plutôt une interprétation de la situation qui règne à Ithaque.

ΑΘΗ. — "Ω πόποι, ἦ δὴ πολλὸν ἀποιχομένου Ὀδυσῆος
δεύῃ, ὅ κε μνηστῆρσιν ἀναιδέσι χεῖρας ἐφείη.
εἰ γὰρ νῦν ἐλθὼν δόμου ἐν πρώτῃσι θύρῃσι
σταίη, ἔχων πήληκα καὶ ἀσπίδα καὶ δύο δοῦρε,
τοῖος ἐὼν οἷόν μιν ἐγὼ τὰ πρῶτ' ἐνόησα
οἴκῳ ἐν ἡμετέρῳ πίνοντά τε τερπόμενόν τε,
ἐξ Ἐφύρης ἀνιόντα παρ' Ἴλου Μερμερίδαο·
ᾤχετο γὰρ καὶ κεῖσε θοῆς ἐπὶ νηὸς Ὀδυσσεὺς
φάρμακον ἀνδροφόνον διζήμενος, ὄφρά οἱ εἴη
ἰοὺς χρίεσθαι χαλκήρεας· ἀλλ' ὁ μὲν οὔ οἱ
δῶκεν, ἐπεί ῥα θεοὺς νεμεσίζετο αἰὲν ἐόντας·
ἀλλὰ πατήρ οἱ δῶκεν ἐμός· φιλέεσκε γὰρ αἰνῶς.
τοῖος ἐὼν μνηστῆρσιν ὁμιλήσειεν Ὀδυσσεύς·
πάντές κ' ὠκύμοροί τε γενοίατο πικρόγαμοί τε.
ἀλλ' ἤτοι μὲν ταῦτα θεῶν ἐν γούνασι κεῖται,
ἤ κεν νοστήσας ἀποτίσεται, ἦε καὶ οὐκί,
οἷσιν ἐνὶ μεγάροισι· σὲ δὲ φράζεσθαι ἄνωγα
ὅππως κε μνηστῆρας ἀπώσεαι ἐκ μεγάροιο.
εἰ δ' ἄγε νῦν ξυνίει καὶ ἐμῶν ἐμπάζεο μύθων·
αὔριον εἰς ἀγορὴν καλέσας ἥρωας Ἀχαιούς,
μῦθον πέφραδε πᾶσι· θεοὶ δ' ἐπὶ μάρτυροι ἔστων·
μνηστῆρας μὲν ἐπὶ σφέτερα σκίδνασθαι ἄνωχθι·
μητέρα δ', εἴ οἱ θυμὸς ἐφορμᾶται γαμέεσθαι,
ἂψ ἴτω ἐς μέγαρον πατρὸς μέγα δυναμένοιο·

vers 277 : οἱ δὲ γάμον τεύξουσι καὶ ἀρτυνέουσιν ἔεδνα
278 : πολλὰ μάλ' ὅσσα ἔοικε φίλης ἐπὶ παιδὸς ἕπεσθαι

66. Les Anciens discutaient de l'identification de cette ville. En effet, ils la plaçaient soit en Épire, soit en Élide, soit en Argolide, soit ils l'identifiaient à Corinthe qui jadis portait ce nom. Il est probable qu'elle se trouvait en Épire (Threspotie). Sur la question, cf. Ballabriga, 1998, 208-209.

ATHÉNA. – « Oh ! misère ! combien cette absence d'Ulysse te met dans la détresse ! comme ses mains sauraient mater leur impudence ! Je le vois aujourd'hui rentrer en ce logis, debout au premier seuil, casque au front, bouclier et deux piques en mains, tel qu'en notre maison, buvant, plein de gaieté, il m'apparut jadis pour la première fois, à son retour d'Éphyre[66]. Là-bas aussi, un jour, à bord de son croiseur, Ulysse était allé demander à Ilos, le fils de Merméros[67], l'homicide poison, dont il voulait tremper le bronze de ses flèches. L'autre avait refusé, alléguant le respect des dieux toujours vivants. Mon père aimait si fort le tien qu'il l'en munit... Tel qu'alors je le vis, qu'il rentre, cet Ulysse, parler aux prétendants ! tous auront la vie courte et des noces amères. Mais laissons tout cela sur les genoux des dieux : ce manoir verra-t-il son retour, sa vengeance, ou leur impunité ? Je t'engage à chercher comment tu renverras d'ici les prétendants. Il faut me bien comprendre et peser mes paroles : convoque dès demain l'assemblée achéenne ; dis-leur ton mot à tous, en attestant les dieux ; somme-les de rentrer, chacun sur son domaine ! Ta mère, si son cœur la pousse au mariage, s'en ira chez son père[68] : il a dans son logis de quoi la recevoir... Je vois ici des gens pour défrayer la noce et fournir tous cadeaux qu'au père on doit mener pour obtenir sa fille[69]. Toi, j'ai bien réfléchi ; écoute mon

67. Fils de Jason et de Médée, la magicienne fille d'Aiétès et petite-fille du Soleil, Ilos est évoqué uniquement dans ce vers de l'*Odyssée*. Cf. Ballabriga, 1998, 203, n. 2 et 208.

68. Quand une femme devient veuve, elle rentre chez son père pour être donnée à nouveau en mariage. Cependant, si son fils a atteint la majorité, devenant ainsi le chef du foyer, il peut également devenir son *kurios*, son « tuteur ». Sur la question, cf. Lacey, 1966, 55-68.

69. Dans ces vers il est question de la dot que le futur époux devait donner à son beau-père. Certains voient dans cette coutume une façon délicate de dire que le futur époux achetait sa femme. Sur de telles pratiques, cf. Leduc, 1990, 259-316, et Perysinakis, 1991, 297-302.

σοὶ δ' αὐτῷ πυκινῶς ὑποθήσομαι, αἴ κε πίθηαι·
νῆ' ἄρσας ἐρέτῃσιν ἐείκοσιν, ἥ τις ἀρίστη,
ἔρχεο πευσόμενος πατρὸς δὴν οἰχομένοιο,
ἤν τίς τοι εἴπῃσι βροτῶν ἢ ὄσσαν ἀκούσῃς
ἐκ Διός, ἥ τε μάλιστα φέρει κλέος ἀνθρώποισι.
πρῶτα μὲν ἐς Πύλον ἐλθὲ καὶ εἴρεο Νέστορα δῖον,
κεῖθεν δὲ Σπάρτην δὲ παρὰ ξανθὸν Μενέλαον·
ὃς γὰρ δεύτατος ἦλθεν Ἀχαιῶν χαλκοχιτώνων.
εἰ μέν κεν πατρὸς βίοτον καὶ νόστον ἀκούσῃς,
ἦ τ' ἂν τρυχόμενός περ ἔτι τλαίης ἐνιαυτόν·
εἰ δέ κε τεθνηῶτος ἀκούσῃς μηδ' ἔτ' ἐόντος,
νοστήσας δὴ ἔπειτα φίλην ἐς πατρίδα γαῖαν
σῆμά τέ οἱ χεῦαι καὶ ἐπὶ κτέρεα κτερεΐξαι
πολλὰ μάλ', ὅσσα ἔοικε, καὶ ἀνέρι μητέρα δοῦναι.
αὐτὰρ [ἐπὴν δὴ ταῦτα τελευτήσῃς καὶ ἔρξῃς,
φράζεσθαι δὴ ἔπειτα κατὰ φρένα καὶ κατὰ θυμὸν
ὅππως κε μνηστῆρας ἐνὶ μεγάροισι τεοῖσι
κτείνῃς ἠὲ δόλῳ ἢ' ἀμφαδόν. οὐδέ τί σε χρὴ
νηπιάας ὀχέειν, ἐπεὶ οὐκέτι τηλίκος ἐσσί.
οὐκ ἀίεις οἷον κλέος ἔλαβε δῖος Ὀρέστης
πάντας ἐπ' ἀνθρώπους, ἐπεὶ ἔκτανε πατροφονῆα
Αἴγισθον δολόμητιν, ὅ οἱ πατέρα κλυτὸν ἔκτα ;
καὶ σὺ φίλος, — μάλα γάρ σ' ὁρόω καλόν τε μέγαν τε, —
ἄλκιμος ἔσσ', ἵνα τίς σε καὶ ὀψιγόνων ἐὺ εἴπῃ.
αὐτὰρ] ἐγὼν ἐπὶ νῆα θοὴν κατελεύσομαι ἤδη
ἠδ' ἑτάρους, οἵ που με μάλ' ἀσχαλόωσι μένοντες·
σοὶ δ' αὐτῷ μελέτω, καὶ ἐμῶν ἐμπάζεο μύθων.
Τὴν δ' αὖ Τηλέμαχος πεπνυμένος ἀντίον ηὔδα·
ΤΗΛ. — Ξεῖν', ἤτοι μὲν ταῦτα φίλα φρονέων ἀγορεύεις,
ὥς τε πατὴρ ᾧ παιδί, καὶ οὔ ποτε λήσομαι αὐτῶν·
ἀλλ' ἄγε νῦν ἐπίμεινον, ἐπειγόμενός περ ὁδοῖο,
ὄφρα λοεσσάμενός τε ταρπόμενός τε φίλον κῆρ,

70. C'est-à-dire à Sparte.

conseil : équipe le meilleur des bateaux à vingt rames et va-t'en aux nouvelles ; sur ton père, depuis si longtemps disparu, interroge les gens ou recueille de Zeus l'une de ces rumeurs qui remplissent le monde. Va d'abord t'enquérir chez le divin Nestor, à Pylos, puis à Sparte, chez le blond Ménélas[70]: c'est le dernier rentré de tous les Achéens à la cotte de bronze... Si là-bas on t'apprend que ton père survit et qu'il va revenir, attends encor l'année, bien que tu sois à bout. Mais si c'était sa mort, sa disparition, tu reviendrais tout droit à la terre natale, pour lui dresser sa tombe avec tous les honneurs funèbres qu'on lui doit, et puis tu donnerais ta mère à un époux[71]. Ces devoirs accomplis, achevés, tu verras en ton cœur et ton âme comment dans ton manoir tuer les prétendants par la ruse ou la force. Laisse les jeux d'enfants : ce n'est plus de ton âge. Écoute le renom que, chez tous les humains, eut le divin Oreste[72], du jour que, filial vengeur, il eut tué ce cauteleux Égisthe qui lui avait tué le plus noble des pères ! Toi, mon cher, bel et grand comme je te vois là, sois vaillant pour qu'un jour quelque arrière-neveu[73] parle aussi bien de toi... Mais je dois m'en aller, redescendre au croiseur ; mon équipage attend et sans doute maugrée : à part toi, réfléchis et pèse mes paroles. »

Posément, Télémaque la regarda et dit :

TÉLÉMAQUE. – « Je reconnais, mon hôte, en toutes tes paroles, les pensées d'un ami, d'un père pour son fils : je n'en oublierai rien. Mais voyons, reste encor, si pressé que tu sois ! Je t'offrirai le bain, des divertissements et, pour rentrer à bord l'âme toute joyeuse, quelque cadeau

71. Le sens du vers est ambigu : en effet, après avoir conseillé à Télémaque de renvoyer Pénélope chez son père, Athéna affirme qu'il pourrait la donner en mariage.

72. Cf. I, 40 et note.

73. Sur la rénommée et la mémoire, Scodel, 1992, 57-76.

δῶρον ἔχων, ἐπὶ νῆα κίῃς, χαίρων ἐνὶ θυμῷ,
τιμῆεν, μάλα καλόν, ὅ τοι κειμήλιον ἔσται
ἐξ ἐμεῦ, οἷα φίλοι ξεῖνοι ξείνοισι διδοῦσι.
Τὸν δ' ἠμείβετ' ἔπειτα θεὰ γλαυκῶπις Ἀθήνη·
ΑΘΗ.—Μή μ' ἔτι νῦν κατέρυκε λιλαιόμενόν περ ὁδοῖο·
δῶρον δ' ὅττι κέ μοι δοῦναι φίλον ἦτορ ἀνώγῃ,
αὖτις ἀνερχομένῳ δόμεναι οἶκον δὲ φέρεσθαι,
καὶ μάλα καλὸν ἑλών· σοὶ δ' ἄξιον ἔσσετ' ἀμοιβῆς.
Ἡ μὲν ἄρ' ὣς εἰποῦσ' ἀπέβη γλαυκῶπις Ἀθήνη,
ὄρνις δ' ὣς ἀνόπαια διέπτατο, τῷ δ' ἐνὶ θυμῷ
θῆκε μένος καὶ θάρσος ὑπέμνησέν τέ ἑ πατρὸς
μᾶλλον ἔτ' ἢ τὸ πάροιθεν· ὁ δὲ φρεσὶ ᾗσι νοήσας
θάμβησεν κατὰ θυμόν· ὀΐσατο γὰρ θεὸν εἶναι.

ΜΝΗΣΤΗΡΩΝ ΕΥΩΧΙΑ

Αὐτίκα δὲ μνηστῆρας ἐπῴχετο ἰσόθεος φώς·
τοῖσι δ' ἀοιδὸς ἄειδε περικλυτός· οἱ δὲ σιωπῇ
εἵατ' ἀκούοντες· ὁ δ' Ἀχαιῶν νόστον ἄειδε
λυγρόν, ὃν ἐκ Τροίης ἐπετείλατο Παλλὰς Ἀθήνη.
τοῦ δ' ὑπερωιόθεν φρεσὶ σύνθετο θέσπιν ἀοιδὴν
κούρη Ἰκαρίοιο, περίφρων Πηνελόπεια,
κλίμακα δ' ὑψηλὴν κατεβήσετο οἷο δόμοιο,
οὐκ οἴη· ἅμα τῇ γε καὶ ἀμφίπολοι δύ' ἕποντο.

74. Le jeune homme montre clairement qu'il connaît parfaitement les règles de l'hospitalité : les cadeaux sont à la fois marques d'amitié et moyen d'affirmer son rang.

75. Sur le refus d'Athéna, cf. Finley, 1986, 78-79.

de prix[74], quelque beau souvenir qui te reste de moi, comme on doit s'en donner entre hôtes quand on s'aime. »

Athéna, la déesse aux yeux pers, répliqua :

ATHÉNA. – « Non ! ne me garde pas ! je brûle de partir. Le cadeau, que ton cœur t'incite à me donner, je reviendrai le prendre et l'emporter chez moi, et ce beau souvenir, que tu m'auras choisi, te revaudra de moi quelque digne réponse[75]. »

S'éloignant à ces mots, l'Athéna aux yeux pers, comme un oiseau de mer[76], disparut dans l'espace. Au cœur de Télémaque, elle avait éveillé l'énergie et l'audace, en ravivant encor la pensée de son père... En son âme, il comprit, et le cœur étonné, il reconnut le dieu.

LE FESTIN DES PRÉTENDANTS

Cet émule des dieux s'en revenait en hâte auprès des prétendants. Devant eux, le plus grand des aèdes[77] chantait : en silence, ils étaient assis à l'écouter ; il chantait le retour de Troie et les misères que, sur les Achéens, Pallas avait versées. Or, la fille d'Icare[78], la plus sage des femmes, Pénélope, du haut de l'étage, entendait le récit inspiré.

76. À la fin de leur entrevue avec les hommes, les dieux se transforment souvent en oiseaux pour voler vers l'Olympe. Cf., entre autres exemples, *Il.*, VII, 58-60 ; XIV, 290.

77. À vrai dire, dans l'*Odyssée*, le plus grand des aèdes est Démodocos. L'épithète *periklutos*, que V. Bérard traduit par « le plus grand », signifie tout simplement « dont la gloire est immense ».

78. Icare serait le frère de Tyndare. Il aurait eu une autre fille, Iphthimé, évoquée en IV, 797-798.

Ἡ δ' ὅτε δὴ μνηστῆρας ἀφίκετο δῖα γυναικῶν,
στῆ ῥα παρὰ σταθμὸν τέγεος πύκα ποιητοῖο,
ἄντα παρειάων σχομένη λιπαρὰ κρήδεμνα·
ἀμφίπολος δ' ἄρα οἱ κεδνὴ ἑκάτερθε παρέστη·
δακρύσασα δ' ἔπειτα προσηύδα θεῖον ἀοιδόν·
ΠΗΝ. — Φήμιε, πολλὰ γὰρ ἄλλα βροτῶν θελκτήρια οἶδας,
ἔργ' ἀνδρῶν τε θεῶν τε, τά τε κλείουσιν ἀοιδοί·
τῶν ἕν γέ σφιν ἄειδε παρήμενος· οἱ δὲ σιωπῇ
οἶνον πινόντων· ταύτης δ' ἀποπαύε' ἀοιδῆς
λυγρῆς, ἥ τέ μοι αἰὲν ἐνὶ στήθεσσι φίλον κῆρ
τείρει, ἐπεί με μάλιστα καθίκετο πένθος ἄλαστον·
τοίην γὰρ κεφαλὴν ποθέω μεμνημένη αἰεὶ
ἀνδρός, τοῦ κλέος εὐρὺ καθ' Ἑλλάδα καὶ μέσον Ἄργος.
Τὴν δ' αὖ Τηλέμαχος πεπνυμένος ἀντίον ηὔδα·
ΤΗΛ. — Μῆτερ ἐμή, τί τ' ἄρα φθονέεις ἐρίηρον ἀοιδὸν
τέρπειν ὅππῃ οἱ νόος ὄρνυται ; οὔ νύ τ' ἀοιδοὶ
αἴτιοι, ἀλλά ποθι Ζεὺς αἴτιος, ὅς τε δίδωσιν
ἀνδράσιν ἀλφηστῇσιν, ὅπως ἐθέλῃσι, ἑκάστῳ.
τούτῳ δ' οὐ νέμεσις Δαναῶν κακὸν οἶτον ἀείδειν·
τὴν γὰρ ἀοιδὴν μᾶλλον ἐπικλείουσ' ἄνθρωποι,
ἥ τις ἀκουόντεσσι νεωτάτη ἀμφιπέληται.
σοὶ δ' ἐπιτολμάτω κραδίη καὶ θυμὸς ἀκούειν·
οὐ γὰρ Ὀδυσσεὺς οἶος ἀπώλεσε νόστιμον ἦμαρ
ἐν Τροίῃ· πολλοὶ δὲ καὶ ἄλλοι φῶτες ὄλοντο.

vers 356 : ἀλλ' ἐς οἶκον ἰοῦσα τὰ σ' αὐτῆς ἔργα κόμιζε,
357 : ἱστόν τ' ἠλακάτην τε, καὶ ἀμφιπόλοισι κέλευε
358 : ἔργον ἐποίχεσθαι· μῦθος δ' ἄνδρεσσι μελήσει
359 : πᾶσι, μάλιστα δ' ἐμοί· τοῦ γὰρ κράτος ἔστ' ἐνὶ οἴκῳ

79. En refusant ce chant, Pénélope refuse la mort d'Ulysse. Sur la question, cf. Svenbro, 1976, 20, et Monsacré, 1984, 162-163.

80. Dans ces vers, l'Hellade indiquerait le nord de la Grèce et plus particulièrement la Thessalie, alors qu'Argos désignerait non seule-

Descendant de sa chambre par le haut escalier et, pour n'être pas seule, ayant pris avec elle deux de ses chambrières, voici qu'elle arriva devant les prétendants, cette femme divine, et, debout au montant de l'épaisse embrasure, ramenant sur ses joues ses voiles éclatants, tandis qu'à ses côtés, veillaient les chambrières, elle dit, en pleurant, à l'aède divin :

PÉNÉLOPE. – « Phémios, tu connais, pour charmer les humains, bien d'autres aventures dans la geste des dieux et des héros que vont célébrant les aèdes[79]... Chante-leur en quelqu'une et qu'on boive en silence ! Mais ne continue pas ce récit de malheur, dont toujours, en mon sein, mon cœur est torturé. Sur moi, il est si lourd, le deuil intolérable ! quelle tête je pleure, sans pouvoir oublier le héros dont la gloire court à travers l'Hellade et plane sur Argos[80] ! »

Posément, Télémaque la regarda et dit :

TÉLÉMAQUE. – « Tu refuses, ma mère, à l'aède fidèle le droit de nous charmer au gré de son esprit ? Qu'y peuvent les aèdes ? C'est Zeus qui, pouvant tout, donne aux pauvres humains ce qu'il veut pour chacun. N'en veuillons pas à Phémios de nous chanter la triste destinée des héros danaens : le succès va toujours, devant un auditoire, au chant le plus nouveau. Prends donc sur tes pensées et ton cœur de l'entendre. Ulysse, tu le sais, ne fut pas seul à perdre la journée du retour ; en Troade, combien d'autres ont succombé ! Va ! rentre à la maison et reprends tes travaux, ta toile, ta quenouille[81] ; ordonne à tes servantes de se remettre à l'œuvre ; le discours, c'est à nous, les hommes, qu'il revient, mais à moi tout d'abord, qui suis maître céans.

ment l'Argolide mais tout le Péloponnèse. La gloire d'Ulysse plane donc sur tout le territoire des Achéens.

81. Télémaque renvoie sa mère aux métiers propres aux femmes. Sur le tissage, cf. Papadopoulou-Belmehdi, 1994, 43-60.

Ἡ μὲν θαμβήσασα πάλιν οἶκον δὲ βεβήκει·
παιδὸς γὰρ μῦθον πεπνυμένον ἔνθετο θυμῷ.
ἐς δ' ὑπερῷ' ἀναβᾶσα σὺν ἀμφιπόλοισι γυναιξί,
κλαῖεν ἔπειτ' Ὀδυσῆα, φίλον πόσιν, ὄφρα οἱ ὕπνον
ἡδὺν ἐπὶ βλεφάροισι βάλε γλαυκῶπις Ἀθήνη.
Μνηστῆρες δ' ὁμάδησαν ἀνὰ μέγαρα σκιόεντα·
πάντες δ' ἠρήσαντο παρά ⟨ἑ⟩ λέχεσσι κλιθῆναι.
Τοῖσι δὲ Τηλέμαχος πεπνυμένος ἤρχετο μύθων·
ΤΗΛ.— Μητρὸς ἐμῆς μνηστῆρες, ὑπέρβιον ὕβριν ἔχοντες,
νῦν μὲν δαινύμενοι τερπώμεθα, μὴ δὲ βοητὺς
ἔστω, ἐπεὶ τό γε καλὸν ἀκουέμεν ἐστὶν ἀοιδοῦ
τοιοῦδ' οἷος ὅδ' ἐστί, θεοῖσ' ἐναλίγκιος αὐδήν.
ἠῶθεν δ' ἀγορὴν δὲ καθεζώμεσθα κιόντες
πάντες, ἵν' ὕμιν μῦθον ἀπηλεγέως ἀποείπω,
ἐξιέναι μεγάρων· ἄλλας δ' ἀλεγύνετε δαῖτας
ὑμὰ κτήματ' ἔδοντες, ἀμειβόμενοι κατὰ οἴκους·
εἰ δ' ὕμιν δοκέει τόδε λωΐτερον καὶ ἄμεινον
ἔμμεναι, ἀνδρὸς ἑνὸς βίοτον νήποινον ὀλέσσαι,
κείρετ'· ἐγὼ δὲ θεοὺς ἐπιβώσομαι αἰὲν ἐόντας,
αἴ κέ ποθι Ζεὺς δῷσι παλίντιτα ἔργα γενέσθαι·
νήποινοί κεν ἔπειτα δόμων ἔντοσθεν ὄλοισθε.
Ὣς ἔφαθ'· οἱ δ' ἄρα πάντες ὀδὰξ ἐν χείλεσι φύντες
Τηλέμαχον θαύμαζον, ὃ θαρσαλέως ἀγόρευε.
Τὸν δ' αὖτ' Ἀντίνοος προσέφη, Εὐπείθεος υἱός·
ΑΝΤ.— Τηλέμαχ', ἦ μάλα δή σε διδάσκουσιν θεοὶ αὐτοὶ
ὑψαγόρην τ' ἔμεναι καὶ θαρσαλέως ἀγορεύειν.
μὴ σέ γ' ἐν ἀμφιάλῳ Ἰθάκῃ βασιλῆα Κρονίων
ποιήσειεν, ὃ τοι γενεῇ πατρώιόν ἐστι.

82. Télémaque convoque l'assemblée du peuple : dans le monde homérique, les assemblées peuvent être convoquées par tous les rois ou princes sans distinction.

Pénélope, étonnée, rentra dans la maison, le cœur rempli des mots si sages de son fils, et lorsque, à son étage, elle fut remontée avec ses chambrières, elle pleurait encor Ulysse, son époux, à l'heure où la déesse aux yeux pers, Athéna, lui jeta sur les yeux le plus doux des sommeils.

Les prétendants criaient dans l'ombre de la salle et n'avaient tous qu'un vœu : être couchés auprès d'elle.

Télémaque prit posément la parole :

TÉLÉMAQUE. – « Prétendants de ma mère, à l'audace effrénée, ne songeons maintenant qu'aux plaisirs du festin ; trêve de cris ! mieux vaut écouter cet aède ; il est tel que sa voix l'égale aux Immortels ! Mais dès l'aube, demain, je veux qu'à l'agora nous allions tous siéger[82] ; je vous signifierai tout franchement un mot : c'est de vider ma salle ; arrangez-vous ensemble pour banqueter ailleurs et, tour à tour, chez vous ne manger que vos biens ! ou si vous estimez meilleur et plus commode de venir tous, sans risques, ruiner un seul homme, pillez ses vivres ! moi, j'élèverai mon cri aux dieux toujours vivants et nous verrons si Zeus vous paiera de vos œuvres : puissiez-vous sans vengeurs tomber en ce manoir ! »

Il dit. Tous s'étonnaient, les dents plantées aux lèvres, que Télémaque osât parler de si haut !

Alors Antinoos[83], un des fils d'Eupithès :

ANTINOOS. – « Ah ! ces dieux, Télémaque ! ils t'enseignent déjà les prêches d'agora et l'audace en paroles ! Mais toi, régner sur cette Ithaque entre-deux-mers ! Que le fils de Cronos t'épargne ce pouvoir que s'est transmis ta race ! »

83. Le nom de ce personnage signifie « celui dont l'avis est opposé ». Antinoos est avec Eurymaque un des plus assidus prétendants de Pénélope.

Τὸν δ' αὖ Τηλέμαχος πεπνυμένος ἀντίον ηὔδα·
ΤΗΛ. — Ἀντίνο', εἴ πέρ μοι καὶ ἀγάσσεαι ὅττι κε εἴπω,
καί κεν τοῦτ' ἐθέλοιμι Διός γε διδόντος ἀρέσθαι.
ἦ φῄς τοῦτο κάκιστον ἐν ἀνθρώποισι τετύχθαι;
οὐ μὲν γάρ τι κακὸν βασιλευέμεν· αἶψά τέ οἱ δῶ
ἀφνειὸν πέλεται καὶ τιμηέστερος αὐτός.
ἀλλ' ἤτοι βασιλῆες Ἀχαιῶν εἰσὶ καὶ ἄλλοι
πολλοὶ ἐν ἀμφιάλῳ Ἰθάκῃ, νέοι ἠδὲ παλαιοί·
τῶν κέν τις τόδ' ἔχῃσιν, ἐπεὶ θάνε δῖος Ὀδυσσεύς·
αὐτὰρ ἐγὼ οἴκοιο ἄναξ ἔσομ' ἡμετέροιο
[καὶ δμώων, οὕς μοι ληίσσατο δῖος Ὀδυσσεύς].
Τὸν δ' αὖτ' Εὐρύμαχος, Πολύβου παῖς, ἀντίον ηὔδα·
ΕΥΡ. — Τηλέμαχ', ἤτοι ταῦτα θεῶν ἐν γούνασι κεῖται,
ὅς τις ἐν ἀμφιάλῳ Ἰθάκῃ βασιλεύσει Ἀχαιῶν·
κτήματα δ' αὐτὸς ἔχοις καὶ δώμασι σοῖσι ἀνάσσοις.
μὴ γὰρ ὅ γ' ἔλθοι ἀνὴρ ὅς τίς σ' ἀέκοντα βίηφι
κτήματ' ἀπορραίσει', Ἰθάκης γ' ἔτι ναιετοώσης.
ἀλλ' ἐθέλω σε, φέριστε, περὶ ξείνοιο ἔρεσθαι·
ὁππόθεν οὗτος ἀνήρ; ποίης δ' ἐξ εὔχεται εἶναι
γαίης; ποῦ δέ νύ οἱ γενεὴ καὶ πατρὶς ἄρουρα;
ἠέ τιν' ἀγγελίην πατρὸς φέρει ἐρχομένοιο;
ἦ' ἑὸν αὐτοῦ χρεῖος ἐελδόμενος τόδ' ἱκάνει;
οἷον ἀναΐξας ἄφαρ οἴχεται, οὐδ' ὑπέμεινε
γνώμεναι· οὐ μὲν γάρ τι κακῷ εἰς ὦπα ἔοικε.

Τὸν δ' αὖ Τηλέμαχος πεπνυμένος ἀντίον ηὔδα·
ΤΗΛ. — Εὐρύμαχ', ἤτοι νόστος ἀπώλετο πατρὸς ἐμοῖο·
οὔτ' οὖν ἀγγελίῃ ἔτι πείθομαι, εἴ ποθεν ἔλθοι,
οὔτε θεοπροπίης ἐμπάζομαι, ἥν τινα μήτηρ
ἐς μέγαρον καλέσασα θεοπρόπον ἐξερέηται.
ξεῖνος δ' οὗτος ἐμὸς πατρώιος ἐκ Τάφου ἐστί,
Μέντης δ' Ἀγχιάλοιο δαΐφρονος εὔχεται εἶναι
υἱός, ἀτὰρ Ταφίοισι φιληρέτμοισι ἀνάσσει.

Posément, Télémaque le regarda et dit :

TÉLÉMAQUE. – « Écoute, Antinoos ! tu peux trouver mauvais ce que je vais te dire ; mais cette royauté, si Zeus me la donnait, je suis prêt à la prendre ! Tu penses que régner est le pire des sorts ? Régner n'est pas un mal, crois-moi ; tout aussitôt, c'est la maison fournie et l'homme mieux prisé. Mais de rois, notre Ithaque entre-deux-mers foisonne : parmi nos Achéens, jeunes gens et vieillards, qu'un autre soit élu, si vraiment il est mort notre divin Ulysse ; du moins sur ma maison, c'est moi qui régnerai et sur les serviteurs que le divin Ulysse m'acquit en ses croisières. »

Eurymaque[84], un des fils de Polybe, intervint :

EURYMAQUE. – « Télémaque, laissons sur les genoux des dieux le choix de l'Achéen qui doit régner en cette Ithaque-entre-deux-mers. Mais pour tes biens, prends-les et règne en ton manoir : qui viendrait t'expulser, usurper tes domaines, tant qu'il subsistera dans l'île un habitant ? Moi, je voudrais, mon bon, te parler de ton hôte : d'où te venait cet homme ? a-t-il quelque pays de qui se réclamer ? a-t-il ici ou là famille et héritage ? venait-il annoncer le retour de ton père ? venait-il seulement pour ses propres affaires ? Comme il s'est envolé, comme il a disparu, sans nous avoir laissé le temps de le connaître ! pourtant il n'avait pas figure de vilain. »

Posément, Télémaque le regarda et dit :

TÉLÉMAQUE. – « Eurymaque, je sais que c'en est bien fini du retour de mon père ; quel qu'en soit le porteur, j'écarte la nouvelle, pas plus qu'on ne me voit le souci des oracles, quand ma mère au manoir fait venir un devin et veut l'interroger. Cet homme est de Taphos, il se nomme Mentès ; hôte de ma famille, il est fils, et s'en vante, du sage Anchialos ; il règne sur Taphos et sur ses bons rameurs. »

84. Le nom de ce personnage, forgé à partir de *eurus*, « vaste » et de *makhê*, « combat », indique sa nature querelleuse et désagréable.

Ὣς φάτο Τηλέμαχος, φρεσὶ δ' ἀθανάτην θεὸν ἔγνω·
οἱ δ' εἰς ὀρχηστύν τε καὶ ἱμερόεσσαν ἀοιδὴν
τρεψάμενοι τέρποντο, μένον δ' ἐπὶ ἕσπερον ἐλθεῖν.
τοῖσι δὲ τερπομένοισι μέλας ἐπὶ ἕσπερος ἦλθε·
δὴ τότε κακκείοντες ἔβαν οἶκον δὲ ἕκαστος.
Τηλέμαχος δ', ὅθι οἱ θάλαμος περικαλλέος αὐλῆς
ὑψηλὸς δέδμητο περισκέπτῳ ἐνὶ χώρῳ,
ἔνθ' ἔβη εἰς εὐνὴν πολλὰ φρεσὶ μερμηρίζων.
τῷ δ' ἄρ' ἅμ' αἰθομένας δαΐδας φέρε κέδνα ἰδυῖα
Εὐρύκλει', Ὦπος θυγάτηρ Πεισηνορίδαο,
τήν ποτε Λαέρτης πρίατο κτεάτεσσιν ἑοῖσι
πρωθήβην ἔτ' ἐοῦσαν, ἐεικοσάβοια δ' ἔδωκε,
ἶσα δέ μιν κεδνῇ ἀλόχῳ τίεν ἐν μεγάροισιν,
εὐνῇ δ' οὔ ποτ' ἔμικτο, χόλον δ' ἀλέεινε γυναικός.
ἥ οἱ ἅμ' αἰθομένας δαΐδας φέρε καί ἑ μάλιστα
δμῳάων φιλέεσκε καὶ ἔτρεφε τυτθὸν ἐόντα.
ὤιξεν δ' ⟨ὁ⟩ θύρας θαλάμου πύκα ποιητοῖο,
ἕζετο δ' ἐν λέκτρῳ, μαλακὸν δ' ἔκδυνε χιτῶνα
καὶ τὸν μὲν γραίης πυκιμηδέος ἔμβαλε χερσίν.
ἥ μὲν τὸν πτύξασα καὶ ἀσκήσασα χιτῶνα,
πασσάλῳ ἀγκρεμάσασα παρὰ τρητοῖσι λέχεσσι,
βῆ ῥ' ἴμεν ἐκ θαλάμοιο, θύρην δ' ἐπέρυσσε κορώνῃ
ἀργυρέῃ, ἐπὶ δὲ κληῖδ' ἐτάνυσεν ἱμάντι.
Ἔνθ' ὅ γε παννύχιος, κεκαλυμμένος οἰὸς ἀώτῳ,
βούλευε φρεσὶν ᾗσιν ὁδὸν τὴν πέφραδ' Ἀθήνη.

Télémaque parlait ainsi, bien que son cœur eût déjà reconnu la déesse immortelle…

Les autres s'étaient mis, pour attendre le soir, aux plaisirs de la danse et des chansons joyeuses. Sous les ombres du soir, ils s'ébattaient encor ; enfin chacun rentra chez soi pour se coucher.

C'est dans la cour d'honneur qu'était bâtie la chambre où dormait Télémaque, une très haute pièce en place dégagée. C'est là qu'il fut au lit, l'esprit plein de projets, et, devant lui, marchait, pour lui porter les torches, la vieille aux soins aimants, Euryclée[85], fille d'Ops le fils de Pisénor. Toute jeune autrefois, Laërte, de ses biens, l'avait payée vingt bœufs ; il l'avait, au manoir, honorée à l'égal de sa fidèle épouse, mais s'était refusé les plaisirs de son lit, pour ne pas s'attirer les scènes conjugales. C'est elle qui, devant Télémaque, portait les torches allumées : aucune des servantes ne l'aimait autant qu'elle ; tout petit, il avait été son nourrisson. Quand il eut, de la chambre aux solides murailles, ouvert les deux battants, il s'assit sur le lit, tira sa fine robe, la jeta sur les bras de cette vieille femme aux solides conseils, et la vieille, pliant avec grand soin la robe, la pendit au crochet, près du lit ajouré ; puis, sortant de la chambre, elle tira la porte par le corbeau d'argent[86] et fit jouer la barre, en tendant la courroie.

C'est là qu'enveloppé de la plus fine laine, Télémaque rêva pendant toute la nuit au voyage que lui conseillait Athéna.

85. La plus fidèle servante d'Ulysse.

86. Ces portes pouvaient être fermées soit de l'extérieur par une courroie, soit de l'intérieur par une clé.

ΙΘΑΚΗΣΙΩΝ ΑΓΟΡΑ

Ἦμος δ' ἠριγένεια φάνη ῥοδοδάκτυλος Ἠώς,
ὤρνυτ' ἄρ' ἐξ εὐνῆφιν Ὀδυσσῆος φίλος υἱός,
εἵματα ἑσσάμενος, περὶ δὲ ξίφος ὀξὺ θέτ' ὤμῳ,
ποσσὶ δ' ὑπὸ λιπαροῖσιν ἐδήσατο καλὰ πέδιλα,
βῆ δ' ἴμεν ἐκ θαλάμοιο θεῷ ἐναλίγκιος ἄντην,
αἶψα δὲ κηρύκεσσι λιγυφθόγγοισι κέλευσε
κηρύσσειν ἀγορὴν δὲ καρηκομόωντας Ἀχαιούς·
οἱ μὲν ἐκήρυσσον· τοὶ δ' ἠγείροντο μάλ' ὦκα.
Αὐτὰρ ἐπεί ῥ' ἤγερθεν ὁμηγερέες τ' ἐγένοντο,
βῆ ῥ' ἴμεν εἰς ἀγορήν, παλάμῃ δ' ἔχε χάλκεον ἔγχος,
οὐκ οἶος· ἅμα τῷ γε δύω κύνες ἀργοὶ ἕποντο·
θεσπεσίην δ' ἄρα τῷ γε χάριν κατέχευεν Ἀθήνη·
τὸν δ' ἄρα πάντες λαοὶ ἐπερχόμενον θηεῦντο·
ἕζετο δ' ἐν πατρὸς θώκῳ· εἶξαν δὲ γέροντες.

1. Cette formule est utilisée dans les poèmes épiques pour indiquer le passage du temps, et particulièrement l'arrivée d'un nouveau jour qui coïncide souvent avec le début d'un nouvel épisode. Éos, l'Aurore, la fille d'Hypérion et de Théia (Hés., *Th.*, 371-374), est la sœur de Séléné, la lune, et d'Hélios, le soleil dont elle porte la lumière aux hommes.

LE VOYAGE DE TÉLÉMAQUE

L'ASSEMBLÉE D'ITHAQUE

(CHANT II.) Dans son berceau de brume, à peine avait paru l'Aurore aux doigts de roses[1], que le cher fils d'Ulysse passait ses vêtements et, s'élançant du lit, mettait son glaive à pointe autour de son épaule, chaussait ses pieds luisants de ses belles sandales et sortait de sa chambre: on l'eût pris, à le voir, pour un des Immortels.

Aussitôt il donna aux crieurs, ses hérauts[2], l'ordre de convoquer à l'agora les Achéens aux longs cheveux. Hérauts de convoquer et guerriers d'accourir. Quand, le peuple accouru, l'assemblée fut complète, Télémaque vers l'agora se mit en route. Il avait à la main une lance de bronze et, pour n'être pas seul, avait pris avec lui deux de ses lévriers. Athéna le parait d'une grâce céleste. Vers lui, quand il entra, tous les yeux se tournèrent et, pour le faire asseoir au siège de son père, les doyens[3] firent place.

2. Sur le rôle des hérauts, voir I, 143 et note. Télémaque avait la veille annoncé sa volonté de convoquer une assemblée, et c'est en son nom que les hérauts inviteront les gens d'Ithaque, désignés ici comme des guerriers, sorte d'écho des assemblées de l'*Iliade*.

3. Sur le rôle des Anciens dans les assemblées ou conseils, voir Ruzé, 1997, 62-68.

Τοῖσι δ' ἔπειθ' ἥρως Αἰγύπτιος ἦρχ' ἀγορεύειν,
ὃς δὴ γήραϊ κυφὸς ἔην καὶ μυρία ᾔδη·
καὶ γὰρ τοῦ φίλος υἱὸς ἅμ' ἀντιθέῳ Ὀδυσῆι
Ἴλιον εἰς εὔπωλον ἔβη κοίλῃσ' ἐνὶ νηυσίν,
Ἄντιφος αἰχμητής· τὸν δ' ἄγριος ἔκτανε Κύκλωψ
ἐν σπῆι γλαφυρῷ, πύματον δ' ὡπλίσσατο δόρπον·
τρεῖς δέ οἱ ἄλλοι ἔσαν, καὶ ὁ μὲν μνηστῆρσιν ὁμίλει,
Εὐρύνομος· δύο δ' αἰὲν ἔχον πατρώια ἔργα·
ἀλλ' οὐδ' ὧς τοῦ λήθετ' ὀδυρόμενος καὶ ἀχεύων.
Τοῦ ὅ γε δάκρυ χέων ἀγορήσατο καὶ μετέειπε·
ΑΙΓ. — Κέκλυτε δὴ νῦν μευ, Ἰθακήσιοι, ὅττι κε εἴπω·
οὔτε ποθ' ἡμετέρη ἀγορὴ γένετ' οὔτε θόωκος,
ἐξ οὗ Ὀδυσσεὺς δῖος ἔβη κοίλῃσ' ἐνὶ νηυσί·
νῦν δὲ τίς ὧδ' ἤγειρε ; τίνα χρειὼ τόσον ἵκει
ἠὲ νέων ἀνδρῶν ἢ' οἳ προγενέστεροί εἰσιν ;
ἠέ τιν' ἀγγελίην στρατοῦ ἔκλυεν ἐρχομένοιο,
ἥν χ' ἡμιν σάφα εἴποι, ὅτε πρότερός γε πύθοιτο ;
ἠέ τι δήμιον ἄλλο πιφαύσκεται ἠδ' ἀγορεύει ;
ἐσθλός μοι δοκεῖ εἶναι, ὀνήμενος· εἴθε οἱ αὐτῷ
Ζεὺς ἀγαθὸν τελέσειεν ὅ τι φρεσὶ ᾗσι μενοινᾷ.
Ὣς φάτο· χαῖρε δὲ φήμῃ Ὀδυσσῆος φίλος υἱός
οὐδ' ἄρ' ἔτι δὴν ἧστο, μενοίνησεν δ' ἀγορεύειν,
στῆ δὲ μέσῃ ἀγορῇ· σκῆπτρον δέ οἱ ἔμβαλε χειρὶ
κῆρυξ Πεισήνωρ πεπνυμένα μήδεα εἰδώς.
Πρῶτον ἔπειτα γέροντα καθαπτόμενος προσέειπεν·

4. Si ce nom suggère l'intérêt des héros homériques pour l'Égypte, il est important de souligner, avec West, *ad loc.*, qu'il était connu depuis l'époque mycénienne, comme le prouvent les tablettes en linéaire B. Pour l'engouement des Grecs à l'égard de l'Égypte, cf. Hartog, 1996, 49-86.

5. Au chant IX, il n'est pourtant pas question du nom des compagnons d'Ulysse dévorés par le Cyclope.

Ce fut Égyptios[4] qui, le premier, parla, un héros chargé d'ans, qui savait mille choses. Or, il avait un fils, que le divin Ulysse, au creux de ses vaisseaux, lui avait emmené vers Troie la poulinière, le piquier Antiphos[5] qu'au fond de sa caverne, le Cyclope sauvage tua le dernier soir pour s'en faire un souper. Trois garçons lui restaient dont l'un passait ses jours avec les prétendants ; c'était Eurynomos[6] ; les deux derniers géraient les biens de la famille ; mais rien ne pouvait faire oublier l'autre fils à ce père affligé et toujours gémissant.

C'est en pleurant sur lui qu'il leur tint ce discours :

ÉGYPTIOS. – « Gens d'Ithaque, écoutez ! j'ai deux mots à vous dire. Jamais nous n'avons eu assemblée ni conseil, du jour que s'embarqua notre divin Ulysse au creux de ses vaisseaux[7]. Nous voici convoqués : par qui ? en quelle urgence ! De l'armée qui revient, un de nos jeunes gens ou l'un de nos doyens a-t-il à nous donner quelque sûre nouvelle, dont il ait la primeur ? est-ce un autre intérêt du peuple dont il veut discourir et débattre ? Je dis qu'il eut raison : il a fait œuvre bonne ; que Zeus à ses desseins donne l'heureux succès !

Il dit et son souhait ravit le fils d'Ulysse : sans plus rester assis, résolu de parler, il s'avança dans le milieu de l'agora ; debout, il prit le sceptre[8], que lui mettait en main le héraut Pisénor, l'homme aux sages conseils, et, dès les premiers mots, s'adressant au vieillard :

6. Sur ce personnage, voir aussi XXII, 242.

7. C'est-à-dire près de vingt ans.

8. Signe de la royauté, le sceptre est également porté par les prêtres et les hérauts et confère à celui qui le tient à l'assemblée la possibilité de s'exprimer devant ses pairs. Dans l'*Iliade*, c'est le sceptre d'Agamemnon, œuvre d'Héphaïstos (II, 101-108), que tient Ulysse quand il appelle les autres guerriers à l'assemblée (II, 186). Par *skeptoukhoi*, « les rois qui portent le sceptre », le poète de l'*Odyssée* désigne ceux qui détiennent le pouvoir. Sur ce point, cf. Ruzé, 1997, 48-52.

ΤΗΛ.—Ὦ γέρον, οὐχ ἑκὰς οὗτος ἀνήρ, τάχα δ' εἴσεαι αὐτός,
ὃς λαο⟨ὺς⟩ ἤγειρα· μάλιστα δέ μ' ἄλγος ἱκάνει·
οὔτέ τιν' ἀγγελίην στρατοῦ ἔκλυον ἐρχομένοιο,
οὔτέ τι δήμιον ἄλλο πιφαύσκομαι οὐδ' ἀγορεύω,
ἀλλ' ἐμὸν αὐτοῦ χρεῖος, ὅ μοι κακὸν ἔμπεσε οἴκῳ
δοιά· τὸ μὲν πατέρ' ἐσθλὸν ἀπώλεσα, ὅς ποτ' ἐν ὑμῖν
τοίσδεσσιν βασίλευε, πατὴρ δ' ὣς ἤπιος ἦεν·
νῦν δ' αὖ καὶ πολὺ μεῖζον, ὃ δὴ τάχα οἶκον ἅπαντα
πάγχυ διαρραίσει, βίοτον δ' ἀπὸ πάμπαν ὀλέσσει.
μητέρι μοι μνηστῆρες ἐπέχραον οὐκ ἐθελούσῃ,
τῶν ἀνδρῶν φίλοι υἷες, οἳ ἐνθάδε γ' εἰσὶν ἄριστοι.
οἳ πατρὸς μὲν ἐς οἶκον ἀπερρίγασι νέεσθαι
Ἰκαρίου, ὅς κ' αὐτὸς ἐεδνώσαιτο θύγατρα,
δοίη δ' ᾧ κ' ἐθέλοι καί οἱ κεχαρισμένος ἔλθοι·
οἱ δ' εἰς ἡμετέρου πωλεύμενοι ἤματα πάντα,
βοῦς ἱερεύοντες καὶ ὄις καὶ πίονας αἶγας
εἰλαπινάζουσιν πίνουσί τε αἴθοπα οἶνον
μαψιδίως· τὰ δὲ πολλὰ κατάνεται· οὐ γὰρ ἔπ' ἀνήρ,
οἷος Ὀδυσσεύς, ὅς κεν ἀρὴν ἀπὸ οἴκου ἀμύναι.
ἡμεῖς δ' οὔ νύ τι τοῖοι ἀμυνέμεν· ἦ καὶ ἔπειτα
λευγαλέοι τ' ἐσόμεθα καὶ οὐ δεδαηκότες ἀλκήν ;
ἦ τ' ἂν ἀμυναίμην, εἴ μοι δύναμίς γε παρείη·
οὐ γὰρ ἔτ' ἀνσχετὰ ἔργα τετεύχαται· οὐδέ τι καλῶς
οἶκος ἐμὸς διόλωλε. νεμεσσήθητε καὶ αὐτοὶ
ἄλλους τ' αἰδέσθητε περικτίονας ἀνθρώπους,
οἳ περιναιετάουσι, θεῶν δ' ὑποδείσατε μῆνιν,
μή τι μεταστρέψωσιν ἀγασσάμενοι κακὰ ἔργα.
λίσσομαι ἠμὲν Ζηνὸς Ὀλυμπίου ἠδὲ Θέμιστος,

vers 43 : ἥν χ' ὕμιν σάφα εἴπω, ὅτε πρότερός γε πυθοίμην

9. Le discours de Télémaque vise à rendre public, officiel, l'affront qu'il subit quotidiennement.

TÉLÉMAQUE. – « Vieillard, il n'est pas loin, celui que tu demandes, et tu vas le connaître. Je vous ai convoqués, tant je suis dans la peine. De l'armée qui revient, je n'ai pas de nouvelle certaine à vous donner et dont j'aie la primeur, et ce n'est pas non plus un intérêt du peuple dont ici je voudrais discourir et débattre : c'est ma propre détresse et le double malheur tombé sur ma maison. Je n'ai pas seulement perdu mon noble père, votre roi de jadis, qui fut, pour tous ici, le père le plus doux. Voici bien pire encore pour la prompte ruine de toute ma maison et de mes derniers vivres[9].

Je vois ici des gens, de nos gens les plus nobles, dont les chers fils s'acharnent à poursuivre ma mère, malgré tous ses refus. Quelle peur ils lui font de rentrer chez son père Icare[10], en ce manoir, où, fixant les cadeaux[11], il donnerait sa fille, selon son choix[12], à lui, selon ses vœux, à elle ! C'est chez mon père, à moi, qu'ils passent leurs journées à m'immoler bœufs et moutons et chèvres grasses, à boire, en leurs festins, mon vin aux sombres feux, et l'on gâche, et c'est fait du meilleur de mon bien, et pas un homme ici de la valeur d'Ulysse pour défendre mon toit ! Je ne suis pas encore en âge de lutter : serai-je, par la suite, à jamais incapable et novice en courage ? Pourtant, je lutterais, si j'avais les moyens ; car il est survenu des faits intolérables qui, dans le déshonneur, font crouler ma maison. Fâchez-vous donc, vous autres ! ne rougirez-vous pas devant tous nos voisins, les peuples d'alentour ? Ah ! des dieux indignés, craignez que le courroux ne fasse retomber sur vos têtes ces crimes ! Mais, je vous en conjure par le Zeus de

10. Le texte ne dit pas clairement où habite le père de Pénélope. Ces vers, selon les spécialistes, indiqueraient qu'il vit soit à Ithaque, soit dans les environs.

11. Sur la dot, cf. Finley, 1955, 167-194 ; Lacey, 1966, 55-68 ; Mossé, 1983, 20-22 ; Leduc, 1990, et Perysinakis, 1991, 297-302.

12. Cf. I, 275-276 et note.

ἥ τ' ἀνδρῶν ἀγορὰς ἠμὲν λύει ἠδὲ καθίζει·
σχέσθε, φίλοι, καί μ' οἶον ἐάσατε πένθεϊ λυγρῷ
τείρεσθ', εἰ μή που τι πατὴρ ἐμός, ἐσθλὸς Ὀδυσσεύς,
δυσμενέων κάκ' ἔρεζεν ἐυκνήμιδας Ἀχαιούς,
τῶν μ' ἀποτινύμενοι κακὰ ῥέζετε δυσμενέοντες,
τούτους ὀτρύνοντες· ἐμοὶ δέ κε κέρδιον εἴη
ὑμέας ἐσθέμεναι κειμήλιά τε πρόβασίν τε.
εἴ χ' ὑμεῖς γε φάγοιτε, τάχ' ἄν ποτε καὶ τίσις εἴη·
τόφρα γὰρ ἂν κατὰ ἄστυ ποτιπτυσσοίμεθα μύθῳ
χρήματ' ἀπαιτίζοντες, ἕως κ' ἀπὸ πάντα δοθείη·
νῦν δέ μοι ἀπρήκτους ὀδύνας ἐμβάλλετε θυμῷ.
Ὣς φάτο χωόμενος, ποτὶ δὲ σκῆπτρον βάλε γαίῃ
δάκρυ' ἀναπρήσας· οἶκτος δ' ἕλε λαὸν ἅπαντα.
Ἔνθ' ἄλλοι μὲν πάντες ἀκὴν ἔσαν, οὐδέ τις ἔτλη
Τηλέμαχον μύθοισιν ἀμείψασθαι χαλεποῖσιν.
Ἀντίνοος δέ μιν οἶος ἀμειβόμενος προσέειπε·
ANT. — Τηλέμαχ' ὑψαγόρη, μένος ἄσχετε, ποῖον ἔειπες
ἡμέας αἰσχύνων ; ἐθέλοις δέ κε μῶμον ἀνάψαι.
σοὶ δ' ⟨ἀχέων⟩ οὔ τι μνηστῆρές ⟨γ'⟩ αἴτιοί εἰσιν,
ἀλλὰ φίλη μήτηρ, ἥ τοι περὶ κέρδεα οἶδεν.
ἤδη γὰρ τρίτον ἐστὶ ἔτος, τάχα δ' εἶσι τέταρτον,
ἐξ οὗ ἀτέμβει θυμὸν ἐνὶ στήθεσσιν Ἀχαιῶν.
πάντας μὲν ἔλπει καὶ ὑπίσχεται ἀνδρὶ ἑκάστῳ,
ἀγγελίας προϊεῖσα· νόος δέ οἱ ἄλλα μενοινᾷ.
ἡ δὲ δόλον τόνδ' ἄλλον ἐνὶ φρεσὶ μερμήριξε·
στησαμένη μέγαν ἱστὸν ἐνὶ μεγάροισιν ὕφαινε,
λεπτὸν καὶ περίμετρον, ἄφαρ δ' ἡμῖν μετέειπε·

13. Si Zeus apparaît comme le garant de l'ordre dans le monde, Thémis, elle, est le garant des normes morales. Cette déesse, selon Hésiode, aurait été aimée de Zeus et serait devenue sa seconde épouse (cf. Hés., *Th.*, 901). Sur les rapports entre Thémis et la politique, cf. Ruzé, 1997, 29-31.

l'Olympe et par cette Thémis qui convoque ou dissout les assemblées du peuple[13], c'est assez, mes amis ! et qu'on me laisse seul à ronger mon chagrin ! À moins que, par hasard, mon noble père Ulysse ait haï, maltraité les Achéens guêtrés[14] et que, pour me payer en sévices, vos haines lâchent sur moi ces gens... Comme il me vaudrait mieux que ce fût vous, du moins, vous tous, qui me mangiez richesses et troupeaux. Car de vos mangeries, j'aurais tôt le paiement : par la ville, j'irais vous harceler de plaintes, vous réclamer mes biens, tant et tant qu'il faudrait que tout me fût rendu. Mais qui me revaudra les maux dont aujourd'hui vous m'emplissez le cœur ? »

Il dit et, de courroux, jeta le sceptre à terre. Ses pleurs avaient jailli. Pris de pitié, le peuple entier restait muet. Des autres prétendants, personne n'eût osé répondre à Télémaque en paroles amères.

Le seule Antinoos lui vint dire en réponse :

ANTINOOS. – « Quel discours, Télémaque ! ah ! prêcheur d'agora à la tête emportée ! Tu viens nous insulter ! Tu veux nous attacher un infâme renom ! La cause de tes maux, est-ce les prétendants ? Ou ta mère qui, pour la fourbe[15], est sans rivale ? Voilà déjà trois ans, en voici bientôt quatre, qu'elle va, se jouant du cœur des Achéens, donnant à tous l'espoir, envoyant à chacun promesses et messages, quand elle a dans l'esprit de tout autres projets ! Tu sais l'une des ruses qu'avait ourdies son cœur. Elle avait au manoir dressé son grand métier et, feignant d'y tisser un immense linon, nous

14. Les cnémides, guêtres ou jambières, font partie de la panoplie des guerriers achéens auxquels s'applique d'ordinaire cette épithète.

15. Pénélope apparaît comme la ruse au féminin. Sur la question, Papadopoulou-Belmehdi, 1994, particulièrement 27-48.

« Κοῦροι, ἐμοὶ μνηστῆρες, ἐπεὶ θάνε δῖος Ὀδυσσεύς,
μίμνετ' ἐπειγόμενοι τὸν ἐμὸν γάμον, εἰς ὅ κε φᾶρος
ἐκτελέσω, μή μοι μεταμώνια νήματ' ὄληται,
Λαέρτῃ ἥρωι ταφήιον, εἰς ὅτε κέν μιν
μοῖρ' ὀλοὴ καθέλῃσι τανηλεγέος θανάτοιο,
μή τίς μοι κατὰ δῆμον Ἀχαιιάδων νεμεσήσῃ,
αἴ κεν ἄτερ σπείρου κεῖται πολλὰ κτεατίσσας »
Ὣς ἔφαθ'· ἡμῖν δ' αὖτ' ἐπεπείθετο θυμὸς ἀγήνωρ·
ἔνθα καὶ ἠματίη μὲν ὑφαίνεσκεν μέγαν ἱστόν,
νύκτας δ' ἀλλύεσκεν, ἐπὴν δαΐδας παραθεῖτο·
ὣς τρίετες μὲν ἔληθε δόλῳ καὶ ἔπειθεν Ἀχαιούς.
ἀλλ' ὅτε τέτρατον ἦλθε ἔτος καὶ ἐπήλυθον ὧραι,
καὶ τότε δή τις ἔειπε γυναικῶν, ἣ σάφα ᾔδη,
καὶ τήν γ' ἀλλύουσαν ἐφεύρομεν ἀγλαὸν ἱστόν·
ὣς τὸ μὲν ἐξετέλεσσε καὶ οὐκ ἐθέλουσ', ὑπ' ἀνάγκης.
σοὶ δ' ὧδε μνηστῆρες ὑποκρίνονται ἵν' εἰδῇς
αὐτὸς σῷ θυμῷ, εἰδῶσι δὲ πάντες Ἀχαιοί·
μητέρα σὴν ἀπόπεμψον, ἄνωχθι δέ μιν γαμέεσθαι
τῷ ὅτεῳ τε πατὴρ κέλεται καὶ ἁνδάνει αὐτῇ·
εἰ δ' ἔτ' ἀνιήσει γε πολὺν χρόνον υἷας Ἀχαιῶν,
τὰ φρονέουσ' ἀνὰ θυμὸν ἅ οἱ πέρι δῶκεν Ἀθήνη
κέρδεα, οἷ' οὔ πώ τιν' ἀκούομεν οὐδὲ παλαιῶν,
τάων αἳ πάρος ἦσαν ἐυπλοκαμῖδες Ἀχαιαί,
Τυρώ τ' Ἀλκμήνη τε ἐυστέφανός τε Μυκήνη,

vers 117 : ἔργά τ' ἐπίστασθαι περικαλλέα καὶ φρένας ἐσθλὰς
κέρδεά θ'

16. On avait l'habitude d'envelopper les morts dans des linges précieux. Cette tradition, qui se perpétue à Athènes à l'époque archaïque, sera réprimandée par Solon. Sur les accusations qu'Antinoos adresse à Pénélope, et pour le récit de la toile qui revient trois fois dans l'*Odyssée*, voir Bacry, 1991, 11-25, et Papadopoulou-Belmehdi, 1994, 49 sq.

disait au passage : "Mes jeunes prétendants, je sais bien qu'il n'est plus, cet Ulysse divin ! mais, malgré vos désirs de hâter cet hymen, permettez que j'achève : tout ce fil resterait inutile et perdu. C'est pour ensevelir notre seigneur Laërte[16]: quand la Parque[17] de mort viendra tout de son long le coucher au trépas, quel serait contre moi le cri des Achéennes, si cet homme opulent gisait là sans suaire !" Elle disait et nous, à son gré, faisions taire la fougue de nos cœurs. Sur cette immense toile, elle passait les jours. La nuit, elle venait aux torches la défaire. Trois années, son secret dupa les Achéens. Quand vint la quatrième, à ce printemps dernier, nous fûmes avertis par l'une de ses femmes, l'une de ses complices[18]. Alors on la surprit juste en train d'effiler la toile sous l'apprêt et si, bon gré, mal gré, elle dut en finir, c'est que nous l'y forçâmes. Mais toi, des prétendants écoute une réponse qui renseigne ton cœur et qui renseigne aussi tout le peuple achéen. Renvoie d'ici ta mère et dis-lui d'épouser celui qui lui plaira et que voudra son père. Mais à toujours traîner les fils des Achéens, à se fier aux dons qu'Athéna lui prodigue, à son art merveilleux, aux vertus de son cœur, à sa fourbe dont rien n'a jamais approché dans nos récits d'antan d'Achéennes bouclées, ces Alcmène[19], Tyro[20], Mycène

17. En grec *moira*, la « part » qui revient à chacun, et par extension la mort.

18. Probablement Mélanthô, servante infidèle de Pénélope, amoureuse d'Eurymaque qui sera punie par Ulysse lors de son retour. Sur ce personnage, voir particulièrement XVIII, 321-325.

19. Aimée de Zeus, elle est la mère d'Héraclès ; cf. XI, 266-288. Voir aussi Hésiode, fr. 193, 19-20 Merkelbach-West.

20. Mère de Pélias et Œtée, Tyro, la fille de Salmonée, fut aimée de Poséidon. Sur ce personnage, voir aussi, XI, 235-259. Cf. Ballabriga, 1998, 193.

τάων οὔ τις ὁμοῖα νοήματα Πηνελοπείῃ
ᾔδη· ἀτὰρ μὲν τοῦτό γ' ἐναίσιμον οὐκ ἐνόησε·
τόφρα γὰρ οὖν βίοτόν τε τεὸν καὶ κτήματ' ἔδονται,
ὄφρά κε κείνη τοῦτον ἔχῃ νόον, ὅν τινά οἱ νῦν
ἐν στήθεσσι τιθεῖσι θεοί· μέγα μὲν κλέος αὐτῇ
ποιεῖτ', αὐτὰρ σοί γε ποθὴ πολέος βιότοιο.
ἡμεῖς δ' οὔτ' ἐπὶ ἔργα πάρος γ' ἴμεν οὔτέ πῃ ἄλλῃ,
πρίν γ' αὐτὴν γήμασθαι Ἀχαιῶν ᾧ κ' ἐθέλῃσι.
Τὸν δ' αὖ Τηλέμαχος πεπνυμένος ἀντίον ηὔδα·
ΤΗΛ. — Ἀντίνο', οὔ πως ἔστι δόμων ἀέκουσαν ἀπῶσαι
ἥ μ' ἔτεχ', ἥ μ' ἔθρεψε· πατὴρ δ' ἐμὸς ἄλλοθι γαίης·
Ζώει ὅ γ' ἢ τέθνηκε ; κακὸν δέ με πόλλ' ἀποτίνειν
Ἰκαρίῳ, αἴ κ' αὐτὸς ἐγὼν ἀπὸ μητέρα πέμψω.
ἐκ γὰρ ⟨οὗ⟩ πατρὸς κακὰ πείσομαι, ἄλλα δὲ δαίμων
δώσει, ἐπεὶ μήτηρ στυγερὰς ἀρήσετ' Ἐρινῦς
οἴκου ἀπερχομένη· ⟨χαλεπὴ δὲ θεῶν ἔπι μῆνις⟩. 136
ὑμέτερος δ' εἰ μὲν θυμὸς νεμεσίζεται αὐτῶν, 138
ἔξιτέ μοι μεγάρων, ἄλλας δ' ἀλεγύνετε δαῖτας
ὑμὰ κτήματ' ἔδοντες, ἀμειβόμενοι κατὰ οἴκους·
εἰ δ' ὔμιν δοκέει τόδε λωΐτερον καὶ ἄμεινον
ἔμμεναι, ἀνδρὸς ἑνὸς βίοτον νήποινον ὀλέσσαι,
κείρετ'· ἐγὼ δὲ θεοὺς ἐπιβώσομαι αἰὲν ἐόντας,

vers 136 : οἴκου ἀπερχομένη· νέμεσις δέ μοι ἐξ ἀνθρώπων
137 : ἔσσεται· ὣς οὐ τοῦτον ἐγώ ποτε μῦθον ἐνίψω

21. Fille d'Inachos et mère d'Argos, Mycènes est l'éponyme de la ville du même nom. Certains pensent que l'épithète « couronnée » faisait davantage allusion à la ville de Mycènes aux magnifiques murailles cyclopéennes qu'à la fille d'Inachos. Comme le notent les

couronnée[21], dont pas une n'avait l'esprit de Pénélope, il est pourtant un point qu'elle a mal calculé : c'est qu'on te mangera ton avoir et tes vivres tant qu'elle gardera les pensées qu'en son cœur, les dieux mettent encore. Pour elle, grand renom ! pour toi, grande ruine ! Non ! jamais nous n'irons sur nos biens ni ailleurs, avant que, d'un époux, elle-même ait fait choix parmi nos Achéens. »

Posément, Télémaque le regarda et dit :

TÉLÉMAQUE. – « Antinoos, comment chasser de ma maison, contre sa volonté, celle qui me donna le jour et me nourrit ? Si mon père est absent, est-il vivant ou mort ? Et quelle perte encor de rembourser Icare, si c'est moi, de mon chef, qui lui renvoie ma mère[22] ! Car, de son père aussi, me viendraient bien des maux, et, des dieux, d'autres maux, quand ma mère chassée, au seuil de la maison, appellerait sur moi les tristes Érinyes[23]. Non ! le courroux du ciel est trop lourd à porter au seuil de la maison : j'aurais à redouter le châtiment des hommes ; jamais je ne dirai cette parole-là ! Mais vous, si votre cœur redoute encor les dieux, allons ! videz ma salle ; ensemble arrangez-vous pour banqueter ailleurs et chez vous, tour à tour, manger vos propres biens ! ou si vous estimez meilleur et plus commode de venir tous, sans risque, ruiner un seul homme, pillez ses vivres ! Moi, j'élèverai mon cri aux dieux toujours vivants, et nous

commentateurs, ces femmes ne sont pas célèbres pour leur ruse. West, *ad loc.*, suggère que cette liste de femmes du passé serait une sorte d'éloge de Pénélope.

22. S'il prend la décision de renvoyer sa mère chez son grand-père pour qu'il la marie à nouveau, il est obligé de rendre la dot qu'elle avait reçue lors de son mariage.

23. Divinités vengeresses du sang familial. Même quand le sang n'est pas versé, elles peuvent être invoquées contre un fils ou une fille ayant manqué de compassion à l'égard d'un parent.

αἴ κέ ποθι Ζεὺς δῷσι παλίντιτα ἔργα γενέσθαι·
νήποινοί κεν ἔπειτα δόμων ἔντοσθεν ὄλοισθε.
Ὣς φάτο Τηλέμαχος· τῷ δ' αἰετὼ εὐρύοπα Ζεὺς
ὑψόθεν ἐκ κορυφῆς ὄρεος προέηκε πέτεσθαι.
τὼ δ' ἕως μέν ῥ' ἐπέτοντο μετὰ πνοιῇσ' ἀνέμοιο,
πλησίω ἀλλήλοισι τιταινομένω πτερύγεσσιν·
ἀλλ' ὅτε δὴ μέσσην ἀγορὴν πολύφημον ἱκέσθην,
ἔνθ' ἐπιδινηθέντε τιναξάσθην πτερὰ πυκνά,
ἐς δ' ἰδέτην πάντων κεφαλάς, ὄσσοντο δ' ὄλεθρον,
δρυψαμένω δ' ὀνύχεσσι παρειὰς ἀμφί τε δειρὰς
δεξιὼ ἤιξαν διὰ οἰκία καὶ πόλιν αὐτῶν·
θάμβησαν δ' ὄρνιθας, ἐπεὶ ἴδον ὀφθαλμοῖσιν·
ὥρμηναν δ' ἀνὰ θυμὸν ἅ περ τελέεσθαι ἔμελλον.
Τοῖσι δὲ καὶ μετέειπε γέρων ἥρως Ἁλιθέρσης
Μαστορίδης· ὁ γὰρ οἶος ὁμηλικίην ἐκέκαστο
ὄρνιθας γνῶναι καὶ ἐναίσιμα μυθήσασθαι.
Ὁ σφιν ἐυφρονέων ἀγορήσατο καὶ μετέειπε·
ΑΛΙ. — Κέκλυτε δὴ νῦν μευ, Ἰθακήσιοι, ὅττί κε εἴπω·
μνηστῆρσιν δὲ μάλιστα πιφαυσκόμενος τάδε εἴρω·
τοῖσιν γὰρ μέγα πῆμα κυλίνδεται· οὐ γὰρ Ὀδυσσεὺς
δὴν ἀπάνευθε φίλων ὢν ἔσσεται, ἀλλά που ἤδη
ἐγγὺς ἐὼν τοῖσδεσσι φόνον καὶ κῆρα φυτεύει
πάντεσσιν· πολέσιν δὲ καὶ ἄλλοισιν κακὸν ἔσται,
οἳ νεμόμεσθ' Ἰθάκην εὐδείελον. ἀλλὰ πολὺ πρὶν
φραζώμεσθ' ὥς κεν καταπαύσομεν· οἱ δὲ καὶ αὐτοὶ
παυέσθων· καὶ γάρ σφιν ἄφαρ τόδε λώιόν ἐστιν.
οὐ γὰρ ἀπείρητος μαντεύομαι, ἀλλ' ἐὺ εἰδώς·

24. Oiseaux de Zeus, leur vol présage la mort des prétendants. C'est la réponse immédiate aux paroles de Télémaque. Sur ces

verrons si Zeus vous paiera de vos œuvres : puissiez-vous, sans vengeurs, tomber en ce manoir ! »

Télémaque parlait. Deux aigles, qu'envoyait le Zeus à la grand-voix, arrivaient en plongeant du haut de la montagne. D'abord, au fil du vent, ils allaient devant eux et, volant côte à côte, planaient à grandes ailes. Mais bientôt, dominant les cris de l'agora, ils tournèrent sur place, à coups d'aile pressés, et leurs regards, pointés sur les têtes de tous, semblaient darder la mort ; puis, se griffant la face et le col de leurs serres, ils filèrent à droite, au-dessus des maisons et de la ville haute[24]. Les yeux de tous suivaient le terrible présage. Les cœurs se demandaient quelle en serait la suite.

Alors pour leur parler, un héros se leva, le vieil Halithersès[25], un des fils de Mastor. Des hommes de son temps, nul n'était plus habile à savoir les oiseaux et prédire le sort.

C'est pour le bien de tous qu'il prenait la parole :

HALITHERSÈS. – « Gens d'Ithaque, écoutez ! j'ai deux mots à vous dire. Mais c'est aux prétendants surtout que je m'adresse : sur eux, je vois venir la houle du désastre. Ce n'est plus pour longtemps, sachez-le bien, qu'Ulysse est séparé des siens ; il est tout près déjà, plantant à cette bande et le meurtre et la mort, et bien d'autres encor pâtiront parmi nous, qui vivons aujourd'hui en cette aire d'Ithaque... Pendant qu'il en est temps, songeons à les brider ! qu'ils se brident eux-mêmes ! dans leur propre intérêt, c'est le meilleur parti. Car je ne prédis pas en novice : voilà si longtemps que je sais ! C'est moi qui

présages, cf. *Il.*, VIII, 247 ; XXIV, 315. Sur la mantique dans les poèmes homériques, cf. Casevitz, 1992, 81-103.

25. Sur le nom de ce personnage et sur sa fonction, cf. Ambühl, 1998, 96.

καὶ γάρ κείνῳ φημὶ τελευτηθῆναι ἅπαντα
ὥς οἱ ἐμυθεόμην, ὅτε Ἴλιον εἰσανέβαινον
Ἀργεῖοι, μετὰ δέ σφιν ἔβη πολύμητις Ὀδυσσεύς.
φῆν κακὰ πολλὰ παθόντ', ὀλέσαντ' ἄπο πάντας ἑταίρους,
ἄγνωστον πάντεσσιν, ἐεικοστῷ ἐνιαυτῷ
οἴκαδ' ἐλεύσεσθαι· τάδε δὴ νῦν πάντα τελεῖται.

Τὸν δ' αὖτ' Εὐρύμαχος, Πολύβου παῖς, ἀντίον ηὔδα·

ΕΥΡ.— Ὦ γέρον, εἰ δ' ἄγε νῦν μαντεύεο σοῖσι τέκεσσι
οἴκαδ' ἰών, μή πού τι κακὸν πάσχωσιν ὀπίσσω·
ταῦτα δ' ἐγὼ σέο πολλὸν ἀμείνων μαντεύεσθαι·
ὄρνιθες δέ τε πολλοὶ ὑπ' αὐγὰς ἠελίοιο
φοιτῶσ'· οὐ δέ τε πάντες ἐναίσιμοι. αὐτὰρ Ὀδυσσεὺς
ὤλετο τῆλ', ὡς καὶ σὺ καταφθίσθαι σὺν ἐκείνῳ
ὤφελες· οὐκ ἂν τόσσα θεοπροπέων ἀγόρευες,
οὐδέ κε Τηλέμαχον κεχολωμένον ὧδ' ἀνιείης,
σῷ οἴκῳ δῶρον ποτιδέγμενος, αἴ κε πόρῃσιν.
ἀλλ' ἔκ τοι ἐρέω· τὸ δὲ καὶ τετελεσμένον ἔσται·
αἴ κε νεώτερον ἄνδρα παλαιά τε πολλά τε εἰδὼς
παρφάμενος ἐπέεσσιν ἐποτρύνῃς χαλεπαίνειν,
αὐτῷ μέν οἱ πρῶτον ἀνιηρέστερον ἔσται·
πρῆξαι δ' ἔμπης οὔ τι δυνήσεται εἵνεκα τῶνδε·
σοὶ δέ, γέρον, θῳὴν ἐπιθήσομεν, ἥν κ' ἐνὶ θυμῷ
τίνων ἀσχάλλῃς· χαλεπὸν δέ τοι ἔσσεται ἄλγος.
Τηλεμάχῳ δ' ἐν πᾶσιν ἐγὼν ὑποθήσομαι αὐτός·
μητέρα ἣν ἐς πατρὸς ἀνωγέτω ἀπονέεσθαι·
οἱ δὲ γάμον τεύξουσι καὶ ἀρτυνέουσιν ἔεδνα
πολλὰ μάλ', ὅσσα ἔοικε φίλης ἐπὶ παιδὸς ἕπεσθαι·
οὐ γὰρ πρὶν παύσασθαι ὀΐομαι υἷας Ἀχαιῶν

vous le dis : voici que tout arrive de ces prédictions que je lui fis, à lui, lorsque, les Argiens partant pour Ilion et qu'il partit comme eux, cet Ulysse avisé ! Je lui prédis alors tous les maux à souffrir et tous ses gens à perdre, pour ne rentrer chez lui que la vingtième année et méconnu de tous. Aujourd'hui tout s'achève. »

Eurymaque, un des fils de Polybe, intervint :

EURYMAQUE. – « Vieillard, rentre chez toi ! va prédire en famille ! et tâche de songer aux risques de tes proches ! Mes prophéties, à moi, valent cent fois les tiennes. Des oiseaux ? que de vols sous les feux du soleil ! sont-ce tous des présages ? Tu nous parles d'Ulysse : il est mort loin d'ici ! Et que n'as-tu sombré en cette compagnie ! tu te tairais enfin, l'interprète des dieux ; tu n'exciterais plus Télémaque en sa rage. Va voir à la maison s'il t'a fait son cadeau[26] ! Mais, moi, je te préviens et tu verras la chose : si ta vieille sagesse, ta docte fausseté excitent le jeune homme et le font intraitable, c'est à lui tout d'abord qu'il en cuira le plus : pour réussir, il peut compter sur ces oiseaux ! Et toi aussi, vieillard, par une bonne amende, nous briserons ton cœur : payer, cruel chagrin !

À mon tour, devant tous, je veux donner un bon conseil à Télémaque : c'est qu'il renvoie sa mère au manoir paternel. Je vois ici des gens pour défrayer la noce et fournir tous cadeaux qu'au père on doit mener pour obtenir sa fille... C'est alors seulement que nos fils d'Achaïe quitteront, croyez-m'en, l'irritante poursuite.

26. Les devins sont souvent accusés de corruption, raison pour laquelle il est question ici d'un cadeau que Télémaque aurait offert à Halithersès et plus loin d'une amende que les prétendants lui infligeraient.

μνηστύος ἀργαλέης, ἐπεὶ οὔ τινα δείδιμεν ἔμπης,
οὔτ' οὖν Τηλέμαχον, μάλα περ πολύμυθον ἐόντα,
οὔτε θεοπροπίης ἐμπαζόμεθ', ἣν σύ, γεραιέ,
μυθέαι ἀκράαντον, ἀπεχθάνεαι δ' ἔτι μᾶλλον·
κτήματα δ' αὖτε κακῶς βεβρώσεται· οὐδέ ποτ' ἶσα
ἔσσεται, ὄφρά κεν ἥ γε διατρίβῃσιν Ἀχαιοὺς
ὃν γάμον· ἡμεῖς δ' αὖ ποτιδέγμενοι ἤματα πάντα
εἵνεκα τῆς ἀρετῆς ἐριδαίνομεν, οὐδὲ μετ' ἄλλας
ἐρχόμεθ', ἃς ἐπιεικὲς ὀπυιέμεν ἐστὶ ἑκάστῳ.
Τὸν δ' αὖ Τηλέμαχος πεπνυμένος ἀντίον ηὔδα·
ΤΗΛ.—Εὐρύμαχ' ἠδὲ καὶ ἄλλοι ὅσοι μνηστῆρες ἀγαυοί,
ταῦτα μὲν οὐχ ὑμέας ἔτι λίσσομαι οὐδ' ἀγορεύω·
ἤδη γὰρ τὰ ἴσασι θεοὶ καὶ πάντες Ἀχαιοί.
ἀλλ' ἄγε μοι δότε νῆα θοὴν καὶ εἴκοσ' ἑταίρους,
οἵ κέ μοι ἔνθα καὶ ἔνθα διαπρήσσωσι κέλευθον·
εἶμι γὰρ ἐς Σπάρτην τε καὶ ἐς Πύλον ἠμαθόεντα,
νόστον πευσόμενος πατρὸς δὴν οἰχομένοιο,
ἤν τίς μοι εἴπῃσι βροτῶν ἢ ὄσσαν ἀκούσω
ἐκ Διός, ἥ τε μάλιστα φέρει κλέος ἀνθρώποισιν.
εἰ μέν κεν πατρὸς βίοτον καὶ νόστον ἀκούσω,
ἦ τ' ἂν τρυχόμενός περ ἔτι τλαίην ἐνιαυτόν·
εἰ δέ κε τεθνηῶτος ἀκούσω μηδ' ἔτ' ἐόντος,
νοστήσας δὴ ἔπειτα φίλην ἐς πατρίδα γαῖαν
σῆμά τέ οἱ χεύω καὶ ἐπὶ κτέρεα κτερεΐξω
πολλὰ μάλ', ὅσσα ἔοικε, καὶ ἀνέρι μητέρα δώσω.

Nous ne craignons personne[27], et pas plus Télémaque avec tous ses discours que toi-même, bon vieux, avec tes prophéties, dont nul de nous n'a cure... Tu parles dans le vide et ne fais que le rendre encor plus odieux. Ses biens seront toujours mangés à la malheure, et de paiement, jamais ! tant qu'elle traînera les vœux des Achéens à ce jeu de l'hymen, où, déçus chaque jour, nous luttons pour sa gloire, négligeant de chercher ailleurs le beau parti. »

Posément, Télémaque le regarda et dit :

TÉLÉMAQUE. – « Eurymaque et vous tous, illustres prétendants, sur ce premier sujet n'attendez plus de moi prières ni harangues ; c'est fini maintenant : les dieux sont informés, et le peuple achéen ! Mais, voyons, donnez-moi un croiseur[28] et vingt hommes pour m'emmener en un voyage au long des côtes : mon projet est d'aller à la Pylos des Sables, à Sparte, m'enquérir du retour de mon père et, sur sa longue absence, interroger les gens ou recueillir de Zeus l'une de ces rumeurs qui remplissent le monde. Si là-bas j'apprenais que mon père survit et qu'il va revenir, j'attendrais une année, bien que je sois à bout ; mais si c'était sa mort, sa disparition, je reviendrais tout droit à la terre natale lui dresser une tombe avec tous les honneurs funèbres qu'on lui doit, et puis je donnerais ma mère à un époux. »

27. L'arrogance *(hubris)* des prétendants est immense. Dans l'*Odyssée*, elle n'a de comparable que celle de Polyphème qui affirme ne craindre ni les hommes ni les dieux, IX, 274-277. Sur les prétendants, voir, entre autres, Lateiner, 1993, 173-196, et Scheid-Tissinier, 1993, 1-22.

28. Sur ces croiseurs, cf. Casson, 1971, 43 sq. et 220 sq.

Ἤτοι ὅ γ' ὣς εἰπὼν κατ' ἄρ' ἕζετο· τοῖσι δ' ἀνέστη
Μέντωρ, ὅς ῥ' Ὀδυσῆος ἀμύμονος ἦεν ἑταῖρος, 225
καί οἱ ἰὼν ἐν νηυσὶν ἐπέτρεπε οἶκον ἅπαντα. 226
Ὅ σφιν ἐυφρονέων ἀγορήσατο καὶ μετέειπε· 228
ΜΕΝ. — Κέκλυτε δὴ νῦν μευ, Ἰθακήσιοι, ὅττί κε εἴπω
μή τις ἔτι πρόφρων ἀγανὸς καὶ ἤπιος ἔστω 230
σκηπτοῦχος βασιλεύς, μηδὲ φρεσὶν αἴσιμα εἰδώς,
ἀλλ' αἰεὶ χαλεπός τ' εἴη καὶ αἴσυλα ῥέζοι,
ὡς οὔ τις μέμνηται Ὀδυσσῆος θείοιο
λαῶν, οἷσι ἄνασσε, πατὴρ δ' ὣς ἤπιος ἦεν.
ἀλλ' ἤτοι μνηστῆρας ἀγήνορας οὔ τι μεγαίρω 235
ἔρδειν ἔργα βίαια κακορραφίῃσι νόοιο·
σφὰς γὰρ παρθέμενοι κεφαλάς, κατέδουσι βιαίως
οἶκον Ὀδυσσῆος, τὸν δ' οὐκέτι φασὶ νέεσθαι·
νῦν δ' ἄλλῳ δήμῳ νεμεσίζομαι, οἷον ἅπαντες
ἧσθ' ἄνεῳ, ἀτὰρ οὔ τι καθαπτόμενοι ἐπέεσσι 240
παύρους μνηστῆρας καταπαύετε πολλοὶ ἐόντες.
Τὸν δ' Εὐηνορίδης Λειώκριτος ἀντίον ηὔδα·
ΛΕΙ. — Μέντορ ἀταρτηρέ, φρένας ἠλεέ, ποῖον ἔειπες
ἡμέας ὀτρύνων καταπαυέμεν ; ἀργαλέον δὲ
ἀνδράσι καὶ πλεόνεσσι μαχήσασθαι περὶ δαιτί· 245
εἴ περ γάρ κ' Ὀδυσεὺς Ἰθακήσιος αὐτὸς ἐπελθὼν
δαινυμένους κατὰ δῶμα⟨θ' ἑὰ⟩ μνηστῆρας ἀγαυοὺς
ἐξελάσαι μεγάροιο μενοινήσει' ἐνὶ θυμῷ,
οὔ κέν οἱ κεχάροιτο γυνὴ μάλα περ χατέουσα
ἐλθόντ'· ἀλλά κεν αὐτοῦ ἀεικέα πότμον ἐπίσποι, 250
εἰ πλέονές οἱ ἕποιντο. σὺ δ' οὐ κατὰ μοῖραν ἔειπες.

vers 227 : πείθεσθαί τε γέροντι καὶ ἔμπεδα πάντα φυλάσσειν

À ces mots, il s'assit, et Mentor se leva, Mentor, le compagnon que l'éminent Ulysse, au jour de son départ, avait chargé du soin de toute sa maison pour aider le Vieillard et tout garder en place[29].

C'est pour le bien de tous qu'il prenait la parole :

MENTOR. – « Gens d'Ithaque, écoutez ! j'ai deux mots à vous dire. À quoi sert d'être sage, accommodant et doux, lorsque l'on tient le sceptre, et de n'avoir jamais l'injustice en son cœur ? Vivent les mauvais rois et leurs actes impies ! Car est-il souvenir de ce divin Ulysse chez ceux qu'il gouvernait en père des plus doux ? Oh ! je ne m'en prends pas aux fougueux prétendants, ni à leurs coups de force, à leurs trames mauvaises : car eux, ils jouent leurs têtes, quand, forçant et pillant la demeure d'Ulysse, ils pensent que jamais il ne doit revenir. C'est pour l'heure au restant du peuple que j'en ai, à vous tous que je vois rester silencieux, sans un mot pour brider ces quelques prétendants, quand vous êtes le nombre. »

Un des fils d'Événor, Léocrite[30], intervint :

LÉOCRITE. – « Mentor, mauvais langue et tête sans raison ! Voilà un bel appel au peuple contre nous ! Tu voudrais nous brider ! Même en étant le nombre, on trouve dur de guerroyer pour un repas. Tu sais bien que si même, en personne, il rentrait, ton Ulysse d'Ithaque, et si, trouvant à table, en son propre manoir, ces braves prétendants, il lui prenait envie de faire maison nette, ce pourrait n'être pas toute joie pour sa femme, qui se languit si fort de le voir revenir : ce qu'il trouverait là, c'est une mort piteuse, quand encore il aurait tout le nombre à sa suite... Tes discours sont folies ! Mais allons ! Achéens, dispersez-vous ! rentrez, chacun, sur

29. Mentor serait, dans ce sens, l'équivalent de l'aède qu'Agamemnon laissa auprès de sa femme (III, 267-271), lors de son départ pour Troie. Comme lui, Mentor ne semble pas de taille à contrer les prétendants de Pénélope.

30. Sur ce personnage, voir aussi, XXII, 294.

ἀλλ' ἄγε, λαοὶ μὲν σκίδνασθ' ἐπὶ ἔργα ἕκαστος·
τούτῳ δ' ὀτρυνέει Μέντωρ ὁδὸν ἠδ' Ἁλιθέρσης,
οἵ τέ οἱ ἐξ ἀρχῆς πατρώιοί εἰσιν ἑταῖροι.
ἀλλ' ὀίω, καὶ δηθὰ καθήμενος ἀγγελιάων
πεύσεται εἰν Ἰθάκῃ, τελέει δ' ὁδὸν οὔ ποτε ταύτην.
Ὣς ἄρ' ἐφώνησεν, λῦσεν δ' ἀγορὴν αἰψηρήν.
οἱ μὲν ἄρ' ἐσκίδναντο ἑὰ πρὸς δώμαθ' ἕκαστος·
μνηστῆρες δ' ἐς δώματ' ἴσαν θείου Ὀδυσῆος.

[Τηλέμαχος δ' ἀπάνευθε κιὼν ἐπὶ θῖνα θαλάσσης,
χεῖρας νιψάμενος πολιῆς ἁλός, εὔχετ' Ἀθήνῃ·
ΤΗΛ. — Κλῦθί μευ ὃ χθιζὸς θεὸς ἤλυθες ἡμέτερον δῶ
καί μ' ἐν νηὶ κέλευσας ἐπ' ἠεροειδέα πόντον,
νόστον πευσόμενον πατρὸς δὴν οἰχομένοιο,
ἔρχεσθαι· τὰ δὲ πάντα διατρίβουσιν Ἀχαιοί,
μνηστῆρες δὲ μάλιστα, κακῶς ὑπερηνορέοντες.
Ὣς ἔφατ' εὐχόμενος...]

⟨Τηλέμαχος δ' ἀπάνευθε κίεν ἐπὶ θῖνα θαλάσσης
πόλλ' ὀλοφυρόμενος⟩· σχεδόθεν δέ οἱ ἦλθεν Ἀθήνη,
Μέντορι εἰδομένη ἠμὲν δέμας ἠδὲ καὶ αὐδήν,
καί μιν φωνήσασ' ἔπεα πτερόεντα προσηύδα·
ΑΘΗ. — Τηλέμαχ', [οὐδ' ὄπιθεν κακὸς ἔσσεαι οὐδ' ἀνοήμων·
εἰ δή τοι σοῦ πατρὸς ἐνέστακται μένος ἠύ,
οἷος κεῖνος ἔην τελέσαι ἔργον τε ἔπος τε,
οὔ τοι ἔπειθ' ἁλίη ὁδὸς ἔσσεται οὐδ' ἀτέλεστος.
εἰ δ' οὐ κείνου γ' ἐσσὶ γόνος καὶ Πηνελοπείης,
οὔ σέ γ' ἔπειτα ἔολπα τελευτήσειν ἃ μενοινᾷς.
παῦροι γάρ τοι παῖδες ὁμοῖοι πατρὶ πέλονται,

31. La tirade de Léocrite montre clairement que les partisans de Télémaque sont minoritaires : Léocrite exprime tout haut ce que pensent les prétendants et ceux qui les entourent.

vos domaines ! Pour se mettre en chemin, Télémaque a Mentor, ou bien Halithersès, ou quelqu'autre des vieux compagnons de son père. Mais c'est ici, je crois, que sans bouger d'Ithaque, il aura les nouvelles... Non ! ce voyage-là, jamais, au grand jamais, il ne doit l'accomplir ! »

À ces mots, brusquement il leva la séance et le peuple s'en fut, chacun en son logis[31].

Les prétendants rentraient chez le divin Ulysse, Télémaque, à l'écart, s'en allait sur la grève et, se lavant les mains dans la frange d'écume[32], il priait Athéna :

TÉLÉMAQUE. – « Écoute, ô toi, le dieu, qui vins hier chez nous ! Tu m'as dit de voguer dans la brume des mers pour aller m'enquérir du retour de mon père et de sa longue absence. Mais tout cela, les Achéens me l'interdisent, les prétendants surtout, ces tyrans de malheur. »

Comme il priait, il vit s'avancer Athéna. De Mentor, elle avait et l'allure et la voix[33].

Elle prit la parole et dit ces mots ailés :

ATHÉNA. – « Télémaque, en ta vie tu seras brave et sage, si la belle énergie de ton père est en toi ! Ah ! quel homme c'était pour aller jusqu'au bout et de l'œuvre et des dires ! Il faut que ce voyage ait ses fruits et s'achève. Ni Lui ni Pénélope ne seraient tes parents, si je doutais que tu remplisses tes desseins : il est si peu d'enfants à égaler leurs pères ; pour tant qui peuvent moins, combien peu peuvent plus ! Mais je vois qu'en ta vie, tu

32. Pour un parallèle, voir Achille après l'assemblée du chant I de l'*Iliade* où il est humilié par Agamemnon (v. 348 sq.).

33. Sur l'épiphanie d'Athéna, d'abord Mentès puis Mentor, voir Wathelet, 1994, 11-23.

οἱ πλέονες κακίους, παῦροι δέ τε πατρὸς ἀρείους.
ἀλλ' ἐπεὶ] οὐδ' ὄπιθεν κακὸς ἔσσεαι οὐδ' ἀνοήμων,
οὐδέ σε πάγχυ γε μῆτις 'Οδυσσῆος προλέλοιπε·
ἐλπωρή τοι ἔπειτα τελευτῆσαι τάδε ἔργα.
τῶ νῦν μνηστήρων μὲν ἔα βουλήν τε νόον τε
ἀφραδέων, ἐπεὶ οὔ τι νοήμονες οὐδὲ δίκαιοι,
οὐδέ τι ἴσασιν θάνατον καὶ κῆρα μέλαιναν,
ὃς δή σφι σχεδόν ἐστιν, ⟨ἐν'⟩ ἤματι πάντας ὀλέσθαι·
σοὶ δ' ὁδὸς οὐκέτι δηρὸν ἀπέσσεται, ἣν σὺ μενοινᾷς·
τοῖος γάρ τοι ἑταῖρος ἐγὼ πατρώιός εἰμι,
ὅς τοι νῆα θοὴν στελέω καὶ ἅμ' ἕψομαι αὐτός.
ἀλλὰ σὺ μὲν πρὸς δώματ' ἰὼν μνηστῆρσιν ὁμίλει
ὅπλισόν τ' ἤια καὶ ἄγγεσιν ἄρσον ἅπαντα,
οἶνον ἐν ἀμφιφορεῦσι καὶ ἄλφιτα, μυελὸν ἀνδρῶν,
δέρμασιν ἐν πυκινοῖσιν· ἐγὼ δ' ἀνὰ δῆμον ἑταίρους
αἶψ' ἐθελοντῆρας συλλέξομαι· εἰσὶ δὲ νῆες
πολλαὶ ἐν ἀμφιάλῳ 'Ιθάκῃ, νέαι ἠδὲ παλαιαί·
τάων μέν τοι ἐγὼν ἐπιόψομαι ἥ τις ἀρίστη·
ὦκα δ' ἐφοπλίσαντες ἐνήσομεν εὐρέι πόντῳ.
"Ως φάτ' 'Αθηναίη, κούρη Διός· οὐδ' ἄρ' ἔτι δὴν
Τηλέμαχος παρέμιμνεν, ἐπεὶ θεοῦ ἔκλυεν αὐδήν,
βῆ δ' ἴμεναι πρὸς δῶμα, φίλον τετιημένος ἦτορ,
εὗρε δ' ἄρα μνηστῆρας ἀγήνορας ἐν μεγάροισιν
αἶγας ἀνιεμένους σιάλους θ' εὕοντας ἐν αὐλῇ.
'Αντίνοος δ' ἰθὺς γελάσας κίε Τηλεμάχοιο
ἔν τ' ἄρα οἱ φῦ χειρὶ ἔπος τ' ἔφατ' ἔκ τ' ὀνόμαζε·
ΑΝΤ.—Τηλέμαχ' ὑψαγόρη, μένος ἄσχετε, μή τί τοι ἄλλο
ἐν στήθεσσι κακὸν μελέτω ἔργόν τε ἔπος τε·
ἀλλά μοι ἐσθιέμεν καὶ πινέμεν, ὡς τὸ πάρος περ·
ταῦτα δέ τοι μάλα πάντα τελευτήσουσιν 'Αχαιοί,
νῆα καὶ ἐξαίτους ἐρέτας, ἵνα θᾶσσον ἵκηαι
ἐς Πύλον ἠγαθέην μετ' ἀγαυοῦ πατρὸς ἀκουήν.
Τὸν δ' αὖ Τηλέμαχος πεπνυμένος ἀντίον ηὔδα·

seras brave et sage : la prudence d'Ulysse est tout entière en toi ; espérons que tu vas accomplir cette tâche. Laisse les prétendants comploter, combiner : ils n'écoutent, ces fous, ni raison ni justice ; ils ne voient pas la mort, la Parque ténébreuse, qui, tous en un seul jour, vient les ensevelir ! Va donc ! que rien n'entrave ton projet de voyage. Tu sais le compagnon que ton père eut en moi : je t'équipe un croiseur et te suis en personne. Retourne te montrer chez toi aux prétendants ; fais préparer les vivres : que tout soit enfermé, le vin en des amphores, en des sacs de gros cuir la farine qui rend le nerf à l'équipage. Quant aux rameurs, c'est moi qui te vais, dans le peuple, lever des volontaires ; j'aurait tôt fait et notre Ithaque entre-deux-mers a des vaisseaux en nombre : quand, des neufs et des vieux, j'aurai fait la revue, nous armons le meilleur et nous prenons le large ! »

Quand la fille de Zeus eut parlé, Télémaque obéit, sans tarder, à cette voix divine. Il revint au manoir, l'âme toute troublée, et trouva dans la cour les fougueux prétendants, qui flambaient les cochons et dépouillaient les chèvres.

Antinoos riant vint droit à Télémaque, et, lui prenant la main, lui dit et déclara :

ANTINOOS. – « Quel prêcheur d'agora à la tête emportée ! Télémaque, voyons ! laisse là tes projets et tes propos méchants ! Comme aux jours d'autrefois, reviens manger et boire ; les Achéens feront tout ce que tu désires : on te donne un navire et des rameurs de choix ; tu vas pouvoir voler vers la bonne Pylos pour entendre parler de ton illustre père. »

Posément, Télémaque le regarda et dit :

TÉLÉMAQUE. – « Antinoos, merci ! subir vos insolences, me taire en vos festins, jouir et paresser ! Ne

ΤΗΛ.— Ἀντίνο᾽, οὔ πως ἔστιν ὑπερφιάλοισι μεθ᾽ ὑμῖν
δαίνυσθαί τ᾽ ἀκέοντα καὶ εὐφραίνεσθαι ἕκηλον.
ἦ οὐ ἅλις ὡς τὸ πάροιθεν ἐκείρετε πολλὰ καὶ ἐσθλὰ
κτήματ᾽ ἐμά, μνηστῆρες ; ἐγὼ δ᾽ ἔτι νήπιος ἦα·
νῦν δ᾽ ὅτε δὴ μέγας εἰμὶ καὶ ἄλλων μῦθον ἀκούων
πυνθάνομαι καὶ δή μοι ἀέξεται ἔνδοθι θυμός,
πειρήσω ὥς κ᾽ ὔμμι κακὰς ἐπὶ κῆρας ἰήλω,
ἠὲ Πύλον δ᾽ ἐλθὼν ἤ᾽ αὐτοῦ τῷδ᾽ ἐνὶ δήμῳ.
[εἶμι μέν· οὐδ᾽ ἁλίη ὁδὸς ἔσσεται ἣν ἀγορεύω,
ἔμπορος· οὐ γὰρ νηὸς ἐπήβολος οὐδ᾽ ἐρετάων
γίνομαι· ὥς νύ που ὔμμιν ἐείσατο κέρδιον εἶναι.]
Ἦ ῥα καὶ ἐκ χειρὸς χεῖρα σπάσατ᾽ Ἀντινόοιο·
οἱ δ᾽ ἐπελώβευον καὶ κερτόμεον ἐπέεσσιν.
Ὧδε δέ τις εἴπεσκε νέων ὑπερηνορεόντων·
ΧΟΡ.— Ἦ μάλα Τηλέμαχος φόνον ἥμιν μερμηρίζει,
ἤ τινας ἐκ Πύλου ἄξει ἀμύντορας ἠμαθόεντος,
ἤ᾽ ὅ γε καὶ Σπάρτηθεν, ἐπεὶ νύ περ ἵεται αἰνῶς·
ἠὲ καὶ εἰς Ἐφύρην ἐθέλει, πίειραν ἄρουραν,
ἐλθεῖν, ὄφρ᾽ ἔνθεν θυμοφθόρα φάρμακ᾽ ἐνείκῃ,
ἐν δὲ βάλῃ κρητῆρι καὶ ἡμέας πάντας ὀλέσσῃ.
Ἄλλος δ᾽ αὖ εἴπεσκε νέων ὑπερηνορεόντων·
ΧΟΡ.— Τίς οἶδ᾽ εἴ κε καὶ αὐτὸς ἰὼν κοίλης ἐπὶ νηὸς
τῆλε φίλων ἀπόληται ἀλώμενος, ὥς περ Ὀδυσσεύς ;
οὕτω κεν καὶ μᾶλλον ὀφέλλειεν πόνον ἄμμι·

vers 322 : ῥεῖα· μνηστῆρες δὲ δόμον κάτα δαῖτα πένοντο

34. En grec, les Kères. Ces divinités, présentes sur le champ de bataille, se comportent comme des vampires. Avec leurs ongles crochus et leurs dents blanches, elles s'emparent de ceux qui viennent de tomber au combat (Hés., *Bouclier*, 248-257). Cependant, dans l'*Odyssée*, elles peuvent représenter également les maladies qui frap-

vous suffit-il pas d'avoir, ô prétendants, pillé dans mon domaine et le gros et le choix, tant que j'étais enfant ? Maintenant, j'ai grandi ! J'entends autour de moi des mots qui me renseignent ! et j'ai grandi de cœur ! Je veux tout essayer pour déchaîner sur vous les déesses mauvaises[34], soit que j'aille à Pylos, soit que je reste ici, en ce pays d'Ithaque. Je ferai ce voyage, et non sans résultat ; c'est moi qui vous l'annonce. Je trouverai passeur, faute d'avoir à moi le navire et les hommes que votre bon plaisir vient de me refuser. »

Il dit et s'arracha des mains d'Antinoos prestement et pendant qu'à travers le manoir les prétendants couraient préparer le festin. Les autres le raillaient, l'insultaient en paroles.

L'un de ces jeunes fats s'en allait répétant :

LE CHŒUR[35]. – « Gare au meurtre que nous médite Télémaque ! Il va chercher une aide à la Pylos des Sables, peut-être même à Sparte : il en brûle d'envie. Il pourrait bien pousser jusqu'à la grasse Éphyre[36] et nous en rapporter quelques poisons rongeurs : une dose au cratère, et nous voilà tous morts ! »

Un autre jeune fat s'en allait répétant :

LE CHŒUR. – « Peut-on savoir jamais ? qu'il parte, lui aussi, au creux de son vaisseau ; que loin des siens, comme Ulysse, il aille aussi se perdre à l'aventure : il nous vaudrait encore un surcroît de besogne ; c'est tous

pent les mortels et provoquent leur mort (XI, 171). Cf. Vernant, 1985, 45-48 = 1989, 132-133.

35. Interprétation de V. Bérard qui considère que le discours de ce personnage, voire le personnage lui-même, jouerait le même rôle que le chœur des tragédies grecques, ce qui est discutable.

36. Sur les poisons d'Éphyre, voir I, 259 et note.

κτήματα γάρ κεν πάντα δασαίμεθα, οἰκία δ' αὖτε
τούτου μητέρι δοῖμεν ἔχειν ἠδ' ὅς τις ὀπυίοι.
"Ως φάν· ὁ δ' ὑψόφορον θάλαμον κατεβήσετο πατρὸς
εὐρύν, ὅθι νητὸς χρυσὸς καὶ χαλκὸς ἔκειτο
ἐσθής τ' ἐν χηλοῖσι ἅλις τ' εὐῶδες ἔλαιον·
ἐν δὲ πίθοι οἴνοιο παλαιοῦ ἡδυπότοιο
ἕστασαν, ἄκρητον θεῖον ποτὸν ἐντὸς ἔχοντες,
ἑξείης ποτὶ τοῖχον ἀρηρότες, εἴ ποτ' Ὀδυσσεὺς
οἴκαδε νοστήσειε καὶ ἄλγεα πολλὰ μογήσας·
κληισταὶ δ' ἔπεσαν σανίδες πυκινῶς ἀραρυῖαι,
δικλίδες· ἐν δὲ γυνὴ ταμίη νύκτάς τε καὶ ἦμαρ
ἔσχ', ἣ πάντ' ἐφύλασσε νόου πολυΐδρείῃσιν,
Εὐρύκλει', Ὦπος θυγάτηρ Πεισηνορίδαο.
Τὴν τότε Τηλέμαχος προσέφη θάλαμον δὲ καλέσσας·
ΤΗΛ. — Μαῖ', ἄγε δή μοι οἶνον ἐν ἀμφιφορεῦσιν ἄφυσσον
ἡδύν, ὅτις μετὰ τὸν λαρώτατος ὃν σὺ φυλάσσεις
κεῖνον διομένη τὸν κάμμορον, εἴ ποθεν ἔλθοι,
δώδεκα δ' ἔμπλησον καὶ πώμασιν ἄρσον ἅπαντας,
ἐν δέ μοι ἄλφιτα χεῦον ἐυρραφέεσσι δοροῖσι·
εἴκοσι δ' ἔστω μέτρα μυληφάτου ἀλφίτου ἀκτῆς·
αὐτὴ δ' οἴη ἴσθι· τὰ δ' ἀθρόα πάντα τετύχθω·
ἑσπέριος γὰρ ἐγὼν αἱρήσομαι, ὁππότε κεν δὴ
μήτηρ εἰς ὑπερῷ' ἀναβῇ κοίτου τε μέδηται·
εἶμι γὰρ ἐς Σπάρτην τε καὶ ἐς Πύλον ἠμαθόεντα,
νόστον πευσόμενος πατρὸς φίλου, ἤν που ἀκούσω.
"Ως φάτο· κώκυσεν δὲ φίλη τροφὸς Εὐρύκλεια
καί ῥ' ὀλοφυρομένη ἔπεα πτερόεντα προσηύδα·

vers 352 : διογενὴς Ὀδυσεὺς θάνατον καὶ κῆρας ἀλύξας

37. Ces réserves contiennent non seulement les trésors, comme les objets de métal (utilitaires ou d'apparat) ou les tissus fins, mais également les provisions. Dans certaines tablettes en linéaire B, comme celles de Cnossos, était consigné le contenu de ces trésors.

ses biens alors qui viendraient au partage, quand on aurait donné les maisons à sa mère pour habiter avec celui qui l'aurait prise. »

Ils disaient ; mais déjà il était descendu au trésor de son père[37]. En ce vaste cellier, l'or et le bronze en tas, les coffres de tissus et les réserves d'huile, dont l'odeur embaumait, reposaient près des jarres d'un vieux vin de liqueur, alignées et dressées au long de la muraille : ce breuvage de dieu, sans une goutte d'eau, attendait la rentrée d'Ulysse quelque jour, après tant de souffrances ; les portes de bois plein aux solides jointures étaient sous double barre, et, les nuits et les jours, une dame intendante, Euryclée[38], fille d'Ops, le fils de Pisénor, était là qui veillait, l'esprit toujours au guet.

Quand il l'eut fait entrer, Télémaque lui dit :

TÉLÉMAQUE. – « Allons, nourrice, il faut me mettre en des amphores de ton vin le plus doux, du plus fameux après celui que tu conserves pour Lui, le malheureux, si jamais il rentrait, ce rejeton des dieux, Ulysse, réchappé de la mort et des Parques. Emplis-moi douze amphores et les coiffe bien toutes. En de bons sacs de cuir, verse-moi vingt mesures de farine moulue ; je ne veux que la fleur. Garde-moi le secret ; que tout se trouve en tas quand, ce soir, je viendrai moi-même l'enlever, à l'heure où, regagnant son étage, ma mère songe enfin au sommeil… Je veux aller à Sparte, à la Pylos des Sables, m'enquérir, s'il se peut, du retour de mon père. »

Il dit ; mais la nourrice Euryclée fit un cri et, parmi les sanglots, lui dit ces mots ailés :

38. La plus fidèle des servantes d'Ulysse. Cependant, dans les chants suivants, surtout XVII, 495, elle n'est plus l'intendante ni la gardienne des trésors de son maître. Ce rôle est assumé par Eurynomé. La généalogie d'Euryclée semble faire partie des inventions du poète dont le goût pour les catalogues est très prononcé.

ΕΥΡ. — Τίπτε δέ τοι, φίλε τέκνον, ἐνὶ φρεσὶ τοῦτο νόημα
ἔπλετο ; πῇ δ' ἐθέλεις ἰέναι πολλὴν ἐπὶ γαῖαν
μοῦνος ἐών, ἀγαπητός ; ὁ δ' ὤλετο τηλόθι πάτρης
διογενὴς Ὀδυσεὺς ἀλλογνώτῳ ἐνὶ δήμῳ·
οἱ δέ τοι αὐτίκ' ἰόντι κακὰ φράσσονται ὀπίσσω,
ὥς κε δόλῳ φθίῃς· τάδε δ' αὐτοὶ πάντα δάσονται.
ἀλλὰ μέν' αὖθ' ἐπὶ σοῖσι καθήμενος· οὐδέ τί σε χρὴ
πόντον ἐπ' ἀτρύγετον κακὰ πάσχειν οὐδ' ἀλάλησθαι.
Τὴν δ' αὖ Τηλέμαχος πεπνυμένος ἀντίον ηὔδα·
ΤΗΛ. — Θάρσει, μαῖ', ἐπεὶ οὔ τοι ἄνευ θεοῦ ἥδε γε βουλή.
ἀλλ' ὄμοσον μὴ μητρὶ φίλῃ τάδε μυθήσεσθαι,
πρίν γ' ὅτ' ἂν ἑνδεκάτη τε δυωδεκάτη τε γένηται,
ἤ' αὐτὴν ποθέσαι καὶ ἀφορμηθέντος ἀκοῦσαι,
ὡς ἂν μὴ κλαίουσα κατὰ χρόα καλὸν ἰάπτῃ.
Ὣς ἄρ' ἔφη· γρηὸς δὲ θεῶν μέγαν ὅρκον ἀπώμνυ.
αὐτὰρ ἐπεί ῥ' ὄμοσέν τε τελεύτησέν τε τὸν ὅρκον,
αὐτίκ' ἔπειτά οἱ οἶνον ἐν ἀμφιφορεῦσιν ἄφυσσεν,
ἐν δέ οἱ ἄλφιτα χεῦεν ἐυρραφέεσσι δοροῖσι·
Τηλέμαχος δ' ἐς δώματ' ἰὼν μνηστῆρσιν ὁμίλει.
Ἔνθ' αὖτ' ἄλλ' ἐνόησε θεὰ γλαυκῶπις Ἀθήνη·
Τηλεμάχῳ ἐικυῖα κατὰ πτόλιν ᾤχετο πάντῃ,
καί ῥα ἑκάστῳ φωτὶ παρισταμένη φάτο μῦθον,
ἑσπερίους δ' ἐπὶ νῆα θοὴν ἀγέρεσθαι ἀνώγει.
ἡ δ' αὖτε Φρονίοιο Νοήμονα φαίδιμον υἱὸν
ᾔτεε νῆα θοήν· ὁ δέ οἱ πρόφρων ὑπέδεκτο.

39. En effet, quand Pénélope découvrira que son fils est parti, elle versera des larmes semblables à celles du deuil ; cf. IV, 715 sq. et note.

EURYCLÉE. – « Pourquoi, mon cher enfant, pourquoi te mettre en tête une pareille idée ? Tu veux courir le monde alors que nous n'avons plus que toi, mon chéri ! Car notre Ulysse est mort, ce rejeton des dieux ! loin du pays natal, en terres inconnues ! Aussitôt qu'ils sauront ton départ, ils te vont dresser pour le retour quelque embûche mortelle, et voilà tous ces biens qui seront leur partage. Reste sur ton avoir : il n'en faut pas bouger. Tu n'as rien à gagner sur les mers inféconde que souffrances et naufrages. »

Posément, Télémaque la regarda et dit :

TÉLÉMAQUE. – « Nourrice, ne crains rien ! sans un dieu, cette idée ne me fût pas venue. Mais jure de n'en pas souffler mot à ma mère, avant que soient passés quelque onze ou douze jours ..., à moins que me cherchant et qu'apprenant ma fuite, elle n'aille en pleurant lacérer ses beaux traits[39].

Sitôt qu'il eut parlé, la vieille lui prêta le grand serment des dieux[40] et, quand elle eut juré et scellé le serment, elle fut transvaser le vin en des amphores et verser la farine en de bons sacs de cuir, tandis que Télémaque avait, en la grand-salle, rejoint les prétendants.

Cependant Athéna, la déesse aux yeux pers, poursuivait ses desseins : sous les traits de Mentor, elle courait la ville, arrêtait ses rameurs et leur donnait le mot pour que, le soir, on s'assemblât près du croiseur ; un fils de Phronios, l'illustre Noémon[41], lui prêta de grand cœur le vaisseau demandé.

40. Prononcés par les mortels et les immortels, ces serments, où les forces cosmiques sont invoquées, soulignent l'importance d'un événement. Cf. V, 178 sq. ; voir aussi *Il.*, III, 268 sq.

41. Sur ce personnage, cf. IV, 630 sq.

δύσετό τ' ἠέλιος σκιόωντό τε πᾶσαι ἀγυιαί·
καὶ τότε νῆα θοὴν ἅλα δ' εἴρυσε, πάντα δ' ἐν αὐτ⟨ῇ⟩
ὅπλ' ἐτίθει, τά τε νῆες ἐύσσελμοι φορέουσι, 390
στῆσε δ' ἐπ' ἐσχατιῇ λιμένος· περὶ δ' ἐσθλοὶ ἑταῖροι
ἀθρόοι ἠγερέθοντο· θεὰ δ' ὤτρυνε ἕκαστον, 392
βῆ δ' ἴμεναι πρὸς δώματ' Ὀδυσσῆος θείοιο· 394
ἔνθα μνηστήρεσσιν ἐπὶ γλυκὺν ὕπνον ἔχευε, 395
πλάζε δὲ πίνοντας, χειρῶν δ' ἔκβαλλε κύπελλα·
οἱ δ' εὕδειν ὤρνυντο κατὰ πτόλιν, οὐδ' ἄρ' ἔτι δὴν
εἵατ', ἐπεί σφισιν ὕπνος ἐπὶ βλεφάροισιν ἔπιπτεν.
Αὐτὰρ Τηλέμαχον προσέφη γλαυκῶπις Ἀθήνη
ἐκπροκαλεσσαμένη μεγάρων εὐναιετaόντων, 400
Μέντορι εἰδομένη ἠμὲν δέμας ἠδὲ καὶ αὐδήν·
ΑΘΗ. — Τηλέμαχ', ἤδη μέν τοι ἐυκνήμιδες ἑταῖροι
εἵατ' ἐπήρετμοι, τὴν σὴν ποτιδέγμενοι ὁρμήν·
ἀλλ' ἴομεν, μὴ δηθὰ διατρίβωμεν ὁδοῖο.
Ὣς ἄρα φωνήσασ' ἡγήσατο Παλλὰς Ἀθήνη 405
καρπαλίμως· ὁ δ' ἔπειτα μετ' ἴχνια βαῖνε θεοῖο· 406
εὗρον ἔπειτ' ἐπὶ θινὶ καρηκομόωντας ἑταίρους. 408
Τοῖσι δὲ καὶ μετέειφ' ἱερὴ ἲς Τηλεμάχοιο·
ΤΗΛ. Δεῦτε φίλοι, ἤια φερώμεθα· πάντα γὰρ ἤδη 410
ἀθρό' ἐνὶ μεγάρῳ· μήτηρ δ' ἐμὴ οὔ τι πέπυσται,
οὐδ' ἄλλαι δμφαί· μία δ' οἴη μῦθον ἄκουσεν.
Ὣς ἄρα φωνήσας ἡγήσατο· τοὶ δ' ἅμ' ἕποντο.
Οἱ δ' ἄρα πάντα φέροντες ἐυσσέλμῳ ἐνὶ νηὶ
κάτθεσαν, ὡς ἐκέλευσεν Ὀδυσσῆος φίλος υἱός· 415
ἂν δ' ἄρα Τηλέμαχος νηὸς βαῖν'· ἦρχε δ' Ἀθήνη,
νηὶ δ' ἐ⟨π⟩ὶ πρυμνῇ κατ' ἄρ' ἕζετο· ἄγχι δ' ἄρ' αὐτῆς
ἕζετο Τηλέμαχος. τοὶ δὲ πρυμνήσι' ἔλυσαν,
ἂν δὲ καὶ αὐτοὶ βάντες ἐπὶ κληῖσι κάθιζον·
τοῖσιν δ' ἴκμενον οὖρον ἵει γλαυκῶπις Ἀθήνη, 420
ἀκραῆ Ζέφυρον, κελάδοντ' ἐπὶ οἴνοπα πόντον.

vers 393 : ἔνθ' αὖτ' ἄλλ' ἐνόησε θεὰ γλαυκῶπις Ἀθήνη
vers 407 : αὐτὰρ ἐπεί ῥ' ἐπὶ νῆα κατήλυθον ἠδὲ θάλασσαν

Le soleil se couchait, et c'était l'heure où l'ombre emplit toutes les rues : Athéna vint tirer le croiseur à la mer, mit à bord les agrès, que doivent emporter sur leurs bancs les navires, et s'en fut le mouiller à la bouche du port. Là, s'était réuni tout le brave équipage : la déesse eut un mot pour animer chacun ; cependant Athéna, la déesse aux yeux pers, poursuivais ses desseins.

Chez le divin Ulysse, elle revint alors verser aux prétendants le plus doux des sommeils ; la main de ces buveurs trompés lâcha les coupes ; sans plus rester assis, pour s'en aller dormir en ville, ils se levèrent, car déjà le sommeil tombait sur leurs paupières. La déesse aux yeux pers appela Télémaque et, le faisant sortir du grand corps de logis, elle reprit l'allure et la voix de Mentor :

ATHÉNA. – « Télémaque, il est temps ! l'équipage guêtré est aux bancs et n'attend pour pousser que ton ordre. En route ! il ne faut plus différer le départ. »

En parlant, Athéna le menait au plus court : il suivait la déesse et marchait sur ses traces ; descendus au croiseur, ils atteignent la mer. À la grève, on trouva les gars aux longs cheveux.

Sa Force et Sainteté Télémaque leur dit :

TÉLÉMAQUE. – « Par ici, mes amis ! allons chercher les vivres ! Tout est prêt ; au manoir, ils sont mis en un tas. Ma mère ne sait rien, ni les autres servantes ; une seule a le mot. »

Il dit, montrant la route, et ses gens le suivirent. Ils revinrent, portant leurs charges qu'ils posèrent sous les bancs du navire, aux endroits que leur indiquait le fils d'Ulysse. Télémaque embarqua. Toujours le conduisant, Athéna fut s'asseoir sur le gaillard de poupe. Il prit place auprès d'elle. Les amarres larguées, les hommes embarqués, quand chacun à son banc fut assis, Athéna, la déesse aux yeux pers, leur envoya la brise, un droit Zéphyr[42] chantant sur les vagues vineuses. Télémaque

42. Vent d'ouest.

Τηλέμαχος δ' ἑτάροισιν ἐποτρύνας ἐκέλευσεν
ὅπλων ἅπτεσθαι· τοὶ δ' ὀτρύναντος ἄκουσαν,
ἱστὸν δ' εἰλάτινον κοίλης ἔντοσθε μεσόδμης
στῆσαν ἀείραντες, κατὰ δὲ προτόνοισιν ἔδησαν,
ἕλκον δ' ἱστία λευκὰ ἐυστρέπτοισι βοεῦσιν.
ἔπρησεν δ' ἄνεμος μέσον ἱστίον· ἀμφὶ δὲ κῦμα
στείρῃ πορφύρεον μεγάλ' ἴαχε νηὸς ἰούσης· 428
δησάμενοι δ' ἄρα ὅπλα θοὴν ἀνὰ νῆα μέλαιναν
στήσαντο κρητῆρας ἐπιστεφέας οἴνοιο,
λεῖβον δ' ἀθανάτοισι θεοῖσ' αἰειγενέτῃσιν,
ἐκ πάντων δὲ μάλιστα Διὸς γλαυκώπιδι Κούρῃ.

vers 429 : ἡ δ' ἔθεεν κατὰ κῦμα διαπρήσσουσα κέλευθον

empressé commanda la manœuvre ; les hommes, de répondre à son empressement. On dressa le sapin du mât qui fut planté au trou de la coursie. On raidit les étais, et la drisse de cuir hissa les voiles blanches. La brise alors s'en vint taper en pleine toile, et le vaisseau partit dans les bouillons du flot qui sifflait sous l'étrave, et le vaisseau, courant sur le flot, faisait route.

Au long du noir croiseur, quand on eut, pour la mer, saisi tous les agrès, on dressa, pleins de vin jusqu'aux bords, les cratères, pour boire aux Immortels, aux dieux d'éternité, et, plus qu'à tous les autres, à la fille de Zeus, à la Vierge aux yeux pers.

ΤΑ ΕΜ ΠΥΛΩΙ

Παννυχίη μέν ῥ' ἥ γε καὶ ἠῶ πεῖρε κέλευθον·
ἠέλιος δ' ἀνόρουσε λιπὼν περικαλλέα λίμνην,
οὐρανὸν ἐς πολύχαλκον, ἵν' ἀθανάτοισι φαείνῃ
καὶ θνητοῖσι βροτοῖσιν ἐπὶ ζείδωρον ἄρουραν·
οἱ δὲ Πύλον, Νηλῆος ἐυκτίμενον πτολίεθρον,
ἷξον· τοὶ δ' ἐπὶ θινὶ θαλάσσης ἱερὰ ῥέζον,
ταύρους παμμέλανας, Ἐνοσίχθονι κυανοχαίτῃ.
ἐννέα δ' ἕδραι ἔσαν· πεντακόσιοι δ' ἐν ἑκάστῃ
εἵατο καὶ προὔχοντο ἑκάστοθι ἐννέα ταύρους.
εὖθ' οἱ σπλάγχνα πάσαντο, θεῷ δ' ἐπὶ μηρί' ἔκηαν,
οἱ δ' ἰθὺς κατάγοντ' ἠδ' ἱστία νηὸς ἐίσης
στεῖλαν ἀείραντες, τὴν δ' ὅρμισαν, ἐκ δ' ἔβαν αὐτοί·
ἐκ δ' ἄρα Τηλέμαχος νηὸς βαῖν'· ἦρχε δ' Ἀθήνη.
Τὸν προτέρη προσέειπε θεὰ γλαυκῶπις Ἀθήνη·

1. Pour une analyse de ce chant, cf. Lesi, 1993, 1-21.

2. Ancêtre de Nestor, fondateur du *génos* des Néléides qui seraient issus de Poséidon et de Tyro, cf. XI, 253-254.

3. Pour le sacrifice, on choisit souvent des animaux domestiques qui n'ont pas connu le joug et qui n'ont pas de taches. Ici, apparemment, nous assistons à un sacrifice d'action de grâces. Sur les types de sacrifice et leur signification, cf. Jost, 1992, 81-91.

À PYLOS[1]

Pendant toute la nuit, et même après l'aurore, le navire fit route.

(CHANT III.) Quand le soleil levant monta du lac splendide pour éclairer les dieux au firmament de bronze, ainsi que les mortels sur notre terre aux blés, Pylos leur apparut, la ville de Nélée[2] aux solides murailles. Sur la plage, on offrait de noirs taureaux sans tache[3], en l'honneur de Celui qui ébranle le sol, du dieu coiffé d'azur[4]. Sur neuf rangées de bancs, siégeaient les Pyliens, cinq cents hommes par rang, neuf taureaux devant chaque[5]. Ils avaient mis la dent aux premières grillades et faisaient, pour le dieu, brûler les os des cuisses[6], lorsque le fin croiseur accosta droit du large. L'équipage envoya et releva les voiles, puis, en ramant, poussa vers la cale et prit terre.

Télémaque à son tour débarqua du vaisseau. Athéna lui montrait la route et, la première, Athéna, la déesse aux yeux pers, lui disait :

4. Cette épithète de Poséidon est traduite souvent par « à la crinière sombre », puisque en grec *kuanos* indique un bleu foncé qui tire sur le noir, probablement à cause de sa brillance.

5. Dans l'*Il.*, II, 591-602, Nestor a conduit jusqu'à Troie 90 navires venant des 9 cités qui constituent son royaume. Sur l'importance du chiffre 9 dans l'*Odyssée*, cf. Passaloglou, 1994, 17-44.

6. Part d'honneur des dieux : les os sont incorruptibles, immortels. La viande qui nourrit l'homme est en même temps sa mort puisqu'elle contient le germe de la putréfaction. Sur cette question, cf. Vernant, 1990, 139-146.

ΑΘΗ.—Τηλέμαχ', οὐ μέν σε χρὴ ἔτ' αἰδοῦς, οὐδ' ἠβαιόν·
τοὔνεκα γὰρ καὶ πόντον ἐπέπλως, ὄφρα πύθηαι
πατρός, ὅπου κύθε γαῖα καὶ ὅν τινα πότμον ἐπέσπεν.
ἀλλ' ἄγε νῦν ἰθὺς κίε Νέστορος ἱπποδάμοιο
εἴδομεν ἥν τινα μῆτιν ἐνὶ στήθεσσι κέκευθε.
Τὴν δ' αὖ Τηλέμαχος πεπνυμένος ἀντίον ηὔδα·
ΤΗΛ.—Μέντορ, πῶς τ' ἄρ ἴω; πῶς τ' ἄρ προσπτύξομαι αὐτόν;
οὐδέ τί πω μύθοισι πεπείρημαι πυκινοῖσιν·
αἰδὼς δ' αὖ νέον ἄνδρα γεραίτερον ἐξερέεσθαι.
Τὸν δ' αὖτε προσέειπε θεὰ γλαυκῶπις Ἀθήνη·
ΑΘΗ.—Τηλέμαχ', ἄλλα μὲν αὐτὸς ἐνὶ φρεσὶ σῇσι νοήσεις·
ἄλλα δὲ καὶ δαίμων ὑποθήσεται· οὐ γὰρ ὀΐω
οὔ σε θεῶν ἀέκητι γενέσθαί τε τραφέμεν τε.
Ὣς ἄρα φωνήσασ' ἡγήσατο Παλλὰς Ἀθήνη
καρπαλίμως· ὁ δ' ἔπειτα μετ' ἴχνια βαῖνε θεοῖο.
ἷξον δ' ἐς Πυλίων ἀνδρῶν ἄγυρίν τε καὶ ἕδρας,
ἔνθ' ἄρα Νέστωρ ἧστο σὺν υἱάσιν· ἀμφὶ δ' ἑταῖροι
δαῖτ' ἐντυνόμενοι κρέα τ' ὤπτων, ἄλλα τ' ἔπειρον.
οἱ δ' ὡς οὖν ξείνους ἴδον, ἀθρόοι ἦλθον ἅπαντες,
χερσίν τ' ἠσπάζοντο καὶ ἑδριάασθαι ἄνωγον.
Πρῶτος Νεστορίδης Πεισίστρατος ἐγγύθεν ἐλθὼν
ἀμφοτέρων ἕλε χεῖρα καὶ ἵδρυσεν παρὰ δαιτὶ

vers 19 : λίσσεσθαι δέ μιν αὐτόν, ὅπως νημερτέα εἴπῃ·
20 : ψεῦδος δ' οὐ ἐρέει· μάλα γὰρ πεπνυμένος ἐστι

7. La formule *gerenios hippota* apparaît dans l'*Odyssée* comme synonyme de *geron hippêlata* (v. 436, 444). Il faudrait la traduire par « le vieux dresseur de chevaux ». Cf. West, *ad loc.*

8. La sagesse de Nestor est un *topos* et cela depuis l'*Iliade*.

ATHÉNA. – « Télémaque, à présent, tu ne dois plus avoir la moindre fausse honte. Il s'agit de ton père. Tu n'as franchi la mer qu'afin de t'enquérir du sort qu'il a subi, du pays qui le cache. Donc, va droit à Nestor, le dresseur de chevaux[7], et sachons la pensée qu'il enferme en son cœur ! Il faut lui demander de te parler sans feinte ; ne crains pas de mensonge ; il est toute sagesse[8]. »

Posément, Télémaque la regarda et dit :

TÉLÉMAQUE. – « Mentor, tu veux que j'aille et que, moi, je l'aborde ? L'habileté des mots, tu sais, n'est pas mon fait ! et c'est le rouge au front qu'un homme de mon âge interroge un ancien. »

Athéna, la déesse aux yeux pers, répliqua :

ATHÉNA. – « Mais des mots, Télémaque, il t'en viendra du cœur, et quelque bon génie te soufflera le reste ; car les dieux, que je sache, ne t'ont pas empêché de naître et de grandir. »

En parlant, Athéna le menait au plus court ; il suivait la déesse et marchait sur ses traces, vers la sainte assemblée des guerriers de Pylos, jusqu'aux bancs où Nestor siégeait avec ses fils : ses hommes, tout autour, préparaient le festin, qui rôtissant des viandes, qui en embrochant d'autres. Sitot qu'on aperçut les étrangers, la foule s'en vint de toutes parts et, mains tendues, les invitait à prendre place.

Mais ce fut Pisistrate[9], un des fils de Nestor, qui, devançant les autres, vint leur prendre la main. Dans les

9. Dans l'*Iliade*, il ne figure pas parmi les enfants de Nestor. Il est intéressant de noter que Pisistrate est aussi le nom de celui qui deviendra le tyran d'Athènes en 561 et qui appartenait, si l'on en croit Hérodote, V, 65, au *génos* des Néléides. Ces derniers seraient des Ioniens chassés du Péloponnèse lors de l'arrivée des Doriens au moment du retour des Héraclides, soit après la guerre de Troie. À Athènes, le premier roi issu de ce *génos* fut Mélanthos, père de Codros.

κώεσιν ἐν μαλακοῖσιν, ἐπὶ ψαμάθοισ' ἁλίῃσι,
πάρ τε κασιγνήτῳ Θρασυμήδεϊ καὶ πατέρι ᾧ,
δῶκε δ' ἄρα σπλάγχνων μοίρας, ἐν δ' οἶνον ἔχευε
χρυσείῳ δέπαϊ· δειδισκόμενος δὲ προσηύδα
Παλλάδ' Ἀθηναίην, κούρην Διὸς αἰγιόχοιο·
ΠΕΙ. — Εὔχεο νῦν, ὦ ξεῖνε, Ποσειδάωνι ἄνακτι·
τοῦ γὰρ καὶ δαίτης ἠντήσατε δεῦρο μολόντες.
αὐτὰρ ἐπὴν σπείσῃς τε καὶ εὔξεαι, ἣ θέμις ἐστί,
δὸς καὶ τούτῳ ἔπειτα δέπας μελιηδέος οἴνου
σπεῖσαι, ἐπεὶ καὶ τοῦτον ὀΐομαι ἀθανάτοισιν
εὔχεσθαι· πάντες δὲ θεῶν χατέουσ' ἄνθρωποι.
ἀλλὰ νεώτερός ἐστιν· ὁμηλικίη δ' ἐμοὶ αὐτῷ·
τοὔνεκα σοὶ προτέρῳ δώσω χρύσειον ἄλεισον.
Ὣς εἰπὼν ἐν χερσὶ τίθει δέπας ἡδέος οἴνου·
χαῖρε δ' Ἀθηναίη πεπνυμένῳ ἀνδρὶ δικαίῳ,
αὐτίκα δ' εὔχετο πολλὰ Ποσειδάωνι ἄνακτι·
ΑΘΗ. — Κλῦθι, Ποσείδαον γαιήοχε, μηδὲ μεγήρῃς
ἡμῖν εὐχομένοισι τελευτῆσαι τάδε ἔργα.
Νέστορι μὲν πρώτιστα καὶ υἱάσι κῦδος ὄπαζε·
αὐτὰρ ἔπειτ' ἄλλοισι δίδου χαρίεσσαν ἀμοιβὴν
σύμπασιν Πυλίοισιν ἀγακλειτῆς ἑκατόμβης·
δὸς δ' ἔτι Τηλέμαχον καὶ ἐμὲ πρήξαντα νέεσθαι,
οὕνεκα δεῦρ' ἱκόμεσθα θοῇ σὺν νηῒ μελαίνῃ.
Ὣς ἄρ' ἔπειτ' ἠρᾶτο καὶ αὐτὴ πάντα τελεύτα·
δῶκε δὲ Τηλεμάχῳ καλὸν δέπας ἀμφικύπελλον.
ὣς δ' αὔτως ἠρᾶ⟨θ' ὅ γ'⟩ Ὀδυσσῆος φίλος υἱός.
οἱ δ' ἐπεὶ ὤπτησαν κρέ' ὑπέρτερα καὶ ἐρύσαντο,
μοίρας δασσάμενοι δαίνυντ' ἐρικυδέα δαῖτα.
Αὐτὰρ ἐπεὶ πόσιος καὶ ἐδητύος ἐξ ἔρον ἕντο,
τοῖσ' ἄρα μύθων ἦρχε γερήνιος ἱππότα Νέστωρ·

vers 53 : οὕνεκα οἱ προτέρῃ δῶκε χρύσειον ἄλεισον

10. Sur la libation, voir Jouanna, 1992, 406-434.

douces toisons, sur les sables de mer, il leur fit à tous deux une place au festin, entre son père et Thrasymède, un de ses frères, puis leur servit leurs parts des premières grillades et, leur versant du vin dans une coupe d'or, il en fit les honneurs[10] à Pallas Athéna et dit à cette fille de Zeus qui tient l'égide[11] :

PISISTRATE. – « Étranger, prie d'abord Posidon notre roi ; car c'est à son festin qu'ici vous arrivez. Fais les libations ; prie comme il est d'usage ; tu donneras à ton ami la coupe, pour qu'il offre à son tour de ce doux vin de miel ; il doit prier aussi les Immortels, je pense : tout homme n'a-t-il pas même besoin des dieux ? Mais il est ton cadet ; il semble de mon âge ; à toi donc, en premier, je tends la coupe d'or. »

Il dit et lui remit en main la double coupe. La déesse, agréant l'hommage de ce juste, qu'il lui eût en premier tendu la coupe d'or, se hâta d'adresser une longue prière à leur roi Posidon :

ATHÉNA. – « Écoute, ô Posidon, le maître de la terre, et ne refuse pas, lorsque nous t'en prions, d'accomplir nos projets ! À Nestor, à ses fils, donne avant tout la gloire ! Accorde ensuite à tout ce peuple de Pylos quelque grâce en retour de sa noble hécatombe[12] ! Accorde-nous enfin, à Télémaque et moi, de remplir le dessein qui nous a fait venir sur notre noir croiseur ! »

Après cette prière, qu'elle-même exauçait, la déesse remit, aux mains du fils d'Ulysse, la belle double coupe et, comme elle, à son tour, Télémaque pria ; puis, on tira du feu les grosses viandes cuites ; on y trancha les parts, et l'on fut à la joie de ce festin superbe.

Quand on eut satisfait la soif et l'appétit, le vieux maître des chars, Nestor, prit la parole :

11. Le bouclier de Zeus est en peau de chèvre (en grec *aix*) ; il le prête souvent à sa fille Athéna et plus rarement à son fils Apollon, surtout dans l'*Iliade*.

12. En principe, une hécatombe est un sacrifice de cent bœufs. Cependant, ce mot peut être utilisé librement, comme dans ces vers. En effet, au v. 8, il est uniquement question de neuf taureaux.

ΝΕΣ. — Νῦν δὴ κάλλιόν ἐστι μεταλλῆσαι καὶ ἐρέσθαι
ξείνους, οἵ τινές εἰσιν, ἐπεὶ τάρπησαν ἐδωδῆς.
ὦ ξεῖνοι, τίνες ἐστέ; πόθεν πλεῖθ' ὑγρὰ κέλευθα;
ἦ τι κατὰ πρῆξιν ἦ μαψιδίως ἀλάλησθε,
οἷά τε ληιστῆρες, ὑπὲρ ἅλα, τοί τ' ἀλόωνται
ψυχὰς παρθέμενοι, κακὸν ἀλλοδαποῖσι φέροντες;
Τὸν δ' αὖ Τηλέμαχος πεπνυμένος ἀντίον ηὔδα
θαρσήσας· αὐτὴ γὰρ ἐνὶ φρεσὶ θάρσος Ἀθήνη
θῆχ', ἵνα μιν περὶ πατρὸς ἀποιχομένοι' ⟨ἐρέ⟩οιτο· 77
ΤΗΛ. — Ὦ Νέστορ Νηληιάδη, μέγα κῦδος Ἀχαιῶν, 79
εἴρεαι ὁππόθεν εἰμέν· ἐγὼ δέ κέ τοι καταλέξω.
ἡμεῖς ἐξ Ἰθάκης Ὑπονηίου εἰλήλουθμεν·
πρῆξις δ' ἥδ' ἰδίη, οὐ δήμιος, ἣν ἀγορεύω·
πατρὸς ἐμοῦ κλέος εὐρὺ μετέρχομαι, ἤν που ἀκούσω,
δίου Ὀδυσσῆος ταλασίφρονος, ὅν ποτέ φασι
σὺν σοὶ μαρνάμενον Τρώων πόλιν ἐξαλαπάξαι.
ἄλλους μὲν γὰρ πάντας, ὅσοι Τρωσὶν πολέμιζον,
πευθόμεθ', ἧχι ἕκαστος ἀπώλετο λυγρὸν ὄλεθρον·
κείνου δ' αὖ καὶ ὄλεθρον ἀπευθέα θῆκε Κρονίων.
οὐ γάρ τις δύναται σάφα εἰπέμεν ὁππόθ' ὄλωλεν,
εἴ θ' ὅ γ' ἐπ' ἠπείρου δάμη ἀνδράσι δυσμενέεσσιν,
εἴ τε καὶ ἐν πελάγει μετὰ κύμασιν Ἀμφιτρίτης.
τοὔνεκα νῦν τὰ σὰ γούναθ' ἱκάνομαι, αἴ κ' ἐθέλησθα

vers 78 : ἠδ' ἵνα μιν κλέος ἐσθλὸν ἐν ἀνθρώποισιν ἔχῃσιν

13. Sur la piraterie, voir Omerod, 1967, et Souza, 1999.

14. Parfois ce terme désigne la Grèce tout entière, comme en XI, 481. Ici, il signifie tout simplement une contrée du Péloponnèse.

NESTOR. – « S'il est bien un moment d'interroger des hôtes pour en savoir les noms, c'est quand ils ont joui des plaisirs de la table. Mes hôtes, votre nom ? d'où nous arrivez-vous sur les routes des ondes ? faites-vous le commerce ? n'êtes-vous que pirates qui, follement, courez et croisez sur les flots, et, risquant votre vie, vous en allez piller les côtes étrangères[13] ? »

Posément, Télémaque le regarda et dit, plein d'un nouveau courage (Athéna lui mettait au cœur la hardiesse d'interroger Nestor sur l'absent, sur son père et d'acquérir aussi bon renom chez les hommes) :

TÉLÉMAQUE. – « Nestor, fils de Nélée, l'honneur de l'Achaïe[14], puisque tu veux savoir d'où nous sommes, je vais tout au long vous le dire. Nous arrivons d'Ithaque, au pied du mont Néion ; c'est d'une affaire à moi que je viens te parler, ce n'est pas de mon peuple. Je vais de par le monde, cherchant quelques échos du renom de mon père, de ce divin Ulysse, le héros d'endurance[15], qu'au pays des Troyens, tu pus voir, me dit-on, combattre à tes côtés et renverser leur ville. De tous ceux qui sont morts là-bas en combattant, nous savons où chacun trouva la mort funeste. Mais lui ! Zeus a caché jusqu'au bruit de sa mort : nul ne peut préciser comment il succomba, si ce fut au rivage, accablé d'ennemis, ou si ce fut en mer, sous les flots d'Amphitrite[16]. C'est pourquoi tu me vois ici à tes genoux[17] ; voudrais-tu me parler de cette mort funeste ? l'as-tu vue de tes yeux ? en sais-tu quelque

15. Sur cet aspect du caractère d'Ulysse *polutlas*, cf. Pucci, 1995, 75 et n. 10 ; 117 sq.

16. Une des Néréides, épouse de Poséidon, Hés., *Th.*, 243, 930. Chez Homère, ce nom serait un synonyme de la mer.

17. Même si Télémaque n'est pas agenouillé, il utilise cette formule car il est dans la position du suppliant par rapport à Nestor. En effet, son destin est suspendu au retour de son père.

κείνου λυγρὸν ὄλεθρον ἐνισπεῖν, εἴ που ὄπωπας
ὀφθαλμοῖσι τεοῖσιν ἢ ἄλλου μῦθον ἄκουσας
πλαζομένου· πέρι γάρ μιν ὀιζυρὸν τέκε μήτηρ. 96
μηδέ τί μ' αἰδόμενος μειλίσσεο μηδ' ἐλεαίρων,
ἀλλ' εὖ μοι κατάλεξον ὅπως ἤντησας ὀπωπῆς. 97
Τὸν δ' ἠμείβετ' ἔπειτα Γερήνιος ἱππότα Νέστωρ· 102
ΝΕΣ. — Ὦ φίλ', ἐπεί μ' ἔμνησας ὀιζύος, ἣν ἐν ἐκείνῳ
δήμῳ ἀνέτλημεν μένος ἄσχετοι υἷες Ἀχαιῶν,
ἠμὲν ὅσα ξὺν νηυσὶν ἐπ' ἠεροειδέα πόντον 105
πλαζόμενοι κατὰ ληΐδ', ὅπῃ ἄρξειεν Ἀχιλλεύς,
ἠδ' ὅσα καὶ περὶ ἄστυ μέγα Πριάμοιο ἄνακτος
μαρνάμεθ'· ἔνθα δ' ἔπειτα κατέκταθεν ὅσσοι ἄριστοι.
ἔνθα μὲν Αἴας κεῖται ἀρήιος, ἔνθα δ' Ἀχιλλεύς,
ἔνθα δὲ Πάτροκλος, θεόφιν μήστωρ ἀτάλαντος, 110
ἔνθα δ' ἐμὸς φίλος υἱός, ἅμα κρατερὸς καὶ ἀταρβής,
Ἀντίλοχος, πέρι μὲν θείειν ταχὺς ἠδὲ μαχητής·
ἄλλά τε πόλλ' ἐπὶ τοῖς πάθομεν κακά· τίς κεν ἐκεῖνα
πάντά γε μυθήσαιτο καταθνητῶν ἀνθρώπων ;

vers 98 : λίσσομαι, εἴ ποτέ τοί τι πατὴρ ἐμός, ἐσθλὸς Ὀδυσσεύς,
99 : ἢ ἔπος ἠέ τι ἔργον ὑποστὰς ἐξετέλεσσε
100 : δήμῳ ἔνι Τρώων, ὅθι πάσχετε πήματ' Ἀχαιοί·
101 : τῶν νῦν μοι μνῆσαι καί μοι νημερτὲς ἐνίσπες

18. Si, dans l'*Iliade*, Agamemnon est le chef suprême, les propos de Nestor montrent que le poète de l'*Odyssée* préfère donner à Achille ce rôle, souligné d'ailleurs en XI, 484-486.

19. Fils de Télamon, ce héros originaire de Salamine est dit le meilleur des Achéens après Achille (*Il.*, II, 768-769). Il se donne la mort après le conflit qui l'oppose à Ulysse pour les armes d'Achille. Cet épisode dont on trouve également un écho en XI, 553-562 était raconté dans la *Petite Iliade*, puis dans l'*Ajax* de Sophocle.

20. Épithète attribuée dans l'*Iliade* aux héros dont la fougue au combat est admirable, comparable à celle du dieu qui préside à la violence des combats. Sur cette divinité, cf. Burkert, 1985, 169-170.

chose de l'un de nos errants ? c'est le plus malheureux qui soit né d'une femme... Ne mets ni tes égards ni ta compassion à m'adoucir les choses. Mais dis-moi point par point ce que tes yeux ont vu. Aussi je t'en conjure par tout ce que mon père, cet Ulysse vaillant, a pu dire, entreprendre et, suivant sa promesse, réussir pour ta cause, au pays des Troyens, au temps de vos épreuves, à vous, gens d'Achaïe ! L'heure est enfin venue pour moi qu'il t'en souvienne ; dis-moi la vérité ! »

Le vieux maître des chars, Nestor, lui répondit :

NESTOR. – « Ah ! mon ami, tu viens d'évoquer la misère qu'au pays de là-bas nous avons endurée, et l'obstination de nos fils d'Achaïe, et tant d'embarquements dans la brume des mers pour croiser et piller au premier mot d'Achille[18], et tant de longs combats pour assaillir la grand-ville du roi Priam ! Là-bas ont succombé les meilleurs de nos gens. Oui ! c'est là-bas que gît Ajax[19], cet autre Arès[20] ! là-bas que gît Achille[21] ! là-bas que gît Patrocle[22], un dieu par la sagesse à l'heure du conseil ! et là-bas gît aussi mon fils, mon intrépide et robuste Antiloque, le roi de nos coureurs et de nos combattants[23] ! Car nous avons connu ces maux et combien d'autres ! Quel homme, avant sa mort, aurait jamais le temps de les raconter tous ?

21. L'*Iliade* ne raconte pas la mort d'Achille, même si elle est annoncée à maintes reprises. Elle n'est pas non plus décrite dans l'*Odyssée* où il est fait mention de ses funérailles (XIV, 35-95).

22. Fidèle compagnon d'Achille tué par Hector. Sur sa mort, voir XVI, 777 sq.

23. Fils de Nestor, tué par le fils d'Aurore, le prince éthiopien Memnon. Sa mort était racontée dans l'*Éthiopide*. Dans l'*Iliade*, il participe aux jeux funèbres en l'honneur de Patrocle (course de chars et course à pieds), sans pour autant obtenir la victoire. Cf. XXIII, 262 sq. et XXIII, 740-797.

οὐδ' εἰ πεντάετές γε καὶ ἑξάετες παραμίμνων
ἐξερέοις ὅσα κεῖθι πάθον κακὰ δῖοι Ἀχαιοί,
πρίν κεν ἀνιηθεὶς σὴν πατρίδα γαῖαν ἵκοιο.
εἰνάετες γάρ σφιν κακὰ ῥάπτομεν ἀμφιέποντες
παντοίοισι δόλοισι· μόγις δ' ἐτέλεσε Κρονίων.
ἔνθ' οὔ τίς ποτε μῆτιν ὁμοιωθήμεναι ἄντην
ἤθελ', ἐπεὶ μάλα πολλὸν ἐνίκα δῖος Ὀδυσσεὺς
παντοίοισι δόλοισι, πατὴρ τεός, εἰ ἐτεόν γε
κείνου ἔκγονός ἐσσι· σέβας μ' ἔχει εἰσορόωντα.
ἦτοι γὰρ μῦθοί γε ἐοικότες· οὐδέ κε φαίης
ἄνδρα νεώτερον ὧδε ἐοικότα μυθήσασθαι.
ἔνθ' ἦτοι εἵως μὲν ἐγὼ καὶ δῖος Ὀδυσσεὺς
οὔτέ ποτ' ἐν ἀγορῇ δίχ' ἐβάζομεν οὔτ' ἐνὶ βουλῇ,
ἀλλ' ἕνα θυμὸν ἔχοντε νόῳ καὶ ἐπίφρονι βουλῇ
φραζόμεθ' Ἀργείοισιν ὅπως ὄχ' ἄριστα γένοιτο.
αὐτὰρ ἐπεὶ Πριάμοιο πόλιν διεπέρσαμεν αἰπ⟨ύ⟩ν,
καὶ τότε δὴ Ζεὺς λυγρὸν ἐνὶ φρεσὶ μήδετο νόστον
Ἀργείοισ', ἐπεὶ οὔ τι νοήμονες οὐδὲ δίκαιοι
πάντες ἔσαν· τώ σφεων πολέες κακὸν οἶτον ἐπέσπον
μήνιος ἐξ ὀλοῆς γλαυκώπιδος Ὀβριμοπάτρης,
ἥ τ' ἔριν Ἀτρεΐδῃσι μετ' ἀμφοτέροισιν ἔθηκε.
τὼ δὲ καλεσσαμένω ἀγορὴν ἐς πάντας Ἀχαιούς,
μάψ, ἀτὰρ οὐ κατὰ κόσμον, ἐς ἠέλιον καταδύντα,
— οἱ δ' ἦλθον οἴνῳ βεβαρηότες υἷες Ἀχαιῶν, —
μῦθον μυθείσθην, τοῦ εἵνεκα λαὸν ἄγειραν·

vers 131 : βῆμεν δ' ἐν νήεσσι, θεὸς δ' ἐκέδασσεν Ἀχαιούς

24. Les raisons de la colère d'Athéna contre les Achéens ne sont pas racontées dans les poèmes homériques. Dans l'*Ilioupersis*, il est question des actes sacrilèges qu'ils commirent lors de la prise de Troie. En effet, le vol du Palladion, le viol de Cassandre par Ajax, fils

Tu pourrais demeurer chez moi cinq ans, six ans à me faire conter ce qu'ont souffert là-bas nos divins Achéens : avant de tout savoir, tu rentrerais, lassé, au pays de tes pères. Neuf ans, sans desserrer notre cercle d'embûches, nous leur avons cousu pièce à pièce les maux : neuf ans, avant que Zeus nous quittât le succès ! Devant ton père, alors, le plus ingénieux se déclarait vaincu ; il l'emportait sur tous, en ruses infinies, cet Ulysse divin... Ton père ! tu serais vraiment son fils ? Lui ? Mais ta vue me confond ! Mêmes mots..., même tact ! Comment peut-on, si jeune, à ce point refléter le langage d'un père. Moi, tout ce temps là-bas, jamais je n'eus avec cet Ulysse divin le moindre différend. Assemblée ou conseil, quand nous tenions séance avec les Argiens, nous avions même cœur, même esprit, mêmes vœux : le plein succès de tous.

Quand sur sa butte, enfin, nous eûmes saccagé la ville de Priam et que, montés à bord, un dieu nous dispersa, c'est Zeus qui, dans son cœur, nous médita pour lors un funeste retour : parmi nos gens d'Argos, il en était si peu de sensés et de justes ! combien allaient trouver le malheur et la mort sous le courroux fatal de la Vierge aux yeux pers[24], la Fille du Dieu fort, qui, pour mettre la brouille entre les deux Atrides, leur fit en coup de tête, au coucher du soleil, convoquer l'assemblée de tous les Achéens. À cette heure insolite, on les vit arriver, titubants sous le vin, nos fils de l'Achaïe[25]. Les deux frères, alors, de dire et de redire les raisons qu'ils avaient de

d'Oilée, dans le temple de la déesse, et le comportement des Achéens face à ces actes provoquèrent le courroux de la déesse. Cf. Woodhouse, 1930, 35-39 ; Irmscher, 1950, 69-71, et Clay, 1997, 46-53 et 180-183.

25. Les assemblées, en Grèce, ont lieu à la lumière du jour et non pas au coucher du soleil. Les Achéens sont ivres parce qu'ils viennent de prendre le repas du soir, parfois le seul de la journée.

ἔνθ' ἤτοι Μενέλαος ἀνώγει πάντας Ἀχαιοὺς
νόστου μιμνήσκεσθαι ἐπ' εὐρέα νῶτα θαλάσσης·
οὐδ' Ἀγαμέμνονι πάμπαν ⟨ἑά⟩νδανε· βούλετο γάρ ῥα
λαὸν ἐρυκακέειν ῥέξαί θ' ἱερὰς ἑκατόμβας,
ὡς τὸν Ἀθηναίης δεινὸν χόλον ἐξακέσαιτο,
νήπιος, οὐδὲ τὸ ᾔδη ὃ οὐ πείσεσθαι ἔμελλεν·
οὐ γάρ τ' αἶψα θεῶν τρέπεται νόος αἰὲν ἐόντων.
ὣς τὼ μὲν χαλεποῖσιν ἀμειβομένω ἐπέεσσιν
ἕστασαν· οἱ δ' ἀνόρουσαν ἐϋκνήμιδες Ἀχαιοὶ
ἠχῇ θεσπεσίῃ· δίχα δέ σφισι ⟨ἅ⟩νδανε βουλή.
νύκτα μὲν ἀέσαμεν χαλεπὰ φρεσὶν ὁρμαίνοντες
ἀλλήλοισ'· ἐπὶ γὰρ Ζεὺς ἤρτυε πῆμα κακοῖο.
ἠῶθεν δ' οἱ μὲν νέας ἕλκομεν εἰς ἅλα δῖαν
κτήματά τ' ἐντιθέμεσθα βαθυζώνους τε γυναῖκας·
ἡμίσεες δ' ἄρα λαοὶ ἐρητύοντο μένοντες
αὖθι παρ' Ἀτρεΐδῃ Ἀγαμέμνονι, ποιμένι λαῶν·
ἡμίσεες δ' ἀναβάντες ἐλαύνομεν· αἱ δὲ μάλ' ὦκα
ἔπλεον· ἐστόρεσεν δὲ θεὸς μεγακήτεα πόντον.
ἐς Τένεδον δ' ἐλθόντες ἐρέξαμεν ἱρὰ θεοῖσι,
οἴκαδε ἱέμενοι. Ζεὺς δ' οὔ πω μήδετο νόστον,
σχέτλιος, ὅς ῥ' ἔριν ὦρσε κακὴν ἔπι δεύτερον αὖτις.
οἱ μὲν ἀποστρέψαντες ἔβαν νέας ἀμφιελίσσας
ἀμφ' Ὀδυσῆα ἄνακτα δαΐφρονα, ποικιλόμητιν,
αὖτις ἐπ' Ἀτρεΐδῃ Ἀγαμέμνονι ἦρα φέροντες.
αὐτὰρ ἐγὼ σὺν νηυσὶν ἀολλέσιν, αἵ μοι ἕποντο,
φεῦγον, ἐπεὶ γίνωσκον ὃ δὴ κακὰ μήδετο δαίμων.
φεῦγε δὲ Τυδέος υἱὸς ἀρήιος, ὦρσε δ' ἑταίρους.

26. Pour un commentaire maritime des v. 153-185 qui racontent le retour de Nestor, cf. Fichman et Malkin, 1987, 250-258.

convoquer le peuple. Ménélas soutenait que tous les Achéens ne devaient plus songer qu'au retour sur le dos de la plaine marine. Agamemnon était d'un avis tout contraire : il voulait retenir le peuple et célébrer de saintes hécatombes pour fléchir d'Athéna le terrible courroux. L'enfant ! il se flattait d'apaiser la déesse ! fait-on virer au doigt l'esprit des Éternels ? Les deux rois, échangeant des ripostes pénibles, s'affrontent et, debout, avec des cris d'enfer, nos Achéens guêtrés en deux camps se partagent ; quand on va se coucher, c'est pour rêver la nuit aux haines réciproques : Zeus nous mettait déjà sous le faix du malheur !

Aussi, quand dès l'aurore nous tirons nos vaisseaux à la vague divine[26] pour y charger nos biens et nos sveltes captives[27], la moitié de nos gens s'obstine à demeurer près du pasteur du peuple, l'Atride Agamemnon. Nous, de l'autre parti, nous embarquons, poussons, et notre flotte court à travers le grand gouffre, sur la mer dont un dieu avait couché les flots. Nous gagnons Ténédos[28]. Là, dans un sacrifice[29], nous demandons au ciel de rentrer au pays. Mais Zeus ne voulait pas encor de ce retour. Sa colère à nouveau déchaîne le fléau d'une seconde brouille. Les uns virent de bord sur leurs doubles gaillards : leur chef, le sage Ulysse aux fertiles pensées, les ramène apaiser l'Atride Agamemnon. Mais, ayant rallié mon escadre complète, je fuis, voyant les maux qu'un dieu nous préparait, et le fils de Tydée[30], cet autre

27. Cette épithète signifie également « à la taille fine », ou « à la taille de guêpe ».

28. Île sur les côtes de l'Asie Mineure, très proche de Troie. Virgile, *Énéide*, II, 21 affirme que « du rivage troyen, on aperçoit Ténédos ».

29. Allusion à un sacrifice propitiatoire qui précède un départ.

30. Diomède qui commande les troupes d'Argos ; voir *Il.*, II, 559-568, et IV, 372-400 (sur Tydée).

ὀψὲ δὲ δὴ μετὰ νῶι κίε ξανθὸς Μενέλαος,
ἐν Λέσβῳ δ' ἔκιχεν δολιχὸν πλόον ὁρμαίνοντας,
ἢ καθύπερθε Χίοιο νεοίμεθα παιπαλοέσσης,
νήσου ἔπι Ψυρίης, αὐτὴν ἐπ' ἀριστέρ' ἔχοντες,
ἦ' ὑπένερθε Χίοιο, παρ' ἠνεμόεντα Μίμαντα.
ᾐτέομεν δὲ θεὸν φῆναι τέρας· αὐτὰρ ὅ γ' ἡμῖν
δεῖξε καὶ ἠνώγει πέλαγος μέσον εἰς Εὔβοιαν
τέμνειν, ὄφρα τάχιστα ὑπὲκ κακότητα φύγοιμεν.
ὦρτο δ' ἐπὶ λιγὺς οὖρος ἀήμεναι· αἱ δὲ μάλ' ὦκα
ἰχθυόεντα κέλευθα διέδραμον, ἐς δὲ Γεραιστὸν
ἐννύχιαι κατάγοντο· Ποσειδάωνι δὲ ταύρων
πόλλ' ἐπὶ μῆρ' ἔθεμεν, πέλαγος μέγα μετρήσαντες.
τέτρατον ἦμαρ ἔην, ὅτ' ἐν Ἄργεϊ νῆας ἐίσας
Τυδεΐδεω ἕταροι Διομήδεος ἱπποδάμοιο
ἵστασαν· αὐτὰρ ἐγώ γε Πύλον δ' ἔχον, οὐδέ ποτ' ἔσβη
οὖρος, ἐπεὶ δὴ πρῶτα θεὸς προέηκεν ἀῆναι.
ὣς ἦλθον, φίλε τέκνον, ἀπευθής, οὐδέ τι οἶδα
κείνων, οἵ τ' ἐσάωθεν Ἀχαιῶν οἵ τ' ἀπόλοντο·
ὅσσα δ' ἐνὶ μεγάροισι καθήμενος ἡμετέροισι
πεύθομαι, ἣ θέμις ἐστί, δαήσεαι, οὐδέ σε κεύσω.

31. La plus grande île proche de la côte asiatique. Selon West, *ad loc.*, le retour des Achéens se fait par petites étapes puisque, de Ténédos à Lesbos, la distance est de 50 km.

32. Île sur la côte asiatique réputée depuis l'Antiquité pour son vin, ses figues et le mastic. Certains affirment qu'elle serait la patrie d'Homère. Pour une étude récente des îles égéennes, cf. Brun, 1996.

33. Petite île à l'ouest de Chio.

34. Promontoire sur la côte asiatique.

Arès, entraîne aussi ses équipages, et le blond Ménélas vient plus tard nous rejoindre.

Il nous trouve à Lesbos[31], hésitant à passer, sinon par le grand tour : irions-nous, par le haut des roches de Chios[32], en les tenant à gauche, doubler l'île Psara[33] ? Sous Chios, irions-nous côtoyer le Mimas[34] avec ses coups de vent ? Nous demandions aux dieux de nous montrer un signe[35]. Il nous vient, et fort clair, nous disant de couper vers l'Eubée[36] par le large, si nous voulons sortir au plus tôt du danger. Et comme un bon vent frais se lève et s'établit, notre flotte s'élance aux chemins des poissons si vite que, la nuit, nous touchons au Géreste[37]. Là, c'est à Posidon que, pour avoir franchi ce long ruban de mer, nous offrons sans compter les cuisses de taureaux[38]. Le quatrième jour nous met aux bords d'Argos, où le fils de Tydée, le dresseur de chevaux Diomède, et ses gens tirent sur le rivage leurs fins croiseurs ; et moi, je viens jusqu'à Pylos, sans voir tomber la brise que, depuis le départ, un dieu faisait souffler. C'est ainsi, cher enfant, que je rentrai chez moi. Je n'ai rien vu de plus : des autres Achéens, lesquels ont échappé et lesquels ont péri ? Je n'en sais pas grand-chose. Les nouvelles, pourtant, que j'ai pu recueillir en ce manoir tranquille, je veux te les donner, et sans rien t'en cacher : car ce n'est que justice.

35. Les Achéens attendaient que les dieux leur envoient un présage de bon augure avant de reprendre la mer. Il pouvait se manifester dans le vol des oiseaux (*Od.*, XX, 975 sq. ; XXIV, 314-321), les paroles ou le tonnerre (*Od.*, XX, 98-121).

36. Grande île au nord de l'Attique, très proche du continent, dont le nom signifie « île aux bœufs ». Selon West, *ad loc.*, Nestor choisit le chemin le plus court mais aussi le plus dangereux puisque, de Lesbos au cap Géreste, il ne disposerait pas de ports abordables et naviguerait par mer ouverte.

37. Promontoire au sud de l'Eubée.

38. Nestor évoque ici un sacrifice d'action de grâces.

εὖ μὲν Μυρμιδόνας φάσ' ἐλθέμεν ἐγχεσιμώρους,
οὓς ἄγ' Ἀχιλλῆος μεγαθύμου φαίδιμος υἱός,
εὖ δὲ Φιλοκτήτην, Ποιάντιον ἀγλαὸν υἱόν.
πάντας δ' Ἰδομενεὺς Κρήτην εἰς ἤγαγ' ἑταίρους,
οἳ φύγον ἐκ πολέμου· πόντος δέ οἱ οὔ τιν' ἀπηύρα.
Ἀτρείδην δὲ καὶ αὐτοὶ ἀκούετε νόσφιν ἐόντες,
ὥς τ' ἦλθ', ὥς τ' Αἴγισθος ἐμήσατο λυγρὸν ὄλεθρον.
ἀλλ' ἤτοι κεῖνος μὲν ἐπισμυγερῶς ἀπέτισεν.
ὡς ἀγαθὸν καὶ παῖδα καταφθιμένοιο λιπέσθαι
ἀνδρός, ἐπεὶ καὶ κεῖνος ἐτίσατο πατροφονῆα,
Αἴγισθον δολόμητιν, ὅ οἱ πατέρα κλυτὸν ἔκτα·
καὶ σύ, φίλος, μάλα γάρ σ' ὁρόω καλόν τε μέγαν τε,
ἄλκιμος ἔσσ', ἵνα τίς σε καὶ ὀψιγόνων εὖ εἴπῃ.
Τὸν δ' αὖ Τηλέμαχος πεπνυμένος ἀντίον ηὔδα·
ΤΗΛ. — Ὦ Νέστορ Νηληιάδη, μέγα κῦδος Ἀχαιῶν,
καὶ λίην κεῖνός μιν ἐτίσατο, καί οἱ Ἀχαιοὶ
οἴσουσι κλέος εὐρὺ καὶ ἐσσομένοισι πυθέσθαι.
αἲ γὰρ ἐμοὶ τοσσήνδε θεοὶ δύναμιν περιθεῖεν,
τίσασθαι μνηστῆρας ὑπερβασίης ἀλεγεινῆς,
οἵ τέ μοι ὑβρίζοντες ἀτάσθαλα μηχανόωνται.

39. Originaires de Phthie, les Myrmidons seraient les descendants d'Éaque, fils de Zeus et de la nymphe Égine. Leur nom dérive de *murmekes*, les « fourmis ». En effet, selon le récit traditionnel, Éaque, roi d'Égine, alors que son île était déserte, demanda à Zeus de transformer les fourmis en hommes. Les Myrmidons sont les compagnons d'Achille et par conséquent de son fils Néoptolème.

40. Il s'agit de Néoptolème qui ramena les Myrmidons au pays natal. Bien qu'Ulysse fasse à Achille l'éloge de son fils au chant XI, 506-537, Néoptolème n'intervient pas dans l'*Iliade*. Ses exploits étaient racontés dans la *Petite Iliade*.

41. Originaire de Thessalie et particulièrement de la péninsule de Magnésie (II, 716-730), Philoctète est un archer remarquable. Sur le

C'est un retour heureux qu'eurent les Myrmidons[39] : ces furieux lanciers revinrent, m'a-t-on dit, avec le noble fils du magnanime Achille[40]... Philoctète[41], le fils illustre de Pœas, eut autant de bonheur. De même, Idoménée[42] a reconduit en Crète tous ceux de son armée que la guerre épargna : la mer n'en prit aucun. Pour l'Atride ! si loin que vous viviez du monde, vous savez comme nous qu'il revint et qu'Égisthe lui avait préparé une mort lamentable. Mais le jour du paiement douloureux est venu : qu'il est bon de laisser après sa mort un fils[43] ! Car, filial vengeur, celui-là sut punir ce cauteleux Égisthe qui lui avait tué le plus noble des pères. Toi, mon cher, bel et grand comme je te vois là, sois vaillant pour qu'un jour quelque arrière-neveu parle aussi bien de toi[44] ! »

Posément, Télémaque le regarda et dit :

TÉLÉMAQUE. – « Nestor, fils de Nélée, l'honneur de l'Achaïe, oui, celui-là, vraiment, eut sa pleine vengeance, et le monde achéen ira chantant sa gloire jusqu'aux âges futurs. Ah ! si de tels moyens, les dieux m'avaient armé, comme ils paieraient leur violence et mes chagrins, ces prétendants sans frein qui conspirent

chemin vers Troie, il fut piqué par un serpent et ses compagnons l'abandonnèrent seul à Lemnos, car l'odeur de sa blessure infectée était insupportable. Neuf ans plus tard, ses compagnons revinrent le chercher car une prophétie indiquait qu'ils ne prendraient pas Ilion sans les flèches d'Héraclès dont Philoctète était le dépositaire. Ses exploits auraient été racontés dans la *Petite Iliade*.

42. Fils de Deucalion, Idoménée était le roi de Crète (*Il.*, II, 645) et le petit-fils de Minos.

43. Par cette maxime, Nestor introduit le paradigme d'Oreste, vengeur de son père, que Télémaque doit suivre ou du moins garder à l'esprit. Égisthe paie de sa mort ses crimes à l'égard de la famille d'Agamemnon.

44. C'est le même conseil qu'Athéna donna à Télémaque en I, 302-303.

ἀλλ' οὔ μοι τοιοῦτον ἐπέκλωσαν θεοὶ ὄλβον,
πατρί τ' ἐμῷ καὶ ἐμοί· νῦν δὲ χρὴ τετλάμεν ἔμπης.
Τὸν δ' ἠμείβετ' ἔπειτα γερήνιος ἱππότα Νέστωρ·
ΝΕΣ. — Ὦ φίλ', ἐπεὶ δὴ ταῦτά μ' ἄρ' ἔμνησας καὶ ἔειπες,
φασὶ μνηστῆρας σῆς μητέρος εἵνεκα πολλοὺς
ἐν μεγάροισ' ἀέκητι σέθεν κακὰ μηχανάασθαι.
εἰπέ μοι ἠὲ ἑκὼν ὑποδάμνασαι, ἦ σέ γε λαοὶ
ἐχθαίρουσ' ἀνὰ δῆμον, ἐπισπόμενοι θεοῦ ὀμφῇ·
τίς οἶδ' εἴ κέ ποτέ σφι βίας ἀποτίσεται ἐλθών,
ἤ' ὅ γε μοῦνος ἐὼν ἢ καὶ σύμπαντες Ἀχαιοί,
εἰ γάρ σ' ὣς ἐθέλοι φιλέειν γλαυκῶπις Ἀθήνη
ὡς τότ' Ὀδυσσῆος περικήδετο κυδαλίμοιο
δήμῳ ἔνι Τρώων, ὅθι πάσχομεν ἄλγε' Ἀχαιοί,
οὐ γάρ πω ἴδον ὧδε θεοὺς ⟨βροτὸν ἄνδρα⟩ φιλεῦντας
ὡς κείνῳ ἀναφανδὰ παρίστατο Παλλὰς Ἀθήνη,
εἴ σ' οὕτως ἐθέλοι φιλέειν κήδοιτό τε θυμῷ,
τῶ κέν τις κείνων γε καὶ ἐκλελάθοιτο γάμοιο.
Τὸν δ' αὖ Τηλέμαχος πεπνυμένος ἀντίον ηὔδα·
ΤΗΛ. — Ὦ γέρον, οὔ πως τοῦτο ἔπος τελέεσθαι ὀίω·
λίην γὰρ μέγα εἶπες· ἄγη μ' ἔχει. οὐκ ἂν ἐμοί γε
ἐλπομένῳ τὰ γένοιτ', οὐδ' εἰ θεοὶ ὣς ἐθέλοιεν.
Τὸν δ' αὖτε προσέειπε θεὰ γλαυκῶπις Ἀθήνη·
ΑΘΗ. — Τηλέμαχος, ποῖόν σε ἔπος φύγεν ἕρκος ὀδόντων;
ῥεῖα θεός γ' ἐθέλων καὶ τηλόθεν ἄνδρα σαῶσαι.
βουλοίμην δ' ἂν ἐγώ γε καὶ ἄλγεα πολλὰ μογήσας
οἴκαδέ τ' ἐλθέμεναι καὶ νόστιμον ἦμαρ ἰδέσθαι
ἢ ἐλθὼν ἀπολέσθαι ἐφέστιος, ὡς Ἀγαμέμνων
ὤλεθ' ὑπ' Αἰγίσθοιο δόλῳ καὶ ἧς ἀλόχοιο.

ma perte ! Les dieux ne nous ont pas filé pareil bonheur, à moi ni à mon père ; pour l'heure, il me faut tout supporter jusqu'au bout. »

Le vieux maître des chars, Nestor, lui répondit :

NESTOR. – « Ami, puisque tu viens d'évoquer cette affaire, on dit que les nombreux prétendants de ta mère usurpent ton manoir et conspirent ta perte ; c'est de plein gré, dis-moi, que tu portes le joug ? ou dans ton peuple, as-tu la haine d'un parti, qui suit la voix d'un dieu ? Pour punir leur excès, qui sait le jour qu'enfin ton père rentrera, seul ou par le secours de tous les Achéens ? Si la Vierge aux yeux pers te pouvait donc aimer comme elle aimait Ulysse et veillait sur sa gloire, au pays des Troyens, aux temps de nos épreuves, à nous, gens d'Achaïe ! Non ! jamais je ne vis aux côtés d'un mortel veiller l'amour des dieux autant qu'à ses côtés la visible assistance de Pallas Athéna[45] ! Ah ! si, d'un pareil cœur, elle prenait ta cause, combien parmi ces gens quitteraient la poursuite ! »

Posément, Télémaque le regarda et dit :

TÉLÉMAQUE. – « Vieillard, je ne crois pas que ton vœu s'accomplisse : quels grands mots tu dis là ! j'en ai comme un vertige ! Oh ! non ! pareil bonheur passerait mon espoir, quand les dieux le voudraient. »

Athéna, la déesse aux yeux pers, intervint :

ATHÉNA. – « Quel mot s'est échappé de l'enclos de tes dents ? Oh ! Télémaque ! un dieu sauve aisément son homme, aussitôt qu'il le veut, et même du plus loin ! Pour moi, le choix est fait : tous les maux à souffrir avant d'être rentré et de voir au logis la journée du retour, plutôt qu'aller tout droit tomber à mon foyer, comme tomba l'Atride dans le piège tendu par Égisthe et sa femme ! Il est vrai que la mort est notre lot commun et que même les dieux ne peuvent l'écarter de l'homme

45. Sur la protection d'Athéna à l'égard d'Ulysse, cf. Stanford, 1954, 25-42.

ἀλλ' ἤτοι θάνατον μὲν ὁμοίιον οὐδὲ θεοί περ
καὶ φίλῳ ἀνδρὶ δύνανται ἀλαλκέμεν, ὁππότε κεν δὴ
μοῖρ' ὀλοὴ καθέλῃσι τανηλεγέος θανάτοιο.
Τὴν δ' αὖ Τηλέμαχος πεπνυμένος ἀντίον ηὔδα·
ΤΗΛ. — Μέντορ, μηκέτι ταῦτα λεγώμεθα κηδόμενοί περ·
κείνῳ δ' οὐκέτι νόστος ἐτήτυμος· ἀλλά οἱ ἤδη
φράσσαντ' ἀθάνατοι θάνατον καὶ κῆρα μέλαιναν.
νῦν δ' ἐθέλω ἔπος ἄλλο μεταλλῆσαι καὶ ἔρεσθαι
Νέστορ', ἐπεὶ περίοιδε δίκας ἠδὲ φρόνιν [ἄλλων·
τρὶς γάρ δή μίν φασιν ἀνάξασθαι γένε'] ἀνδρῶν,
ὥς τέ μοι ἀθάνατος ἰνδάλλεται εἰσοράασθαι.
ὦ Νέστορ Νηληιάδη, σὺ δ' ἀληθὲς ἐνίσπες·
πῶς ἔθαν' Ἀτρείδης εὐρυκρείων Ἀγαμέμνων;
ποῦ Μενέλαος ἔην; τίνα δ' αὖ τῷ μήσατ' ὄλεθρον
Αἴγισθος δολόμητις; ἐπεὶ κτάνε πολλὸν ἀρείω.
ἦ' οὐκ Ἄργεος ἦεν Ἀχαιικοῦ; ἀλλά πῃ ἄλλῃ
πλάζετ' ἐπ' ἀνθρώπους; ὁ δὲ θαρσήσας κατέπεφνε;
Τὸν δ' ἠμείβετ' ἔπειτα γερήνιος ἱππότα Νέστωρ·
ΝΕΣ. — Τοὶ γὰρ ἐγώ τοι, τέκνον, ἀληθέα πάντ' ἀγορεύσω.
ἤτοι μὲν τόδε γ' αὐτὸς ὀίεαι, ὥς κεν ἐτύχθη,
εἰ ζώοντ' Αἴγισθον ἐνὶ μεγάροισιν ἔτετμεν
Ἀτρείδ⟨εω⟩ Τροίηθεν ἰὼν ξανθὸς Μενέλαος·
τῷ κέ οἱ οὐδὲ θανόντι χυτὴν ἐπὶ γαῖαν ἔχευεν,
ἀλλ' ἄρα τόν γε κύνες τε καὶ οἰωνοὶ κατέδαψαν

46. En effet, dans l'*Iliade* cette vérité est maintes fois prouvée. Zeus, par exemple, ne peut pas sauver Sarpédon, son fils, ni Apollon, Hector, son protégé.

47. Selon le poète de l'*Iliade*, I, 250, Nestor aurait régné sur deux générations. Depuis son retour, il gouverne la troisième, ce qui prouverait son étonnante longévité.

qu'ils chérissent, quand la Parque de mort s'en vient tout de son long le coucher au trépas[46]. »

Posément, Télémaque la regarda et dit :

TÉLÉMAQUE. – « Mentor, n'en parlons plus, malgré notre chagrin. Pour lui, c'en est fini du retour, et le lot, qu'il eut des Immortels, c'est la mort, désormais, la Parque ténébreuse. Mais d'un autre sujet je voudrais m'enquérir : interrogeons Nestor ; personne des humains n'est plus juste ni sage, il a régné déjà sur trois âges[47], dit-on, si bien qu'il m'apparaît plutôt comme un des dieux.

Nestor, fils de Nélée, dis-moi la vérité : comment donc est tombé ce puissant de la terre, l'Atride Agamemnon ? où était Ménélas ? quelle ruse de mort avait imaginée le cauteleux Égisthe, pour tuer un héros qui le valait cent fois ? Ménélas n'était pas en Argos[48] d'Achaïe ? il courait par le monde ? et c'est pourquoi l'autre eut l'audace de son crime ? »

Le vieux maître des chars, Nestor, lui répondit :

NESTOR. – « Oui, mon fils, tu sauras toute la vérité ; mais je vois que, déjà, toi-même, tu devines ce qui fût advenu si ce blond Ménélas, quand il revint de Troie, avait encor trouvé au manoir de l'Atride Égisthe survivant ; à son cadavre même, il n'aurait pas donné la terre pour tombeau ; dans les champs, hors des murs, les chiens et les oiseaux l'eussent déchiqueté[49], et pas une

48. Les Anciens connaissaient une Argos pélasgique et une Argos achéenne. Les Achéens auraient quitté la première pour fonder Argos dans le Péloponnèse, alors que les Doriens les repoussèrent de la Thessalie. Cependant, il faut noter qu'Argos dans l'*Odyssée* désigne également la région où dominaient les Atrides, soit l'Argolide qui semble comprendre une grande partie du Péloponnèse : Mycènes, Tirynthe, Argos et Sparte.

49. Laisser un cadavre sans sépulture en proie aux bêtes sauvages est la façon la plus déshonorante et radicale de détruire sa mémoire. Cf. Vernant, 1982, 45-76 = 1989, 41-79.

κείμενον ἐν πεδίῳ ἑκὰς ἄστεος· οὐδέ κέ τίς μιν
κλαῦσεν Ἀχαιϊάδων· μάλα γὰρ μέγα μήσατο ἔργον.
ἡμεῖς μὲν γὰρ κεῖθι πολέας τελέοντες ἀέθλους
ἥμεθ'· ὁ δ' εὔκηλος μυχῷ Ἄργεος ἱπποβότοιο
πόλλ' Ἀγαμεμνονέην ἄλοχον θέλγεσκε ἔπεσσιν.
ἡ δ' ἤτοι τὸ πρὶν μὲν ἀναίνετο ἔργον ἀεικές,
δῖα Κλυταιμνήστρη· φρεσὶ γὰρ κέχρητ' ἀγαθῇσι·
πὰρ δ' ἄρ' ἔην καὶ ἀοιδὸς ἀνήρ, ᾧ πόλλ' ἐπέτελλεν
Ἀτρείδης Τροίην δὲ κιὼν εἴρυσθαι ἄκοιτιν.
ἀλλ' ὅτε δή μιν μοῖρα θεῶν ἐπέδησε δαμῆναι,
δὴ τότε τὸν μὲν ἀοιδὸν ἄγων ἐς νῆσον ἐρήμην
κάλλιπεν οἰωνοῖσι ἕλωρ καὶ κύρμα γενέσθαι,
τὴν δ' ἐθέλων ἐθέλουσαν ἀνήγαγε ὃν δὲ δόμον δέ,
πολλὰ δὲ μηρί' ἔκηε θεῶν ἱεροῖσ' ἐπὶ βωμοῖς,
πολλὰ δ' ἀγάλματ' ἀνῆψεν, ὑφάσματά τε χρυσόν τε,
ἐκτελέσας μέγα ἔργον, ὃ οὔ ποτε ἔλπετο θυμῷ.
ἡμεῖς μὲν γὰρ ἅμα πλέομεν Τροίηθεν ἰόντες,
Ἀτρείδης καὶ ἐγώ, φίλα εἰδότες ἀλλήλοιϊν.
ἀλλ' ὅτε Σούνιον ἱρὸν ἀφικόμεθ' ἄκρον Ἀθηνέων,
ἔνθα κυβερνήτην Μενελάου Φοῖβος Ἀπόλλων
οἷσ' ἀγανοῖσι βέλεσσιν ἐποιχόμενος κατέπεφνε,
πηδάλιον μετὰ χερσὶ θεούσης νηὸς ἔχοντα,
Φρόντιν Ὀνητορίδην, ὃς ἐκαίνυτο φῦλ' ἀνθρώπων

50. Ici il faut comprendre l'Argolide.

51. Épouse d'Agamemnon, sœur d'Hélène, donc fille de Tyndare et de Léda. En XI, 422-426, le poète de l'*Odyssée* assigne un rôle beaucoup plus actif à Clytemnestre dans le meurtre d'Agamemnon (cf. aussi Eschyle, *Agamemnon*).

52. À Ithaque, ce rôle semble avoir été confié à Mentor. Cependant, à aucun moment ce personnage n'est présent dans le palais d'Ulysse. Sur cet aède-gardien qui suscitait la perplexité des anciens commentateurs, cf. Page, 1972, pp. 127 sq., et Andersen, 1992, 5-26.

Achéenne n'eût osé le pleurer ; son crime était trop grand ! Donc, nous étions là-bas, entassant les exploits, tandis que, bien tranquille, au fond de son Argos[50], en ses prés d'élevage, cet Égisthe enjôlait la femme de l'Atride. Elle, au commencement, repoussait l'œuvre infâme : divine Clytemnestre[51] ! elle n'avait au cœur qu'honnêtes sentiments et, près d'elle, restait l'aède[52] que l'Atride, à son départ vers Troie, avait tant adjuré de veiller sur sa femme ! Mais vint l'heure où le sort lui jeta le lacet et la mit sous le joug : Égisthe prit l'aède ; sur un îlot désert, il le laissa en proie et pâture aux oiseaux. Ce qu'il voulait, alors, elle aussi le voulut : il l'emmena chez lui. Que de cuisseaux brûlés aux saints autels des dieux ! que d'ors, de broderies suspendus en offrandes[53], pour célébrer l'exploit dont jamais, en son cœur, il n'avait eu l'espoir !

Nous revenions de Troie, en voguant de conserve, l'Atride Ménélas et moi, toujours intimes. Nous touchions au Sounion, au cap sacré d'Athènes[54], quand Phœbos Apollon, de ses plus douces flèches[55], vint frapper le pilote de Ménélas, Phrontis[56], et ce fils d'Onétor mourut en pleine vogue, la barre entre les

53. Nestor évoque ici les sacrifices et les offrandes sacrilèges. Les Anciens avaient l'habitude d'offrir différents objets dans les temples. Les broderies et les vêtements, offerts indistinctement aux divinités masculines et féminines, pouvaient être suspendus dans les temples ou servir à habiller la divinité honorée.

54. Plus précisément au sud-est d'Athènes, où Athéna et Poséidon étaient honorés.

55. Euphémisme pour dire la mort. Apollon (désigné ici par l'épithète qui signifie « brillant ») et sa sœur étaient responsables des morts subites.

56. « L'Avisé ». Sur ce personnage, cf. Vernant-Detienne, 1974, 233-235.

νῆα κυβερνῆσαι, ὁπότε σπέρχοιεν ἄελλαι.
ὣς ὁ μὲν ἔνθα κατέσχετ', ἐπειγόμενός περ ὁδοῖο,
ὄφρ' ἕταρον θάπτοι καὶ ἐπὶ κτέρεα κτερίσειεν.
ἀλλ' ὅτε δὴ καὶ κεῖνος, ἰὼν ἐπὶ οἴνοπα πόντον
ἐν νηυσὶ γλαφυρῇσι, Μαλειάων ὄρος αἰπὺ
ἷξε θέων, τότε δὴ στυγερὴν ὁδὸν εὐρύοπα Ζεὺς
ἐφράσατο, λιγέων δ' ἀνέμων ἐπ' ἀυτμένα χεῦε
κύματά τε τροφόεντα πελώρια, ἶσα ὄρεσσιν.
ἔνθα διατμήξας τὰς μὲν Κρήτῃ ἐπέλασσεν,
ἧχι Κύδωνες ἔναιον Ἰαρδάνου ἀμφὶ ῥέεθρα.
ἔστι δέ τις λισσὴ αἰπεῖά τε εἰς ἅλα πέτρη
ἐσχατιῇ Γόρτυνος, ἐν ἠεροειδέι πόντῳ·
ἔνθα Νότος μέγα κῦμα ποτὶ σκαιὸν ῥίον ὠθεῖ
ἐς Φαιστόν· μικρὸς δὲ λίθος μέγα κῦμ' ἀποέργει.
αἱ μὲν ἄρ' ἔνθ' ἦλθον, σπουδῇ δ' ἤλυξαν ὄλεθρον
ἄνδρες· ἀτὰρ νῆάς γε ποτὶ σπιλάδεσσιν ἔαξαν
κύματ'· ἀτὰρ τὰς πέντε νέας κυανοπρῳρείους
Αἰγύπτῳ ἐπέλασσε φέρων ἄνεμός τε καὶ ὕδωρ.
ὣς ὁ μὲν ἔνθα πολὺν βίοτον καὶ χρυσὸν ἀγείρων
ἠλᾶτο ξὺν νηυσὶ κατ' ἀλλοθρόους ἀνθρώπους·
τόφρα δὲ ταῦτ' Αἴγισθος ἐμήσατο οἴκοθι λυγρά,
κτείνας Ἀτρείδην· δέδμητο δὲ λαὸς ὑπ' αὐτῷ·
ἑπτάετες δ' ἤνασσε πολυχρύσοιο Μυκήνης,
τῷ δέ οἱ ὀγδοάτῳ κακὸν ἤλυθε δῖος Ὀρέστης·

57. Promontoire au sud-est du Péloponnèse réputé pour les vents contraires qui y soufflaient. Cf. XIX, 187. Strabon, VIII, 6, 20, rappelle un proverbe le concernant : « Ayant doublé le Malée, oublie ton foyer. »

58. Le poète fait probablement allusion ici aux habitants de la partie occidentale de la Crète.

59. Fleuve de Crète, l'actuel Platamias.

mains : il n'avait pas d'égal dans tout le genre humain pour mener un navire à travers les bourrasques.

Ménélas, en dépit de sa hâte, voulut ensevelir son homme : il fit relâche et lui rendit tous les honneurs. Puis il se rembarqua sur les vagues vineuses et s'en vint d'une course, au creux de ses vaisseaux, jusque sous la falaise abrupte du Malée[57]. C'est alors que le Zeus à la grand-voix les mit en funeste chemin. Il lâcha sur leur dos les rafales sifflantes ; le flot géant dressa ses montagnes gonflées ; de la flotte coupée, le gros fut entraîné chez les Cydoniens[58], qui vivent sur les bords du Jardanos[59] crétois. Dans la brume des mers, aux confins de Gortyne[60], il est un rocher nu[61], qui tombe sur le flot ; le Notos[62] contre lui jette ses grandes houles, qui le prennent en flanc du côté de Phaestos[63], et ce caillou tient tête à cette vague énorme : c'est là qu'atterrissant, les hommes à grand-peine évitèrent la mort ; mais le ressac sur les écueils brisa les coques.

Il restait cinq vaisseaux à la proue azurée[64] qu'en Égypte[65], le vent et la vague poussèrent. Pendant que Ménélas, pour faire son plein d'or et de provisions, croisait et cabotait chez ces gens d'autre langue, Égisthe à son foyer lui préparait le deuil : l'Atride fut tué ; le peuple, mis au joug ; l'autre régna sept ans sur tout l'or de Mycènes. Mais la huitième année, survint pour son

60. Une des plus importantes cités de la Crète, située au sud de l'île, devenue célèbre par son code de lois.

61. Probablement le cap Lithinos.

62. Vent du Nord.

63. Donc le point le plus au sud de la Crète.

64. Les coques des bateaux étaient enduites de poix à la couleur noire brillante, d'où probablement l'épithète utilisée ici.

65. L'intérêt du poète de l'*Odyssée* pour l'Égypte est très évident également au chant IV. Sur la question, cf. West, *ad loc.*, et p. 192. Voir aussi Froidefond, 1971, et Payen, 1997.

ἤτοι ὃ τὸν κτείνας δαίνυ τάφον Ἀργείοισι 309
μητρός τε στυγερῆς καὶ ἀνάλκιδος Αἰγίσθοιο· 310
αὐτῆμαρ δέ οἱ ἦλθε βοὴν ἀγαθὸς Μενέλαος,
πολλὰ κτήματ' ἄγων, ὅσα οἱ νέες ἄχθος ἄειραν. 312
ἀλλ' ἐς μὲν Μενέλαον ἐγὼ κέλομαι καὶ ἄνωγα 317
ἐλθεῖν· κεῖνος γὰρ νέον ἄλλοθεν εἰλήλουθεν,
ἐκ τῶν ἀνθρώπων ὅθεν οὐ ἔλποιτό γε θυμῷ
ἐλθέμεν, ὅν τινα πρῶτον ἀποσφήλωσιν ἄελλαι 320
ἐς πέλαγος μέγα τοῖον, ὅθεν τέ περ οὐδ' οἰωνοὶ
αὐτοετε⟨ῖ⟩ς οἰχνεῦσιν, ἐπεὶ μέγα τε δεινόν τε.
ἀλλ' ἴθι νῦν σὺν νηί τε σῇ καὶ σοῖσ' ἑτάροισιν·
εἰ δ' ἐθέλεις πεζός, πάρα τοι δίφρός τε καὶ ἵπποι,
πὰρ δέ τοι υἷες ἐμοί, οἵ τοι πομπῆες ἔσονται 325
ἐς Λακεδαίμονα δῖαν, ὅθι ξανθὸς Μενέλαος.
λίσσεσθαι δέ μιν αὐτός, ἵνα νημερτὲς ἐνίσπῃ·
ψεῦδος δ' οὐ ἐρέει· μάλα γὰρ πεπνυμένος ἐστίν.
Ὣς ἔφατ'· ἠέλιος δ' ἄρ' ἔδυ καὶ ἐπὶ κνέφας ἦλθε·
τοῖσι δὲ καὶ μετέειπε θεὰ γλαυκῶπις Ἀθήνη· 330

vers 307 : ἂψ ἀπ' Ἀθηνάων, κατὰ δ' ἔκτανε πατροφονῆα
308 : Αἴγισθον δολόμητιν, ὅ οἱ πατέρα κλυτὸν ἔκτα
vers 313 : καὶ σύ, φίλος, μὴ δηθὰ δόμων ἄπο τῆλ' ἀλάλησο,
314 : κτήματά τε προλιπὼν ἄνδράς τ' ἐν σοῖσι δόμοισιν
315 : οὕτω ὑπερφιάλους, μή τοι κατὰ πάντα φάγωσι
316 : κτήματα δασσάμενοι, σὺ δὲ τηΰσίην ὁδὸν ἔλθῃς

66. Cette précision a beaucoup intrigué les commentateurs. En effet, on avait l'habitude de placer l'exil d'Oreste en Phocide. Certains pensent que le poète se référait au sanctuaire d'Athéna Aléa à Tégée plutôt qu'à Athènes, cité d'Attique, cf. West, *ad loc.*

malheur notre Oreste divin. Il revenait d'Athènes[66] et, filial vengeur, il surprit et tua ce cauteleux Égisthe, qui lui avait tué le plus noble des pères. Et comme, après le meurtre, ayant enseveli cette mère odieuse[67] et ce poltron d'Égisthe, il offrait le repas funèbre[68] aux Argiens, le même jour, ce bon crieur de Ménélas ramena ses vaisseaux bondés à pleine charge... Aussi, vois-tu, mon cher, il ne faut pas quitter trop longtemps ta demeure en laissant ton avoir et ton propre manoir aux mains de tels bandits ; ils vont tout te manger, se partager tes biens, tandis que tu perdras ton temps à ce voyage... Mais toi, suis mon conseil : jusque chez Ménélas, je t'invite à te rendre. C'est lui qui, le dernier, est rentré du dehors, d'un monde où l'on n'a pas grand espoir de retour, quand une fois les vents vous y ont égaré ; c'est si loin dans la mer qu'on ne sait pas d'oiseaux qui, dans la même année, refassent le voyage : ah ! le gouffre terrible ! Va donc chez Ménélas ; prends ton vaisseau, tes gens... Préfères-tu la route ? j'ai mon char, mes chevaux, et j'ai des fils aussi qui sauront te conduire à Sparte la divine chez le blond Ménélas. En personne, prie-le de te parler sans feinte ; ne crains pas de mensonge ; il est toute sagesse ! »

Comme Nestor parlait, le soleil se coucha ; le crépuscule vint.

Athéna, la déesse aux yeux pers, dit alors :

67. Le poète ne s'attarde pas sur le matricide qui implique une participation active de Clytemnestre dans le meurtre d'Agamemnon. Cet élément central de l'histoire d'Oreste est magistralement exploité dans l'*Orestie* d'Eschyle.

68. Autres banquets funèbres dans l'*Iliade* : XXIII, 29 et XXIV, 802.

ΑΘΗ. — Ὦ γέρον, ἦτοι ταῦτα κατὰ μοῖραν κατέλεξας·
ἀλλ' ἄγε τάμνετε μὲν γλώσσας, κεράασθε δὲ οἶνον,
ὄφρα Ποσειδάωνι καὶ ἄλλοισ' ἀθανάτοισι
σπείσαντες κοίτοιο μεδώμεθα· τοῖο γὰρ ὥρη.
ἤδη γὰρ φάος οἴχεθ' ὑπὸ ζόφον· οὐδὲ ἔοικε
δηθὰ θεῶν ἐν δαιτὶ θαασσέμεν, ἀλλὰ νέεσθαι.
Ἦ ῥα Διὸς Θυγάτηρ· οἱ δ' ἔκλυον αὐδησάσης.
τοῖσι δὲ κήρυκες μὲν ὕδωρ ἐπὶ χεῖρας ἔχευαν·
κοῦροι δὲ κρητῆρας ἐπεστέψαντο ποτοῖο,
νώμησαν δ' ἄρα πᾶσιν ἐπαρξάμενοι δεπάεσσι,
γλώσσας δ' ἐν πυρὶ βάλλον, ἀνιστάμενοι δ' ἐπέλειβον.
Αὐτὰρ ἐπεὶ σπεῖσάν τε πίον θ' ὅσον ἤθελε θυμός,
δὴ τότ' Ἀθηναίη καὶ Τηλέμαχος θεοειδὴς
ἄμφω ἱέσθην κοίλην ἐπὶ νῆα νέεσθαι.
Νέστωρ δ' αὖ κατέρυκε καθαπτόμενος ἐπέεσσι·
ΝΕΣ. — Ζεὺς τό γ' ἀλεξήσειε καὶ ἀθάνατοι θεοὶ ἄλλοι,
ὡς ὑμεῖς παρ' ἐμεῖο θοὴν ἐπὶ νῆα κίοιτε
ὥς τέ τευ ἢ παρὰ πάμπαν ἀνείμονος ἠὲ πενιχροῦ,
ᾧ οὔ τι χλαῖναι καὶ ῥήγεα πόλλ' ἐνὶ οἴκῳ,
οὔτ' αὐτῷ μαλακῶς οὔτε ξείνοισιν ἐνεύδειν.
αὐτὰρ ἐμοὶ πάρα μὲν χλαῖναι καὶ ῥήγεα καλά.
οὔ θην δὴ τοῦδ' ἀνδρὸς Ὀδυσσῆος φίλος υἱὸς
νηὸς ἐπ' ἰκριόφιν καταλέξεται, ὄφρ' ἂν ἐγώ γε
ζώω, ἔπειτα δὲ παῖδες ἐνὶ μεγάροισι λίπωνται,
ξείνους ξεινίζειν, ὅς τίς κ' ἐμὰ δώμαθ' ἵκηται.
Τὸν δ' αὖτε προσέειπε θεὰ γλαυκῶπις Ἀθήνη·

69. Dernière offrande en l'honneur de Poséidon, que l'on brûlait sur l'autel. Si l'on en croit Aristophane, les Athéniens avaient l'habitude de couper séparément la langue des victimes sacrificielles (*Oiseaux*, 1705, voir aussi *Paix*, 1060, *Ploutos*, 1110 et *IG* I 3, 255). Comme la peau, la langue deviendra dans différentes cités grecques la

ATHÉNA. – « Vieillard, de point en point, nous voilà renseignés. Maintenant, détachez les langues des victimes[69] ; mélangez-nous du vin pour prier Posidon et tous les Immortels ; puis songeons au sommeil ; c'est l'heure : la lumière au noroît disparaît ; même aux festins des dieux, il faut savoir quitter la table et s'en aller. »

À peine avait parlé cette fille de Zeus que tous obéissaient. Les hérauts leur donnaient, sur les mains, à laver. La jeunesse emplissait, jusqu'aux bords, les cratères. La coupe de chacun fut remplie pour l'offrande ; on jeta dans le feu les langues des victimes, pour les libations aux dieux, on se leva et, l'offrande achevée, on but tout son content.

Comme alors Athéna, ainsi que Télémaque au visage de dieu, parlait de retourner au creux de leur vaisseau, Nestor avec des mots pressants les arrêta :

NESTOR. – « Que Zeus et tous les dieux m'épargnent cet affront[70] ! Vous voulez me quitter et rentrer au croiseur ? Me croyez-vous alors si démuni, si pauvre, que je n'aie au logis ni draps ni couvertures pour me coucher moi-même et pour coucher mes hôtes autrement qu'à la dure ? Non ! non ! j'ai de bons draps, et j'ai des couvertures, et ce n'est pas le fils de ce héros d'Ulysse qui s'en ira coucher à bord, sur son gaillard, tant que je vivrai, moi, ou qu'après moi, des fils garderont mon manoir pour héberger les hôtes qui viennent sous mon toit. »

Athéna, la déesse aux yeux pers, répliqua :

partie d'honneur réservée aux prêtres (cf. Sokolowski, *LSS*, 1962, n° 119, 1-3 ; 120, 2-6).

70. Pour un hôte de la qualité de Nestor, renvoyer ses hôtes serait un manquement grave aux règles d'hospitalité, d'où les propos outrés du vieillard.

ΑΘΗ. — Εὖ δὴ ταῦτά γ' ἔφησθα, γέρον φίλε· σοὶ δὲ ἔοικε
Τηλέμαχον πείθεσθαι, ἐπεὶ πολὺ κάλλιον οὕτως.
ἀλλ' οὗτος μὲν νῦν σοι ἅμ' ἕψεται, ὄφρα κεν εὕδῃ
σοῖσιν ἐνὶ μεγάροισιν· ἐγὼ δ' ἐπὶ νῆα μέλαιναν
εἶμ' ἵνα θαρσύνω θ' ἑτάρους εἴπω τε ἕκαστα.
οἶος γὰρ μετὰ τοῖσι γεραίτερος εὔχομαι εἶναι·
οἱ δ' ἄλλοι φιλότητι νεώτεροι ἄνδρες ἕπονται,
πάντες ὁμηλικίη μεγαθύμου Τηλεμάχοιο.
ἔνθά κε λεξαίμην κοίλῃ παρὰ νηὶ μελαίνῃ
νῦν· ἀτὰρ ἠῶθεν μετὰ Καύκωνας μεγαθύμους
εἶμ', ἔνθα χρεῖός μοι ὀφέλλεται, οὔ τι νέον γε
οὐδ' ὀλίγον· σὺ δὲ τοῦτον, ἐπεὶ τεὸν ἵκετο δῶμα,
πέμψον σὺν δίφρῳ τε καὶ υἱέι, δὸς δέ οἱ ἵππους,
οἵ τοι ἐλαφρότατοι θείειν καὶ κάρτος ἄριστοι.
Ὣς ἄρα φωνήσασ' ἀπέβη γλαυκῶπις Ἀθήνη
φήνῃ εἰδομένη· θάμβος δ' ἕλε πάντας Ἀχαιούς·
θαύμαζεν δ' ὁ γεραιός, ἐπεὶ ἴδεν ὀφθαλμοῖσι,
Τηλεμάχου δ' ἕλε χεῖρα ἔπος τ' ἔφατ' ἔκ τ' ὀνόμαζεν·
ΝΕΣ. — Ὦ φίλος, οὔ σε ἔολπα κακὸν καὶ ἄναλκιν ἔσεσθαι,
εἰ δή τοι νέῳ ὧδε θεοὶ πομπῆες ἕπονται.
οὐ μὲν γάρ τις ὅδ' ἄλλος Ὀλύμπια δώματ' ἐχόντων,
ἀλλὰ Διὸς θυγάτηρ, κυδίστη Τριτογένεια,
ἥ τοι καὶ πατέρ' ἐσθλὸν ἐν Ἀργείοισιν ἐτίμα.

71. Peuple qui habiterait le sud de la Triphylie où certains plaçaient le royaume de Nestor. Homère connaissait aussi les Kaukones de Paphlagonie, alliés des Troyens (*Il.*, IX, 429, XX, 329).

72. Selon les commentateurs, il ne s'agirait pas d'une transformation en oiseau. Le poète évoquerait par ce genre de formule la rapidité extraordinaire des dieux. Voir aussi Poséidon, dans l'*Iliade*, qui quitte le champ de bataille comme un épervier, XVIII, 616.

ATHÉNA. – « Tu dis bien, vieil ami ! Télémaque aurait tort de ne pas t'obéir ; c'est de beaucoup le mieux qu'il aille, sur tes pas, dormir en ton manoir, tandis qu'au noir vaisseau, j'irai calmer nos gens et leur donner les ordres : j'ai l'honneur d'être à bord l'homme d'âge, et le seul, et c'est pure amitié si ce jeune équipage a suivi jusqu'ici le vaillant Télémaque ; ils sont tous de son âge. Permets donc que, ce soir, je retourne dormir au flanc du noir vaisseau. Dès l'aurore, demain, je voudrais m'en aller chez les vaillants Caucones[71], toucher une créance, qui n'est pas d'aujourd'hui et qui n'est pas de peu. Mais toi, prends cet ami ; quand il sera chez toi, envoie-le sur ton char avec l'un de tes fils, auquel tu donneras les plus vites et les plus forts de tes trotteurs. »

À ces mots, Athéna aux yeux pers disparut, changée en une orfraie[72]. Le trouble s'empara de tous les Achéens. Étonné d'avoir vu de ses yeux le prodige, Nestor avait saisi la main de Télémaque et lui disait tout droit :

NESTOR. – « J'ai confiance, ami : tu seras brave et fort, puisque, si jeune encore, les dieux à tes côtés viennent pour te conduire. Car c'est un habitant des manoirs de l'Olympe, et nul autre sans doute que la fille de Zeus, la déesse de gloire, cette Tritogénie[73] qui, pour ton noble père, montrait sa préférence sur tous les Argiens...

73. Les spécialistes ont proposé plusieurs interprétations pour cette épithète. Elle ferait allusion : *a)* à la naissance d'Athéna qui sort armée de la tête de Zeus, *trito* étant en éolien le mot qui désigne la tête ; *b)* au lieu de naissance d'Athéna qui aurait eu lieu soit près du marais Tritonides en Libye, soit près de Triton, fleuve de Béotie ou d'Arcadie ; *c)* à la date de la naissance d'Athéna qui serait née la troisième ou née au troisième jour ; *d)* à son statut, signifiant « de noble naissance » ou « fille légitime ». Sur la question, cf. West, *ad loc.*

ἀλλά, ἄνασσ', ἵληθι, δίδωθι δέ μοι κλέος ἐσθλόν,
αὐτῷ καὶ παίδεσσι καὶ αἰδοίῃ παρακοίτι·
σοὶ δ' αὖ ἐγὼ ῥέξω βοῦν ἦνιν εὐρυμέτωπον,
ἀδμήτην, ἣν οὔ πω ὑπὸ ζυγὸν ἤγαγεν ἀνήρ·
τήν τοι ἐγὼ ῥέξω χρυσὸν κέρασιν περιχεύας.
Ὣς ἔφατ' εὐχόμενος· τοῦ δ' ἔκλυε Παλλὰς Ἀθήνη·
τοῖσιν δ' ἡγεμόνευε γερήνιος ἱππότα Νέστωρ
υἱάσι καὶ γαμβροῖσιν, ἑὰ πρὸς δώματα καλά.
Ἀλλ' ὅτε δώμαθ' ἵκοντο ἀγακλυτὰ τοῖο ἄνακτος,
ἑξείης ἕζοντο κατὰ κλισμούς τε θρόνους τε.
τοῖσ' ὁ γέρων ἐλθοῦσιν ἀνὰ κρητῆρα κέρασσε
οἴνου ἡδυπότοιο, τὸν ἑνδεκάτῳ ἐνιαυτῷ
ὤιξεν ταμίη καὶ ἀπὸ κρήδεμνον ἔλυσε·
τοῦ ὁ γέρων κρητῆρα κεράσσατο, πολλὰ δ' Ἀθήνῃ
εὔχετ' ἀποσπένδων, κούρῃ Διὸς αἰγιόχοιο.
αὐτὰρ ἐπεὶ σπεῖσάν τε πίον θ' ὅσον ἤθελε θυμός,
οἱ μὲν κακκείοντες ἔβαν οἶκον δὲ ἕκαστος·
τὸν δ' αὐτοῦ κοίμησε γερήνιος ἱππότα Νέστωρ
Τηλέμαχον, φίλον υἱὸν Ὀδυσσῆος θείοιο,
τρητοῖσ' ἐν λεχέεσσιν, ὑπ' αἰθούσῃ ἐριδούπῳ,
πὰρ δέ οἱ ἐυμμελίην Πεισίστρατον, ὄρχαμον ἀνδρῶν,
ὅς οἱ ἔτ' ἠίθεος παίδων ἦν ἐν μεγάροισιν,
αὐτὸς δ' αὖτε καθεῦδε μυχῷ δόμου ὑψηλοῖο·
τῷ δ' ἄλοχος δέσποινα λέχος πόρσυνε καὶ εὐνήν.

74. Un vin ancien, donc une offrande de prix, marque d'honneur à l'égard du fils d'Ulysse.

Reine, sois-nous propice ! donne-nous beau renom, à moi, à mes enfants, à ma digne compagne ! je te sacrifierai une vache d'un an, une bête indomptée, dont nul n'ait encor mis au joug le large front, et je te l'offrirai, les cornes plaquées d'or. »

C'est ainsi qu'il priait ; Athéna l'exauça. Mais, montrant le chemin à ses fils et ses gendres, le vieux maître des chars, Nestor, les ramenait vers sa belle demeure.

Quand ils eurent atteint les grands appartements de ce royal manoir, en ligne ils prirent place aux sièges et fauteuils. Le Vieillard, pour fêter leur venue, ordonna de mêler au cratère le plus doux de ses vins de garde, un vin d'onze ans[74], et lorsque, déliant la coiffe, l'intendante eut débouché la jarre et qu'il eut achevé le mélange au cratère, il fit l'offrande avec une longue prière à la fille du Zeus à l'égide, Athéna.

L'offrande terminée, on but tout son content, puis chacun s'en alla dormir en son logis. Mais, pour coucher le fils de son divin Ulysse, c'est dans l'entrée sonore que, sans aller plus loin, le vieux maître des chars avait fait préparer deux cadres ajourés : auprès de Télémaque, il laissait Pisistrate, le meneur des guerriers à la vaillante lance[75], le dernier de ses fils qui restât au manoir sans être marié. Lui-même alla dormir au fond du haut logis, où sa femme et régente lui tenait préparés le lit et le coucher.

75. Cette épithète semble traditionnelle et ne s'applique pas forcément aux capacités de Pisistrate qui n'a pas participé à la guerre de Troie et qui, comme Télémaque, semble inexpérimenté dans les armes et le combat.

ΤΑ ΕΝ ΛΑΚΕΔΑΙΜΟΝΙ

Ἦμος δ' ἠριγένεια φάνη ῥοδοδάκτυλος Ἠώς,
ὤρνυτ' ἄρ' ἐξ εὐνῆφι γερήνιος ἱππότα Νέστωρ,
ἐκ δ' ἐλθὼν κατ' ἄρ' ἕζετ' ἐπὶ ξεστοῖσι λίθοισιν,
οἵ οἱ ἔσαν προπάροιθε θυράων ὑψηλάων
λευκοί, ἀποστίλβοντες ἀλείφατος, οἷσ' ἔπι μὲν πρὶν
Νηλεὺς ἵζεσκεν, θεόφιν μήστωρ ἀτάλαντος·
ἀλλ' ὁ μὲν ἤδη κηρὶ δαμεὶς Ἄιδος δὲ βεβήκει.
Νέστωρ αὖ τότ' ἔφιζε γερήνιος, οὖρος Ἀχαιῶν,
σκῆπτρον ἔχων· περὶ δ' υἷες ἀολλέες ἠγερέθοντο
ἐκ θαλάμων ἐλθόντες, Ἐχέφρων τε Στρατίος τε
Περσεύς τ' Ἄρητός τε καὶ ἀντίθεος Θρασυμήδης.
τοῖσι δ' ἔπειθ' ἕκτος Πεισίστρατος ἤλυθεν ἥρως·
πὰρ δ' ἄρα Τηλέμαχον θεοείκελον εἷσαν ἄγοντες.
Τοῖσι δὲ μύθων ἦρχε γερήνιος ἱππότα Νέστωρ·
ΝΕΣ. — Καρπαλίμως μοι, τέκνα φίλα, κρηήνατ' ἐέλδωρ,
ὄφρ' ἤτοι πρώτιστα θεῶν ἱλάσσομ' Ἀθήνην,
ἥ μοι ἐναργὴς ἦλθε θεοῦ ἐς δαῖτα θάλειαν.
ἀλλ' ἄγ' ὁ μὲν πεδίον δ' ἐπὶ βοῦν ἴτω, ὄφρα τάχιστα
ἔλθῃσιν, ἐλάσῃ δὲ βοῶν ἐπιβουκόλος ἀνήρ·
εἷς δ' ἐπὶ Τηλεμάχου μεγαθύμου νῆα μέλαιναν

76. Les Anciens signifiaient que certains objets étaient sacrés en procédant régulièrement à leur onction.

77. Les avis des rois justes sont en quelque sorte des échos de la justice divine. Selon Hésiode, *Travaux et Jours*, 80 sq., protégés par les Muses qui versent sur leur langue une rosée suave, ces rois ne laissent couler de leurs lèvres que de douces paroles.

78. Sur les fils de Nestor, cf. Hés., fr. 35, 10-11. Le sacrifice qui se prépare est le plus important et le mieux décrit de toute l'*Odyssée*.

À Lacédémone

Dans son berceau de brume, à peine avait paru l'Aurore aux doigts de roses que, s'élançant du lit, le vieux maître des chars, Nestor, vint prendre place au banc de pierres lisses qui flanquait la grand-porte. Sur ces pierres blanchies, à l'enduit[76] toujours frais, Nélée siégeait jadis pour donner ses avis qui l'égalaient aux dieux[77]. Mais depuis que la Parque l'avait mis à son joug et plongé dans l'Hadès, c'est l'antique Nestor, rempart de l'Achaïe, qui, le sceptre à la main, y trônait désormais.

La troupe de ses fils l'entoura ; de leurs chambres, arrivaient Échéphron, Stratios et Perseus[78] puis Arétos avec le divin Thrasymède ; vint enfin le héros Pisistrate, en sixième ; avec lui, Télémaque au visage de dieu, que l'on mena siéger à côté du Vieillard.

Le vieux maître des chars, Nestor, prit la parole :

Nestor. – « Sans retard, chers enfants, accomplissez mon vœu : parmi les Immortels, invoquons Athéna qui vint, de sa personne, honorer l'opulent festin de notre dieu ! Allons ! que l'un de vous descende dans la plaine me chercher une vache et la ramène en hâte, poussée par un bouvier[79] ! Qu'un autre, au noir vaisseau aille quérir les gens du vaillant Télémaque et, les amenant tous, n'en

Chaque fils de Nestor y jouera un rôle fondamental. Cela souligne non seulement la cohésion du groupe mais sa piété à l'égard d'Athéna.

79. Nestor fait préparer un grand sacrifice sanglant de type alimentaire, *thusia*, en l'honneur d'Athéna. Ce sacrifice consiste en « l'égorgement rituel d'un animal ou de plusieurs, dont une partie est offerte aux dieux par la crémation sur l'autel, et le reste est consommé par les participants au sacrifice, selon des modalités précises. Commencé par un geste de consécration, il s'achève en cuisine », Schmitt-Pantel et Bruit-Zaidmann, 20. Sur le sacrifice, voir Vernant, 1990, 139-146 ; Casabona, 1966, Burkert, 1972.

πάντας ἰὼν ἑτάρους ἀγέτω, λιπέτω δὲ δύ' οἴους·
εἷς δ' αὖ χρυσοχόον Λαέρκεα δεῦρο κελέσθω
ἐλθεῖν, ὄφρα βοὸς χρυσὸν κέρασιν περιχεύῃ.
οἱ δ' ἄλλοι μένετ' αὐτοῦ ἀολλέες, εἴπατε δ' εἴσω
δμῳῇσιν κατὰ δώματ' ἀγακλυτὰ δαῖτα πένεσθαι,
ἕδρας τε ξύλα τ' ἀμ⟨μ⟩ὶ καὶ ἀγλαὸν οἰσέμεν ὕδωρ.
Ὣς ἔφαθ'· οἱ δ' ἄρα πάντες ἐποίπνυον. ἦλθε μὲν ἄρ βοῦς
ἐκ πεδίου· ἦλθον δὲ θοῆς παρὰ νηὸς ἐΐσης
Τηλεμάχου ἕταροι μεγαλήτορος· ἦλθε δὲ χαλκεὺς
ὅπλ' ἐν χερσὶν ἔχων χαλκήϊα, πείρατα τέχνης,
ἄκμονά τε σφῦράν τ' εὐποίητόν τε πυράγρην,
οἷσίν τε χρυσὸν ἐργάζετο· ἦλθε δ' Ἀθήνη
ἱρῶν ἀντιόωσα· γέρων δ' ἱππηλάτα Νέστωρ
χρυσὸν ἔδωχ'· ὁ δ' ἔπειτα βοὸς κέρασιν περίχευεν
ἀσκήσας, ἵν' ἄγαλμα θεὰ κεχάροιτο ἰδοῦσα.
βοῦν δ' ἀγέτην κεράων Στρατίος καὶ δῖος Ἐχέφρων.
χέρνιβα δέ σφ' Ἄρητος ἐν ἀνθεμόεντι λέβητι
ἤλυθεν ἐκ θαλάμοιο φέρων, ἑτέρῃ δ' ἔχεν οὐλὰς
ἐν κανέῳ. πέλεκυν δὲ μενεπτόλεμος Θρασυμήδης
ὀξὺν ἔχων ἐν χειρὶ παρίστατο, βοῦν ἐπικόψων.
Περσεὺς δ' ἀμνίον εἶχε. γέρων δ' ἱππηλάτα Νέστωρ

80. Ce nom signifie « défenseur du peuple ». Il est impossible de déterminer son statut (esclave, travailleur libre ou dépendant). Sur la question, cf. Finley, 1986, 60-89.

81. L'eau lustrale qui sert à la purification du prêtre et de la victime ou aux libations est considérée comme un des instruments de la mise à mort, au même titre que le panier contenant les graines, le couteau ou la hache, et le vase utilisé pour recueillir le sang lors du sacrifice. En effet, les sacrifiants aspergeaient la victime de quelques gouttes d'eau pour la contraindre à donner son « assentiment » en baissant la tête. Sans cet accord, au lieu d'un sacrifice, les hommes commettraient un meurtre. Cf. Schmitt-Pantel et Bruit-Zaidman, 1989, 23.

laisse à bord que deux ! Qu'un troisième aille dire au doreur Laerkès[80] qu'il vienne plaquer l'or aux cornes de la bête ! Restez ici, vous autres, ne vous dispersez pas ; mais, dans les grands appartements, qu'on dise aux femmes de nous faire là-bas les apprêts du festin et qu'on nous donne ici des sièges et du bois et de l'eau sans souillure[81]. »

Il eut à peine dit que chacun s'empressait. On vit venir, montant de la plaine, la vache, venir aussi du fin croiseur les compagnons du vaillant Télémaque, venir le ferronnier, qui tenait dans les mains les outils de son art, les instruments de bronze servant à battre l'or, l'enclume, le marteau, les tenailles bien faites[82]. Athéna vint aussi jouir du sacrifice[83].

Nestor, le vieux meneur de chevaux, fournit l'or. L'ouvrier en plaqua les cornes de la vache, à petits coups soigneux, pour que ce bel ouvrage trouvât grâce devant les yeux de la déesse. Le divin Échéphron et Stratios, menant la bête par les cornes, la faisaient avancer. Dans un bassin à fleurs, Arétos apporta du cellier l'eau lustrale ; son autre main tenait la corbeille des orges[84]. Debout près de la vache et prêt à la frapper, Thrasymède, à l'ardeur batailleuse, tenait une hache affilée[85], et Perseus avait pris le vase pour le sang[86].

82. Sur le travail des doreurs et leurs outils, voir Gray, 1954.

83. Les dieux sont présents aux sacrifices et aux banquets en leur honneur ; cf., entre autres, *Il.*, I, 423-425 ; *Od.*, I, 22-25.

84. Dans cette corbeille était souvent caché le couteau du sacrifice. Les graines d'orge, comme l'eau lustrale, pouvaient être utilisées pour obtenir l'« assentiment » de l'animal. En tout cas, on les brûlait sur l'autel avec les prémices de la bête, c'est-à-dire les poils de son front, ce qui marquait sa consécration à la divinité.

85. Bien que sa hache soit tranchante, le rôle de Thrasymède est simplement d'assommer l'animal.

86. En grec, *amnion*. Plus tard, le vase utilisé pour recueillir le sang de la victime versé sur l'autel se nomme *sphageion* d'après *sphazô*, « égorger une victime ».

χέρνιβά τ' οὐλοχύτας τε κατήρχετο, πολλὰ δ' Ἀθήνῃ
εὔχετ' ἀπαρχόμενος, κεφαλῆς τρίχας ἐν πυρὶ βάλλων.
Αὐτὰρ ἐπεί ῥ' εὔξαντο καὶ οὐλοχύτας προβάλοντο,
αὐτίκα Νέστορος υἱός, ὑπέρθυμος Θρασυμήδης,
ἤλασεν ἄγχι στάς· πέλεκυς δ' ἀπέκοψε τένοντας
αὐχενίους, λῦσεν δὲ βοὸς μένος· αἱ δ' ὀλόλυξαν
θυγατέρες τε νυοί τε καὶ αἰδοίη παράκοιτις
Νέστορος, Εὐρυδίκη, πρέσβα Κλυμένοιο θυγατρῶν.
οἱ μὲν ἔπειτ' ἀνελόντες ἀπὸ χθονὸς εὐρυοδείης
ἔσχον· ἀτὰρ σφάξεν Πεισίστρατος, ὄρχαμος ἀνδρῶν.
τῆς δ' ἐπεὶ ἐκ μέλαν αἷμα ῥύη· λίπε δ' ὀστέα θυμός·
αἶψ' ἄρα μιν διέχευαν, ἄφαρ δ' ἐκ μηρία τάμνον
πάντα κατὰ μοῖραν, κατά τε κνίσῃ ἐκάλυψαν
δίπτυχα ποιήσαντες, ἐπ' αὐτῶν δ' ὠμοθέτησαν.
καῖε δ' ἐπὶ σχίζῃς ὁ γέρων, ἐπὶ δ' αἴθοπα οἶνον
λεῖβε· νέοι δὲ παρ' αὐτὸν ἔχον πεμπώβολα χερσίν.
αὐτὰρ ἐπεὶ κατὰ μῆρ' ἐκάη καὶ σπλάγχνα πάσαντο,
μίστυλλόν τ' ἄρα τἆλλα καὶ ἀμφ' ὀβελοῖσιν ἔπειραν,
ὤπτων δ' ἀκροπόρους ὀβελοὺς ἐν χερσὶν ἔχοντες.
Τόφρα δὲ Τηλέμαχον λοῦσεν καλὴ Πολυκάστη,
Νέστορος ὁπλοτάτη θυγάτηρ Νηληιάδαο.

87. Nestor joue ici le rôle du prêtre. Alors que les préparatifs pour le sacrifice sont réglés, il adresse une prière à la divinité honorée pour le bien de la communauté. Il peut également préciser la nature du sacrifice. Sur la prière, cf. Burkert, 1985, 56 ; Morrison, 1991, 145-157 ; Mantzioni, 1994, 329-346.

88. Geste de consécration ; cf. Burkert, 1985, 56 et note 89.

89. Après l'intervention du *boutupos*, l'assommeur de bœuf, qui exécute la première phase de la mise à mort (ici Trasymède), Pisistrate, lui, se charge d'égorger l'animal.

90. La femme de Nestor est nommée uniquement dans ce vers. C'est elle qui dirige la plainte rituelle, l'*ololugé*, semblable à celle qui

Nestor, le vieux meneur de chevaux, répandit l'eau lustrale et les orges, puis il fit à Pallas une longue prière[87] et, comme il prélevait quelques poils de la tête qu'il lançait dans le feu[88], l'assistance en priant jeta les pincées d'orge.

Déjà, faisant un pas, le bouillant Nestoride Thrasymède a frappé, et la hache a tranché les tendons cervicaux[89]: la bête tombe inerte, sous les clameurs sacrées des filles et des brus et de la vieille reine, Eurydice[90], l'aînée des filles de Clymène. Fils et gendres alors, saisissant la victime, la lèvent au-dessus du sol aux larges voies ; le meneur des guerriers, Pisistrate, l'égorge : dans le flot du sang noir, l'âme quitte les os[91]. On dépèce à la hâte[92], en détachant tous les cuisseaux, selon le rite ; sur l'une et l'autre face, on les couvre de graisse ; on empile, dessus, d'autres morceaux saignants et, pendant que Nestor, les brûlant sur les bûches, fait sa libation d'un vin aux sombres feux, la jeunesse tenant les quintuples brochettes, entoure le Vieillard. Puis, les cuisseaux brûlés, on goûte des grillades et, découpant menu le reste de la bête, on le met à rôtir au bout des longues broches que l'on tient à deux mains.

Cependant Télémaque était allé au bain[93]. La jolie Polycaste[94], une des Néléides – c'était la moins âgée des

accompagne la disparition d'un être cher. Sur la question, cf. Burkert, 1985, 56 ; Alexiou, 1974.

91. Pour une reprise, voire une relecture de ce grand sacrifice, cf. XIV, 418-436.

92. Une fois la mise à mort achevée, on écorche la victime et l'on opère le partage entre ce qui revient à la divinité (les os, la graisse) et ce qui revient aux hommes (la chair, les viscères).

93. Avant de manger, les héros se baignent. Cf. Arend, 1933, 124 sq., et Ginouvès, 1962, 156 sq.

94. Ce personnage apparaît uniquement ici. Selon Hés., fr. 221 M.-W., elle aurait donné à Télémaque un fils, Persépolis.

αὐτὰρ ἐπεὶ λοῦσέν τε καὶ ἔχρισεν λίπ' ἐλαίῳ,
ἀμφὶ δέ μιν φᾶρος καλὸν βάλεν ἠδὲ χιτῶνα,
ἔκ ῥ' ἀσαμίνθου βῆ δέμας ἀθανάτοισιν ὁμοῖος·
πὰρ δ' ὅ γε Νέστορ' ἰὼν κατ' ἄρ' ἕζετο, ποιμένα λαῶν.

Οἱ δ' ἐπεὶ ὤπτησαν κρέ' ὑπέρτερα καὶ ἐρύσαντο,
δαίνυνθ' ἑζόμενοι· ἐπὶ δ' ἀνέρες ἐσθλοὶ ὄροντο
οἶνον οἰνοχοεῦντες ἐνὶ χρυσέοις δεπάεσσιν.
Αὐτὰρ ἐπεὶ πόσιος καὶ ἐδητύος ἐξ ἔρον ἕντο,
τοῖσι δὲ μύθων ἦρχε γερήνιος ἱππότα Νέστωρ·
ΝΕΣ. — Παῖδες ἐμοί, ἄγε Τηλεμάχῳ καλλίτριχας ἵππους
ζεύξαθ' ὑφ' ἅρματ' ἄγοντες, ἵνα πρήσσῃσιν ὁδοῖο.
Ὣς ἔφαθ'· οἱ δ' ἄρα τοῦ μάλα μὲν κλύον ἠδὲ πίθοντο,
καρπαλίμως δ' ἔζευξαν ὑφ' ἅρμασιν ὠκέας ἵππους·
ἐν δὲ γυνὴ ταμίη σῖτον καὶ οἶνον ἔθηκεν
ὄψα τε, οἷα ἔδουσι διοτρεφέες βασιλῆες.
ἂν δ' ἄρα Τηλέμαχος περικαλλέα βήσετο δίφρον·
πὰρ δ' ἄρα Νεστορίδης Πεισίστρατος, ὄρχαμος ἀνδρῶν,
ἐς δίφρόν τ' ἀνέβαινε καὶ ἡνία λάζετο χερσί,
μάστιξεν δ' ἐλάαν· τὼ δ' οὐκ ἀέκοντε πετέσθην
ἐς πεδίον, λιπέτην δὲ Πύλου αἰπὺ πτολίεθρον.
Οἱ δὲ πανημέριοι σεῖον ζυγὸν ἀμφὶς ἔχοντες·
δύσετό τ' ἠέλιος σκιόωντό τε πᾶσαι ἀγυιαί·
ἐς Φηρὰς δ' ἵκοντο Διοκλῆος ποτὶ δῶμα,

filles de Nestor –, après l'avoir baigné et frotté d'huile fine, le vêtit d'une robe et d'une belle écharpe ; en quittant la baignoire, il avait l'apparence et l'allure d'un dieu. Il revint prendre siège à côté de Nestor, le pasteur de ce peuple. On retira du feu les grosses viandes cuites : on s'assit au festin et de nobles servants veillèrent à remplir de vin les coupes d'or.

Quand on eut satisfait la soif et l'appétit, le vieux maître des chars, Nestor, prit la parole :

NESTOR. – « Allons ! amenez-nous, mes fils, pour Télémaque nos chevaux aux longs crins ; liez-les sous le char, et qu'il se mette en route ! »

À peine avait-il dit ; dociles à sa voix, ses fils au joug du char liaient les deux trotteurs, et la dame intendante chargeait le pain, le vin, les mets, tout un repas de nourrissons de Zeus. Télémaque monta dans le char magnifique[95]. À ses côtés, le Nestoride Pisistrate, le meneur des guerriers, monta et prit en mains les rênes et le fouet : un coup pour démarrer ; les chevaux, s'envolant de grand cœur vers la plaine, laissèrent sur sa butte la ville de Pylos...

Le joug, sur leurs deux cous, tressauta tout le jour. Le soleil se couchait, et c'était l'heure où l'ombre emplit toutes les rues, comme on entrait à Phères[96], où le roi

95. Selon West, *ad loc.*, le char d'apparat n'était pas approprié pour ce genre de voyage ; le poète l'évoque pour indiquer la majesté des héros. Sur le char dans les poèmes homériques, cf. Crouwel, 1981.

96. Les Anciens connaissaient deux cités pouvant correspondre au royaume de Dioclès : une serait Aliphéra, en Arcadie, près de Mégalopolis, et une autre, Phères, au fond du golfe messénique, l'actuelle Kalamata.

υἱέος Ὀρτιλόχοιο, τὸν Ἀλφειὸς τέκε παῖδα.
ἔνθα δὲ νύκτ' ἄεσαν· ὁ δὲ τοῖσιν ξείνια δῶκεν.
Ἦμος δ' ἠριγένεια φάνη ῥοδοδάκτυλος Ἠώς,
ἵππους τε ζεύγνυντ' ἀνά θ' ἅρματα ποικίλ' ἔβαινον·
ἐκ δ' ἔλασαν προθύροιο καὶ αἰθούσης ἐριδούπου, 493
ἷξον δ' ἐς πεδίον πυρηφόρον, ἔνθα δ' ἔπειτα
ἦνον ὁδόν· τοῖον γὰρ ὑπέκφερον ὠκέες ἵπποι.

vers 494 : μάστιξεν δ' ἐλάαν· τὼ δ' οὐκ ἀέκοντε πετέσθην

Dioclès, un des fils d'Orsiloque, un petit-fils d'Alphée[97], leur offrit pour la nuit son hospitalité.

Mais sitôt que parut, dans son berceau de brume, l'Aurore aux doigts de roses, attelant les chevaux et montant sur le char aux brillantes couleurs, ils poussaient hors du porche et de l'entrée sonore. Un coup pour démarrer : ils volaient de grand cœur vers les blés de la plaine : là, d'une seule traite, on acheva la route, tant les bêtes avaient de vitesse et de fond.

97. Dieu fleuve, fils d'Océan et de Téthys (Hés., *Th.*, 338), l'Alphée coule entre l'Élide et l'Arcadie.

δύσετό τ' ἠέλιος σκιόωντό τε πᾶσαι ἀγυιαί·
οἳ δ' ἷξον κοίλην, Λακεδαίμονα κητώεσσαν,
πρὸς δ' ἄρα δώματ' ἔλων Μενελάου κυδαλίμοιο,
τὸν δ' εὗρον δαινύντα γάμον πολλοῖσι ἔτῃσιν
υἱέος ἠδὲ θυγατρὸς ἀμύμονος ᾧ ἐνὶ οἴκῳ.
τὴν μὲν Ἀχιλλῆος ῥηξήνορος υἱέι πέμπεν,
[ἐν Τροίῃ γὰρ πρῶτον ὑπέσχετο καὶ κατένευσε
δωσέμεναι· τοῖσιν δὲ θεοὶ γάμον ἐξετέλειον.
τὴν ἄρ' ὅ γ' ἔνθ' ἵπποισι καὶ ἅρμασι πέμπε νέεσθαι]
Μυρμιδόνων προτὶ ἄστυ περικλυτόν, οἷσι ἄνασσεν·
υἱέι δὲ Σπάρτηθεν Ἀλέκτορος ἤγετο κούρην,
ὅς οἱ τηλύγετος γένετο κρατερὸς Μεγαπένθης
ἐκ δούλης· Ἑλένῃ δὲ θεοὶ γόνον οὐκέτ' ἔφαινον,
ἐπεὶ δὴ τὸ πρῶτον ἐγείνατο παῖδ' ἐρατεινήν,
Ἑρμιόνην, ἣ εἶδος ἔχε χρυσῆς Ἀφροδίτης.
Ὣς οἱ μὲν δαίνυντο καθ' ὑψερεφὲς μέγα δῶμα
γείτονες ἠδὲ ἔται Μενελάου κυδαλίμοιο·

vers 17 : τερπόμενοι· μετὰ δέ σφιν ἐμέλπετο θεῖος ἀοιδὸς
18 : φορμίζων· δοιὼ δὲ κυβιστητῆρε κατ' αὐτούς,
19 : μολπῆς ἐξάρχοντος, ἐδίνευον κατὰ μέσσους

1. L'autre nom pour Sparte. Située sur une plaine, entre le mont Taygète et l'Eurotas, Sparte deviendra la cité la plus importante de tout le Péloponnèse et cela dès l'époque archaïque. Sur cette cité, cf. Cartledge, 1979.

2. Hermione, promise à Néoptolème, le fils d'Achille. Sophocle aurait écrit une tragédie dont elle serait l'héroïne. Dans l'*Andromaque* d'Euripide, elle apparaît comme une femme délaissé par Néoptolème

(CHANT IV.) Le soleil se couchait, et c'était l'heure où l'ombre emplit toutes les rues quand, au creux des ravins, parut Lacédémone[1] : poussant droit au manoir du noble Ménélas, ils trouvèrent le roi et nombre de ses proches qui, de ses deux enfants, fêtaient le double hymen en sa riche demeure. Ménélas envoyait sa fille[2] au fils d'Achille, ce broyeur des guerriers, car les dieux maintenant achevaient cet hymen dont jadis, en Troade, Ménélas avait fait la promesse et l'accord ; les chevaux et les chars allaient donc la conduire au roi des Myrmidons en sa fameuse ville. Pour son fils[3], Ménélas avait choisi à Sparte la fille d'Alector[4]. Il aimait de tout cœur, quoique né d'une esclave, ce fort Mégapenthès ; car, d'Hélène, les dieux lui avaient refusé toute autre descendance après qu'elle avait eu d'abord son Hermione, aussi belle et charmante que l'Aphrodite d'or.

Donc, sous les hauts plafonds de la grande demeure, ils étaient au festin, voisins et familiers du noble Ménélas ; ne songeant qu'aux plaisirs, ils avaient pour chanter et jouer de la lyre un aède divin, tandis que deux jongleurs, qui dansaient à la voix, sautaient au milieu d'eux[5] ; mais les deux arrivants attendaient au portail,

et sauvée de ce triste mariage par son cousin Oreste à qui elle aurait été promise dès sa jeunesse.

3. Mégapenthès dont le nom signifie « grand deuil ». Selon les commentateurs, ce nom ferait allusion à la douleur ressentie par Ménélas lorsqu'Hélène l'abandonna pour suivre Pâris.

4. Ce héros, selon les Alexandrins, serait le fils de Pélops et d'Hégesandra, elle-même fille d'Amiclée.

5. Sur ces amuseurs, cf. Fehr, 1990, 185-195, et Pellizer, 1983, 29-41, 137-139 et 1990, 177-184.

τὼ δ' αὖτ' ἐν προθύροισι δόμων αὐτώ τε καὶ ἵππω
στῆσαν· ὁ δὲ προμολὼν ἴδε ⟨τὼ⟩ κρείων Ἐτεωνεύς,
ὀτρηρὸς θεράπων Μενελάου κυδαλίμοιο,
βῆ δ' ἴμεν ἀγγελέων διὰ δώματα ποιμένι λαῶν,
ἀγχοῦ δ' ἱστάμενος ἔπεα πτερόεντα προσηύδα·
ΕΤΕ.—Ξείνω δή τινε τώδε, διοτρεφὲς ὦ Μενέλαε,
ἄνδρε δύω, γενεῇ δὲ Διὸς μεγάλοιο ἔικτον.
ἀλλ' εἴπ' ἤ σφωιν καταλύσομεν ὠκέας ἵππους,
ἦ' ἄλλον πέμπωμεν ἱκανέμεν, ὅς κε φιλήσῃ.
Τὸν δὲ μέγ' ὀχθήσας προσέφη ξανθὸς Μενέλαος·
ΜΕΝ.— Οὐ μὴν νήπιος ἦσθα, Βοηθοΐδη Ἐτεωνεῦ,
τὸ πρίν· ἀτὰρ μὴν νῦν γε πάις ὣς νήπια βάζεις.
ἦ μὲν δὴ νῶι ξεινήια πολλὰ φαγόντε
ἄλλων ἀνθρώπων δεῦρ' ἱκόμεθ'; αἴ κέ ποθι Ζεὺς
ἐξοπίσω περ παύσῃ ὀιζύος. ἀλλὰ λύ' ἵππους
ξείνων, ἐς δ' αὐτοὺς προτέρω ἄγε θοινηθῆναι.
Ὣς φάθ'· ὁ δὲ μεγάροιο διέσσυτο, κέκλετο δ' ἄλλους
ὀτρηροὺς θεράποντας ἅμα σπέσθαι ἑοῖ αὐτῷ.
οἱ δ' ἵππους μὲν λῦσαν ὑπὸ ζυγοῦ ἱδρώοντας
καὶ τοὺς μὲν κατέδησαν ἐφ' ἱππείῃσι κάπῃσι,
πὰρ δ' ἔβαλον ζειάς, ἀνὰ δὲ κρῖ λευκὸν ἔμιξαν,
ἅρματα δ' ἔκλιναν πρὸς ἐνώπια παμφανόωντα,
αὐτοὺς δ' εἰσῆγον θεῖον δόμον. οἱ δὲ ἰδόντες
θαύμαζον κατὰ δῶμα διοτρεφέος βασιλῆος·
ὥς τε γὰρ ἡελίου αἴγλη πέλεν ἠὲ σελήνης
δῶμα καθ' ὑψερεφὲς Μενελάου κυδαλίμοιο.

vers 21 : Τηλέμαχός θ' ἥρως καὶ Νέστορος ἀγλαὸς υἱός

6. Ce serviteur de Ménélas, dont le statut n'est pas défini, apparaît également en XV, 95. Il est intéressant de remarquer l'hésitation du personnage à accueillir les étrangers alors qu'ils sont immédiatement invités au festin chez Nestor.

eux et leurs deux chevaux, le héros Télémaque et le fin Nestoride. Or maître Étéoneus[6] les vit, comme il sortait : c'était l'un des coureurs du noble Ménélas ; dans la salle, il rentra pour donner la nouvelle et, se tenant debout près du pasteur du peuple, il dit ces mots ailés :

ÉTÉONEUS. – « Ménélas, nourrisson de Zeus, nous avons là deux héros étrangers, en qui se reconnaît la race du grand Zeus ; or, dis-moi, devons-nous dételer leurs trotteurs ? ou les conduire ailleurs chercher qui les accueille ? »

Mais le blond Ménélas, d'un ton fort indigné :

MÉNÉLAS. – « Oh ! fils de Boéthos, Étéoneus, jadis tu n'étais pas un sot ; voilà, comme un enfant, que tu dis des sornettes ! Combien de fois, avant de rentrer au logis, n'avons-nous pas, tous deux, mangé le pain des autres ? et plaise encore à Zeus que nous soyons toujours à l'abri de ces maux ! Dételle leurs chevaux et cours nous amener ces hôtes au festin ! »

À peine avait-il dit qu'Étéoneus courant sortait de la grand-salle, appelait, emmenait d'autres servants-coureurs, dételait les chevaux qui suaient sous le joug, les attachait aux crèches de la cavalerie, leur donnait du froment mélangé d'orge blanche et, redressant le char, l'accotait sur le mur du fond tout reluisant, puis au manoir divin faisait entrer les hôtes. Leurs regards étonnés parcouraient la demeure du nourrisson de Zeus ; car, sous les hauts plafonds du noble Ménélas, c'était comme un éclat de soleil et de lune[7].

7. L'éclat du palais de Ménélas sert à souligner la puissance des Atrides en Argolide. Pour une description semblable, voir l'arrivée d'Ulysse chez Alcinoos en VII, 81-102. Sur les palais mycéniens, cf. Lorimer, 1950, 406-451 ; Plommer, 1977, 75 sq. ; Veneri, 1991, 177-186.

Αὐτὰρ ἐπεὶ τάρπησαν ὁρώμενοι ὀφθαλμοῖσιν,
ἔς ῥ' ἀσαμίνθους βάντες ἐυξέστας λούσαντο.
τοὺς δ' ἐπεὶ οὖν δμῳαὶ λοῦσαν καὶ χρῖσαν ἐλαίῳ,
ἀμφὶ δ' ἄρα χλαίνας οὔλας βάλον ἠδὲ χιτῶνας,
ἔς ῥα θρόνους ἕζοντο παρ' Ἀτρείδην Μενέλαον.
χέρνιβα δ' ἀμφίπολος προχόῳ ἐπέχευε φέρουσα
καλῇ, χρυσείῃ, ὑπὲρ ἀργυρέοιο λέβητος,
νίψασθαι, παρὰ δὲ ξεστὴν ἐτάνυσσε τράπεζαν·
σῖτον δ' αἰδοίη ταμίη παρέθηκε φέρουσα.
Τὼ καὶ δεικνύμενος προσέφη ξανθὸς Μενέλαος·
ΜΕΝ. — Σίτου θ' ἅπτεσθον καὶ χαίρετον. αὐτὰρ ἔπειτα
δείπνου πασσαμένω εἰρησόμεθ' οἵ τινές ἐστον
[ἀνδρῶν· οὐ γὰρ σφῷν γε γένος ἀπόλωλε τοκήων,
ἀλλ' ἀνδρῶν γένος ἐστὲ διοτρεφέων βασιλήων
σκηπτούχων, ἐπεὶ οὔ κε κακοὶ τοιούσδε τέκοιεν].
Ὣς φάτο καί σφιν νῶτα βοὸς παρὰ πίονα θῆκεν
ὄπτ' ἐν χερσὶν ἑλών, τά ῥά οἱ γέρα πάρθεσαν αὐτῷ·
οἱ δ' ἐπ' ὀνείαθ' ἑτοῖμα προκείμενα χεῖρας ἴαλλον.
Αὐτὰρ ἐπεὶ πόσιος καὶ ἐδητύος ἐξ ἔρον ἕντο,
δὴ τότε Τηλέμαχος προσεφώνεε Νέστορος υἱόν,
ἄγχι σχὼν κεφαλήν ἵνα μὴ πευθοίατο ἄλλοι·
ΤΗΛ. — Φράζεο, Νεστορίδη, τῷ ἐμῷ κεχαρισμένε θυμῷ,
χαλκοῦ τε στεροπὴν κατὰ δώματα ἠχήεντα
χρυσοῦ τ' ἠλέκτρου τε καὶ ἀργύρου ἠδ' ἐλέφαντος.

vers 56 : εἴδατα πόλλ' ἐπιθεῖσα, χαριζομένη παρεόντων.
57 : δαιτρὸς δὲ κρειῶν πίνακας παρέθηκεν ἀείρας
58 : παντοίων, παρὰ δέ σφι τίθει χρύσεια κύπελλα

8. Sur le bain, cf. III, 464-465 et note.

9. Même si les hôtes viennent de se baigner, ils se lavent encore les mains avant de passer à table pour se purifier, le festin étant ponctué par des libations en l'honneur des dieux.

Lorsqu'ils eurent empli leurs yeux de ces merveilles, ils s'en furent au bain[8] dans les cuves polies ; puis, baignés et frottés d'huile par les servantes, revêtus de la robe et du manteau de laine, ils revinrent auprès de Ménélas l'Atride s'asseoir en des fauteuils. Vint une chambrière qui, portant une aiguière en or et du plus beau, leur donnait à laver sur un bassin d'argent[9] et dressait devant eux une table polie. Vint la digne intendante : elle apportait le pain et le mit devant eux et leur fit les honneurs de toutes ses réserves ; puis le maître-tranchant, portant haut ses plateaux de viandes assorties, les présenta et leur donna des coupes d'or, et le blond Ménélas les invita du geste :

MÉNÉLAS. – « Voici le pain : prenez, tous deux ; bon appétit ! une fois restaurés, vous direz qui vous êtes ! On voit bien qu'en vous deux, se poursuit une race de nourrissons de Zeus, de rois portant le sceptre ; jamais vilain n'eût engendré de pareils fils[10] ! »

Il dit et leur offrit les morceaux rissolés d'un gras filet de bœuf qu'il prit à pleines mains : c'était la part d'honneur réservée pour sa table[11] ; vers ces morceaux de choix préparés et servis, ils tendirent les mains.

Quand on eut satisfait la soif et l'appétit, Télémaque, pour n'être entendu d'aucun autre, dit en penchant le front vers le fils de Nestor :

TÉLÉMAQUE. – « Vois donc, fils de Nestor, cher ami de mon cœur ! sous ces plafonds sonores, vois les éclairs de l'or, de l'électron[12], du bronze, de l'argent, de l'ivoire !

10. La beauté, dans les poèmes épiques, va de pair avec la bonne naissance. Ainsi, parmi les Achéens de l'*Iliade*, on ne trouve qu'un seul homme au physique disgracieux que le poète caractérise comme de basse extraction sociale. cf. *Il.*, II, 212-277.

11. Sur cette part d'honneur, cf., entre autres, *Il.*, VII, 321 sq. ; *Od.*, VIII, 474 sq. ; XIV, 437 sq. Selon Hérodote, VI, 56, les rois de Sparte recevaient encore une part d'honneur à l'époque classique.

12. Alliage d'or et d'argent, l'électron était utilisé dans les incrustations des lambris.

Ζηνός που τοιῆδέ γ' Ὀλυμπίου ἔνδοθεν αὐλή ; 74
Τοῦ δ' ἀγορεύοντος ξύνετο ξανθὸς Μενέλαος 76
καί σφεας φωνήσας ἔπεα πτερόεντα προσηύδα·
MEN. — Τέκνα φίλ', ἤτοι Ζηνὶ βροτῶν οὐκ ἄν τις ἐρίζοι·
[ἀθάνατοι γὰρ τοῦ γε δόμοι καὶ κτήματ' ἔασιν·]
ἀνδρῶν δ' ἤ κέν τίς μοι ἐρίσσεται ἠὲ καὶ οὐκί 80
κτήμασιν ; ἦ γὰρ πολλὰ παθὼν καὶ πόλλ' [ἐπαληθεὶς
ἠγαγόμην ἐν νηυσὶ καὶ ὀγδοάτῳ ἔτει ἦλθον,
Κύπρον Φοινίκην τε καὶ Αἰγυπτίους] ἐπαληθείς,
Αἰθίοπάς θ' ἱκόμην καὶ Σιδονίους καὶ Ἐρεμβοὺς
καὶ Λιβύην, ἵνα τ' ἄρνες ἄφαρ κεραοὶ τελέθουσι. 85
ἔνθα μὲν οὔτε ἄναξ ἐπιδευὴς οὔτέ τι ποιμὴν 87
τυροῦ καὶ κρειῶν, οὐδὲ γλυκεροῖο γάλακτος· 88
ἀλλ' αἰεὶ παρέχουσιν ἐπηετανὸν γάλα θῆσθαι· 89
τρὶς γὰρ τίκτει μῆλα τελεσφόρον εἰς ἐνιαυτόν. 86
εἷος ἐγὼ περὶ κεῖνα πολὺν βίοτον ξυναγείρων 90
ἠλώμην, τείως μοι ἀδελφεὸν ἄλλος ἔπεφνε
λάθρῃ, ἀνωιστί, δόλῳ οὐλομένης ἀλόχοιο·
ὣς οὔ τοι χαίρων τοῖσδε κτεάτεσσι ἀνάσσω.
καὶ πατέρων τάδε μέλλετ' ἀκουέμεν, οἵ τινες ὔμμιν
εἰσίν· ἐπεὶ μάλα πολλὰ πάθον καὶ ἀπώλεσα οἶκον 95
εὖ μάλα ναιετάοντα, κεχανδότα πολλὰ καὶ ἐσθλά.

vers 75 : ὅσσα τάδ' ἄσπετα πολλά· σέβας μ' ἔχει εἰσορόωντα

13. Après Troie, Ménélas continue à parcourir des contrées diverses pour amasser du butin et s'enrichir ; cf. III, 300.

14. Les Anciens discutaient beaucoup cet itinéraire qui sert sans doute à expliquer la lenteur du retour de Ménélas. Sur Chypre, cf. I, 184 et note.

15. Au v. 84, le poète sépare les Phéniciens des Sidoniens ce qui est un sujet d'étonnement pour les Anciens, raison pour laquelle ce vers a été athétisé.

Zeus a-t-il plus d'éclat au fond de son Olympe ? quelle réunion d'indicibles merveilles ! cette vue me confond ! »

Il disait ; mais le blond Ménélas entendit et, se tournant vers eux, leur dit ces mots ailés :

MÉNÉLAS. – « Chers enfants, Zeus n'a pas de rival ici-bas ! Chez lui, rien n'est mortel, ni maisons ni richesses. Quant aux humains, comment savoir s'il en est un qui m'égale en richesses ? Mais qu'il m'en a coûté de maux et d'aventures pour ramener mes vaisseaux pleins[13], après sept ans ! aventures en Chypre[14], en Phénicie[15], dans l'Égyptos[16] et chez les Nègres[17] ! chez les <d'Égyptos>, d'Arabie, de Sidon et dans cette Libye[18] où les agneaux ont des cornes dès leur naissance, où, du prince au berger, tout homme a son content de fromage, de viande et de laitage frais ; les bêtes tous les jours accourent à la traite, car trois fois dans l'année les brebis mettent bas... C'est pendant qu'en ces mers j'allais à l'aventure, faisant mon plein de vivres, que l'autre surgissait de l'ombre et me tuait mon frère, ah ! trahison d'une femme perdue ! Non ! je n'ai plus de joie à régner sur ces biens ! vos pères, quels qu'ils soient, ont dû vous le conter : que de maux j'ai soufferts, quel foyer j'ai perdu, peuplé d'être si chers avec une si belle et si grande opulence... Plût au ciel que, n'ayant qu'un tiers de ces

16. Dans les poèmes homériques, désigne soit le Nil, soit l'Égypte. Nestor avait évoqué le voyage de Ménélas en Égypte en III, 292 sq.

17. Chez les Éthiopiens. Sur ce peuple, cf. I, 223 et note. Ménélas aurait également visité les Erembes que les Anciens avaient du mal à associer à un peuple connu.

18. Pays de l'âge d'or. Selon West, *ad loc.*, cette digression sur la vie pastorale en Afrique septentrionale serait un reflet de la colonisation de Cyrène.

ὧν ὄφελον τριτάτην περ ἔχων ἐν δώμασι μοῖραν
ναίειν, οἱ δ' ἄνδρες σόοι ἔμμεναι, οἳ τότ' ὄλοντο
Τροίῃ ἐν εὐρείῃ, ἑκὰς Ἄργεος ἱπποβότοιο.
ἀλλ' ἔμπης πάντας μὲν ὀδυρόμενος καὶ ἀχεύων,
ἄλλοτε μέν τε γόῳ φρένα τέρπομαι, ἄλλοτε δ' αὖτε
παύομαι· αἰψηρὸς δὲ κόρος κρυεροῖο γόοιο.
τῶν πάντων οὐ τόσσον ὀδύρομαι, ἀχνύμενός περ,
ὡς ἑνός, ὅς τέ μοι ὕπνον ἀπεχθαίρει καὶ ἐδωδὴν
μνωομένῳ, ἐπεὶ οὔ τις Ἀχαιῶν τόσσ' ἐμόγησεν
ὅσσ' Ὀδυσεὺς ἐμόγησε καὶ ἤρατο. τῷ δ' ἄρ' ἔμελλεν
αὐτῷ κήδε' ἔσεσθαι, ἐμοὶ δ' ἄχος αἰὲν ἄλαστον
κείνου, ὅπως δὴ δηρὸν ἀποίχεται, οὐδέ τι ἴδμεν
ζώει ὅ γ' ἦ τέθνηκεν· ὀδύρονταί νύ που αὐτὸν
Λαέρτης θ' ὁ γέρων καὶ ἐχέφρων Πηνελόπεια
Τηλέμαχός θ', ὃν ἔλειπε νέον γεγαῶτ' ἐνὶ οἴκῳ.
Ὣς φάτο· τῷ δ' ἄρα πατρὸς ὑφ' ἵμερον ὦρσε γόοιο·
δάκρυ δ' ἀπὸ βλεφάρων χαμάδις βάλε πατρὸς ἀκούσας,
χλαῖναν πορφυρέην ἄντ' ὀφθαλμοῖιν ἀνασχὼν
ἀμφοτέρῃσιν χερσί. νόησε δέ μιν Μενέλαος,
μερμήριξε δ' ἔπειτα κατὰ φρένα καὶ κατὰ θυμὸν
ἠέ μιν αὐτὸν πατρὸς ἐάσειε μνησθῆναι,
ἦ πρῶτ' ἐξερέοιτο ἕκαστά τε πειρήσαιτο.
Εἷος ὁ ταῦθ' ὥρμαινε κατὰ φρένα καὶ κατὰ θυμόν,
ἐκ δ' Ἑλένη θαλάμοιο θυώδεος ὑψορόφοιο

vers 101 : *πολλάκις ἐν μεγάροισι καθήμενος ἡμετέροισιν*

19. Geste de pudeur qui prélude à celui d'Ulysse chez les Phéaciens, *Od.*, VIII, 83 sq. Sur ces pleurs, cf. Monsacré, 1984, 144 et note 4.

richesses, j'eusse vécu chez moi et qu'ils fussent en vie, tous les héros tombés dans la plaine de Troie, si loin de notre Argos, de nos prés d'élevage ! Ah ! sur eux, sur eux tous, je pleure et me lamente tant et combien de fois en ce manoir tranquille ! Je sanglote parfois pour soulager mon cœur, et parfois je m'arrête : du frisson des sanglots, l'homme est si tôt lassé ! Oui, sur eux tous, je pleure ; mais en cette tristesse, il est une mémoire qui m'obsède partout, au lit comme au festin, car nul des Achéens ne sut peiner pour moi comme peinait Ulysse, et d'un si bel élan ! Dire qu'il n'a trouvé que souffrances au bout ! Pour moi, c'est un chagrin qui jamais ne me quitte de le savoir toujours absent et d'ignorer son salut ou sa mort ! Et sur lui, comme moi, pleurent le vieux Laërte, la sage Pénélope et son fils Télémaque, qu'il dut, à peine né, laisser en sa maison. »

Il disait. Télémaque, à ce nom de son père, sentait monter en lui un besoin de sanglots ; jaillissant de ses yeux, ses pleurs roulaient au sol : on parlait de son père ! De son manteau de pourpre, qu'il saisit à deux mains, il se cacha les yeux[19]. Ménélas devina, mais attendit, l'esprit et le cœur hésitants : laisserait-il ce fils se réclamer d'un père ? prendrait-il les devants pour tâcher de savoir ? Son esprit et son cœur ne savaient que résoudre. Or, voici que, sortant des parfums de sa chambre et de ses hauts lambris, Hélène[20] survenait : on eût dit

20. Celle pour qui tant d'Achéens ont perdu la vie devant Troie est présentée dans l'*Odyssée* dans le rayonnement de sa beauté. Malgré les parfums de sa couche qui la placeraient du côté d'Aphrodite, donc de la séduction, le poète préfère la comparer à la virginale Artémis tout occupée aux travaux féminins. Sur ce personnage, voir Kakridis, 1971, 25 sq. ; West, 1975 et Clader, 1976.

ἤλυθεν, Ἀρτέμιδι χρυσηλακάτῳ ἐικυῖα.
τῇ δ' ἄρ' ἅμ' Ἀδρήστη κλισίην εὔτυκτον ἔθηκεν
Ἀλκίππη δὲ τάπητα φέρεν μαλακοῦ ἐρίοιο·
Φυλὼ δ' ἀργύρεον τάλαρον φέρε, τόν οἱ ἔδωκεν
Ἀλκάνδρη, Πολύβοιο δάμαρ, ὃς ἔναι' ἐνὶ Θήβῃς
Αἰγυπτίῃσ', ὅθι πλεῖστα δόμοισ' ἐν κτήματα κεῖται,
ὃς Μενελάῳ δῶκε δύ' ἀργυρέας ἀσαμίνθους,
δοιοὺς δὲ τρίποδας, δέκα δὲ χρυσοῖο τάλαντα·
χωρὶς δ' αὖ Ἑλένῃ ἄλοχος πόρε κάλλιμα δῶρα,
χρυσῆν τ' ἠλακάτην τάλαρόν θ' ὑπόκυκλον ὄπασσεν
ἀργύρεον· χρυσῷ δ' ἐπὶ χείλεα κεκράαντο.
τόν ῥά οἱ ἀμφίπολος Φυλὼ παρέθηκε φέρουσα
νήματος ἀσκητοῖο βεβυσμένον· αὐτὰρ ἐπ' αὐτῷ
ἠλακάτη τετάνυστο ἰοδνεφὲς εἶρος ἔχουσα·
ἕζετο δ' ἐν κλισμῷ· ὑπὸ δὲ θρῆνυς ποσὶν ἦεν.
Αὐτίκα δ'· ἥ γ' ἐπέεσσι πόσιν ἐρέεινε ἕκαστα·
ΕΛΕ. — Ἴδμεν δή, Μενέλαε διοτρεφές, οἵ τινες οἵδε
[ἀνδρῶν εὐχετόωνται ἱκανέμεν ἡμέτερον δῶ];
ψεύσομαι ἦ' ἔτυμον ἐρέω; κέλεται δέ με θυμός
οὐ γάρ πώ τινά φημι ἐοικότα ὧδε ἰδέσθαι
οὔτ' ἄνδρ' οὔτε γυναῖκ⟨ι⟩, — σέβας μ' ἔχει εἰσορόωσαν, —
ὡς ὅδ' Ὀδυσσῆος μεγαλήτορος υἷι ἔοικε,
Τηλεμάχῳ, τὸν ἔλειπε νέον γεγαῶτ' ἐνὶ οἴκῳ
κεῖνος ἀνήρ, ὅτ' ἐμεῖο κυνώπιδος εἵνεκ' Ἀχαιοὶ
ἤλθεθ' ὑπὸ Τροίην, πόλεμον θρασὺν ὁρμαίνοντες.

21. D'habitude, Artémis est liée à la chasse et au monde sauvage, raison pour laquelle les Anciens voyaient dans cette épithète les flèches plutôt que la quenouille. Sur la difficulté de ce passage, cf. Due, 1965, 1-9.

22. Comme Pénélope (I, 331 sq.) ou Arété (VI, 306), les femmes des poèmes homériques sont souvent accompagnées par des servantes.

l'Artémis à la quenouille d'or[21]. Adrasté[22] avança une chaise ouvragée qu'Alkippé recouvrit d'un doux carreau de laine, puis Phylo déposa la corbeille d'argent, un cadeau d'Alcandra, la femme de Polybe. C'était un habitant de la Thèbes d'Égypte[23], la ville où les maisons regorgent de richesses. Tandis qu'à Ménélas, Polybe avait donné deux baignoires d'argent et deux trépieds en or, avec dix talents d'or, Hélène avait reçu d'Alcandra, son épouse, des présents merveilleux : une quenouille d'or et, montée sur roulettes, la corbeille d'argent aux lèvres de vermeil, que venait d'apporter Phylo, la chambrière, et qu'emplissait le fil dévidé du fuseau ; dessus, était couchée la quenouille, chargée de laine purpurine.

Hélène prit le siège avec le marchepied[24] et, sans tarder, pressa son mari de demandes :

HÉLÈNE. – « Ménélas, nourrisson de Zeus, peut-on savoir le nom de ces amis et de qui, pour venir chez nous, ils se réclament ? Est-ce une erreur de ma part ? est-ce la vérité. J'obéis à mon cœur et je dis que mes yeux n'ont jamais rencontré pareille ressemblance ni d'homme ni de femme : cette vue me confond... C'est sûrement le fils de ce grand cœur d'Ulysse ! c'est lui ! c'est Télémaque, qu'à peine il a vu naître et qu'il dut, le héros, laisser en sa maison, quand vous tous, Achéens, pour moi, face de chienne[25], poussiez vers Ilion la plus hardie des guerres. »

23. Les Grecs associaient l'Égypte à la richesse et Thèbes figure dans ce récit comme la ville principale de ce pays merveilleux où l'hôte est traité comme un dieu. Sur Thèbes, cf. *Il.*, IX, 381-384 ; Hérodote, I, 182 ; II, 3, 9, 15, 54-57, 69, 143, etc. Voir aussi Ballabriga, 1998, 61-62.

24. Ces marchepieds rendaient plus confortables les sièges très hauts des maisons aristocratiques ; cf. I, 131, et Richter, 1966, 13.

25. Par cette épithète, Hélène rappelle les douleurs qu'elle a causées aux Achéens. En effet, la chienne était considérée comme la « personnification » de l'effronterie ; cf. *Il.*, XVIII, 396. Dans l'*Iliade* déjà, Hélène se reprochait d'avoir suivi Pâris ; cf. III, 180, 404 ; VI, 344, 356 ; XXIV, 764.

Τὴν δ' ἀπαμειβόμενος προσέφη ξανθὸς Μενέλαος·
ΜΕΝ. — Οὕτω νῦν καὶ ἐγὼ νοέω, γύναι, ὡς σὺ ἐίσκεις·
κείνου γὰρ τοιοίδε πόδες τοιαίδε τε χεῖρες
ὀφθαλμῶν τε βολαὶ κεφαλή τ' ἐφύπερθέ τε χαῖται.
καὶ νῦν ἤτοι ἐγὼ μεμνημένος ἀμφ' Ὀδυσῆι
μυθεόμην, ὅσα κεῖνος ὀιζύσας ἐμόγησεν
ἀμφ' ἐμοί· αὐτὰρ ὁ πυκνὸν ὑπ' ὀφρύσι δάκρυον εἶβε,
χλαῖναν πορφυρέην ἄντ' ὀφθαλμοῖιν ἀνασχών.
Τὸν δ' αὖ Νεστορίδης Πεισίστρατος ἀντίον ηὔδα·
ΠΕΙ. — Ἀτρεΐδη Μενέλαε διοτρεφές, ὄρχαμε λαῶν,
κείνου μέν τοι ὅδ' υἱὸς ἐτήτυμον, ὡς ἀγορεύεις·
[ἀλλὰ σαόφρων ἐστί, νεμεσσᾶται δ' ἐνὶ θυμῷ
ὧδ' ἐλθὼν τὸ πρῶτον ἐπεσβολίας ἀναφαίνειν
ἄντα σέθεν, τοῦ νῶι θεοῦ ὣς τερπόμεθ' αὐδῇ.]
αὐτὰρ ἐμὲ προέηκε Γερήνιος ἱππότα Νέστωρ
τῷ ἅμα πομπὸν ἕπεσθαι· ἐέλδετο γάρ σε ἰδέσθαι,
ὄφρα οἱ ἤ τι ἔπος ὑποθήσεαι ἠέ τι ἔργον.
πολλὰ γὰρ ἄλγε' ἔχει πατρὸς παῖς οἰχομένοιο
ἐν μεγάροισ', ᾧ μὴ ἄλλοι ἀοσσητῆρες ἔωσιν,
ὡς νῦν Τηλεμάχῳ ὁ μὲν οἴχεται, οὐδέ οἱ ἄλλοι
εἴσ', οἵ κεν κατὰ δῆμον ἀλάλκοιεν κακότητα.
Τὸν δ' ἀπαμειβόμενος προσέφη ξανθὸς Μενέλαος·
ΜΕΝ. — Ὢ πόποι, ἦ μάλα δὴ φίλου ἀνέρος υἱὸς ἐμὸν δῶ
ἵκεθ', ὃς εἵνεκ' ἐμεῖο πολέας ἐμόγησεν ἀέθλους·
καί μιν ἔφην ἐλθόντα φιλησέμεν ἔξοχα πάντων
Ἀργείων, εἰ νῶιν ὑπὲρ ἅλα νόστον ἔδωκε
νηυσὶ θοῇσι γενέσθαι Ὀλύμπιος εὐρύοπα Ζεύς.
καί κέ οἱ ⟨ἐν⟩ Ἄργεϊ νάσσα πόλιν καὶ δώματ' ἔτευξα,

26. Soit dans le Péloponnèse, et plus précisément en Laconie. Pour les villes de son royaume, cf. *Il.*, II, 581-590.

En réponse, le blond Ménélas répliqua :

MÉNÉLAS. – « Je pense comme toi, ma femme : moi aussi, j'ai vu la ressemblance. Ulysse ! le voilà! ce sont ses pieds, ses mains, l'éclair de son regard, sa tête et, sur le front, la même chevelure ! Justement je venais d'évoquer sa mémoire, rappelant tous les maux que ce héros avait endurés pour ma cause, quand notre hôte, les cils chargés de grosses larmes, prit son manteau de pourpre et se cacha les yeux. »

Pisistrate, le fils de Nestor, intervint :

PISISTRATE. – « Ménélas, fils d'Atrée, le nourrisson de Zeus, le meneur des guerriers, c'est bien, comme tu dis, le fils de ce héros ; mais il est réservé ; admis en ta présence pour la première fois, il se fût reproché toute vaine parole, quand ta voix nous tenait sous un charme divin. Quant à moi, c'est Nestor, le vieux maître des chars, qui m'a mis en chemin pour lui servir de guide, car Télémaque avait le désir de te voir, espérant tes conseils et peut-être ton aide : quand le père est absent, tu sais combien le fils peut avoir à souffrir dans un manoir resté sans autres défenseurs ! C'est maintenant son lot en l'absence d'Ulysse et, contre le malheur, il n'a plus dans son peuple à qui se confier. »

En réponse, le blond Ménélas répliqua :

MÉNÉLAS. – « Oh ! ciel ! j'ai sous mon toit le fils de cet ami qui jadis, pour ma cause, affronta tant de luttes ! Je m'étais bien promis, quand il viendrait chez moi, que nul des Achéens n'aurait meilleur accueil. Si le dieu de l'Olympe, le Zeus à la grand-voix, nous avait accordé de repasser, tous deux, la mer sur nos croiseurs, je voulais en Argos[26] lui céder une ville[27], lui bâtir un manoir, le

27. Dans l'*Iliade*, Agamemnon voulant réparer l'outrage commis à l'égard d'Achille lui promet sept cités en plus de la main de sa fille (IX, 141-153 et 283-285). L'offre de Ménélas, elle, repose sur l'amitié qui le lie à Ulysse, amitié qui n'est pas évoquée dans l'*Iliade*.

ἐξ Ἰθάκης ἀγαγὼν σὺν κτήμασι καὶ τέκεϊ ᾧ
καὶ πᾶσιν λαοῖσι, μίαν πόλιν ἐξαλαπάξας
αἳ περιναιετάουσι, ἀνάσσονται δ' ἐμοὶ αὐτῷ.
καί κε θάμ' ἐνθάδ' ἐόντες ἐμισγόμεθ'· οὐδέ κεν ἄλλο
ἄμμε διέκρινεν φιλέοντέ τε τερπομένω τε,
πρίν γ' ὅτε δὴ θανάτοιο μέλαν νέφος ἀμφεκάλυψεν.
ἀλλὰ τὰ μέν που μέλλεν ἀγάσσεσθαι θεὸς αὐτός,
ὃς κεῖνον δύστηνον ἀνόστιμον οἶον ἔθηκεν.
Ὣς φάτο· τοῖσι δὲ πᾶσιν ὑφ' ἵμερον ὦρσε γόοιο.
κλαῖε μὲν Ἀργείη Ἑλένη, Διὸς ἐκγεγαυῖα·
κλαῖε δὲ Τηλέμαχός τε καὶ Ἀτρεΐδης Μενέλαος·
οὐδ' ἄρα Νέστορος υἱὸς ἀδακρύτω ἔχεν ὄσσε·
μνήσατο γὰρ κατὰ θυμὸν ἀμύμονος Ἀντιλόχοιο
[τόν ῥ' Ἠοῦς ἔκτεινε φαεινῆς ἀγλαὸς υἱός].
Τοῦ ὅ γ' ἐπιμνησθεὶς ἔπεα πτερόεντ' ἀγόρευεν·
ΠΕΙ. — Ἀτρεΐδη, περὶ μέν σε βροτῶν πεπνυμένον εἶναι
Νέστωρ φάσχ' ὁ γέρων, ὅτ' ἐπιμνησαίμεθα σεῖο
[οἷσιν ἐνὶ μεγάροισι καὶ ἀλλήλους ἐρέοιμεν]·
καὶ νῦν, εἴ τί που ἔστι, πίθοιό μοι· οὐ γὰρ ἐγώ γε
τέρπομ' ὀδυρόμενος μεταδόρπιος· ἀλλὰ καὶ Ἠὼς
ἔσσεται ἠριγένεια· νεμεσσῶμαί γε μὲν οὐδὲν
κλαίειν ὅς κε θάνῃσι βροτῶν καὶ πότμον ἐπίσπῃ.
τοῦτό νυ καὶ γέρας οἶον ὀιζυροῖσι βροτοῖσι,
κείρασθαί τε κόμην βαλέειν τ' ἀπὸ δάκρυ παρειῶν.
καὶ γὰρ ἐμὸς τέθνηκεν ἀδελφεός, οὔ τι κάκιστος
Ἀργείων· μέλλεις δὲ σὺ ἴδμεναι· οὐ γὰρ ἐγώ γε
ἤντησ' οὐδὲ ἴδον· περὶ δ' ἄλλων φασὶ γενέσθαι
Ἀντίλοχον, περὶ μὲν θείειν ταχὺν ἠδὲ μαχητήν.

28. Une telle mesure impliquerait le déplacement de deux populations.

transplanter d'Ithaque avec ses biens, son fils, son peuple tout entier ; j'aurais vidé pour eux quelqu'une des cités[28] qui, dans le voisinage, ont reconnu ma loi, et nous aurions ici fréquenté l'un chez l'autre, sans que rien vînt troubler notre accord et nos joies, jusqu'au jour où la mort nous eût enveloppés dans son nuage d'ombre... Il a fallu qu'un dieu, m'enviant ce bonheur, ne privât du retour que lui, le malheureux ! »

C'est ainsi qu'il parlait et tous sentaient monter un besoin de sanglots. On vit alors pleurer Hélène l'Argienne, cette fille de Zeus, et pleurer Télémaque, et Ménélas l'Atride ! et le fils de Nestor n'eut pas les yeux sans larmes : son cœur se rappelait l'éminent Antiloque, ce frère qui tomba sous le fils glorieux de l'Aurore éclatante[29].

Plein de ce souvenir, il dit ces mots ailés :

PISISTRATE. – « Fils d'Atrée, notre vieux Nestor te proclamait le plus sage des hommes, chaque fois que ton nom revenait sur nos lèvres et que, dans son manoir, nous nous interrogions. Mais, ce soir, si tu veux, écoute mon conseil : je ne trouve aucun charme à ces pleurs après boire ; laissons venir l'Aurore ; dès qu'elle sortira de son berceau de brume, ce n'est certes pas moi qui trouverai mauvais que l'on pleure les morts, victimes du destin... C'est encore un hommage, et le dernier à rendre à ces infortunés, que les cheveux coupés[30] et les larmes aux joues : j'ai perdu, moi aussi, un frère ; il n'était pas le moins brave en Argos. Tu dois bien le savoir : si je ne l'ai jamais ni rencontré ni vu, on m'a dit qu'entre tous, cet Antiloque était le roi de vos coureurs et de vos combattants ! »

29. Sur Memnon et Antiloque, cf. III, 112 et note.

30. Sur cette pratique propre aux rites funèbres, cf. Burkert, 1985, 190-194.

Τὸν δ' ἀπαμειβόμενος προσέφη ξανθὸς Μενέλαος·
ΜΕΝ. — Ὦ φίλ', ἐπεὶ τόσα εἶπας ὅσ' ἂν πεπνυμένος ἀνὴρ
εἴποι καὶ ῥέξειε, καὶ ὃς προγενέστερος εἴη·
τοίου γὰρ καὶ πατρός, ὃ καὶ πεπνυμένα βάζεις.
ῥεῖα δ' ἀρίγνωτος γόνος ἀνέρος ᾧ τε Κρονίων
ὄλβον ἐπικλώσῃ γαμέοντί τε γειν(α)μένῳ τε,
ὡς νῦν Νέστορι δῶκε διαμπερὲς ἤματα πάντα,
αὐτὸν μὲν λιπαρῶς γηρασκέμεν ἐν μεγάροισιν,
υἱέας αὖ πινυτούς τε καὶ ἔγχεσιν εἶναι ἀρίστους.
ἡμεῖς δὲ κλαυθμὸν μὲν ἐάσομεν ὃς πρὶν ἐτύχθη,
δόρπου δ' ἐξαῦτις μνησώμεθα· χερσὶ δ' ἐφ' ὕδωρ
χευάντων· μῦθοι δὲ καὶ ἠῶθέν περ ἔσονται
Τηλεμάχῳ καὶ ἐμοὶ διαειπέμεν ἀλλήλοισιν.
Ὣς ἔφατ'· Ἀσφαλίων δ' ἄρ' ὕδωρ ἐπὶ χεῖρας ἔχευεν,
ὀτρηρὸς θεράπων Μενελάου κυδαλίμοιο. 217
Ἔνθ' αὖτ' ἄλλ' ἐνόησ' Ἑλένη Διὸς ἐκγεγαυῖα· 219
αὐτίκ' ἄρ' ἐς οἶνον βάλε φάρμακον, ἔνθεν ἔπινον,
νηπενθές τ' ἄχολόν τε, κακῶν ἐπίληθον ἁπάντων
ὃς τὸ καταβρόξειεν, ἐπὴν κρητῆρι μιγείη,
οὔ κεν ἐφημέριός γε βάλοι κατὰ δάκρυ παρειῶν,
οὐδ' εἴ οἱ κατατεθναίη μήτηρ τε πατήρ τε,
οὐδ' εἴ οἱ προπάροιθεν ἀδελφεὸν ἢ φίλον υἱὸν
χαλκῷ δηιόῳεν, ὁ δ' ὀφθαλμοῖσιν ὁρῷτο.
Τοῖα Διὸς θυγάτηρ ἔχε φάρμακα μητιόεντα,
ἐσθλά, τά οἱ Πολύδαμνα πόρεν, Θῶνος παράκοιτις
Αἰγυπτίη, τῇ πλεῖστα φέρει ζείδωρος ἄρουρα
φάρμακα, πολλὰ μὲν ἐσθλὰ μεμιγμένα, πολλὰ δὲ λυγρά·

vers 218 : οἱ δ' ἐπ' ὀνείαθ' ἑτοῖμα προκείμενα χεῖρας ἴαλλον

31. Certains ont voulu voir dans cette drogue l'opium que les Égyptiens importèrent de Chypre jusqu'à en devenir des producteurs. Cependant, selon West, *ad loc.*, il faudrait voir dans ces vers non pas une drogue précise, mais la volonté du poète de rendre hommage aux

En réponse, le blond Ménélas répliqua :

MÉNÉLAS. – « Mon ami, tous tes mots et toute ta conduite sont d'un homme sensé : on te croirait plus vieux. Mais le fils d'un tel père ne peut parler qu'en sage ! Comme on retrouve en toi la race du héros à qui Zeus n'a jamais filé que le bonheur ! Heureux en son épouse, heureux en ses enfants, le ciel donne à Nestor, pour la fin de ses jours, de vieillir sous son toit, dans le luxe, entouré des fils les plus prudents et maîtres à la lance... Mais laissons les sanglots : ce fut une surprise ! revenons au festin ! qu'on nous donne à laver ! Dès l'aurore, demain, nous verrons les affaires que, Télémaque et moi, nous avons à traiter ! »

Il dit. Asphalion – c'était l'un des coureurs du noble Ménélas – vint donner à laver. Puis, vers les parts de choix préparées et servies, ils tendirent les mains.

Mais la fille de Zeus, Hélène, eut son dessein. Soudain, elle jeta une drogue au cratère où l'on puisait à boire : cette drogue, calmant la douleur, la colère[31], dissolvait tous les maux ; une dose au cratère empêchait tout le jour quiconque en avait bu de verser une larme, quand bien même il aurait perdu ses père et mère, quand, de ses propres yeux, il aurait devant lui vu tomber sous le bronze un frère, un fils aimé ! Remède ingénieux, dont la fille de Zeus[32] avait eu le cadeau de la femme de Thon, Polydamna d'Égypte : la glèbe en ce pays produit avec le blé mille simples divers ; les uns sont des poisons, les

compétences pharmacologiques des Égyptiens. Pour la drogue comme l'éloquence d'Hélène, cf. Plut., *Mor.*, 614b.

32. C'est-à-dire Hélène. Les Grecs connaissaient une autre tradition selon laquelle l'épouse de Ménélas n'aurait jamais séjourné à Troie (cf. Hér., II, 113-120 et Eur., *Hélène*). Alors que son fantôme était dans la cour de Priam, la vraie Hélène aurait attendu Ménélas en Égypte.

ἰητρὸς δὲ ἕκαστος ἐπιστάμενος περὶ πάντων
ἀνθρώπων· ἦ γὰρ Παιήονός εἰσι γενέθλης.
Αὐτὰρ ἐπεί ῥ' ἐνέηκε κέλευσέ τε οἰνοχοῆσαι,
ἐξαῦτις μύθοισιν ἀμειβομένη προσέειπεν·
ΕΛΕ. — Ἀτρεΐδη Μενέλαε διοτρεφὲς ἠδὲ καὶ οἵδε
ἀνδρῶν ἐσθλῶν παῖδες, ἀτὰρ θεὸς ἄλλοτε τ' ἄλλῳ
Ζεὺς ἀγαθόν τε κακόν τε διδοῖ· δύναται γὰρ ἅπαντα.
ἤτοι νῦν δαίνυσθε καθήμενοι ἐν μεγάροισι
καὶ μύθοις τέρπεσθε· ἐοικότα γὰρ καταλέξω.
πάντα μὲν οὐκ ἂν ἐγὼ μυθήσομαι οὐδ' ὀνομήνω,
ὅσσοι Ὀδυσσῆος ταλασίφρονός εἰσιν ἄεθλοι,
ἀλλ' οἷον τόδ' ἔρεξε καὶ ἔτλη καρτερὸς ἀνὴρ
δήμῳ ἔνι Τρώων, ὅθι πάσχετε πήματ' Ἀχαιοί.
αὐτόν μιν πληγῇσιν ἀεικελίῃσι δαμάσσας,
σπεῖρα κάκ' ἀμφ' ὤμοισι βαλών, οἰκῆι ἐοικὼς
ἀνδρῶν δυσμενέων κατέδυ [πόλιν εὐρυάγυιαν·
ἄλλῳ δ' αὐτὸν φωτὶ κατακρύπτων ἤισκε,
δέκτῃ, ὃς οὐδὲν τοῖος ἔην ἐπὶ νηυσὶν Ἀχαιῶν.
τῷ ἴκελος κατέδυ Τρώων] πόλιν· οἱ δ' ἀβάκησαν
πάντες· ἐγὼ δέ μιν οἴη ἀνέγνων τοῖον ἐόντα
καί μιν ἀνηρώτων· ὁ δὲ κερδοσύνῃ ἀλέεινεν.
ἀλλ' ὅτε δή μιν ἐγὼ λόεον καὶ χρῖον ἐλαίῳ,
ἀμφὶ δὲ εἵματα ἕσσα καὶ ὤμοσα καρτερὸν ὅρκον

33. Sur les vertus médicinales des plantes d'Égypte que les Grecs apprirent à utiliser, cf. Théophraste, *Histoire des Plantes*, X, 15. Voir aussi Ballabriga, 1988, 80-81.

34. Selon Hérodote, II, 84, chez les Égyptiens la médecine est divisée en spécialités : chaque médecin s'occupe d'une maladie bien précise (des yeux, de la tête, des dents, du ventre ou des maladies invisibles).

autres, des remèdes[33] ; pays de médecins[34], les plus savants du monde, tous du sang de Pæon[35].

Dès qu'Hélène eut jeté sa drogue dans le vin et fait emplir les coupes, elle prit à nouveau la parole et leur dit :

HÉLÈNE. – « Ménélas, fils d'Atrée, le nourrisson de Zeus, et vous aussi, les fils de pères glorieux, c'est Zeus qui, pouvant tout, nous donne tour à tour le bonheur et les maux. Mais ce soir, laissez-vous aller en cette salle au plaisir des discours comme aux joies du festin. Écoutez mon récit : il est de circonstance.

Je ne saurais vous dire et vous énumérer tous les exploits de cet Ulysse au cœur vaillant. Mais voici le haut fait que cet homme énergique risqua et réussit, au pays des Troyens, au temps de vos épreuves, à vous, gens d'Achaïe ! Il s'était tout meurtri de coups défigurants ; il avait, sur son dos, jeté de vieilles loques[36] ; on eût dit un valet dans la foule ennemie. Le voilà dans la ville et dans ses larges rues : il se contrefaisait, jouait le mendiant ; ce n'était pas son rôle au camp des Achéens[37] ! En cet accoutrement, le voilà dans la ville. Tout Troie s'y laissa prendre ; moi seule, en cet état, je l'avais reconnu et vins l'interroger. Il rusa, esquiva ; mais, quand je l'eus baigné, frotté d'huile, habillé, je lui promis avec le plus

35. Dans l'*Iliade*, le médecin des dieux. C'est lui qui soigne Arès blessé par Diomède (V, 401, 899). Il aurait guéri également Hadès (V, 401-404, et Hésiode, fr. 139). Il fut supplanté dans ce rôle par Apollon, désigné souvent comme Paian, celui qui guérit.

36. Certains pensent que cet épisode aurait été forgé à partir du chant XIX où Ulysse se déguise en mendiant pour étudier la situation qui règne dans son palais. Il était raconté dans d'autres poèmes du cycle, c'est-à-dire dans la *Petite Iliade* et dans l'*Iliou persis*.

37. Ces mots servent à rassurer Télémaque. Ulysse joue le rôle de l'espion, comme il l'avait fait dans la Dolonie (*Il.*, X, 338-464), pour garantir le salut des Achéens en préparant la prise de Troie.

μή με πρὶν Ὀδυσῆα μετὰ Τρώεσσ' ἀναφῆναι
πρίν γε τὸν ἐς νῆάς τε θοὰς κλισίας τ' ἀφικέσθαι,
καὶ τότε δή μοι πάντα νόον κατέλεξεν Ἀχαιῶν,
πολλοὺς δὲ Τρώων κτείνας ταναήκεϊ χαλκῷ
ἦλθε μετ' Ἀργείους, κατὰ δὲ φρόνιν ἤγαγε πολλήν.
ἔνθ' ἄλλαι Τρῳαὶ λίγ' ἐκώκυον· αὐτὰρ ἐμὸν κῆρ
χαῖρ', ἐπεὶ ἤδη μοι κραδίη τέτραπτο νέεσθαι
ἂψ οἶκον δ', ἄτην δὲ μετέστενον, ἣν Ἀφροδίτη
δῶχ', ὅτε μ' ἤγαγε κεῖσε φίλης ἀπὸ πατρίδος αἴης,
παῖδά τ' ἐμὴν νοσφισσαμένην θάλαμόν τε πόσιν τε
οὔ τευ δευόμενον οὔτ' ἂρ φρένας οὔτέ τι εἶδος.
Τὴν δ' ἀπαμειβόμενος προσέφη ξανθὸς Μενέλαος·
ΜΕΝ. — Ναὶ δὴ ταῦτά γε πάντα, γύναι, κατὰ μοῖραν ἔειπες·
ἤδη μὲν πολέων ἐδάην βουλήν τε νόον τε
ἀνδρῶν ἡρώων, πολλὴν δ' ἐπελήλυθα γαῖαν,
ἀλλ' οὔ πω τοιοῦτον ἐγὼ ἴδον ὀφθαλμοῖσιν
οἷον Ὀδυσσῆος ταλασίφρονος ἔσκε φίλον κῆρ.
οἷον καὶ τόδ' ἔρεξε καὶ ἔτλη καρτερὸς ἀνὴρ
ἵππῳ ἔνι ξεστῷ, ἵν' ἐνήμεθα πάντες ἄριστοι. 272
ἦλθες ἔπειτα σὺ κεῖσε· κελευσέμεναι δέ σ' ἔμελλε 274
δαίμων, ὃς Τρώεσσιν ἐβούλετο κῦδος ὀρέξαι·
[καί τοι Δηίφοβος θεοείκελος ἕσπετ' ἰούσῃ].
τρὶς δὲ περίστειξας κοῖλον λόχον ἀμφαφόωσα,
ἐκ δ' ὀνομακλήδην Δαναῶν ὀνόμαζες ἀρίστους
[πάντων Ἀργείων φωνὴν ἴσκουσ' ἀλόχοισιν].

vers 273 : Ἀργείων Τρώεσσι φόνον καὶ κῆρα φέροντες

38. Hommes et dieux dans le grand serment conjurent les forces du ciel, de la terre et du monde souterrain, soit les forces de la vengeance. Cf. *Il.*, III, 103-107 ; XIX, 249-265. Sur la question, cf. Burkert, 1985, 250-254.

39. Sur le repentir d'Hélène, cf. Il. III, 139 sq.; 173 sq., 399sq., VI, 344 sq., XXIV, 763 sq.

fort des serments[38] de ne pas révéler la présence d'Ulysse, avant qu'il eût rejoint les croiseurs et les tentes ; alors il m'expliqua le plan des Achéens ; puis, de son long poignard, il fit un grand massacre en ville et retourna porter aux Argiens sa charge de nouvelles. Alors Troie retentit du cri des autres femmes. Mais, moi, c'était la joie que j'avais dans le cœur ! Déjà mes vœux changés[39] me ramenaient ici, et combien je pleurais la folie qu'Aphrodite avait mise en mon cœur[40] pour m'entraîner là-bas, loin du pays natal, et me faire quitter ma fille, mes devoirs d'épouse et un mari dont la mine ou l'esprit ne le cède à personne ! »

En réponse, le blond Ménélas répliqua :

MÉNÉLAS. – « Ah ! comme en tout cela, ma femme, tu dis juste ! Je suis d'âge à connaître et l'esprit et le sens de bon nombre de ceux qu'on appelle héros, et j'ai couru le monde. Mais jamais de mes yeux encore je n'ai vu un homme ayant au cœur la vaillance d'Ulysse. Sachez ce qu'entreprit, ce que fit réussir l'énergie de cet homme ! Dans le cheval de bois[41], je nous revois assis, nous tous, les chefs d'Argos qui portions aux Troyens le meurtre et le trépas. Mais alors tu survins, Hélène ! en cet endroit, quelque dieu t'amenait pour fournir aux Troyens une chance de gloire ; sur tes pas, Déiphobe[42] allait, beau comme un dieu, et, par trois fois, tu fis le tour de la machine ; tu tapais sur le creux, appelant nom par nom les chefs des Danaens, imitant pour chacun la voix de son épouse.

40. Une constatation qui semble faire écho aux propos tenus par Zeus en I, 32-34.

41. Construit par Épeios, selon les conseils d'Athéna ; cf. *Od.*, VIII.

42. Fils de Priam et d'Hécube. Hélène l'aurait épousé après la mort de Pâris, selon la *Petite Iliade*. Sur ce personnage, voir *Il.*, XII, 94-95 ; XIII, 156-164, 402-416, 455-468 et 516-539.

αὐτὰρ ἐγὼ καὶ Τυδεΐδης καὶ δῖος Ὀδυσσεὺς
ἥμενοι ἐν μέσσοισιν ἀκούσαμεν ὡς ἐβόησας.
νῶι μὲν ἀμφοτέρω μενεήναμεν ὁρμηθέντε
ἤ' ἐξελθέμεν ⟨ἠέ σοι⟩ ἔνδοθεν ἄψ ὑπακοῦσαι·
ἀλλ' Ὀδυσεὺς κατέρυκε καὶ ἔσχεθε ἱεμένω περ.
[ἔνθ' ἄλλοι μὲν πάντες ἀκὴν ἔσαν υἷες Ἀχαιῶν·
Ἄντικλος δὲ σέ γ' οἶος ἀμείψασθαι ἐπέεσσιν
ἤθελεν· ἀλλ' Ὀδυσεὺς ἐπὶ μάστακα χερσὶ πίεζε
νωλεμέως κρατερῇσι, σάωσε δὲ πάντας Ἀχαιούς,
τόφρα δ' ἔχ' ὄφρά σε νόσφιν ἀπήγαγε Παλλὰς Ἀθήνη.]
Τὸν δ' αὖ Τηλέμαχος πεπνυμένος ἀντίον ηὔδα·
ΤΗΛ. — Ἀτρεΐδη Μενέλαε διοτρεφές, ὄρχαμε λαῶν,
ἄλγιον· οὐ γάρ οἵ τι τάδ' ἤρκεσε λυγρὸν ὄλεθρον,
οὐδ' εἴ οἱ κραδίη γε σιδηρέη ἔνδοθεν ἦεν.
ἀλλ' ἄγετ' εἰς εὐνὴν τράπεθ' ἡμέας, ὄφρα καὶ ἤδη
ὕπνῳ ὕπο γλυκερῷ ταρπώμεθα κοιμηθέντες.
Ὣς ἔφατ'· Ἀργείη δ' Ἑλένη δμῳῇσι κέλευσε
δέμνι' ὑπ' αἰθούσῃ θέμεναι καὶ ῥήγεα καλὰ
πορφύρε' ἐμβαλέειν στορέσαι τ' ἐφύπερθε τάπητας
χλαίνας τ' ἐνθέμεναι οὔλας καθύπερθε ἕσασθαι.
αἱ δ' ἴσαν ἐκ μεγάροιο δάος μετὰ χερσὶν ἔχουσαι,
δέμνια δ' ἐστόρεσαν· ἐκ δὲ ξείνους ἄγε κῆρυξ·
οἱ μὲν ἄρ' ἐν προδόμῳ δόμου αὐτόθι κοιμήσαντο· 302
Ἀτρεΐδης δὲ καθεῦδε μυχῷ δόμου ὑψηλοῖο, 304
πὰρ δ' Ἑλένη τανύπεπλος ἐλέξατο, δῖα γυναικῶν.

vers 303 : Τηλέμαχός θ' ἥρως καὶ Νέστορος ἀγλαὸς υἱός

Près du fils de Tydée[43] et du divin Ulysse, assis en cette foule, je t'entendais crier, et Diomède et moi n'y pouvions plus tenir; nous nous levions déjà; nous voulions ou sortir ou répondre au plus vite; Ulysse nous retint et mata notre envie. Tous les fils d'Achaïe restaient là sans souffler; un seul était encore d'humeur à te répondre, Anticlos; mais Ulysse lui plaqua sur la bouche ses deux robustes mains et, tenant bon, sauva ainsi toute la bande, jusqu'à l'heure où Pallas Athéna t'emmena. »

Posément, Télémaque le regarda et dit:

TÉLÉMAQUE. – « Ménélas, fils d'Atrée, le nourrisson de Zeus, le meneur de guerriers, ce n'en est que plus triste! n'a-t-il pas moins subi une mort lamentable? que lui servit un cœur de fer[44] en sa poitrine? Mais, allons! menez-nous dormir: il est grand temps d'aller goûter au lit la douceur du sommeil! »

Il parlait, et déjà Hélène l'Argienne avait dit aux servantes d'aller dresser les lits dans l'entrée et d'y mettre ses plus beaux draps de pourpre, des tapis par-dessus et des feutres laineux pour les couvrir encore. Les servantes, sorties, torche en main, de la salle, avaient garni les cadres.

Un héraut emmena les hôtes vers l'entrée. C'est là qu'ils se couchèrent, le héros Télémaque et le fin Nestoride, cependant que l'Atride, au fond du haut logis, allait dormir auprès d'Hélène en ses longs voiles, cette femme divine.

43. Diomède. Sur sa filiation, cf. *Il.*, II, 559-568; ses exploits, *Il.*, VI, 26, 84 sq. Pour Tydée, cf. *Il.*, IV, 372-400; V, 126, 800-813; VI, 202-223 et XIV, 113-125.

44. Cette expression apparaît en *Od.*, V, 190 sq.; XII, 280; XXIII, 172 et *Il.*, cf. XXII, 357.

[Ἦμος δ' ἠριγένεια φάνη ῥοδοδάκτυλος Ἠώς,
ὤρνυτ' ἄρ' ἐξ εὐνῆφι βοὴν ἀγαθὸς Μενέλαος
εἵματα ἑσσάμενος, περὶ δὲ ξίφος ὀξὺ θέτ' ὤμῳ,
ποσσὶ δ' ὑπὸ λιπαροῖσιν ἐδήσατο καλὰ πέδιλα,
βῆ δ' ἴμεν ἐκ θαλάμοιο θεῷ ἐναλίγκιος ἄντην, 310
Τηλεμάχῳ δὲ πάριζε ἔπος τ' ἔφατ' ἔκ τ' ὀνόμαζε·] 311

ΜΕΝ.— Τίπτε δέ σε χρειὼ δεῦρ' ἤγαγε, Τηλέμαχ' ἥρως, 312
ἐς Λακεδαίμονα δῖαν, ἐπ' εὐρέα νῶτα θαλάσσης;
δήμιον ἦ' ἴδιον; τὸ δέ μοι νημερτὲς ἐνίσπες.
Τὸν δ' αὖ Τηλέμαχος πεπνυμένος ἀντίον ηὔδα· 315
ΤΗΛ.— Ἀτρείδη Μενέλαε διοτρεφές, ὄρχαμε λαῶν,
ἤλυθον εἴ τινά μοι κληηδόνα πατρὸς ἐνίσποις.
ἐσθίεταί μοι οἶκος· ὄλωλε δὲ πίονα ἔργα·
δυσμενέων ἀνδρῶν πλεῖος δόμος, οἵ τέ μοι αἰεὶ
μῆλ' ἁδινὰ σφάζουσι καὶ εἰλίποδας ἕλικας βοῦς, 320
μητρὸς ἐμῆς μνηστῆρες, ὑπέρβιον ὕβριν ἔχοντες. 321
λίσσομαι, εἴ ποτέ τοί τι πατὴρ ἐμός, ἐσθλὸς Ὀδυσσεύς, 328
ἢ ἔπος ἠέ τι ἔργον ὑποστὰς ἐξετέλεσσε
δήμῳ ἔνι Τρώων, ὅθι πάσχετε πήματ' Ἀχαιοί· 330
τῶν νῦν μοι μνῆσαι καί μοι νημερτὲς ἐνίσπες.

vers 322 : τοὔνεκα νῦν τὰ σὰ γούναθ' ἱκάνομαι, αἴ κ' ἐθέλησθα
323 : κείνου λυγρὸν ὄλεθρον ἐνισπεῖν, εἴ που ὄπωπας
324 : ὀφθαλμοῖσι τεοῖσιν ἢ ἄλλου μῦθον ἄκουσας
325 : πλαζομένου· περὶ γάρ μιν ὀιζυρὸν τέκε μήτηρ.
326 : μηδέ τί μ' αἰδόμενος μειλίσσεο μηδ' ἐλεαίρων,
327 : ἀλλ' εὖ μοι κατάλεξον ὅπως ἤντησας ὀπωπῆς

LE RETOUR DE TÉLÉMAQUE

Dans son berceau de brume, à peine avait paru l'Aurore aux doigts de roses que déjà ce vaillant crieur de Ménélas passait ses vêtements et, s'élançant du lit, mettait son glaive à pointe autour de son épaule, chaussait ses pieds luisants de ses belles sandales et sortait de sa chambre ; on l'eût pris, à le voir, pour un des Immortels. Auprès de Télémaque, étant venu s'asseoir, il dit et déclara :

MÉNÉLAS. – « Quel est donc le besoin, ô seigneur Télémaque ! qui chez moi, dans ma divine Lacédémone, t'amena sur le dos de la plaine marine ? C'est pour toi ? pour ton peuple ? dis-moi la vérité ! »

Posément, Télémaque le regarda et dit :

TÉLÉMAQUE. – « Ménélas, fils d'Atrée, le nourrisson de Zeus, le meneur des guerriers, je viens savoir de toi s'il est quelque rumeur sur le sort de mon père. On mange ma maison ; on m'a perdu déjà le meilleur de mon bien ! oui ! je vois ma demeure emplie de gens hostiles, qui chaque jour me tuent mes troupeaux de moutons et mes vaches cornues à la démarche torse : ils courtisent ma mère et leur morgue est sans frein. C'est pourquoi tu me vois ici à tes genoux : voudrais-tu me parler de sa perte funeste ? l'as-tu vue de tes yeux ? en sais-tu quelque chose de l'un de nos errants ? c'est le plus malheureux qui soit né d'une femme... Ne mets ni tes égards ni ta compassion à m'adoucir les choses ; mais dis-moi point par point ce que tes yeux ont vu. Aussi, je t'en conjure, par tout ce que mon père, cet Ulysse vaillant, a pu dire, entreprendre et, suivant sa promesse, réussir pour ta cause au pays des Troyens, au temps de vos épreuves, à vous, gens d'Achaïe ; l'heure est enfin venue pour moi qu'il t'en souvienne : dis-moi la vérité. »

Τὸν δὲ μέγ' ὀχθήσας προσέφη ξανθὸς Μενέλαος·
ΜΕΝ. — "Ὢ πόποι, ἦ μάλα δὴ κρατερόφρονος ἀνδρὸς ἐν εὐνῇ
ἤθελον εὐνηθῆναι, ἀνάλκιδες αὐτοὶ ἐόντες·
[ὡς δ' ὁπότ' ἐν ξυλόχῳ ἔλαφος κρατεροῖο λέοντος
νεβροὺς κοιμήσασα νεογενέας γαλαθηνούς,
κνημοὺς ἐξερέῃσι καὶ ἄγκεα ποιήεντα
βοσκομένη· ὁ δ' ἔπειτα ἑὴν εἰσήλυθεν εὐνήν,
ἀμφοτέροισι δὲ τοῖσιν ἀεικέα πότμον ἐφῆκεν·
ὣς Ὀδυσεὺς κείνοισιν ἀεικέα πότμον ἐφήσει.]
αἲ γάρ, Ζεῦ τε πάτερ καὶ Ἀθηναίη καὶ Ἄπολλον,
τοῖος ἐὼν οἷός ποτ' ἐυκτιμένῃ ἐνὶ Λέσβῳ
ἐξ ἔριδος Φιλομηλείδῃ ἐπάλαισεν ἀναστάς,
κὰδ δ' ἔβαλε κρατερῶς, κεχάροντο δὲ πάντες Ἀχαιοί,
τοῖος ἐὼν μνηστῆρσιν ὁμιλήσειεν Ὀδυσσεύς·
πάντές κ' ὠκύμοροί τε γενοίατο πικρόγαμοί τε.
ταῦτα δ' ἅ μ' εἰρωτᾷς καὶ λίσσεαι, οὐκ ἂν ἐγώ γε
ἄλλα παρὲκ εἴποιμι παρακλιδόν, οὐδ' ἀπατήσω·
ἀλλὰ τὰ μέν μοι ἔειπε Γέρων ἅλιος νημερτής,
τῶν οὐδέν τοι ἐγὼ κρύψω ἔπος οὐδ' ἐπικεύσω.
Αἰγύπτῳ μ' ἔτι δεῦρο θεοὶ μεμαῶτα νέεσθαι
ἔσχον, ἐπεὶ οὔ σφιν ἔρεξα τεληέσσας ἑκατόμβας·
[οἱ δ' αἰεὶ βούλοντο θεοὶ μεμνῆσθαι ἐφετμέων.]
νῆσος ἔπειτά τις ἔστι πολυκλύστῳ ἐνὶ πόντῳ
Αἰγύπτου προπάροιθε, Φάρον δέ ἑ κικλήσκουσι,
τόσσον ἄνευθ' ὅσσόν τε πανημερίη γλαφυρὴ νηῦς
ἤνυσεν, ᾗ λιγὺς οὖρος ἐπιπνείῃσιν ὄπισθεν·

45. Pénélope pleure sur Ulysse au cœur de lion (IV, 724). Le poète, dans ce même chant, compare Pénélope à un lion acculé, image qui servirait davantage à Ulysse et à Pénélope aux prises avec les prétendants (vv. 791-793). Voir aussi, VI, 130 et XXII, 402 sq.

Mais le blond Ménélas, d'un ton fort indigné :

MÉNÉLAS. – « Misère ! ah ! c'est au lit du héros de vaillance que voudraient se coucher ces hommes sans vigueur ! Quand le lion vaillant[45] a quitté sa tanière, il se peut que la biche y vienne remiser les deux faons nouveau-nés qui la tètent encore, puis s'en aille brouter, par les pentes boisées, les combes verdoyantes ! il rentre se coucher et leur donne à tous deux un destin sans douceur. C'est un pareil destin et sans plus de douceur qu'ils obtiendraient d'Ulysse, si, demain, Zeus le Père ! Athéna ! Apollon ! il pouvait revenir tel qu'aux murs de Lesbos, nous le vîmes un jour accepter le défi du fils de Philomèle[46] et lutter avec lui et, de son bras robuste, le tomber pour la joie de tous nos Achéens ! Qu'il rentre, cet Ulysse, parler aux prétendants ! tous auront la vie courte et des noces amères ! Mais je réponds à tes prières et demandes, sans un mot qui t'égare ou te puisse abuser : oui ! tout ce que m'a dit un des Vieux de la Mer[47] au parler prophétique, le voici sans omettre et sans changer un mot.

C'était dans l'Égyptos d'où je voulais rentrer : les dieux m'y retenaient pour n'avoir pas rempli le vœu d'une hécatombe : les dieux tiennent rigueur des oublis de leurs droits. Il est, en cette mer des houles, un îlot qu'on appelle Pharos[48] : par-devant l'Égyptos, il est à la distance que franchit en un jour l'un de nos vaisseaux creux, quand il lui souffle en poupe une brise très fraîche.

46. Ce personnage, selon Hellanikos, *FGrHist* 4 F 150, défiait les étrangers au combat. Alors que les Achéens débarquent à Lesbos, Ulysse et Diomède relèvent le défi et le tuent.

47. Protée.

48. Île au nord-ouest du delta du Nil.

ἐν δὲ λιμὴν εὔορμος, ὅθεν τ' ἀπὸ νῆας ἐΐσας
ἐς πόντον βάλλουσιν, ἀφυσσάμενοι μέλαν ὕδωρ.
ἔνθά μ' ἐείκοσιν ἤματ' ἔχον θεοί· οὐδέ ποτ' οὖροι
πνείοντες φαίνονθ' ἁλιαέες, οἵ ῥά τε νηῶν
πομπῆες γίνονται ἐπ' εὐρέα νῶτα θαλάσσης.
καί νύ κεν ἤια πάντα κατέφθιτο καὶ μένος ἀνδρῶν,
εἰ μή τίς με θεῶν ὀλοφύρατο καί με σάωσε
Πρωτέος ἰφθίμου θυγάτηρ, ἁλίοιο Γέροντος,
Εἰδοθέη· τῇ γάρ ῥα μάλιστά γε θυμὸν ὄρινα·
ἥ μ' οἴῳ ἔρροντι συνήντετο νόσφιν ἑταίρων·
αἰεὶ γὰρ περὶ νῆσον ἀλώμενοι ἰχθυάασκον
γναμπτοῖσ' ἀγκίστροισιν· ἔτειρε δὲ γαστέρα λιμός.
Ἡ δ' ἐμεῦ ἄγχι στᾶσα ἔπος φάτο φώνησέν τε·
ΕΙΔ. — Νήπιός εἰς, ὦ ξεῖνε, λίην τόσον ἠὲ χαλίφρων,
ἦε ἑκὼν μεθίεις καὶ τέρπεαι ἄλγεα πάσχων;
ὡς δὴ δήθ' ἐνὶ νήσῳ ἐρύκεαι, οὐδέ τι τέκμωρ
εὑρέμεναι δύνασαι· μινύθει δέ τοι ἦτορ ἑταίρων.
Ὣς ἔφατ'· αὐτὰρ ἐγώ μιν ἀμειβόμενος προσέειπον·
ΜΕΝ. — Ἐκ μέν τοι ἐρέω, ἥ τις σύ πέρ ἐσσι θεάων,
ὡς ἐγὼ οὔ τι ἑκὼν κατερύκομαι, ἀλλά νυ μέλλω
ἀθανάτους ἀλιτέσθαι, οἳ οὐρανὸν εὐρὺν ἔχουσιν.
ἀλλὰ σύ πέρ μοι εἰπέ, θεοὶ δέ τε πάντα ἴσασιν,
ὅς τίς μ' ἀθανάτων πεδάᾳ καὶ ἔδησε κελεύθου.

vers 381 : νόστόν θ', ὡς ἐπὶ πόντον ἐλεύσομαι ἰχθυόεντα

49. Dieu marin d'origine égyptienne. Certains rattachent son nom à *protos*, le premier, d'autres à *paraoui-aoui*, « le double palais » ou *prouti*, « la divine porte », titre que l'on appliquait d'ordinaire aux pharaons. Sur Protée, cf. O'Nolan, 1960, 1-19 ; Plass, 1969, 104 sq.

On trouve dans cette île un port avec des grèves d'où peuvent se remettre à flot les fins croiseurs, lorsqu'ils ont fait de l'eau au trou noir de l'aiguade.

C'est là, depuis vingt jours, que les dieux m'arrêtaient sans que rien annonçât l'un de ces vents du large qui, prenant les vaisseaux, les mènent sur le dos de la plaine marine.

Nos vivres s'épuisaient, et le cœur de mes hommes, quand la pitié d'un dieu s'émut et me sauva. Le robuste Protée, un des Vieux de la Mer[49], a pour fille Idothée[50] dont je touchai le cœur. Un jour que j'errais seul, elle vint m'aborder ; j'étais loin de mes gens qui passaient leurs journées sur le pourtour de l'île à jeter aux moissons les hameçons crochus[51] ; la faim tordait les ventres !

Debout à mes côtés, elle prend la parole :

IDOTHÉE. – « C'en est trop, étranger ! n'es-tu donc qu'un enfant ou qu'un faible d'esprit ? ou t'abandonnes-tu toi-même et trouves-tu plaisir à tes souffrances ? Depuis combien de jours es-tu là dans cette île, captif, et sans trouver le moyen d'en sortir ! ne vois-tu pas faiblir le cœur des équipages ? »

À ces mots de la Nymphe, aussitôt je réponds :

MÉNÉLAS. – « Je ne sais pas ton nom, déesse ; mais écoute : c'est bien contre mon gré que je reste captif ; j'ai dû manquer aux dieux, maîtres des champs du ciel... Ah ! dis-moi, puisque les Immortels savent tout, lequel des dieux m'entrave et me ferme la route et comment revenir sur la mer aux poissons. »

50. Personnage inconnu par ailleurs. Son nom signifierait, « déesse des transformations » ou « déesse qui sait ».

51. Si dans les époques successives le poisson est un mets très apprécié, les héros homériques y ont recours seulement en cas d'extrême nécessité. Cf. Schnapp-Gourbeillon, 1981, 142.

52. Protée apparaît comme un subordonné de Poséidon, sorte de berger des animaux des abysses marins.

Ὣς ἐφάμην· ἡ δ' αὐτίκ' ἀμείβετο δῖα θεάων·
ΕΙΔ. — Τοὶ γὰρ ἐγώ τοι, ξεῖνε, μάλ' ἀτρεκέως ἀγορεύσω.
πωλεῖταί τις δεῦρο Γέρων ἅλιος νημερτής,
ἀθάνατος, Πρωτεὺς Αἰγύπτιος, ὅς τε θαλάσσης
πάσης βένθεα οἶδε, Ποσειδάωνος ὑποδμώς·
τὸν δέ τ' ἐμόν φασιν πατέρ' ἔμμεναι ἠδὲ τεκέσθαι.
τόν γ' εἴ πως σὺ δύναιο λοχησάμενος λελαβέσθαι,
ὅς κέν τοι εἴπῃσιν ὁδὸν καὶ μέτρα κελεύθου
νόστον θ', ὡς ἐπὶ πόντον ἐλεύσεαι ἰχθυόεντα.
καὶ δέ κέ τοι εἴπῃσι, διοτρεφές, αἴ κ' ἐθέλῃσθα,
ὅττί τοι ἐν μεγάροισι κακόν τ' ἀγαθόν τε τέτυκται.
Ὣς ἔφατ'· αὐτὰρ ἐγώ μιν ἀμειβόμενος προσέειπον·
ΜΕΝ. — Αὐτὴ νῦν φράζευ σὺ λόχον θείοιο Γέροντος,
μή πως με προϊδὼν ἠὲ προδαεὶς ἀλέηται·
ἀργαλέος γάρ τ' ἐστὶ θεὸς βροτῷ ἀνδρὶ δαμῆναι.
Ὣς ἐφάμην· ἡ δ' αὐτίκ' ἀμείβετο δῖα θεάων·
ΕΙΔ. — Ἦμος δ' ἠέλιος μέσον οὐρανὸν ἀμφιβεβήκῃ,
τῆμος ἄρ' ἐξ ἁλὸς εἶσι Γέρων ἅλιος νημερτὴς
πνοιῇ ὕπο Ζεφύροιο, μελαίνῃ φρικὶ καλυφθείς,
ἐκ δ' ἐλθὼν κοιμᾶται ὑπὸ σπέεσι γλαφυροῖσιν·
ἀμφὶ δέ μιν φῶκαι νέποδες καλῆς Ἁλοσύδνης
ἁθρόαι εὕδουσιν, πολιῆς ἁλὸς ἐξαναδῦσαι,
πικρὸν ἀποπνείουσαι ἁλὸς πολυβενθέος ὀδμήν.
ἔνθά σ' ἐγὼν ἀγαγοῦσα ἅμ' ἠοῖ φαινομένηφιν
εὐνάσω ἑξείης· σὺ δ' εὖ κρίνασθαι ἑταίρους
τρεῖς, οἵ τοι παρὰ νηυσὶν ἐυσσέλμοισιν ἄριστοι.
πάντα δέ τοι ἐρέω ὀλοφώια τοῖο Γέροντος.

vers 393 : οἰχομένοιο σέθεν δολιχὴν ὁδὸν ἀργαλέην τε
vers 399 : τοὶ γὰρ ἐγώ τοι ταῦτα μάλ' ἀτρεκέως ἀγορεύσω

53. Vent d'ouest.

54. Cette épithète est appliquée à Thétis (*Il.*, XX, 207). Cependant, il est possible qu'ici le poète fasse allusion, comme au v. 442, à Amphitrite.

Je dis. Elle reprend, cette toute divine :

IDOTHÉE. – « Oui, je veux, étranger, te répondre sans feinte. En cette île, fréquente un des Vieux de la Mer : c'est l'immortel Protée, le prophète d'Égypte, qui connaît, de la mer entière, les abîmes ; vassal de Posidon[52], il est, dit-on, mon père, celui qui m'engendra... Ah ! lui, si tu pouvais le prendre en embuscade ! Il te dirait la route, la longueur des trajets et comment revenir sur la mer aux poissons ; si tu le désirais, il te dirait encore, ô nourrisson de Zeus, tout ce qu'en ton manoir, il a pu survenir de maux et de bonheurs depuis que tu partis pour cet interminable et terrible voyage. »

À ces mots de la Nymphe, aussitôt je réponds :

MÉNÉLAS. – « Alors, conseille-moi ! quelle embûche dresser à ce vieillard divin ? il fuira, s'il me voit de loin ou me devine : mettre un dieu sous le joug, c'est assez malaisé pour un simple mortel. »

Je dis. Elle reprend, cette toute divine :

IDOTHÉE. – « Oui ! je veux, étranger, te répondre sans feinte. Quand le soleil, tournant là-haut, touche au zénith, on voit sortir du flot ce prophète des mers : au souffle du Zéphyr[53], qui rabat les frisons de sa noire perruque, il monte et va s'étendre au creux de ses cavernes ; en troupe, autour de lui, viennent dormir les phoques de la Belle des Mers[54] qui sortent de l'écume, pataugeant, exhalant l'âcre odeur des grands fonds[55]. Je t'emmène là-bas dès la pointe de l'aube ; je vous poste et vous range ; à toi de bien choisir sur les bancs des vaisseaux trois compagnons d'élite. Mais je dois t'enseigner tous les tours du Vieillard. En parcourant leurs rangs, il

55. Les grands mammifères marins étaient réputés en Grèce par leur mauvaise odeur. Ainsi, dans la comédie ancienne, Aristophane compare le démagogue Cléon à un cétacé puant (*Guêpes*, 1035, *Paix*, 758).

φώκας μέν τοι πρῶτον ἀριθμήσει καὶ ἔπεισιν·
αὐτὰρ ἐπὴν πάσας πεμπάσσεται ἠδὲ ἴδηται,
λέξεται ἐν μέσσῃσι, νομεὺς ὣς πώεσι μήλων.
τὸν μὲν ἐπὴν δὴ πρῶτα κατευνηθέντα ἴδησθε,
καὶ τότ' ἔπειθ' ὕμιν μελέτω κάρτός τε βίη τε. 415
αὖθι δ' ἔχειν μεμαῶτα καὶ ἐσσύμενόν περ ἀλύξαι·
πάντα δὲ γινόμενος πειρήσεται, ὅσσ' ἐπὶ γαῖαν
ἑρπετὰ γίνονται καὶ ὕδωρ καὶ θεσπιδαὲς πῦρ·
ὑμεῖς δ' ἀστεμφέως ἐχέμεν μᾶλλόν τε πιέζειν.
ἀλλ' ὅτε κεν δή σ' αὐτὸς ἀνείρηται ἐπέεσσι, 420
τοῖος ἐὼν οἷόν κε κατευνηθέντα ἴδησθε,
καὶ τότε δὴ σχέσθαί τε βίης λῦσαί τε Γέροντα,
ἥρως, εἴρεσθαι δὲ θεῶν ὅς τίς σε χαλέπτει. 423
Ὣς εἰποῦσ' ὑπὸ πόντον ἐδύσετο κυμαίνοντα. 425
αὐτὰρ ἐγὼν ἐπὶ νῆας, ὅθ' ἕστασαν ἐν ψαμάθοισιν,
ἤια· πολλὰ δέ μοι κραδίη πόρφυρε κιόντι.
αὐτὰρ ἐπεί ῥ' ἐπὶ νῆα κατήλυθον ἠδὲ θάλασσαν,
δόρπον ἄρ' ὁπλισάμεσθ'· ἐπί τ' ἤλυθεν ἀμβροσίη νύξ·
δὴ τότε κοιμήθημεν ἐπὶ ῥηγμῖνι θαλάσσης. 430
Ἦμος δ' ἠριγένεια φάνη ῥοδοδάκτυλος Ἠώς, 431
ἤια, πολλὰ θεοὺς γουνούμενος· αὐτὰρ ἑταίρους 433
τρεῖς ἄγον, οἷσι μάλιστα πεποίθεα πᾶσαν ἐπ' ἰθύν.
τόφρα δ' ἄρ' ἥ γ' ὑποδῦσα θαλάσσης εὐρέα κόλπον 435
τέσσαρα φωκάων ἐκ πόντου δέρματ' ἔνεικε·
πάντα δ' ἔσαν νεόδαρτα· δόλον δ' ἐπεμήδετο πατρί,
εὐνὰς δ' ἐν ψαμάθοισι διαγλάψασ' ἀλίῃσιν,
ἧστο μένουσ'· ἡμεῖς δὲ μάλα σχεδὸν ἤλθομεν αὐτῆς.
ἑξείης δ' εὔνησε, βάλεν δ' ἐπὶ δέρμα ἑκάστῳ. 440

vers 424 : νόστόν θ', ὡς ἐπὶ πόντον ἐλεύσεαι ἰχθυόεντα
vers 432 : καὶ τότε δὴ παρὰ θῖνα θαλάσσης εὐρυπόροιο

56. Certains pensent que Protée prenait toutes les formes parce qu'il représentait les humeurs changeantes de la mer, d'autres parce

va compter ses phoques ; quand il en aura fait, cinq par cinq, la revue, près d'eux il s'étendra, comme dans son troupeau d'ouailles un berger. C'est ce premier sommeil que vous devez guetter. Alors ne songez plus qu'à bien jouer des bras ; tenez-le quoi qu'il tente : il voudra s'échapper, prendra toutes les formes[56], se changera en tout ce qui rampe sur terre, en eau, en feu divin ; tenez-le sans mollir ! donnez un tour de plus ! Mais, lorsqu'il en viendra à te vouloir parler, il reprendra les traits que vous lui avez vus en son premier sommeil ; c'est le moment, seigneur : laissez la violence, déliez le Vieillard, demandez-lui quel dieu vous crée des embarras et comment revenir sur la mer aux poissons. »

À ces mots, sous la mer écumante, elle plonge et je rentre aux vaisseaux échoués dans les sables. J'allais : que de pensées bouillonnaient en mon cœur ! Je reviens au croiseur, je descends à la plage ; nous prenons le souper, puis, quand survient la nuit divine, nous dormons sur la grève de mer.

Mais sitôt que paraît dans son berceau de brume l'Aurore aux doigts de roses, sur le rivage, au long de cette mer immense, je repars en disant mainte prière aux dieux ; j'emmenais avec moi trois de mes compagnons, en qui je me fiais pour n'importe quel coup. La Nymphe, ayant plongé au vaste sein des ondes, en avait rapporté, pour la ruse qu'elle ourdissait contre son père[57], les peaux de quatre phoques, fraîchement écorchés, puis elle avait creusé dans le sable nos lits. Assise, elle attendait. Nous arrivons enfin, et nous voici près d'elle. Elle nous fait coucher côte à côte et nous jette une peau sur chacun. Ce fut le plus vilain moment de l'embuscade ; quelle

que, en tant que prophète, il ne voulait pas communiquer son savoir. Sur Ménélas et Protée, voir P. Plass, 1969, 104 sq. Sur la ruse de Protée, cf. Detienne-Vernant, 28-29 ; 109-111 et 138-139.

57. Ni Homère ni les auteurs anciens n'expliquent pourquoi Idothée se tourne contre son père.

ἔνθά κεν αἰνότατος λόχος ἔπλετο· τεῖρε γὰρ αἰνῶς
φωκάων ἁλιοτρεφέων ὀλοώτατος ὀδμή.
τίς γάρ κ' εἰναλίῳ παρὰ κήτεϊ κοιμηθείη;
ἀλλ' αὐτὴ ἐσάωσε καὶ ἐφράσατο μέγ' ὄνειαρ.
ἀμβροσίην ὑπὸ ῥῖνα ἑκάστῳ θῆκε φέρουσα
ἡδὺ μάλα πνείουσαν, ὄλεσσε δὲ κήτεος ὀδμήν.
πᾶσαν δ' ἠοίην μένομεν τετληότι θυμῷ·
φῶκαι δ' ἐξ ἁλὸς ἦλθον ἀολλέες· αἱ μὲν ἔπειτα
ἑξῆς εὐνάζοντο παρὰ ῥηγμῖνι θαλάσσης.
ἔνδιος δ' ὁ Γέρων ἦλθ' ἐξ ἁλός, εὗρε δὲ φώκας
ζατρεφέας, πάσας δ' ἄρ' ἐπῴχετο, λέκτο δ' ἀριθμόν,
ἐν δ' ἡμέας πρώτους λέγε κήτεσιν, οὐδέ τι θυμῷ
ὠΐσθη δόλον εἶναι, ἔπειτα δὲ λέκτο καὶ αὐτός.
ἡμεῖς δὲ ἰάχοντες ἐπεσσύμεθ', ἀμφὶ δὲ χεῖρας
βάλλομεν· οὐδ' ὁ Γέρων δολίης ἐπελήθετο τέχνης.
ἀλλ' ἤτοι πρώτιστα λέων γένετ' ἠυγένειος,
αὐτὰρ ἔπειτα δράκων καὶ πάρδαλις ἠδὲ μέγας σῦς,
γίνετο δ' ὑγρὸν ὕδωρ καὶ δένδρεον ὑψιπέτηλον.
ἡμεῖς δ' ἀστεμφέως ἔχομεν τετληότι θυμῷ.
ἀλλ' ὅτε δή ῥ' ἀνίαζ' ὁ Γέρων ὀλοφώια εἰδώς,
καὶ τότε δή μ' ἐπέεσσιν ἀνειρόμενος προσέειπε·
ΠΡΩ. — Τίς νύ τοι, Ἀτρέος υἱέ, θεῶν συμφράσσατο βουλάς,
ὄφρα μ' ἕλοις ἀέκοντα λοχησάμενος; τέο σε χρή;
Ὣς ἔφατ'· αὐτὰρ ἐγώ μιν ἀμειβόμενος προσέειπον·

58. L'ambroisie est la nourriture des dieux dans les poèmes homériques. Dans l'*Iliade*, Aphrodite utilise cette substance, presque comme un onguent, pour maintenir le corps d'Hector intact, alors qu'Achille s'acharne à le corrompre en l'abandonnant au soleil et en le

terrible gêne ! ces phoques, nourrissons de la mer, exhalaient une mortelle odeur... Qui prendrait en son lit une bête marine ?... Mais, pour notre salut, elle avait apporté un cordial puissant : c'était de l'ambroisie[58], qu'à chacun, elle vint nous mettre sous le nez ; cette douce senteur tua l'odeur des monstres...

Tout le matin, nous attendons ; rien ne nous lasse : les phoques en troupeau sont sortis de la mer ; en ligne, ils sont venus se coucher sur la grève. Enfin, voici midi : le Vieillard sort du flot. Quand il a retrouvé ses phoques rebondis, il les passe en revue : cinq par cinq, il les compte, et c'est nous qu'en premier, il dénombre, sans rien soupçonner de la ruse[59]... Il se couche à son tour. Alors, avec des cris, nous nous précipitons ; toutes nos mains l'étreignent. Mais le Vieux n'oublie rien des ruses de son art. Il se change d'abord en lion à crinière, puis il devient dragon, panthère et porc géant ; il se fait eau courante et grand arbre à panache[60]. Nous, sans mollir, nous les tenons ; rien ne nous lasse, et, quand il est au bout de toutes ses magies, le voici qui me parle, à moi, et m'interroge :

PROTÉE. – « De quel dieu, fils d'Atrée, suivis-tu le conseil pour me forcer ainsi et me prendre en ce piège ? Que veux-tu maintenant ? »

À ces mots de Protée, aussitôt je réponds :

traînant dans la poussière (XXIII, 186). Ici, l'ambroisie est une sorte de parfum.

59. Sur le calcul de Protée, cf. Pietre, 1993, 129-146.

60. Les commentateurs remarquent que Protée ne se transforme pas en feu, comme Idothée le suggérait à Ménélas. Sa transformation en arbre rendait plus facile sa capture par l'Atride et ses compagnons.

ΜΕΝ. — Οἶσθα, Γέρον, τί με ταῦτα παρατροπέων ἐρεείνεις;
ὡς δὴ δήθ' ἐνὶ νήσῳ ἐρύκομαι, οὐδέ τι τέκμωρ
εὑρέμεναι δύναμαι· μινύθει δέ μοι ἔνδοθεν ἦτορ.
ἀλλὰ σύ πέρ μοι εἰπέ, θεοὶ δέ τε πάντα ἴσασιν,
ὅς τίς μ' ἀθανάτων πεδάᾳ καὶ ἔδησε κελεύθου.
Ὣς ἐφάμην· ὁ δέ μ' αὐτίκ' ἀμειβόμενος προσέειπεν·
ΠΡΩ. — Ἀλλὰ μάλ' ὤφελλες Διί τ' ἄλλοισίν τε θεοῖσι
ῥέξας ἱερὰ κάλ' ἀναβαινέμεν, ὄφρα τάχιστα
σὴν ἐς πατρίδ' ἵκοιο πλέων ἐπὶ οἴνοπα πόντον.
οὐ γάρ τοι πρὶν μοῖρα φίλους ἰδέειν καὶ ἱκέσθαι
οἶκον ἐς ὑψόροφον καὶ σὴν ἐς πατρίδα γαῖαν,
πρίν γ' ὅτ' ἂν Αἰγύπτοιο, διιπετέος ποταμοῖο,
αὖτις ὕδωρ ἔλθῃς ῥέξῃς θ' ἱερὰς ἑκατόμβας
ἀθανάτοισι θεοῖσι τοὶ οὐρανὸν εὐρὺν ἔχουσι·
καὶ τότε τοι δώσουσιν ὁδὸν θεοὶ ἣν σὺ μενοινᾷς.
Ὣς ἔφατ'· αὐτὰρ ἐμοί γε κατεκλάσθη φίλον ἦτορ,
οὕνεκά μ' αὖτις ἄνωγεν ἐπ' ἠεροειδέα πόντον
Αἴγυπτον δ' ἰέναι, δολιχὴν ὁδὸν ἀργαλέην τε·
ἀλλὰ καὶ ὥς μιν ἔπεσσιν ἀμειβόμενος προσέειπον·
ΜΕΝ. — Ταῦτα μὲν οὕτω δὴ τελέω, Γέρον, ὡς σὺ κελεύεις.
ἀλλ' ἄγε μοι τόδε εἰπὲ καὶ ἀτρεκέως κατάλεξον.
ἦ πάντες σὺν νηυσὶν ἀπήμονες ἦλθον Ἀχαιοὶ
οὓς Νέστωρ καὶ ἐγὼ λίπομεν Τροίηθεν ἰόντες,
ἦέ τις ὤλετ' ὀλέθρῳ ἀδευκέι ἧς ἐπὶ νηὸς
ἠὲ φίλων ἐν χερσίν, ἐπεὶ πόλεμον τολύπευσεν;
Ὣς ἐφάμην· ὁ δέ μ' αὐτίκ' ἀμειβόμενος προσέειπεν·
ΠΡΩ. — Ἀτρεΐδη, τί με ταῦτα διείρεαι; οὐδέ τί σε χρὴ
ἴδμεναι οὐδὲ δαῆναι ἐμὸν νόον. οὐδέ σέ φημι

vers 470 : νόστόν θ', ὡς ἐπὶ πόντον ἐλεύσομαι ἰχθυόεντα

Ménélas. – « Tu le sais bien, Vieillard ! pourquoi tous ces détours ? Voilà combien de jours que je suis dans cette île, captif et sans trouver le moyen d'en sortir ; déjà mon cœur faiblit... Ah ! dis-moi, puisque les Immortels savent tout, lequel des dieux m'entrave et me ferme la route et comment revenir sur la mer aux poissons. »

Je disais, et Protée aussitôt me répond :

Protée. – « C'est Zeus ! Car c'est à lui, ainsi qu'aux autres dieux, que tu devais offrir, avant de t'embarquer, des victimes de choix si, pour rentrer chez toi, tu voulais au plus court franchir la mer vineuse. Oui ! c'est ta destinée de ne revoir les tiens, de n'entrer sous le toit de ta haute maison, au pays de tes pères, qu'après avoir revu les eaux de l'Égyptos[61] qui nous viennent des dieux : retourne dans le fleuve offrir aux Immortels, maîtres des champs du ciel, une sainte hécatombe ; ils t'ouvriront alors la route que tu cherches. »

Ainsi parlait le Vieux, et mon cœur éclata... Donc, il me renvoyait dans la brume des mers, à cet interminable et dangereux voyage ! dans l'Égyptos ! Que faire ?... Je repris la parole et lui dis en réponse :

Ménélas. – « En tout cela, Vieillard, j'accomplirai tes ordres. Mais, de nouveau, dis-moi sans feinte, point par point : tous ceux des Achéens qu'au départ de Troade, Nestor et moi avions laissés sur les vaisseaux, ont-ils tous réchappé ? En est-il que la mort enleva tristement, soit dans la traversée, soit la guerre finie, dans les bras de leurs proches ? »

Je disais, et Protée aussitôt me répond :

Protée. – « Fils d'Atrée, à quoi bon m'interroger ainsi ? mieux vaudrait ignorer, me laisser mon secret. Avant qu'il soit longtemps, tu vas pleurer, crois-moi,

61. Soit du Nil.

δὴν ἄκλαυτον ἔσεσθαι, ἐπεί κ' εὖ πάντα πύθηαι·
πολλοὶ μὲν γὰρ τῶν γε δάμεν, πολλοὶ δὲ λίποντο.
ἀρχοὶ δ' αὖ δύο μοῦνοι Ἀχαιῶν χαλκοχιτώνων
ἐν νόστῳ ἀπόλοντο· μάχῃ δ' ἔτι καὶ σὺ παρῆσθα.
εἷς δ' ἔτι που ζωὸς κατερύκεται εὐρέι πόντῳ.
Αἴας μὲν μετὰ νηυσὶ δάμη δολιχηρέτμοισι.
Γυρῇσίν μιν πρῶτα Ποσειδάων ἐπέλασσε
πέτρῃσιν μεγάλῃσι καὶ ἐξεσάωσε θαλάσσης.
καί νύ κεν ἔκφυγε κῆρα καὶ ἐχθόμενός περ Ἀθήνῃ,
εἰ μὴ ὑπερφίαλον ἔπος ἔκβαλε καὶ μέγ' ἀάσθη.
φῆ ῥ' ἀέκητι θεῶν φυγέειν μέγα λαῖτμα θαλάσσης.
τοῦ δὲ Ποσειδάων μεγάλ' ἔκλυεν αὐδήσαντος.
αὐτίκ' ἔπειτα τρίαιναν ἑλὼν χερσὶ στιβαρῇσιν
ἤλασε Γυραίην πέτρην, ἀπὸ δ' ἔσχισεν αὐτήν·
καὶ τὸ μὲν αὐτόθι μίμνε, τὸ δὲ τρύφος ἔμπεσε πόντῳ,
τῷ ῥ' Αἴας τὸ πρῶτον ἐφεζόμενος μέγ' ἀάσθη.
τὸν δ' ἐφόρει κατὰ πόντον ἀπείρονα κυμαίνοντα.
σὸς δέ που ἔκφυγε κῆρας ἀδελφεὸς ἠδ' ὑπάλυξεν 512
ἐν νηυσὶ γλαφυρῇσι· σάωσε δὲ πότνια Ἥρη.
[ἀλλ' ὅτε δὴ τάχ' ἔμελλε Μαλειάων ὄρος αἰπὺ

vers 511 : ὣς ὁ μὲν ἔνθ' ἀπόλωλεν, ἐπεὶ πίεν ἁλμυρὸν ὕδωρ

62. Il s'agit du fils d'Oilée, qui régnait sur Locres et qui conduisit à Troie quarante navires (*Il.* II, 527-535).

63. Placés par certains soit en Eubée, soit dans les Cyclades, près de Mykonos, la seconde hypothèse étant la plus vraisemblable. En effet, contrairement à Nestor (III, 169 sq.), Ajax prend le chemin le plus court et le plus sûr pour rentrer en Grèce, en passant par les

quand je t'aurai tout dit, car beaucoup ont péri, si beaucoup sont restés. Mais deux chefs seulement, parmi les Achéens à la cotte de bronze, sont morts dans le retour – la guerre, tu l'as vue ; je ne t'en parle pas – ; un troisième survit, captif au bout des mers... Le premier, c'est Ajax[62] ; avec lui, disparut sa flotte aux longues rames. Posidon fit d'abord échouer ses vaisseaux aux grands rocs des Gyrées[63], mais le sauva des flots ; il s'en tirait, malgré la haine d'Athéna[64], s'il n'eût pas proféré une parole impie et fait un fol écart : c'est en dépit des dieux qu'il échappait, dit-il, au grand gouffre des mers ! Posidon l'entendit, comme il criait si fort. Aussitôt, saisissant, de ses puissantes mains, son trident, il fendit l'une de ces Gyrées. Le bloc resta debout ; mais un pan dans la mer tomba, et c'était là qu'Ajax s'était assis pour lancer son blasphème[65] : la vague, dans la mer immense, l'emporta, et c'est là qu'il mourut, ayant bu l'onde amère. Le second, c'est ton frère. Déjà hors de péril, il avait fui la Parque au creux de ses vaisseaux : il devait le salut à son auguste Héra[66]. Il approchait de la falaise abrupte du Malée[67] ; la bourrasque soudain le prit et

Cyclades. Il aurait fait naufrage soit devant Mykonos, soit au sud de Ténos où les Anciens plaçaient ces rochers abrupts.

64. Pour son crime d'impiété, cf. III, 145 et note.

65. Sur le blasphème et l'impiété en général, cf. Burkert, 1985, 274-275 et Jost, 1992, 280 sq.

66. Épouse de Zeus, Héra est la déesse protectrice d'Argos. Son sanctuaire était un des plus importants de l'époque archaïque. Sur Héra et son culte, cf. Farnell, I, 1921, 179-257 ; Slater, 1968 ; Amandry, 1952, 222-274 et Wright, 1982, 186-199.

67. Au sud du Péloponnèse, ce cap était la hantise de tous les voyageurs de l'Antiquité à cause des forts courants et des vents qui repoussaient les nefs loin de leur route ; cf. III, 287 et note. Pour l'itinéraire d'Agamemnon, cf. West, *ad loc.*

ἵξεσθαι, τότε δή μιν ἀναρπάξασα θύελλα
πόντον ἐπ' ἰχθυόεντα φέρεν βαρέα στενάχοντα,
ἀγροῦ ἐπ' ἐσχατιήν, ὅθι δώματα ναῖε Θυέστης
τὸ πρίν, ἀτὰρ τότ' ἔναιε Θυεστιάδης Αἴγισθος·
ἀλλ' ὅτε δὴ καὶ κεῖθεν ἐφαίνετο νόστος ἀπήμων,
ἂψ δὲ θεοὶ οὖρον στρέψαν, καὶ οἴκαδ' ἵκοντο.]
ἤτοι ὁ μὲν χαίρων ἐπεβήσετο πατρίδος αἴης
καὶ κύνει ἁπτόμενος ἣν πατρίδα, πολλὰ δ' ἀπ' αὐτοῦ
δάκρυα θερμὰ χέοντ' ἐπεὶ ἀσπάσι(ο)ς ἴδε γαῖαν.
τὸν δ' ἄρ' ἀπὸ σκοπιῆς εἶδε σκοπός, ὅν ῥα καθεῖσεν
Αἴγισθος δολόμητις ἄγων, ὑπὸ δ' ἔσχετο μισθὸν
χρυσοῦ δοιὰ τάλαντα· φύλασσε δ' ὅ γ' εἰς ἐνιαυτὸν
μή ἑ λάθοι παριών, μνήσαιτο δὲ θούριδος ἀλκῆς.
βῆ δ' ἴμεν ἀγγελέων πρὸς δώματα ποιμένι λαῶν.
αὐτίκα δ' Αἴγισθος δολίην ἐφράσσατο τέχνην·
κρινάμενος κατὰ δῆμον ἐείκοσι φῶτας ἀρίστους
εἷσε λόχον, ἑτέρωθι δ' ἀνώγει δαῖτα πένεσθαι.
αὐτὰρ ὁ βῆ καλέων Ἀγαμέμνονα, ποιμένα λαῶν,
ἵπποισιν καὶ ὄχεσφιν, ἀεικέα μερμηρίζων.
τὸν δ' οὐ εἰδότ' ὄλεθρον ἀνήγαγε καὶ κατέπεφνε
δειπνίσσας, ὥς τίς τε κατέκτανε βοῦν ἐπὶ φάτνῃ·
οὐδέ τις Ἀτρεΐδεω ἑτάρων λίπεθ' οἵ οἱ ἕποντο,
[οὐδέ τις Αἰγίσθου, ἀλλ' ἔκταθεν ἐν μεγάροισιν.]
Ὣς ἔφατ'· αὐτὰρ ἐμοί γε κατεκλάσθη φίλον ἦτορ·
κλαῖον δ' ἐν ψαμάθοισι καθήμενος· οὐδέ νύ μοι κῆρ
ἤθελ' ἔτι ζώειν καὶ ὁρᾶν φάος ἠελίοιο.
Αὐτὰρ ἐπεὶ κλαίων τε κυλινδόμενός τε κορέσθην,
δὴ τότε μοι προσέειπε Γέρων ἅλιος νημερτής·

68. Les commentateurs affirment qu'Agamemnon, en se dirigeant vers l'Argolide, n'avait nul besoin de doubler ce cap ; cf. Bérard, note à IV, 492-537.

l'emporta vers la mer aux poissons : quels lourds gémissements ! Pourtant, même de là, il put sembler encore assuré du retour. Les dieux changeaient le vent ; il rentrait au logis et, sur le premier cap, abordait dans les champs où Thyeste jadis avait eu sa demeure[68], où maintenant son fils Égisthe demeurait. Il foulait avec joie la terre des aïeux ! il touchait, il baisait le sol de la patrie ! quels flots de chaudes larmes ! et quels regards d'amour donnés à son pays ! Mais le veilleur, du haut de la guette, le vit. Le cauteleux Égisthe avait posté cet homme : deux talents d'or étaient le salaire promis[69]. Cet homme était donc là, qui, guettant à l'année, voulait ne pas manquer l'Atride à son passage, ni lui laisser le temps d'un exploit vigoureux. Il courut au logis pour donner la nouvelle à celui que le peuple appelait son pasteur. Tout aussitôt, Égisthe imagina l'embûche : dans la ville, il choisit vingt braves qu'il cacha près de la salle où l'on préparait le festin, puis il vint en personne, avec chevaux et chars, inviter le pasteur du peuple Agamemnon. Le traître ! il l'amena : le roi ne savait pas qu'il allait à la mort ; à table, il l'abattit comme un bœuf à la crèche, et, des gens que l'Atride avait pris avec lui, pas un ne réchappa, pas un non plus des gens d'Égisthe ; dans la salle, ils furent tous tués[70]. »

Il disait et mon cœur éclata : pour pleurer, je m'assis dans les sables ; je ne voulais plus vivre ; je ne voulais plus voir la clarté du soleil ; je pleurais, me roulais ; enfin j'usai ma peine, et le Vieux de la Mer, le prophète, reprit :

69. Le salaire du gardien qui semble disproportionné souligne l'importance de sa tâche et la haine d'Égisthe à l'égard d'Agamemnon.

70. Sur ces crimes, cf. le récit qu'en donne Agamemnon en XI, 412 sq.

ΠΡΩ. — Μηκέτι, Ἀτρέος υἱέ, πολὺν χρόνον ἀσκελὲς οὕτω
κλαῖ', ἐπεὶ οὐκ ἄνυσίν τινα δήομεν· ἀλλὰ τάχιστα
πείρα, ὅπως κεν δὴ σὴν πατρίδα γαῖαν ἵκηαι·
ἢ γάρ μιν ζωόν γε κιχήσεαι, ἤ κεν Ὀρέστης
κτεῖνεν ὑποφθάμενος· σὺ δέ κεν τάφου ἀντιβολήσαις.
Ὣς ἔφατ'· αὐτὰρ ἐμοὶ κραδίη καὶ θυμὸς ἀγήνωρ
αὖτις ἐνὶ στήθεσσι καὶ ἀχνυμένῳ περ ἰάνθη,
καί μιν φωνήσας ἔπεα πτερόεντα προσηύδων·
ΜΕΝ. — Τούτους μὲν δὴ οἶδα· σὺ δὲ τρίτον ἄνδρ' ὀνόμαζε,
ὅς τις ἔτι ζωὸς κατερύκεται εὐρέι πόντῳ
[ἠὲ θανών· ἐθέλω δὲ καὶ ἀχνύμενός περ ἀκοῦσαι].
Ὣς ἐφάμην· ὁ δέ μ' αὐτίκ' ἀμειβόμενος προσέειπεν·
ΠΡΩ. — Υἱὸς Λαέρτεω, Ἰθάκῃ ἔνι οἰκία ναίων·
τὸν δ' ἴδον ἐν νήσῳ θαλερὸν κατὰ δάκρυ χέοντα,
νύμφης ἐν μεγάροισι Καλυψοῦς, ἥ μιν ἀνάγκῃ
ἴσχει· ὁ δ' οὐ δύναται ἣν πατρίδα γαῖαν ἱκέσθαι.
σοὶ δ' οὐ θέσφατόν ἐστι, διοτρεφὲς ὦ Μενέλαε,
Ἄργει ἐν ἱπποβότῳ θανέειν καὶ πότμον ἐπισπεῖν·
ἀλλά σ' ἐς Ἠλύσιον πεδίον καὶ πείρατα γαίης
ἀθάνατοι πέμψουσιν, ὅθι ξανθὸς Ῥαδάμανθυς,
τῇ περ ῥηίστη βιοτὴ πέλει ἀνθρώποισιν·
οὐ νιφετός τ', οὔτ' ἂρ χειμὼν πολύς, οὔτέ ποτ' ὄμβρος·
ἀλλ' αἰεὶ Ζεφύροιο λιγὺ πνείοντας ἀήτας
Ὠκεανὸς ἀνίησιν ἀναψύχειν ἀνθρώπους
[οὕνεκ' ἔχεις Ἑλένην καί σφιν γαμβρὸς Διός ἐσσι].

vers 559 : οὐ γάρ οἱ πάρα νῆες ἐπήρετμοι καὶ ἑταῖροι,
560 : οἵ κέν μιν πέμποιεν ἐπ' εὐρέα νῶτα θαλάσσης

71. Cette idée sera reprise dans la poésie d'Archiloque, fr. 11.
72. Sur ce festin, cf. III, 309-310 et note.
73. Ménélas ne connaîtra pas le noir trépas, mais vivra dans une sorte d'âge d'or dans ce pays bienheureux. Selon Burkert, 1960-1961,

PROTÉE. – « Tu n'as plus, fils d'Atrée, de temps à perdre ainsi ; ce n'est pas en pleurant qu'on trouve le remède[71] ; il te faut au plus vite essayer de rentrer au pays de tes pères ; tu pourras y trouver Égisthe encor vivant ou si, te prévenant, Oreste l'a tué, tu seras là, du moins, pour le festin funèbre[72]. »

Il dit et, dans mon sein, la fougue de mon cœur renaissait, et mon âme, malgré tout mon chagrin, en eut un réconfort. Je repris la parole et dis ces mots ailés :

MÉNÉLAS. – « Pour ces deux-là, je suis fixé ; mais le troisième, celui qui vit encor, captif au bout des mers, ou s'y meurt ; je voudrais savoir, malgré ma peine. »

Je disais, et Protée aussitôt me répond :

PROTÉE. – « C'est le fils de Laërte, oui, c'est l'homme d'Ithaque. Je l'ai vu dans une île pleurer à chaudes larmes ; là-bas, dans son manoir, la nymphe Calypso, de force, le retient ; il ne peut revenir au pays de ses pères, n'ayant ni les vaisseaux à rames ni les hommes pour voguer sur le dos de la plaine marine... Quant à toi, Ménélas, ô nourrisson de Zeus, sache que le destin ne te réserve pas, d'après le sort commun, de mourir en Argos, dans tes prés d'élevage ; mais aux Champs Élysées[73], tout au bout de la terre, les dieux t'emmèneront chez le blond Rhadamanthe[74], où la plus douce vie est offerte aux humains, où sans neige, sans grand hiver, toujours sans pluie, on ne sent que zéphyrs, dont les risées sifflantes montent de l'Océan[75] pour rafraîchir les hommes : pour eux, l'époux d'Hélène est le gendre de Zeus. »

208 sq., Élysées viendrait de l'adjectif *enelusios*, « frappé par la foudre ».

74. Fils de Zeus et d'Europe, réputé pour sa sagesse et sa justice. Son frère Minos, cependant, n'obtint pas le même privilège, même s'il jugeait les morts chez Hadès, cf. XI, 332, 568.

75. Fleuve qui entoure la terre et sépare les mortels des immortels, voir X, 508 sq., XI, 157 sq., XXIV, 11 sq.

Ὣς εἰπὼν ὑπὸ πόντον ἐδύσετο κυμαίνοντα.
αὐτὰρ ἐγὼν ἐπὶ νῆας ἅμ' ἀντιθέοισ' ἑτάροισιν
ἤια· πολλὰ δέ μοι κραδίη πόρφυρε κιόντι.
αὐτὰρ ἐπεί ῥ' ἐπὶ νῆα κατήλθομεν ἠδὲ θάλασσαν,
δόρπον θ' ὁπλισάμεσθ', ἐπί τ' ἤλυθεν ἀμβροσίη νύξ·
δὴ τότε κοιμήθημεν ἐπὶ ῥηγμῖνι θαλάσσης.
Ἦμος δ' ἠριγένεια φάνη ῥοδοδάκτυλος Ἠώς,
νῆας μὲν πάμπρωτον ἐρύσσαμεν εἰς ἅλα δῖαν·
ἂν δὲ καὶ αὐτοὶ βάντες ἐπὶ κληῖσι κάθιζον,
ἑξῆς δ' ἑζόμενοι πολιὴν ἅλα τύπτον ἐρετμῷ.
ἂψ δ' εἰς Αἰγύπτοιο, διιπετέος ποταμοῖο,
στῆσα νέας καὶ ἔρεξα τεληέσσας ἑκατόμβας.
αὐτὰρ ἐπεὶ κατέπαυσα θεῶν χόλον αἰὲν ἐόντων,
χεῦ' Ἀγαμέμνονι τύμβον, ἵν' ἄσβεστον κλέος εἴη.
ταῦτα τελευτήσας νεόμην· ἔδοσαν δέ μοι οὖρον
ἀθάνατοι, τοί μ' ὦκα φίλην ἐς πατρίδ' ἔπεμψαν.
ἀλλ' ἄγε νῦν ἐπίμεινον ἐνὶ μεγάροισιν ἐμοῖσιν,
ὄφρα κεν ἑνδεκάτη τε δυωδεκάτη τε γένηται,
καὶ τότε σ' εὖ πέμψω; δώσω δέ τοι ἀγλαὰ δῶρα
τρεῖς ἵππους καὶ δίφρον ἐΰξοον· αὐτὰρ ἔπειτα
δώσω καλὸν ἄλεισον, ἵνα σπένδῃσθα θεοῖσιν
ἀθανάτοισ' ἐμέθεν μεμνημένος ἤματα πάντα.
Τὸν δ' αὖ Τηλέμαχος πεπνυμένος ἀντίον ηὔδα·
ΤΗΛ.—Ἀτρείδη, μὴ δή με πολὺν χρόνον ἐνθάδ' ἔρυκε.
καὶ γάρ κ' εἰς ἐνιαυτὸν ἐγὼ παρὰ σοί γ' ἀνεχοίμην

vers 578 : ἐν δ' ἱστοὺς τιθέμεσθα καὶ ἱστία νηυσὶν ἐίσης

À ces mots, sous la mer écumante, il replonge. Je ramène aux vaisseaux mes compagnons divins. J'allais : que de pensées bouillonnaient en mon cœur ! Nous rentrons à la grève et, gagnant le croiseur, nous prenons le souper, puis, quand survient la nuit divine, nous dormons sur la grève de mer. Mais sitôt que paraît dans son berceau de brume l'Aurore aux doigts de roses, je tire mes vaisseaux à la vague divine, chargeant voiles et mâts dans nos coques légères ; mes gens montent à bord et vont s'asseoir aux bancs, puis, chacun en sa place, la rame bat le flot qui blanchit sous les coups.

Je ramenai ma flotte aux eaux de l'Égyptos, qui nous viennent des dieux. J'y mouillai et j'y fis ma fête d'hécatombes pour calmer le courroux des dieux toujours vivants ; je fis dresser un tertre en l'honneur de mon frère, pour garder l'éternel souvenir de sa gloire[76] ; puis, ces devoirs remplis, je partis et le vent que les dieux me donnèrent me ramena tout droit à la terre natale...

Et maintenant tu vas rester en mon manoir onze jours, douze jours. Alors je prendrai soin de te remettre en route avec de beaux cadeaux[77] : je t'offre trois chevaux, un char aux bois luisants, et je veux te donner ma coupe la plus belle, pour qu'en buvant aux dieux, le restant de tes jours, de moi tu te souviennes. »

Posément, Télémaque le regarda et dit :

TÉLÉMAQUE. – « Atride, il ne faut pas me garder si longtemps. À rester près de toi, l'année me serait brève, sans qu'il me prît regret de mon toit ni des miens : tes

76. Ménélas érige ce tertre en Égypte et organise les plaintes funèbres en l'honneur de son frère. Sur ce type de souvenir, cf., entre autres, *Il.*, II, 813 ; *Od.*, XI, 75 sq.

77. Sur les cadeaux d'hospitalité, cf. I, 311 et note.

ἥμενος· οὐδέ κέ μ' οἴκου ἕλοι πόθος οὐδὲ τοκήων·
αἰνῶς γὰρ μύθοισι ἔπεσσί τε σοῖσιν ἀκούων
τέρπομαι. ἀλλ' ἤδη μοι ἀνιάζουσιν ἑταῖροι
ἐν Πύλῳ ἠγαθέῃ· σὺ δέ με χρόνον ἐνθάδ' ἐρύκεις.
δῶρον δ' ὅττι κέ μοι δοίης, κειμήλιον ἔστω·
ἵππους δ' εἰς Ἰθάκην οὐκ ἄξομαι, ἀλλὰ σοὶ αὐτῷ
ἐνθάδε λείψω ἄγαλμα· σὺ γὰρ πεδίοιο ἀνάσσεις
εὐρέος, ᾧ ἔνι μὲν λωτὸς πολύς, ἐν δὲ κύπειρον
πυροί τε ζειαί τε ἰδ' εὐρυφυὲς κρῖ λευκόν·
ἐν δ' Ἰθάκῃ οὔτ' ἄρ δρόμοι εὐρέες οὔτέ τι λειμών·
αἰγίβοτος καὶ μᾶλλον ἐπήρατος ἱπποβότοιο.
οὐ γάρ τις Νήσων ἱππήλατος οὐδ' εὐλείμων,
αἵ θ' ἁλὶ κεκλίαται· Ἰθάκη δέ τε καὶ περὶ πασέων.
Ὣς φάτο· μείδησεν δὲ βοὴν ἀγαθὸς Μενέλαος
χειρί τέ μιν κατέρεξε ἔπος τ' ἔφατ' ἔκ τ' ὀνόμαζεν·
MEN. — Αἵματός εἰς ἀγαθοῖο, φίλον τέκος, οἷ' ἀγορεύεις.
τοὶ γὰρ ἐγώ τοι ταῦτα μεταστήσω· δύναμαι γάρ.
δώρων δ', ὅσσ' ἐν ἐμῷ οἴκῳ κειμήλια κεῖται,
δώσω ὃ κάλλιστον καὶ τιμηέστατόν ἐστι.
δώσω τοι κρητῆρα τετυγμένον· ἀργύρεος δὲ
ἔστιν ἅπας, χρυσῷ δ' ἐπὶ χείλεα κεκράανται·
ἔργον δ' Ἡφαίστοιο· πόρεν δέ ἑ Φαίδιμος ἥρως,
Σιδονίων βασιλεύς, ὅθ' ἑὸς δόμος ἀμφεκάλυψε
κεῖθί με νοστήσαντα· τεὶν δ' ἐθέλω τόδ' ὀπάσσαι.

78. Télémaque s'adresse à Ménélas comme s'il était un aède dont les récits provoquent la *charis*.

79. Pour une autre description d'Ithaque, cf. IX, 21 sq.

80. Fils de Zeus et d'Héra dans l'*Odyssée*, Héphaïstos est l'artisan divin par excellence. Tous les objets précieux sont son œuvre : le bouclier d'Achille, le sceptre d'Agamemnon. Sur ce dieu, voir

récits, tous tes mots me font à les entendre un terrible plaisir[78]. Mais, j'ai mes gens là-bas, qui trouvent le temps long dans la bonne Pylos, cependant que, chez toi, tu voudrais me garder. En cadeau, si tu veux, j'accepte le bijou, mais ne puis emmener des chevaux en Ithaque ; c'est un luxe qu'ici j'aime mieux te laisser ; car ton royaume, à toi, est une vaste plaine, qui porte en abondance le trèfle, le souchet, l'épeautre, le froment et la grande orge blanche. Ithaque est sans prairies, sans places où courir : ce n'est qu'une île à chèvres[79] ! Pourtant je l'aime mieux que vos prés d'élevage ! Dans nos îles, tu sais, nous n'avons ni prairies ni pistes à chevaux : ce ne sont que talus de mer, et mon Ithaque encor plus que les autres. »

Il disait ; mais le bon crieur de Ménélas, se prenant à sourire, le flattait de la main et lui disait tout droit :

MÉNÉLAS. – « Ton beau sang, mon cher fils, se montre en tes paroles. Va ! je te changerai mes cadeaux ; j'ai de quoi. De tous les objets d'art, qui sont en mon manoir, je m'en vais te donner le plus beau, le plus rare ; oui ! je veux te donner un cratère forgé, dont la panse est d'argent, les lèvres de vermeil. C'est l'œuvre d'Héphaestos[80] : il me vient de Sidon[81], du seigneur Phædimos[82], ce roi qui m'abrita dans sa propre demeure, quand je rentrais ici ; je veux qu'il t'appartienne... »

Delcourt, 1957, Detienne-Vernant, 1974, 241-258 ; Burkert, 1985, 167-168.

81. Les Sidoniens sont réputés dans les poèmes homériques pour leur art de la métallurgie (*Il.*, XXIII, 741-745 ; *Od.* XV, 425), les Sidoniennes pour leurs travaux de tissage (*Il.*, VI, 289-292).

82. Personnage inconnu par ailleurs. Son nom signifie « brillant », « illustre ». Phædimos sert à souligner l'estime que Ménélas voue à Ulysse et, par extension, à son fils.

⟨...ΜΝΗΣΤΗΡΩΝ ΛΟΧΟΣ...⟩

...Ὣς οἱ μὲν τοιαῦτα πρὸς ἀλλήλους ἀγόρευον·
[δαιτυμόνες δ' ἐς δώματ' ἴσαν θείου βασιλῆος·
οἱ δ' ἦγον μὲν μῆλα, φέρον δ' εὐήνορα οἶνον·
σῖτον δέ σφ' ἄλοχοι καλλικρήδεμνοι ἔπεμπον.
Ὣς οἱ μὲν περὶ δεῖπνον ἐνὶ μεγάροισι πένοντο·]
μνηστῆρες δὲ πάροιθεν Ὀδυσσῆος μεγάροιο
δίσκοισιν τέρποντο καὶ αἰγανέῃσιν ἱέντες,
ἐν τυκτῷ δαπέδῳ, ὅθι περ πάρος, ὕβριν ἔχοντες·
Ἀντίνοος δὲ καθῆστο καὶ Εὐρύμαχος θεοειδής,
ἀρχοὶ μνηστήρων, ἀρετῇ δ' ἔσαν ἔξοχ' ἄριστοι.
Τοῖς δ' υἱὸς Φρονίοιο Νοήμων ἐγγύθεν ἐλθὼν
Ἀντίνοον μύθοισιν ἀνειρόμενος προσέειπεν·
ΝΟΗ. — Ἀντίνο', ἦ ῥά τι ἴδμεν ἐνὶ φρεσίν, ἦε καὶ οὐκί,
ὁππότε Τηλέμαχος νεῖτ' ἐκ Πύλου ἠμαθόεντος;
νῆά μοι οἴχετ' ἄγων· ἐμὲ δὲ χρεὼ γίνεται αὐτῆς
Ἤλιδ' ἐς εὐρύχορον διαβήμεναι, ἔνθά μοι ἵπποι
δώδεκα θήλειαι, ὑπὸ δ' ἡμίονοι ταλαεργοὶ
ἀδμῆτες· τῶν κέν τιν' ἐλασσάμενος δαμασαίμην.
Ὣς ἔφαθ'· οἱ δ' ἀνὰ θυμὸν ἐθάμβεον· οὐ γὰρ ἔφαντο
ἐς Πύλον οἴχεσθαι Νηλήιον, ἀλλά που αὐτοῦ
ἀγρῶν ἢ μήλοισι παρέμμεναι ἠὲ Συβώτῃ.
Τὸν δ' αὖτ' Ἀντίνοος προσέφη, Εὐπείθεος υἱός·

83. Sur les jeux auxquels s'adonnent les héros homériques en temps de paix, cf. VIII, 120 sq.

84. Sur ce personnage, voir II, 386.

L'EMBUSCADE DES PRÉTENDANTS

Pendant qu'ils échangeaient ces paroles entre eux, les convives, rentrant chez le divin Atride, amenaient des moutons, apportaient de ce vin qui vous fait un cœur d'homme, ou du pain qu'envoyaient leurs femmes aux beaux voiles.

Or, comme ils préparaient au manoir le dîner, les prétendants, devant la grand-salle d'Ulysse, se jouaient à lancer disques et javelots[83] sur la dure esplanade, théâtre coutumier de leur morgue insolente. Antinoos était assis près d'Eurymaque au visage de dieu ; ils étaient les deux chefs, que mettait hors de pair leur valeur éminente.

Mais Noémon[84] survint, le fils de Phronios, qui, s'approchant d'Antinoos, lui demanda :

NOÉMON. – « Antinoos, a-t-on oui ou non quelque idée du jour où Télémaque doit revenir ici, de la Pylos des Sables ? Il a pris mon vaisseau, et j'en aurais besoin pour passer en Élide[85] : j'ai là-bas dans la plaine douze mères-juments et leurs mulets sous elles, en âge de travail ; mais il faut les dresser ; je voudrais en aller prendre un pour le dressage. »

Les autres, à ces mots, restèrent étonnés : jamais ils n'avaient cru Télémaque en voyage ! Il serait à Pylos, la ville de Nélée ! Ils le croyaient dans l'île aux champs, près des troupeaux, ou l'hôte du Porcher[86].

Antinoos, le fils d'Eupithès, s'écria :

85. Plaine au nord-ouest du Péloponnèse, réputée pour ses élevages de chevaux.

86. Eumée, un des plus fidèles serviteurs d'Ulysse. C'est d'ailleurs chez lui qu'Ulysse se rend en premier alors qu'il débarque à Ithaque.

ANT. — Νημερτές μοι ἔνισπε· πότ' ᾤχετο ; καὶ τίνες αὐτῷ
κοῦροι ἕποντ' ; Ἰθάκης ἐξαίρετοι ; ἦ' ἑοὶ αὐτοῦ
θῆτές τε δμῶές τε ; δύναιτό κε καὶ τὸ τελέσσαι.
καί μοι τοῦτ' ἀγόρευσον ἐτήτυμον, ὄφρ' εὖ εἰδῶ·
ἤ σε βίῃ ἀέκοντος ἀπηύρα νῆα μέλαιναν,
ἦε ἑκών οἱ δῶκας, ἐπεὶ προσπτύξατο μύθῳ ;
  Τὸν δ' υἱὸς Φρονίοιο Νοήμων ἀντίον ηὔδα·
NOH. — Αὐτὸς ἑκών οἱ δῶκα· τί κεν ῥέξειε καὶ ἄλλος,
ὁππότ' ἀνὴρ τοιοῦτος ἔχων μελεδήματα θυμῷ
αἰτίζῃ ; χαλεπόν κεν ἀνήνασθαι δόσιν εἴη.
κοῦροι δ' οἳ κατὰ δῆμον ἀριστεύουσι μεθ' ἡμέας,
οἵ οἱ ἕποντ'· ἐν δ' ἀρχὸν ἐγὼ βαίνοντα νόησα
Μέντορα ἠὲ θεόν, τῷ δ' αὐτῷ πάντα ἐῴκει.
ἀλλὰ τὸ θαυμάζω· ἴδον ἐνθάδε Μέντορα δῖον
χθιζὸν ὑπηοῖον· τότε δ' ἔμβη νηὶ Πύλον δέ.
  Ὣς ἄρα φωνήσας ἀπέβη πρὸς δώματα πατρός·
τοῖσιν δ' ἀμφοτέροισιν ἀγάσσατο θυμὸς ἀγήνωρ·
μνηστῆρας δ' ἄμυδις κάθισαν καὶ παῦσαν ἀέθλων.
  Τοῖσιν δ' Ἀντίνοος μετέφη, Εὐπείθεος υἱός·
ANT. — ⟨Εἰ⟩ τοσσῶνδ' ἀέκητι νέος πάις οἴχεται αὔτως,
νῆα ἐρυσσάμενος κρίνας τ' ἀνὰ δῆμον ἀρίστους,
ἄρξει καὶ προτέρω κακὸν ἔμμεναι· ἀλλά οἱ αὐτῷ
Ζεὺς ὀλέσειε βίην, πρὶν ἥβης μέτρον ἱκέσθαι.
ἀλλ' ἄγε μοι δότε νῆα θοὴν καὶ εἴκοσ' ἑταίρους,
ὄφρά μιν αὐτ⟨ις⟩ ἰόντα λοχήσομαι ἠδὲ φυλάξω
ἐν πορθμῷ Ἰθάκης τε Σάμοιό τε παιπαλοέσσης,

vers 661 : ἀχνύμενος· μένεος δὲ μέγα φρένες ἀμφιμέλαιναι
662 : πίμπλαντ', ὄσσε δέ οἱ πυρὶ λαμπετόωντι ἐΐκτην·
663 : ὢ πόποι, ἦ μέγα ἔργον ὑπερφιάλως ἐτελέσθη
664 : Τηλεμάχῳ ὁδὸς ἥδε· φάμεν δέ οἱ τελέεσθαι

87. En grec *thètes*, c'est-à-dire « salariés ». Sur la question, voir Ndoye, 1992, pp. 261-274.

ANTINOOS. – « Dis-moi la vérité ! quand donc est-il parti ? avec quel équipage ? est-ce des jeunes gens recrutés dans Ithaque ? ou de ses gens, à lui, et de ses tenanciers[87] ? Il en aurait le nombre ! Dis-moi tout net encor ; j'ai besoin de savoir : est-ce lui qui, de force, a pris ton noir vaisseau ? ou, de bon gré, l'as-tu prêté sur sa demande ? »

Le fils de Phronios, Noémon, repartit :

NOEMON. – « C'est moi qui l'ai donné de moi-même : que faire, quand quelqu'un de son rang, en une telle angoisse, vient s'adresser à vous ? Il était malaisé de refuser le prêt... Quant à ses jeunes gens, c'est vraiment, après nous, l'élite de ce peuple. Pour commander à bord, j'ai vu qu'il emmenait Mentor, ou l'un des dieux qui lui ressemble en tout. Mais voici qui m'étonne : hier, au point du jour, j'ai revu le divin Mentor en notre ville, alors que, vers Pylos, il s'était embarqué. »

Sur ces mots, Noémon retourna chez son père. Mais, cédant à l'humeur de leurs cœurs emportés, les deux autres faisaient asseoir les prétendants, tous jeux interrompus.

Antinoos, le fils d'Eupithès, leur parla ; le chagrin, la colère emplissaient jusqu'au bord son esprit noyé d'ombre, et ses yeux ressemblaient à un feu pétillant :

ANTINOOS. – « Ah ! misère ! il est donc accompli ce voyage ! quel exploit d'insolence ! nous l'avions défendu[88] pourtant à Télémaque ! Nombreux comme nous sommes, l'enfant, à lui tout seul, nous fausse compagnie, met son navire à flot et lève le meilleur équipage en ce peuple ! il va nous en venir du mal, et sans tarder ! ou plaise à Zeus de lui rabattre sa vigueur, avant qu'il soit de taille ! Mais allons ! donnez-moi un croiseur et vingt hommes : que j'aille me poster, pour guetter son retour, dans la passe entre Ithaque et la Samé des

88. Sur ce point, voir II, 255-256.

ὡς ἂν ἐπισμυγερῶς ναυτίλλεται εἵνεκα πατρός.
Ὣς ἔφαθ'· οἱ δ' ἄρα πάντες ἐπῄνεον ἠδὲ κέλευον·
αὐτίκ' ἔπειτ' ἀνστάντες ἔβαν δόμον εἰς Ὀδυσῆος.
οὐδ' ἄρα Πηνελόπεια πολὺν χρόνον ἦεν ἄπυστος
μύθων, οὓς μνηστῆρες ἐνὶ φρεσὶ βυσσοδόμευον·
κῆρυξ γάρ οἱ ἔειπε Μέδων, ὃς ἐπεύθετο βουλὰς
αὐλῆς ἐκτὸς ἐών· οἱ δ' ἔνδοθι μῆτιν ὕφαινον·
βῆ δ' ἴμεν ἀγγελέων διὰ δώματα Πηνελοπείῃ.
Τὸν δὲ κατ' οὐδοῦ βάντα προσηύδα Πηνελόπεια·
ΠΗΝ. — Κῆρυξ, τίπτε δέ σε πρόεσαν μνηστῆρες ἀγαυοί;
ἦ εἰπέμεναι δμῳῇσιν Ὀδυσσῆος θείοιο
ἔργων παύσασθαι, σφίσι δ' αὐτοῖς δαῖτα πένεσθαι;
μὴ μνηστεύσαντες μηδ' ἄλλό ⟨τι μητί⟩σαντες
ὕστατα καὶ πύματα νῦν ἐνθάδε δειπνήσειαν.
οἳ θάμ' ἀγειρόμενοι βίοτον κατακείρετε πολλόν,
κτῆσιν Τηλεμάχοιο δαΐφρονος· οὐδέ τι πατρῶν
ὑμετέρων τὸ πρόσθεν ἀκούετε, παῖδες ἐόντες,
οἷος Ὀδυσσεὺς ἔσκε μεθ' ὑμετέροισι τοκεῦσιν,
οὔτέ τινα ῥέξας ἐξαίσιον οὔτέ τι εἰπὼν
ἐν δήμῳ· ἥ τ' ἐστὶ δίκη θείων βασιλήων.
[ἄλλόν κ' ἐχθαίρῃσι βροτῶν, ἄλλόν κε φιλοίη.]
κεῖνος δ' οὔ ποτε πάμπαν ἀτάσθαλον ἄνδρα ἐώργει·
ἀλλ' ὁ μὲν ὑμέτερος θυμὸς κα⟨τ'⟩ ἀεικέα ἔργα
φαίνεται· οὐδέ τίς ἐστι χάρις μετόπισθ' εὐεργέων.
Τὴν δ' αὖτε προσέειπε Μέδων πεπνυμένα εἰδώς·
ΜΕΔ. — Αἲ γὰρ δή, βασίλεια, τόδε πλεῖστον κακὸν εἴη.
ἀλλὰ πολὺ μεῖζόν τε καὶ ἀργαλεώτερον ἄλλο
μνηστῆρες φράζονται, ὃ μὴ τελέσειε Κρονίων·

89. Cette passe se trouve sur la hauteur de Samé et sépare Ithaque des îles Astérie et Samé.

90. Même s'il exécute les ordres des prétendants (XVII, 172 sq.), sa fidélité à la famille d'Ulysse semble sans faille. Voir, XXII, 357 sq.

Roches[89]. Puisqu'il veut naviguer pour l'amour de son père, qu'il en paie le plaisir ! »

Il dit : tous d'applaudir et de ratifier, puis, se levant en hâte, on rentra chez Ulysse.

Ce fut presque aussitôt que Pénélope apprit les desseins qu'ils roulaient au gouffre de leurs cœurs. Car le héraut Médon[90] s'en vint la prévenir : il savait leurs projets, se trouvant justement en dehors de la cour, lorsque, à l'intérieur, ils ourdissaient l'affaire. À travers le manoir, il s'en vint apporter la nouvelle à la reine.

Comme il passait le seuil, Pénélope lui dit :

PÉNÉLOPE. – « Héraut, pourquoi viens-tu ? les nobles prétendants t'envoient-ils dire aux femmes de mon divin Ulysse de quitter leurs travaux, d'apprêter le festin ? Sans plus me courtiser ni tramer autre chose, que n'ont-ils en ce jour le dernier des derniers de leurs repas chez nous ! Chaque jour assemblés, en mangez-vous assez des vivres, en pillant mon sage Télémaque ! Vos pères autrefois, quand vous étiez petits, ne vous ont donc pas dit ce que, pour vos parents, Ulysse avait été, ne faisant jamais rien, ne disant jamais rien pour abuser du peuple, comme c'est la façon des rois de sang divin qui persécutent l'un et favorisent l'autre ! Ce n'est pas lui, jamais, qui fit tort à personne ! Mais votre cœur paraît à ces actes indignes et la mode n'est plus de rendre les bienfaits[91] ! »

Posément, le héraut Médon lui répondit :

MÉDON. – « Reine, si c'était là le plus grand de nos maux ! Mais voici bien plus grand et plus cruel encore : les prétendants méditent – ah ! que Zeus les arrête ! – de

91. Dans cette tirade, Pénélope s'adresse d'abord à Médon. Pourtant, son discours s'adresse davantage aux prétendants.

Τηλέμαχον μεμάασι κατακτάμεν ὀξέι χαλκῷ
οἴκαδε νισσόμενον· ὁ δ' ἔβη μετὰ πατρὸς ἀκουὴν
ἐς Πύλον ἠγαθέην ἠδ' ἐς Λακεδαίμονα δῖαν.
Ὣς φάτο· τῆς δ' αὐτοῦ λύτο γούνατα καὶ φίλον ἦτορ·
δὴν δέ μιν ἀφασίη ἐπέων λάβε· τὼ δέ οἱ ὄσσε
δακρυόφι πλῆσθεν· θαλερὴ δέ οἱ ἔσχετο φωνή·
ὀψὲ δέ μιν ἐπέεσσιν ἀμειβομένη προσέειπε·
ΠΗΝ. — Κῆρυξ, τίπτε δέ μοι πάις οἴχεται; ἠέ τί μιν χρεὼ
[νηῶν ὠκυπόρων ἐπιβαινέμεν, αἵ θ' ἁλὸς ἵπποι
ἀνδράσι γίνονται, περόωσι δὲ πολὺν ἐφ' ὑγρήν];
ἦ' ἵνα μηδ' ὄνομ' αὐτοῦ ἐν ἀνθρώποισι λίπηται;
Τὴν δ' ἠμείβετ' ἔπειτα Μέδων πεπνυμένα εἰδώς·
ΜΕΔ. — Οὐ οἶδ'· ἤ τίς μιν θεὸς ὤρορεν, ἦε καὶ αὐτοῦ
θυμὸς ἐφωρμήθη ἴμεν ἐς Πύλον, ὄφρα πύθηται
πατρὸς ἑοῦ ἢ νόστον ἢ ὅν τινα πότμον ἐπέσπεν;
Ὣς ἄρα φωνήσας ἀπέβη κατὰ δῶμ' Ὀδυσῆος·
τὴν δ' ἄχος ἀμφεχύθη θυμοφθόρον· οὐδ' ἄρ' ἔτ' ἔτλη
δίφρου ἐφέζεσθαι πολλῶν κατὰ οἶκον ἐόντων,
ἀλλ' ἄρ' ἐπ' οὐδοῦ ἷζε πολυκμήτου θαλάμοιο
οἴκτρ' ὀλοφυρομένη· περὶ δὲ δμῳαὶ μινύριζον.
Τῇσ' ἁδινὸν γοόωσα μετηύδα Πηνελόπεια·
ΠΗΝ. — Κλῦτε, φίλαι· περὶ γάρ μοι Ὀλύμπιος ἄλγε' ἔδωκεν
ἐκ πασέων, ὅσσαι μοι ὁμοῦ τράφεν ἠδὲ γένοντο,
ἣ πρὶν μὲν πόσιν ἐσθλὸν ἀπώλεσα θυμολέοντα,
παντοίῃσ' ἀρετῇσι κεκασμένον ἐν Δαναοῖσι·
νῦν αὖ παῖδ' ἀγαπητὸν ἀνηρείψαντο θύελλαι

vers 720 : πᾶσαι, ὅσαι κατὰ δώματ' ἔσαν, νέαι ἠδὲ παλαιαί
vers 726 : ἐσθλόν, τοῦ κλέος εὐρὺ καθ' Ἑλλάδα καὶ μέσον Ἄργος

tuer Télémaque à la pointe du bronze, avant qu'il rentre ici, car il s'en est allé s'informer de son père, vers la bonne Pylos et Sparte la divine. »

Il disait. Et la reine, genoux et cœur brisés, restait là sans pouvoir proférer un seul mot : ses yeux s'étaient emplis de larmes et sa voix si claire défaillait.

Retrouvant la parole, elle lui répondit :

PÉNÉLOPE. – « Héraut, dis-moi : pourquoi mon fils est-il parti ? quel besoin le poussait vers ces vaisseaux rapides, ces chevaux de la mer que prennent les guerriers pour courir sur les eaux ? veut-il donc que de lui, tout, jusqu'au nom, périsse ? »

Posément, le héraut Médon lui répondit :

MÉDON. – « Je ne sais ; quelque dieu l'aura-t-il entraîné ? ou n'aura-t-il cédé qu'à l'élan de son cœur ? Mais il est à Pylos : il voulait s'enquérir du retour de son père, du sort qu'il a subi. »

À ces mots, il revint à travers le manoir. Mais, le cœur assombri et dévoré d'angoisse, la reine ne pouvait demeurer sur les sièges, dont la chambre était pleine. Tandis que, sur le seuil, elle venait s'asseoir, pour crier sa détresse au milieu de ce luxe, ses femmes l'entouraient de leurs gémissements, les jeunes et les vieilles dans toute la maison[92].

Pénélope à travers ses sanglots leur disait :

PÉNÉLOPE. – « Mes filles, écoutez ! le maître de l'Olympe m'envoya plus de maux qu'à toutes les mortelles que le sort a fait naître et grandir avec moi ! J'ai commencé par perdre un époux de vaillance, que son cœur de lion et ses mille vertus avaient fait sans rival parmi les Danaens, le héros dont la gloire court à travers l'Hellade et plane sur Argos[93] ! Et voici maintenant le fils

92. Ces vers semblent être imités de l'*Iliade*. Ici Pénélope prend la place de Thétis qui invite les Néréides à pleurer Achille. D'ailleurs les vers suivants rappellent *Iliade*, XVIII, 37 sq.

93. La renommée d'Ulysse est immense.

ἀκλε⟨έ'⟩ ἐκ μεγάρων, οὐδ' ὁρμηθέντος ἄκουσα·
σχέτλιαι, οὐδ' ὑμεῖς περ ἐνὶ φρεσὶ θέσθε ἑκάστη
ἐκ λεχέων μ' ἀνεγεῖραι, ἐπιστάμεναι σάφα θυμῷ,
ὁππότε κεῖνος ἔβη κοίλην ἐπὶ νῆα μέλαιναν.
εἰ γὰρ ἐγὼ πυθόμην ταύτην ὁδὸν ὁρμαίνοντα,
τῷ κε μάλ' ἤ κεν ἔμεινε καὶ ἐσσύμενός περ ὁδοῖο,
ἤ κέ με τεθνηυῖαν ἐνὶ μεγάροισιν ἔλειπεν.
ἀλλά τις ὀτρηρὸς Δολίον καλέσειε γέροντα,
δμῶ' ἐμόν, ὅν μοι ἔδωκε πατὴρ ἔτι δεῦρο κιούσῃ,
καί μοι κῆπον ἔχει πολυδένδρεον, ὄφρα τάχιστα
Λαέρτῃ τάδε πάντα παρεζόμενος καταλέξῃ,
εἰ δή πού τινα κεῖνος ἐνὶ φρεσὶ μῆτιν ὑφήνας
ἐξελθὼν λαοῖσιν ὀδύρεται, οἳ μεμάασι
ὃν καὶ Ὀδυσσῆος φθῖσαι γόνον ἀντιθέοιο.
Τὴν δ' αὖτε προσέειπε φίλη τροφὸς Εὐρύκλεια·
ΕΥΡ. — Νύμφα φίλη, σὺ μὲν ἄρ με κάτακτανε νηλέι χαλκῷ
ἤ' ἔ⟨λα' ἐκ⟩ μεγάρ⟨ων⟩· μῦθον δέ τοι οὐκ ἐπικεύσω.
ᾔδε' ἐγὼ τάδε πάντα, πόρον δέ οἱ ὅσσ' ἐκέλευσε,
σῖτον καὶ μέθυ ἡδύ· ἐμεῦ δ' ἕλετο μέγαν ὅρκον
μὴ πρὶν σοὶ ἐρέειν, πρὶν δωδεκάτην γε γενέσθαι
ἢ σ' αὐτὴν ποθέσαι καὶ ἀφορμηθέντος ἀκοῦσαι,
ὡς ἂν μὴ κλαίουσα κατὰ χρόα καλὸν ἰάπτῃς.
ἀλλ' ὑδρηναμένη, καθαρὰ χροῒ εἵμαθ' ἑλοῦσα,
εἰς ὑπερῷ' ἀναβᾶσα σὺν ἀμφιπόλοισι γυναιξίν,
εὔχε' Ἀθηναίῃ κούρῃ Διὸς αἰγιόχοιο·
ἡ γάρ κέν μιν ἔπειτα καὶ ἐκ θανάτοιο σαώσαι.
μηδὲ γέροντα κάκου κεκακωμένον· οὐ γὰρ ὀίω
πάγχυ θεοῖσι μάκαρσι γονὴν Ἀρκεσσιάδαο

94. Malgré l'affirmation de Pénélope, ce personnage semble attaché au domaine de Laërte (XXIV, 222) et non pas au palais d'Ulysse. Il serait le père des serviteurs infidèles d'Ulysse, Mélanthos (XVIII, 212) et Mélantho (XVIII, 322).

de mon amour que, de chez moi, sans gloire, emportent les rafales. Quand il s'est échappé, vous ne m'avez rien dit ! Quoi ! pas une de vous – et vous saviez pourtant –, pas une, malheureuses ! pour prendre sur son cœur de me tirer du lit quand mon enfant partait à bord du noir croiseur ! Ah ! si j'avais appris qu'il rêvât ce voyage, contre tout son désir il serait demeuré, ou c'est morte qu'il m'eût laissée en ce manoir ! Mais qu'un servant-coureur aille quérir le vieux Dolios[94] que mon père[95], lorsque je vins ici, a mis à mon service ; il soigne maintenant les arbres de mon clos. Je veux qu'en toute hâte, il aille chez Laërte pour tout lui raconter ; peut-être le Vieillard verra-t-il un moyen de quitter sa retraite et d'émouvoir ces gens[96], qui veulent supprimer sa race dans le fils de son divin Ulysse ! »

Mais la bonne nourrice Euryclée intervint :

EURYCLÉE. – « Sous l'airain sans pitié, tue-moi ! ou chasse-moi du manoir, chère fille ! Mais je dois l'avouer : j'ai su toute l'affaire ; c'est moi qui, sur son ordre, ai fourni la farine et du vin le plus doux ; il avait exigé de moi le grand serment de ne pas t'en parler avant les douze jours, à moins que, le cherchant, tu n'apprisses sa fuite et que, pour le pleurer, on ne te vît déjà lacérer ces beaux traits... Va ! baigne ton visage, prends ces habits sans tache et, regagnant l'étage avec tes chambrières, prie la fille du Zeus à l'égide, Athéna : c'est elle encor qui doit le sauver du trépas... Mais pourquoi redoubler les tourments du Vieillard ? Crois-moi : les Bienheureux n'ont jamais eu en haine le sang d'Arkésios[97], et sa race

95. Icarios. Sur ce personnage, voir Graf, 1998, 928.

96. Pénélope confirme les propos que tenait Athéna-Mentor en I, 189. Laërte vit dans son domaine, éloigné de tout, et n'intervient chez Ulysse que dans des circonstances exceptionnelles.

97. Père de Laërte.

ἔχθεσθ'· ἀλλ' ἔτι που τις ἐπέσσεται ὅς κεν ἔχῃσι
δῶμα ⟨τόδ'⟩ ὑψερεφὲ⟨ς⟩ καὶ ἀπόπροθι πίονας ἀγρούς.
Ὣς φάτο· τῆς δ' εὔνησ' ⟨ὀδύνας⟩, σχέθε δ' ὄσσε γόοιο.
ἡ δ' ὑδρηναμένη, καθαρὰ χροῒ εἵμαθ' ἑλοῦσα,
εἰς ὑπερῷ' ἀνέβαινε σὺν ἀμφιπόλοισι γυναιξίν,
ἐν δ' ἔθετ' οὐλοχύτας κανέῳ, ἠρᾶτο δ' Ἀθήνῃ·
ΠΗΝ. — Κλῦθί μευ, αἰγιόχοιο Διὸς τέκος, Ἀτρυτώνη·
εἴ ποτέ τοι πολύμητις ἐνὶ μεγάροισιν Ὀδυσσεὺς
ἢ βοὸς ἢ' ὄιος κατὰ πίονα μηρί' ἔκηε,
τῶν νῦν μοι μνῆσαι καί μοι φίλον υἷα σάωσον,
μνηστῆρας δ' ἀπάλαλκε κακῶς ὑπερηνορέοντας.
Ὣς εἰποῦσ' ὀλόλυξε· θεὰ δέ οἱ ἔκλυεν ἀρῆς.
μνηστῆρες δ' ὁμάδησαν ἀνὰ μέγαρα σκιόεντα.
Ὧδε δέ τις εἴπεσκε νέων ὑπερηνορεόντων·
ΧΟΡ. — Ἦ μάλα δὴ γάμον ἄμμι πολυμνήστη βασίλεια
ἀρτύει, οὐδέ τι οἶδεν ὅ οἱ φόνος υἷι τέτυκται
Ὣς ἄρα τις εἴπεσκε· τὰ δ' οὐ ἴσαν ὡς ἐτέτυκτο.
Τοῖσιν δ' Ἀντίνοος ἀγορήσατο καὶ μετέειπε·
ΑΝΤ. — Δαιμόνιοι, μύθους μὲν ὑπερφιάλους ἀλέασθε
πάντες ὁμῶς, μή πού τις ἀπαγγείλῃσι καὶ εἴσω.
ἀλλ' ἄγε σιγῇ τοῖον ἀναστάντες τελέωμεν
μῦθον, ὃ δὴ καὶ πᾶσιν ἐνὶ φρεσὶν εὔαδεν ἡμῖν.
Ὣς εἰπὼν ἐκρίνατ' ἐείκοσι φῶτας ἀρίστους·
βὰν δ' ἰέναι ἐπὶ νῆα θοὴν καὶ θῖνα θαλάσσης.
Νῆα μὲν οὖν πάμπρωτον ἁλὸς βένθος δὲ ἔρυσσαν,

98. Cette offrande qui n'apparaît nulle part ailleurs doit être comprise comme un sacrifice non sanglant, sacrifice qui précède la prière, voire une imprécation que Pénélope adressera à Athéna.

vivra pour tenir à jamais cette haute maison et ses gras alentours. »

Elle dit et calma les tourments de la reine. Ayant séché ses pleurs et baigné son visage, Pénélope, vêtue d'une robe sans tache, regagna son étage avec ses chambrières et remplit sa corbeille des orges de l'offrande[98], pour prier Athéna :

PÉNÉLOPE. – « Fille du Zeus qui tient l'égide, Atrytonée[99], exauce ma prière ! ah ! si dans ce manoir Ulysse l'avisé t'a jamais fait brûler la graisse et les cuisseaux d'un bœuf ou d'un mouton, l'heure est enfin venue pour moi, qu'il t'en souvienne ! Ah ! sauve-moi mon fils ! déjoue, des prétendants, la criminelle audace ! »

Elle dit et poussa les clameurs rituelles[100]; la déesse entendit son imprécation.

Les prétendants criaient dans l'ombre de la salle. Un de ces jeunes fats s'en allait répétant :

LE CHŒUR. – « Pour le coup, c'est l'hymen que la plus courtisée des reines nous apprête, sans savoir que la mort est déjà sur son fils ! »

Ainsi parlaient ces gens sans comprendre l'affaire. Alors Antinoos prit la parole et dit :

ANTINOOS. – « Pauvres amis, voilà de folles vanteries, dont ici ne devrait user aucun de nous : craignez que, là-dedans, on n'aille les lui dire ! Silence ! et levons-nous pour remplir le dessein que tous, en votre cœur, vous avez approuvé. »

À ces mots, il choisit vingt hommes des plus braves, descendit au croiseur, sur la grève de mer, et le fit tout

99. Épithète réservée à Athéna, qui signifie « infatigable » et renverrait à Tritogénie.

100. Sur l'*ololugê*, « cri rituel », cf. III, 450 et note.

ἐν δ' ἱστόν τ' ἐτίθεντο καὶ ἱστία νηὶ μελαίνῃ,
ἠρτύναντο δ' ἐρετμὰ τροποῖσ' ἐν δερματίνοισιν,
ὑψοῦ δ' ἐν νοτίῳ τήν γ' ὅρμισαν, ἐκ δ' ἔβαν αὐτοί,
ἔνθα δὲ δόρπον ἕλοντο, μένον δ' ἐπὶ ἕσπερον ἐλθεῖν.
Ἡ δ' ὑπερωΐῳ αὖθι περίφρων Πηνελόπεια
κεῖτ' ἄρ' ἄσιτος, ἄπαστος ἐδητύος ἠδὲ ποτῆτος,
ὁρμαίνουσ' ἤ οἱ θάνατον φύγοι υἱὸς ἀμύμων,
ἦ' ὅ γ' ὑπὸ μνηστῆρσιν ὑπερφιάλοισι δαμείη.
ὅσσα δὲ μερμήριξε λέων ἀνδρῶν ἐν ὁμίλῳ
δείσας, ὁππότε μιν δόλιον περὶ κύκλον ἄγωσι,
τόσσά μιν ὁρμαίνουσαν ἐπήλυθε ἥδυμος ὕπνος.
εὗδε δ' ἀνακλινθεῖσα· λύθεν δέ οἱ ἅψεα πάντα.
Ἔνθ' αὖτ' ἄλλ' ἐνόησε θεὰ γλαυκῶπις Ἀθήνη·
εἴδωλον ποίησε, δέμας δ' ἤικτο γυναικί,
Ἰφθίμῃ, κούρῃ μεγαλήτορος Ἰκαρίοιο,
τὴν Εὔμηλος ὄπυιε, Φερῇσ' ἔνι οἰκία ναίων,
πέμπε δέ μιν πρὸς δώματ' Ὀδυσσῆος θείοιο,
εἵως Πηνελόπειαν ὀδυρομένην, γοόωσαν,
παύσειε κλαυθμοῖο γόοιό τε δακρυόεντος·
ἐς θάλαμον δ' εἰσῆλθε παρὰ κληῗδος ἱμάντα,
στῆ δ' ἄρ' ὑπὲρ κεφαλῆς καί μιν πρὸς μῦθον ἔειπεν·
ΕΙΔ. — Εὕδεις, Πηνελόπεια, φίλον τετιημένη ἦτορ;
οὐ μέν σ' οὐδὲ ἐῶσι θεοὶ ῥεῖα ζώοντες
κλαίειν οὐδ' ἀκάχησθαι, ἐπεὶ ῥ' ἔτι νόστιμός ἐστι
σὸς παῖς· οὐ μὲν γάρ τι θεοῖσ' ἀλιτήμενός ἐστι.

vers 783 : πάντα κατὰ μοῖραν· ἀνά θ' ἱστία λευκὰ πέτασσαν·
784 : τεύχεα δέ σφιν ἔνεικαν ὑπέρθυμοι θεράποντες

101. Pour Pénélope comparée à un lion, cf. 335 et note. Voir également, Wolff, 1981 120-137.

102. Les rêves, chez Homère, semblent indépendants de l'esprit du dormeur puisque les dieux leur envoient des images qu'ils fabriquent et auxquelles ils donnent l'apparence d'êtres chers. Cf. le rêve

d'abord tirer en eau profonde ; puis, dans la coque noire, on chargea mât et voiles ; aux estropes de cuir, on attacha les rames tout le long du bordage et, les voiles hissées, les servants empressés apportaient les agrès. Et l'on s'en fut mouiller en rade et débarquer sous le cap de l'aval, pour prendre le repas en attendant le soir.

Mais Pénélope, à son étage, se couchait sans boire ni manger. Ne sentant plus la faim, la plus sage des femmes ne songeait qu'à son fils : fuirait-il le trépas, ce fils irréprochable ? tomberait-il sous ces bandits de prétendants ? Quand un gros de chasseurs accule le lion au cercle de la mort, la bête n'a pas plus d'angoisses et de craintes que n'en avait la reine quand sur ses yeux tomba le plus doux des sommeils[101].

Les membres détendus, la tête renversée, Pénélope dormait. La déesse aux yeux pers eut alors son dessein : elle fit un fantôme[102] et lui donna les traits d'Iphthimé[103], l'autre fille du magnanime Icare, la femme d'Eumélos[104] qui résidait à Phères.

Athéna l'envoya chez le divin Ulysse, pour calmer les soupirs, les sanglots et les pleurs de cette triste et gémissante Pénélope ; dans la chambre, il entra par la courroie de barre et, debout au chevet de la reine, lui dit :

LE FANTÔME. – « Pénélope, tu dors, mais le cœur ravagé. Sache bien que les dieux, dont la vie n'est que joie, ne veulent plus entendre tes pleurs et tes sanglots : ton fils doit revenir, car jamais envers eux, il n'a commis de faute. »

d'Agamemnon, *Il.*, II, 8 sq. Ces images ressemblent d'ailleurs à celles que les dieux empruntent pour visiter les mortels. Sur les rêves, cf. Dodds, 1977, particulièrement, 109-112.

103. Cette sœur de Pénélope est évoquée uniquement dans ce vers.

104. Fils d'Alceste et d'Admète, Eumélos est le roi de Phères de Thessalie, cf. *Iliade*, II, 711 sq.

Τὴν δ' ἠμείβετ' ἔπειτα περίφρων Πηνελόπεια,
ἡδὺ μάλα κνώσσουσ' ἐν ὀνειρείῃσι πύλῃσι·
ΠΗΝ. — Τίπτε, κασιγνήτη, δεῦρ' ἤλυθες; οὔ τι πάρος γε
πωλέ', ἐπεὶ μάλα πολλὸν ἀπόπροθι δώματα ναίεις·
καί με κέλεαι παύσασθαι ὀιζύος ἠδ' ὀδυνάων
πολλέων, αἵ μ' ἐρέθουσι κατὰ φρένα καὶ κατὰ θυμόν,
ἣ πρὶν μὲν πόσιν ἐσθλὸν ἀπώλεσα θυμολέοντα,
παντοίῃσ' ἀρετῇσι κεκασμένον ἐν Δαναοῖσι·
νῦν αὖ παῖς ἀγαπητὸς ἔβη κοίλης ἐπὶ νηός,
νήπιος οὔτε πόνων εὖ εἰδὼς οὔτ' ἀγοράων.
τοῦ δὴ ἐγὼ καὶ μᾶλλον ὀδύρομαι ἤ περ ἐκείνου,
τοῦ δ' ἀμφιτρομέω καὶ δείδια μή τι πάθῃσιν
ἤ' ὅ γε τῶν ἐνὶ δήμῳ, ἵν' οἴχεται, ἤ' ἐνὶ πόντῳ.
δυσμενέες γὰρ πολλοὶ ἐπ' αὐτῷ μηχανόωνται,
ἱέμενοι κτεῖναι, πρὶν πατρίδα γαῖαν ἱκέσθαι.
Τὴν δ' ἀπαμειβόμενον προσέφη εἴδωλον ἀμαυρόν·
ΕΙΔ. — Θάρσει, μηδέ τι πάγχυ μετὰ φρεσὶ δείδιθι λίην.
τοίη γάρ οἱ πομπὸς ἅμ' ἔρχεται, ἥν τε καὶ ἄλλοι
ἀνέρες ἠρήσαντο παρεστάμεναι, — δύναται γάρ, —
Παλλὰς Ἀθηναίη· σὲ δ' ὀδυρομένην ἐλεαίρει,
ἣ νῦν με προέηκε τεὶν τάδε μυθήσασθαι.
Τὴν δ' αὖτε προσέειπε περίφρων Πηνελόπεια·
ΠΗΝ. — Εἰ μὲν δὴ θεός ἐσσι θεοῖό τε ἔκλυες αὐδήν,
εἰ δ' ἄγε μοι καὶ κεῖνον ὀιζυρὸν κατάλεξον·
ἤ που ἔτι ζώει καὶ ὁρᾷ φάος ἠελίοιο,
ἤ' ἤδη τέθνηκε καὶ εἰν Ἀίδαο δόμοισι;
Τὴν δ' ἀπαμειβόμενον προσέφη εἴδωλον ἀμαυρόν·
ΕΙΔ. — Οὐ μέν τοι κεῖνόν γε διηνεκέως ἀγορεύσω,
ζώει ὅ γ' ἢ τέθνηκε· κακὸν δ' ἀνεμώλια βάζειν.
Ὣς εἰπὸν σταθμοῖο παρὰ κληῖδα λιάσθη
ἐς πνοιὰς ἀνέμων· ἡ δ' ἐξ ὕπνου ἀνόρουσε
κούρη Ἰκαρίοιο· φίλον δέ οἱ ἦτορ ἰάνθη,
ὥς οἱ ἐναργὲς ὄνειρον ἐπέσσυτο νυκτὸς ἀμολγῷ.

vers 816 : ἐσθλόν, τοῦ κλέος εὐρὺ καθ' Ἑλλάδα καὶ μέσον Ἄργος

Au plus doux des sommeils, à la porte des songes, la plus sage des femmes, Pénélope, reprit :

PÉNÉLOPE. – « Pourquoi viens-tu, ma sœur ? tu n'as pas l'habitude de fréquenter ici : ta demeure est si loin ! Tu me dis d'oublier les maux et les alarmes qui viennent harceler mon esprit et mon cœur ! J'ai commencé par perdre un époux de vaillance, que son cœur de lion et ses mille vertus avaient fait sans rival parmi les Danaens, le héros, dont la gloire court à travers l'Hellade et plane sur Argos ! Et maintenant voici qu'au creux de son vaisseau, le fils de mon amour s'en va, pauvre petit ! Que sait-il des dangers ? que sait-il des affaires ? Pour lui, plus que pour l'autre encor, je me désole. Je tremble pour ses jours, je redoute un malheur, que ce soit au pays où il voulut se rendre, ou que ce soit en mer ! Il a tant d'ennemis qui conspirent sa perte et veulent le tuer avant qu'il ait revu le pays de ses pères ! »

Mais le fantôme obscur prit la parole et dit :

LE FANTÔME. – « Du courage ! ton cœur doit bannir toute crainte. Il a, pour le conduire, un guide que voudraient à leurs côtés bien d'autres, car ce guide est puissant : c'est Pallas Athéna. Elle a pris en pitié ton angoisse ; c'est elle qui m'envoie t'avertir. »

La plus sage des femmes, Pénélope, reprit :

PÉNÉLOPE. – « Si ton être est divin, et divin, ton message, allons ! de l'autre aussi, conte-moi les misères ! Vit-il encore ? voit-il la clarté du soleil ? est-il mort et déjà aux maisons de l'Hadès ? »

Mais le fantôme obscur, reprenant la parole :

LE FANTÔME. – « De lui, je ne saurais te parler clairement. Est-il mort ou vivant : pourquoi parler à vide ? »

Il dit et, se glissant tout le long de la barre, il traversa la porte, disparut dans les airs, et la fille d'Icare, arrachée au sommeil, sentit son cœur renaître, si clair était le songe qu'elle avait vu surgir au profond de la nuit !

Μνηστῆρες δ' ἀναβάντες ἐπέπλεον ὑγρὰ κέλευθα,
Τηλεμάχῳ φόνον αἰπὺν ἐνὶ φρεσὶν ὁρμαίνοντες.
ἔστι δέ τις νῆσος μέσσῃ ἁλὶ πετρήεσσα,
μεσσηγὺς Ἰθάκης τε Σάμοιό τε παιπαλοέσσης,
Ἀστερίς, οὐ μεγάλη· Λιμένες δ' ἔνι ναύλοχοι αὐτῇ
Ἀμφίδυμοι· τῇ τόν γε μένον λοχόωντες Ἀχαιοί.

Remontés à leur bord, les prétendants voguaient sur la route des ondes et déjà, dans leurs cœurs, ils voyaient Télémaque accablé de leurs coups. Il est en pleine mer, dans la passe entre Ithaque et la Samé des Roches, un îlot de rocher, la petite Astéris[105] devant les Ports Jumeaux[106] avec leurs bons mouillages. C'est là que, pour guetter leur homme, ils s'embusquèrent.

105. Identifiée à l'îlot qu'aujourd'hui l'on nomme Dascalio, proche de Céphalonie.

106. Selon V. Bérard, ses Ports Jumeaux seraient les deux baies de Posto Viscardo sur la côte de Céphalonie, face à Astéris.

ΚΑΛΥΨΟΥΣ ΑΝΤΡΟΝ

[Ἠὼς δ' ἐκ λεχέων παρ' ἀγαυοῦ Τιθωνοῖο
ὤρνυθ', ἵν' ἀθανάτοισι φόως φέροι ἠδὲ βροτοῖσιν·
οἱ δὲ θεοὶ θῶκον δὲ καθίζανον· ἐν δ' ἄρα τοῖσι
Ζεὺς ὑψιβρεμέτης, οὗ τε κράτος ἐστὶ μέγιστον.
Τοῖσι δ' Ἀθηναίη λέγε κήδεα πόλλ' Ὀδυσῆος
μνησαμένη· μέλε γάρ οἱ ἐὼν ἐν δώμασι Νύμφης·
ΑΘΗ. — Ζεῦ πάτερ ἠδ' ἄλλοι μάκαρες θεοὶ αἰὲν ἐόντες,
μή τις ἔτι πρόφρων ἀγανὸς καὶ ἤπιος ἔστω
σκηπτοῦχος βασιλεύς, μηδὲ φρεσὶν αἴσιμα εἰδώς,
ἀλλ' αἰεὶ χαλεπός τ' εἴη καὶ αἴσυλα ῥέζοι,
ὡς οὔ τις μέμνηται Ὀδυσσῆος θείοιο
λαῶν οἷσι ἄνασσε, πατὴρ δ' ὣς ἤπιος ἦεν.
ἀλλ' ὁ μὲν ἐν νήσῳ κεῖται κρατέρ' ἄλγεα πάσχων,
νύμφης ἐν μεγάροισι Καλυψοῦς, ἥ μιν ἀνάγκῃ
ἴσχει· ὁ δ' οὐ δύναται ἣν πατρίδα γαῖαν ἱκέσθαι.
οὐ γάρ οἱ πάρα νῆες ἐπήρετμοι καὶ ἑταῖροι,
οἵ κέν μιν πέμποιεν ἐπ' εὐρέα νῶτα θαλάσσης.
νῦν αὖ παῖδ' ἀγαπητὸν ἀποκτεῖναι μεμάασι
οἴκαδε νισσόμενον· ὁ δ' ἔβη μετὰ πατρὸς ἀκουὴν
ἐς Πύλον ἠγαθέην ἠδ' ἐς Λακεδαίμονα δῖαν.]

1. Sur la nymphe fille d'Atlas qui règne sur Ogygie, cf. I, 14-15, 52 et note. Voir aussi Crane, 1988.

2. Fils de Laomédon et de Strymon, Tithon ou Tithonos est le frère aîné de Priam (*Il.*, XI, 1 sq. ; XX, 237 sq.). Aimé d'Aurore, il lui donna

Les récits chez Alkinoos

l'antre de Calypso[1]

(CHANT V.) Se levant de son lit, l'Aurore avait quitté le glorieux Tithon[2] pour apporter le jour aux dieux et aux mortels. Les dieux prenaient séance autour du Haut-Tonnant, de Zeus, qui, sur eux tous, l'emporte par la force. Athéna leur contait les angoisses d'Ulysse, car, y pensant toujours, elle avait sur le cœur qu'il restât chez la Nymphe :

Athéna. – « Zeus le Père ! et vous tous, Éternels bienheureux ! à quoi sert d'être sage, accommodant et doux, lorsque l'on tient le sceptre, et de n'avoir jamais l'injustice en son cœur ? Vivent les mauvais rois et leurs actes impies ! Car est-il souvenir de ce divin Ulysse chez ceux qu'il gouvernait en père des plus doux ? Mais il gît dans une île, où les maux le torturent ; là-bas, en son manoir, la nymphe Calypso, de force, le retient : il ne peut revenir au pays de ses pères, n'ayant ni les vaisseaux à rames ni les hommes pour voguer sur le dos de la plaine marine... Et l'on veut lui tuer le fils de son amour, qui revient au logis car il était allé s'enquérir de son père, vers la bonne Pylos et Sparte la divine. »

deux enfants, Memnon et Émathion. Grâce à sa femme, il obtint l'immortalité. Cependant, la déesse oublia de demander à son père de le rendre inaccessible à la vieillesse et Tithon, au fil des années, se dégradait de plus en plus. Ne pouvant plus supporter ses gémissements au fond de son palais, Aurore le transforma en cigale. Sur les amours d'Aurore et de Tithon, cf. *H.h. Aphr.*, 218-238.

Τὴν δ' ἀπαμειβόμενος προσέφη νεφεληγερέτα Ζεύς· 21
ΖΕΥΣ — Τέκνον ἐμόν, ποῖόν σε ἔπος φύγεν ἕρκος ὀδόντων;
οὐ γὰρ δὴ τοῦτον μὲν ἐβούλευσας νόον αὐτή
ὡς ἤτοι κείνους Ὀδυσεὺς ἀποτίσεται ἐλθών;
Τηλέμαχον δὲ σὺ πέμψον ἐπισταμένως, — δύνασαι γάρ, — 25
ὥς κε μάλ' ἀσκηθὴς ἣν πατρίδα γαῖαν ἵκηται,
μνηστῆρες δ' ἐν νηὶ παλιμπετὲς ἀπονέωνται.
Ἦ ῥα καὶ Ἑρμείαν, υἱὸν φίλον, ἀντίον ηὔδα·
ΖΕΥΣ — Ἑρμεία· σὺ γὰρ αὖτε τά τ' ἄλλά περ ἄγγελός ἐσσι·
Νύμφῃ ἐυπλοκάμῳ εἰπεῖν νημερτέα βουλήν, 30
νόστον Ὀδυσσῆος ταλασίφρονος, ὥς κε νέηται
οὔτε θεῶν πομπῇ οὔτε θνητῶν ἀνθρώπων·
ἀλλ' ὅ γ' ἐπὶ σχεδίης πολυδέσμου πήματα πάσχων
ἤματι εἰκοστῷ Σχερίην ἐρίβωλον ἵκοιτο,
Φαιήκων ἐς γαῖαν, οἳ ἀγχίθεοι γεγάασιν, 35
οἵ κέν μιν περὶ κῆρι θεὸν ὣς τιμήσουσι,
πέμψουσιν δ' ἐν νηὶ φίλην ἐς πατρίδα γαῖαν,
χαλκόν τε χρυσόν τε ἅλις ἐσθῆτά τε δόντες· 38
ὣς γάρ οἱ μοῖρ' ἐστὶ φίλους ἰδέειν καὶ ἱκέσθαι 41
οἶκον ἐς ὑψόροφον καὶ ἑὴν ἐς πατρίδα γαῖαν.
Ὣς ἔφατ'· οὐδ' ἀπίθησε διάκτορος Ἀργειφόντης.
αὐτίκ' ἔπειθ' ὑπὸ ποσσὶν ἐδήσατο καλὰ πέδιλα,
ἀμβρόσια, χρύσεια, τά μιν φέρον ἠμὲν ἐφ' ὑγρὴν 45
ἠδ' ἐπ' ἀπείρονα γαῖαν ἅμα πνοιῇσ' ἀνέμοιο. 46

vers 39 : πόλλ', ὅσ' ἂν οὐδέ ποτε Τροίης ἐξήρατ' Ὀδυσσεύς,
40 : εἴ περ ἀπήμων ἦλθε, λαχὼν ἀπὸ ληίδος αἶσαν
vers 47 : εἵλετο δὲ ῥάβδον, τῇ τ' ἀνδρῶν ὄμματα θέλγει
48 : ὧν ἐθελει, τοὺς δ' αὖτε καὶ ὑπνώοντας ἐγείρει·
49 : τὴν μετὰ χερσὶν ἔχων πέτετο κρατὺς Ἀργειφόντης

3. Sur ce départ qui fait partie des scènes typiques de la poésie homérique, cf. Arend, 1933, p. 54.

Zeus, l'assembleur des nues, lui fit cette réponse :

ZEUS. – « Quel mot s'est échappé de l'enclos de tes dents ? N'est-ce pas toi, ma fille, qui viens de décider qu'Ulysse rentrerait pour châtier ces gens ? Et quant à Télémaque, à toi de le guider ! n'es-tu pas assez forte ? Fais donc que, sain et sauf, il revienne au pays et que les prétendants rentrent sur leur navire, sans l'avoir rencontré. »

À ces mots, se tournant vers son cher fils Hermès :

ZEUS. – « Hermès, puisque c'est toi qui portes nos messages, pars[3] ! va-t'en révéler à la Nymphe bouclée le décret sans appel sur le retour d'Ulysse et comment ce grand cœur chez lui devra rentrer ! Sans le concours des dieux ni des hommes mortels, mais seul, sur un radeau de poutres assemblées, il doit, vingt jours encor, souffrir avant d'atteindre la fertile Schérie[4], terre des Phéaciens qui sont parents des dieux : c'est eux qui, l'honorant comme un dieu, de tout cœur, doivent le ramener, sur un de leurs vaisseaux, au pays de ses pères, après l'avoir comblé d'or, de bronze et d'étoffes en si grande abondance qu'Ulysse, revenu d'Ilion sans encombre, n'eût jamais rapporté pareil lot de butin. Car son destin, à lui, est de revoir les siens, de rentrer sous le toit de sa haute maison, au pays de ses pères. »

Comme il disait, le Messager aux rayons clairs se hâta d'obéir : il noua sous ses pieds ses divines sandales[5], qui, brodées de bel or, le portent sur les ondes et la terre sans bornes, vite comme le vent. Il saisit la baguette[6] dont tour à tour il charme le regard des humains ou les tire à son gré du plus profond sommeil et, sa baguette en main, l'alerte dieu aux rayons clairs prenait son vol. Et,

4. Les Anciens identifiaient ce pays à Corcyre, l'actuelle Corfou qui fait face à l'Épire (l'ancienne Thesprotie).

5. Voir I, 96 sq. et note.

6. Le caducée, en grec *rhabdos*, dont il ne se sert pas dans cet épisode. Cependant, en XXIV, 1-5, il le brandit pour conduire les âmes vers le royaume des morts.

Π⟨ηρεί⟩ην δ' ἐπιβὰς ἐξ αἰθέρος ἔμπεσε πόντῳ.
σεύατ' ἔπειτ' ἐπὶ κῦμα λάρῳ ὄρνιθι ἐοικώς,
ὅς τε κατὰ δεινοὺς κόλπους ἁλὸς ἀτρυγέτοιο
ἰχθῦς ἀγρώσσων πυκινὰ πτερὰ δεύεται ἅλμῃ.
[τῷ ἴκελος πολέεσσιν ὀχήσατο κύμασιν Ἑρμῆς.]

Ἀλλ' ὅτε δὴ τὴν νῆσον ἀφίκετο τηλόθ' ἐοῦσαν,
ἔνθ' ἐκ πόντου βὰς ἰοειδέος ἤπειρον δὲ
ἤιεν, ὄφρα μέγα σπέος ἵκετο, τῷ ἔνι Νύμφη
ναῖεν ἐυπλόκαμος· τὴν δ' ἔνδοθι τέτμεν ἐοῦσαν.
πῦρ μὲν ἐπ' ἐσχαρόφιν μέγα καίετο· τηλόσε δ' ὀδμὴ
κέδρου τ' εὐκεάτοιο θύου τ' ἀνὰ νῆσον ὀδώδει
δαιομένων· ἡ δ' ἔνδον, ἀ⟨είδουσα⟩ ὀπὶ καλῇ,
ἱστὸν ἐποιχομένη χρυσείῃ κερκίδ' ὕφαινεν.
Ὕλη δὲ σπέος ἀμφὶ πεφύκει τηλεθόωσα,
κλήθρη τ' αἴγειρός τε καὶ εὐώδης κυπάρισσος·
ἔνθα δέ τ' ὄρνιθες τανυσίπτεροι εὐνάζοντο,
σκῶπές τ' ἴρηκές τε τανύγλωσσοί τε κορῶναι
εἰνάλιαι, τῇσίν τε θαλάσσια ἔργα μέμηλεν.
ἡ δ' αὐτοῦ τετάνυστο περὶ σπείους γλαφυροῖο
ἡμερὶς ἡβώωσα, τεθήλει δὲ σταφυλῇσι·
κρῆναι δ' ἑξείης πίσυρες ῥέον ὕδατι λευκῷ,
πλησίαι ἀλλήλων, τετραμμέναι ἄλλυδις ἄλλη·
ἀμφὶ δὲ λειμῶνες μαλακοὶ ἴου ἠδὲ σελίνου
θήλεον· ἔνθά κ' ἔπειτα καὶ ἀθάνατός περ ἐπελθὼν
θηήσαιτο ἰδὼν καὶ τερφθείη φρεσὶ ᾗσιν.
ἔνθα στὰς θηεῖτο διάκτορος Ἀργειφόντης.
Αὐτὰρ ἐπεὶ δὴ πάντα ἑῷ θηήσατο θυμῷ,
αὐτίκ' ἄρ' εἰς εὐρὺ σπέος ἤλυθεν· οὐδέ μιν ἄντην
ἠγνοίησε ἰδοῦσα Καλυψώ, δῖα θεάων·
οὐ γάρ τ' ἀγνῶτες θεοὶ ἀλλήλοισι πέλονται,
ἀθανά⟨των⟩ οὐδ' εἴ τις ἀπόπροθι δώματα ναίει.

plongeant de l'azur, à travers la Périe[7], il tomba sur la mer, puis courut sur les flots, pareil au goéland[8] qui chasse les poissons dans les terribles creux de la mer inféconde et va mouillant dans les embruns son lourd plumage. Pareil à cet oiseau, Hermès était porté sur les vagues sans nombre.

Mais quand, au bout du monde, Hermès aborda l'île, il sortit en marchant de la mer violette, prit terre et s'en alla vers la grande caverne, dont la Nymphe bouclée avait fait sa demeure.

Il la trouva chez elle, auprès de son foyer où flambait un grand feu. On sentait du plus loin le cèdre pétillant et le thuya, dont les fumées embaumaient l'île. Elle était là-dedans, chantant à belle voix et tissant au métier de sa navette d'or. Autour de la caverne, un bois avait poussé sa futaie vigoureuse : aunes et peupliers et cyprès odorants, où gîtaient les oiseaux à la large envergure, chouettes, éperviers et criardes corneilles, qui vivent dans la mer et travaillent au large.

Au rebord de la voûte, une vigne en sa force éployait ses rameaux, toute fleurie de grappes, et près l'une de l'autre, en ligne, quatre sources versaient leur onde claire, puis leurs eaux divergeaient à travers des prairies molles, où verdoyaient persil et violettes. Dès l'abord en ces lieux, il n'est pas d'Immortel qui n'aurait eu les yeux charmés, l'âme ravie[9].

Le dieu des rayons clairs restait à contempler. Mais, lorsque, dans son cœur, il eut tout admiré, il se hâta d'entrer dans la vaste caverne et, dès qu'il apparut aux yeux de Calypso, vite il fut reconnu par la toute divine : jamais deux Immortels ne peuvent s'ignorer, quelque loin que l'un deux puisse habiter de l'autre.

7. Région au nord de l'Olympe, en Macédoine.

8. Hermès ne prend pas l'apparence du goéland. Encore une fois, le poète évoque la rapidité des dieux comparable à celle des oiseaux, cf. III, 371-372 et note.

9. À propos des jardins de Calypso, cf. Romilly, 1993, 1-7.

οὐδ' ἄρ' Ὀδυσσῆα μεγαλήτορα ἔνδον ἔτετμεν·
ἀλλ' ὅ γ' ἐπ' ἀκτῆς κλαῖε καθήμενος, ἔνθα πάρος περ,
δάκρυσι καὶ στοναχῇσι καὶ ἄλγεσι θυμὸν ἐρέχθων. 83
Ἑρμείαν δ' ἐρέεινε Καλυψώ, δῖα θεάων, 85
ἐν θρόνῳ ἱδρύσασα φαεινῷ, σιγαλόεντι·
ΚΑΛ. — Τίπτε μοι, Ἑρμεία χρυσόρραπι, εἰλήλουθας
αἰδοῖός τε φίλος τε ; πάρος γε μὲν οὔ τι θαμίζεις.
αὔδα ὅ τι φρονέεις· τελέσαι δέ με θυμὸς ἄνωγεν,
εἰ δύναμαι τελέσαι γε καὶ εἰ τετελεσμένον ἐστίν. 90
Ὣς ἄρα φωνήσασα θεὰ παρέθηκε τράπεζαν 92
ἀμβροσίης πλήσασα, κέρασσε δὲ νέκταρ ἐρυθρόν·
αὐτὰρ ὁ πῖνε καὶ ἦσθε διάκτορος Ἀργειφόντης.
Αὐτὰρ ἐπεὶ δείπνησε καὶ ἤραρε θυμὸν ἐδωδῇ, 95
καὶ τότε δή μιν ἔπεσσιν ἀμειβόμενος προσέειπεν·
ΕΡΜ. — [Εἰρωτᾷς μ' ἐλθόντα θεὰ θεόν· αὐτὰρ ἐγώ τοι
νημερτέως τὸν μῦθον ἐνισπήσω· κέλεαι γάρ.]
Ζεὺς ἐμέ γ' ἠνώγει δεῦρ' ἐλθέμεν οὐκ ἐθέλοντα·
τίς δ' ἂν ἑκὼν τοσσόνδε διαδράμοι ἁλμυρὸν ὕδωρ 100
ἄσπετον ; οὐδέ τις ἄγχι βροτῶν πόλις, οἵ τε θεοῖσιν
ἱερά τε ῥέζουσι καὶ ἐξαίτους ἑκατόμβας.
ἀλλὰ μάλ' οὔ πως ἔστι Διὸς νόον αἰγιόχοιο
οὔτε παρεξ ἐλθεῖν ἄλλον θεὸν οὔθ' ἁλιῶσαι.
φησί τοι ἄνδρα παρεῖναι ὀιζυρώτατον ἄλλων 105
⟨πάντων⟩, οἳ περὶ ἄστυ ⟨μέγα⟩ Πριάμοιο μάχοντο· 106

vers 84 : πόντον ἐπ' ἀτρύγετον δερκέσκετο δάκρυα λείβων
vers 91 : ἀλλ' ἕπεο προτέρω, ἵνα τοι πὰρ ξείνια θείω
vers 107 : εἰνάετες, δεκάτῳ δὲ πόλιν πέρσαντες ἔβησαν
108 : οἴκαδ'· ἀτὰρ ἀνιόντες Ἀθηναίην ἀλίτοντο,
109 : ἥ σφιν ἐπῶρσ' ἄνεμόν τε κακὸν καὶ κύματα μακρά.
110 : ἔνθ' ἄλλοι μὲν πάντες ἀπέφθιθεν ἐσθλοὶ ἑταῖροι,
111 : τὸν δ' ἄρα δεῦρ' ἄνεμός τε φέρων καὶ κῦμα πέλασσε

10. Sur cette scène d'hospitalité, cf. Arend, 1933, 48-50.
11. Sur la colère d'Athéna, cf. I, 327 et note.

Dans la caverne, Hermès ne trouva pas Ulysse ; il pleurait sur le cap, le héros magnanime, assis en cette place où chaque jour les larmes, les sanglots, le chagrin lui secouaient le cœur, promenant ses regards sur la mer inféconde et répandant des larmes.

Calypso fit asseoir Hermès en un fauteuil aux glacis reluisants, et la toute divine interrogea le dieu[10]:

CALYPSO. – « Tu viens chez nous, Hermès à la baguette d'or ? et pour quelle raison ? Je t'aime et te respecte. Mais ce n'est pas souvent qu'on te rencontre ici. Exprime ton désir : mon cœur veut l'exaucer, si je puis le remplir, s'il n'est pas impossible. Mais suis-moi tout d'abord que je t'offre les dons de l'hospitalité ! »

Ce disant, Calypso approchait une table, la chargeait d'ambroisie, puis d'un rouge nectar lui faisait le mélange et, mangeant et buvant, le Messager de Zeus, le dieu aux rayons clairs se restaurait le cœur. Le repas terminé, Hermès prit la parole et lui dit en réponse :

HERMÈS. – « Pourquoi je suis venu, moi, dieu, chez toi, déesse ? Je m'en vais franchement te le dire : à tes ordres. C'est Zeus qui m'obligea de venir jusqu'ici contre ma volonté : qui mettrait son plaisir à courir cette immensité de l'onde amère ? et dans ton voisinage, il n'est pas une ville dont les hommes, aux dieux, offrent en sacrifice, l'hécatombe de choix ! Mais quand le Zeus qui tient l'égide a décidé, quel moyen pour un dieu de marcher à l'encontre ou de se dérober ? Zeus prétend qu'un héros est ici près de toi, et le plus lamentable de tous ceux qui, sous la grand-ville de Priam, étaient allés combattre neuf ans et, le dixième, ayant pillé la ville, rentrèrent au logis ; Athéna, qu'ils avaient offensée au départ, déchaîna la tempête et des vagues énormes[11] ; son équipage entier de braves succomba ; mais la houle et le vent sur ces bords le jetèrent[12]... Aujourd'hui, sans

12. Hermès donne une version abrégée du retour des Achéens vainqueurs de Troie ; cf. III, 153 sq. et IV, 351 sq.

τὸν νῦν σ' ἠνώγειν ἀποπεμπέμεν ὅττι τάχιστα· 112
οὐ γάρ οἱ τῇδ' αἶσα φίλων ἄπο νόσφιν ὀλέσθαι. 113
Ὣς φάτο· ῥίγησεν δὲ Καλυψώ, δῖα θεάων, 116
καί μιν φωνήσασ' ἔπεα πτερόεντα προσηύδα·
ΚΑΛ. — Σχέτλιοί ἐστε, θεοί, ζηλήμονες ἔξοχον ἄλλων,
οἵ τε θεαῖσ' ἀγάασθε παρ' ἀνδράσιν εὐνάζεσθαι
ἀμφαδίην, ἤν τίς τε φίλον ποιήσετ' ἀκοίτην. 120
ὣς μὲν ὅτ' [⟨Ὠα⟩ρίων' ἕλετο ῥοδοδάκτυλος Ἠώς,
τόφρά οἱ ἠγάασθε θεοὶ ῥεῖα ζώοντες,
ἕως μιν ἐν Ὀρτυγίῃ χρυσόθρονος Ἄρτεμις ἁγνὴ
οἷσ' ἀγανοῖσι βέλεσσιν ἐποιχομένη κατέπεφνεν·
ὣς δ' ὁπότ'] Ἰασίωνι ἐυπλόκαμος Δημήτηρ 125
ᾧ θυμῷ εἴξασα μίγη φιλότητι καὶ εὐνῇ
νειῷ ἔνι τριπόλῳ· οὐδὲ δὴν ἦεν ἄπυστος
Ζεύς, ὅς μιν κατέπεφνε βαλὼν ἀργῆτι κεραυνῷ.
ὣς δ' αὖ νῦν μοι ἄγασθε, θεοί, βροτὸν ἄνδρα παρεῖναι.
τὸν μὲν ἐγὼν ἐσάωσα περὶ τρόπιος βεβαῶτα 130
οἶον, ἐπεί οἱ νῆα θοὴν ἀργῆτι κεραυνῷ
Ζεὺς ἐλάσας ἐκέασσε μέσῳ ἐνὶ οἴνοπι πόντῳ.
ἔνθ' ἄλλοι μὲν πάντες ἀπέφθιθεν ἐσθλοὶ ἑταῖροι·
τὸν δ' ἄρα δεῦρ' ἄνεμός τε φέρων καὶ κῦμα πέλασσε.

vers 114 : ἀλλ' ἔτι οἱ μοῖρ' ἐστὶ φίλους ἰδέειν καὶ ἱκέσθαι
115 : οἶκον ἐς ὑψόροφον καὶ ἑὴν ἐς πατρίδα γαῖαν

13. Chasseur béotien, Orion serait le fils de Poséidon et d'Euryalé (*Il.*, XVIII, 486). Il aurait eu pour épouse, Sidé, puis Méropé.

14. Littéralement, « terre aux cailles », Ortygie est l'ancien nom de l'île de Délos au cœur des Cyclades.

15. Aurore aurait enlevé et transporté Orion à Délos, patrie d'Artémis. Cette déesse l'aurait tué soit parce qu'il avait poursuivi une

retard il faut le renvoyer : c'est Zeus qui te l'ordonne ; car son destin n'est pas de mourir en cette île, éloigné de ses proches. Son sort, en vérité, est de revoir les siens, de rentrer sous le toit de sa haute maison, au pays de ses pères. »

À ces mots, un frisson secoua Calypso ; mais élevant la voix, cette toute divine lui dit ces mots ailés :

Calypso. – « Que vous faites pitié, dieux jaloux entre tous ! ô vous qui refusez aux déesses le droit de prendre dans leur lit, au grand jour, le mortel que leur cœur a choisi pour compagnon de vie ! C'est ainsi qu'autrefois l'Aurore aux doigts de roses avait pris Orion[13] : quelle colère, ô dieux, dont la vie n'est que joie ! il fallut qu'Artémis, cette chaste déesse, vînt de son trône d'or le frapper à Délos[14] de ses plus douces flèches[15] ! Une seconde fois, quand Iasion gagna le cœur de Déméter[16], la déesse bouclée lui donna, dans le champ du troisième labour, son amour et son lit ; mais Zeus ne fut pas long à savoir la nouvelle ! il le tua d'un coup de sa foudre divine[17]. Aujourd'hui, c'est mon tour : vous m'enviez, ô dieux, la présence d'un homme ! de ce mortel, que j'ai sauvé quand, sur sa quille, tout seul, il m'arriva ! de sa foudre livide, en pleine mer vineuse, Zeus lui avait frappé et fendu son croiseur[18] ! Son équipage entier de braves était mort, mais la houle et le vent sur ces bords

de ses suivantes, soit parce qu'elle était la victime de ses avances. Sur ce personnage, voir aussi, XI, 572-575.

16. Déesse qui donne aux hommes le grain, elle aurait eu une liaison avec ce laboureur crétois, fils de Zeus. De leur union serait né Ploutos, divinité qui apporte aux hommes la richesse (Hés., *Th.*, 969-974).

17. Selon certains, il n'aurait pas été aimé de Déméter, mais lui aurait fait violence, raison pour laquelle Zeus l'aurait puni.

18. Zeus apparaît comme responsable du naufrage d'Ulysse également en XII, 405.

τὸν μὲν ἐγὼ φίλεόν τε καὶ ἔτρεφον, ἠδὲ ⟨ἑ⟩ φάσκον
θήσειν ἀθάνατον καὶ ἀγήραον ἤματα πάντα.
ἀλλ' ἐπεὶ οὔ πως ἔστι Διὸς νόον αἰγιόχοιο
οὔτε παρὲξ ἐλθεῖν ἄλλον θεὸν οὔθ' ἁλιῶσαι,
ἐρρέτω, εἴ μιν κεῖνος ἐποτρύνει καὶ ἀνώγει,
πόντον ἐπ' ἀτρύγετον. πέμψω δέ μιν οὔ πῃ ἐγώ γε·
οὐ γάρ μοι πάρα νῆες ἐπήρετμοι καὶ ἑταῖροι,
οἵ κέν μιν πέμποιεν ἐπ' εὐρέα νῶτα θαλάσσης.
αὐτάρ οἱ πρόφρων ὑποθήσομαι, οὐδ' ἐπικεύσω,
ὥς κε μάλ' ἀσκηθὴς ἣν πατρίδα γαῖαν ἵκηται.
Τὴν δ' αὖτε προσέειπε διάκτορος Ἀργειφόντης·
ΕΡΜ. — Οὕτω ⟨μιν⟩ ἀπόπεμπε, Διὸς δ' ἐποπίζεο μῆνιν,
μή πώς τοι μετόπισθε κοτεσσάμενος χαλεπήνῃ.
Ὣς ἄρα φωνήσας ἀπέβη κρατὺς Ἀργειφόντης·
ἡ δ' ἐπ' Ὀδυσσῆα μεγαλήτορα πότνια Νύμφη
ἤι', ἐπεὶ δὴ Ζηνὸς ἐπέκλυεν ἀγγελιάων.
Τὸν δ' ἄρ' ἐπ' ἀκτῆς εὗρε καθήμενον· οὐδέ ποτ' ὄσσε
δακρυόφιν τέρσοντο· κατείβετο δὲ γλυκὺς αἰὼν
νόστον ὀδυρομένῳ, ἐπεὶ οὐκέτι ἥνδανε Νύμφη.
ἀλλ' ἦτοι νύκτας μὲν ἰαύεσκεν καὶ ἀνάγκῃ
ἐν σπέεσι γλαφυροῖσι παρ' οὐκ ἐθέλων ἐθελούσῃ,
ἤματα δ' ἂμ πέτρῃσι καὶ ἠιόνεσσι καθίζων, 156
πόντον ἐπ' ἀτρύγετον δερκέσκετο δάκρυα λείβων. 158
Ἀγχοῦ δ' ἱσταμένη προσεφώνεε δῖα θεάων·

vers 157 : δάκρυσι καὶ στοναχῇσι καὶ ἄλγεσι θυμὸν ἐρέχθων

le jetèrent et, moi, je l'accueillis, le nourris, lui promis de le rendre immortel et jeune à tout jamais... Mais il n'est que trop vrai : lorsque le Zeus qui tient l'égide a décidé, quel moyen pour un dieu de marcher à l'encontre ou de se dérober ? Qu'il parte, puisque Zeus l'incite à se jeter sur la mer inféconde ! Quant à le ramener, comment ferais-je, moi ? Je n'ai ni les vaisseaux à rames ni les hommes... Pour voguer sur le dos de la plaine marine, je ne puis lui donner que mes conseils d'amie, sans plus rien lui cacher des moyens de rentrer au pays, sain et sauf. »

Le Messager aux rayons clairs lui répondit :

HERMÈS. – « Renvoie-le même ainsi ; crains le courroux de Zeus ; car sa rancune, un jour, pourrait te chercher noise. »

Et, quand il eut parlé, alerte il disparut, le dieu aux rayons clairs.

La Nymphe auguste allait vers son grand cœur d'Ulysse, toute prête à céder au message de Zeus. Quand elle le trouva, il était sur le cap, toujours assis, les yeux toujours baignés de larmes, perdant la douce vie à pleurer le retour[19]. C'est qu'il ne goûtait plus les charmes de la Nymphe ! La nuit, il fallait bien qu'il rentrât près d'elle, au creux de ses cavernes : il n'aurait pas voulu : c'est elle qui voulait ! Mais il passait les jours, assis aux rocs des grèves, tout secoué de larmes, de sanglots, de chagrins, promenant ses regards sur la mer inféconde et répandant des larmes.

Debout à ses côtés, cette toute divine avait pris la parole :

19. Sur les larmes d'Ulysse, cf. Monsacré, 1984, 143-144.

ΚΑΛ. — Κάμμορε, μή μοι ἔτ' ἐνθάδ' ὀδύρεο, μηδέ τοι αἰὼν
φθινέτω· ἤδη γάρ σε μάλα πρόφρασσ' ἀποπέμψω.
ἀλλ' ἄγε δούρατα μακρὰ ταμὼν ἁρμόζεο χαλκῷ
εὐρεῖαν σχεδίην· ἀτὰρ ἴκρια πῆξαι ἐπ' αὐτῆς
ὑψοῦ, ὥς σε φέρῃσιν ἐπ' ἠεροειδέα πόντον.
αὐτὰρ ἐγὼ σῖτον καὶ ὕδωρ καὶ οἶνον ἐρυθρὸν
ἐνθήσω μενοεικέ', ἅ κέν τοι λιμὸν ἐρύκοι,
εἵματά τ' ἀμφιέσω, πέμψω δέ τοι οὖρον ὄπισθεν,
ὥς κε μάλ' ἀσκηθὴς σὴν πατρίδα γαῖαν ἵκηαι,
αἴ κε θεοί γ' ἐθέλωσι, τοὶ οὐρανὸν εὐρὺν ἔχουσιν,
οἵ μευ φέρτεροί εἰσι νοῆσαί τε κρῆναί τε.
Ὣς φάτο· ῥίγησεν δὲ πολύτλας δῖος Ὀδυσσεὺς
καί μιν φωνήσας ἔπεα πτερόεντα προσηύδα·
ΟΔΥ. — Ἄλλό τι δὴ σύ, θεά, τόδε μήδεαι οὐδέ τι πομπήν,
ἥ με κέλεαι σχεδίῃ περάαν μέγα λαῖτμα θαλάσσης,
δεινόν τ' ἀργαλέον τε· τὸ δ' οὐδ' ἐπὶ νῆες ἐῖσαι
ὠκύποροι περόωσιν, ἀγαλλόμεναι Διὸς οὔρῳ.
Ὣς φάτο· μείδησεν δὲ Καλυψώ, δῖα θεάων,
χειρί τέ μιν κατέρεξε ἔπος τ' ἔφατ' ἔκ τ' ὀνόμαζεν·
ΚΑΛ. — Ἦ δὴ ἀλιτρός γ' ἐσσὶ καὶ οὐκ ἀποφώλια εἰδώς,
οἷον δὴ τὸν μῦθον ἐπεφράσθης ἀγορεῦσαι,

vers 177 : Οὐ δ' ἂν ἐγώ γ' ἀέκητι σέθεν σχεδίης ἐπιβαίην,
178 : εἰ μή μοι τλαίης γε, θεά, μέγαν ὅρκον ὀμόσσαι
179 : μή τί μοι αὐτῷ πῆμα κακὸν βουλευσέμεν ἄλλο
vers 184 : ἴστω νῦν τόδε Γαῖα καὶ Οὐρανὸς εὐρὺς ὕπερθε

20. Calypso jure par des éléments cosmiques et son serment est garanti par les eaux du Styx. Les immortels qui se parjuraient après avoir bu de ces eaux infernales étaient plongés dans un sommeil

CALYPSO. – « Je ne veux plus qu'ici, pauvre ami ! dans les larmes, tu consumes tes jours. Me voici toute prête à te congédier. Prends les outils de bronze, abats de longues poutres, unis-les pour bâtir le plancher d'un radeau ! Dessus, tu planteras un gaillard en hauteur, qui puisse te porter sur la brume des mers. C'est moi qui chargerai le pain, l'eau, le vin rouge et toutes les douceurs pour t'éviter la faim ; de vêtements aussi, je te revêtirai, et je ferai souffler une brise d'arrière, qui te ramènera, sain et sauf, au pays..., s'il plaît aux Immortels, maîtres des champs du ciel : ils peuvent mieux que moi décider et parfaire. »

Elle parlait ainsi. Un frisson secoua le héros d'endurance ; mais, élevant la voix, cet Ulysse divin dit ces mots ailés :

ULYSSE. – « Ce n'est pas mon retour, ah ! c'est tout autre chose que tu rêves, déesse ! lorsque, sur un radeau, tu me dis de franchir le grand gouffre des mers, ses terreurs, ses dangers, que les plus fins vaisseaux à la marche rapide ne peuvent traverser, même en ayant de Zeus la brise favorable. Dussé-je te déplaire, non ! je ne mettrait pas le pied sur un radeau, si tu ne consens pas à me jurer, déesse, le grand serment des dieux[20] que tu n'as contre moi aucun autre dessein pour mon mal et ma perte. »

Il dit ; mais Calypso se prenait à sourire, et la toute divine, le flattant de la main[21], lui déclarait tout droit :

CALYPSO. – « Le brigand que tu fais ! tu connais la prudence ! quels mots tu sais trouver pour nous dire cela ! Soyez donc mes témoins, Terre, Voûte du Ciel,

profond pendant une année et étaient exclus des assemblées divines pendant neuf ans (cf. Hés., *Th.*, 799-803).

21. Athéna a la même réaction face à l'extrême prudence d'Ulysse (XIII, 287 sq.).

ἀλλὰ τὰ μὲν νοέω καὶ φράσομαι, ἅσσ' ἂν ἐμοί περ
αὐτῇ μηδοίμην, ὅτε με χρειὼ τόσον ἵκοι·
καὶ γὰρ ἐμοὶ νόος ἐστὶν ἐναίσιμος, οὐδέ μοι αὐτῇ
θυμὸς ἐνὶ στήθεσσι σιδήρεος, ἀλλ' ἐλεήμων.
Ὣς ἄρα φωνήσασ' ἡγήσατο δῖα θεάων
καρπαλίμως· ὁ δ' ἔπειτα μετ' ἴχνια βαῖνε θεοῖο.
ἷξον δὲ σπεῖος γλαφυρὸν θεὸς ἠδὲ καὶ ἀνήρ,
καί ῥ' ὁ μὲν ἔνθα καθέζετ' ἐπὶ θρόνου ἔνθεν ἀνέστη
Ἑρμείας· Νύμφη δὲ τίθει πάρα πᾶσαν ἐδωδήν,
ἔσθειν καὶ πίνειν, οἷα βροτοὶ ἄνδρες ἔδουσιν·
αὐτὴ δ' ἀντίον ἷζεν Ὀδυσσῆος θείοιο·
τῇ δὲ παρ' ἀμβροσίην δμῳαὶ καὶ νέκταρ ἔθηκαν·
οἱ δ' ἐπ' ὀνείαθ' ἑτοῖμα προκείμενα χεῖρας ἴαλλον.
Αὐτὰρ ἐπεὶ τάρπησαν ἐδητύος ἠδὲ ποτῆτος,
τοῖσ' ἄρα μύθων ἦρχε Καλυψώ, δῖα θεάων·
ΚΑΛ. — Διογενὲς Λαερτιάδη, πολυμήχαν' Ὀδυσσεῦ,
οὕτω δὴ οἶκον δὲ φίλην ἐς πατρίδα γαῖαν
αὐτίκα νῦν ἐθέλεις ἰέναι; σὺ δὲ χαῖρε καὶ ἔμπης.
εἴ γε μὲν εἰδείης σῇσι φρεσὶν ὅσσά τοι αἶσα
κήδε' ἀναπλῆσαι, πρὶν πατρίδα γαῖαν ἱκέσθαι,
ἐνθάδε κ' αὖθι μένων σὺν ἐμοὶ τόδε δῶμα φυλάσσοις
ἀθάνατός τ' εἴης, ἱμειρόμενός περ ἰδέσθαι
σὴν ἄλοχον, τῆς τ' αἰὲν ἐέλδεαι ἤματα πάντα.
οὐ μέν θην κείνης γε χερείων εὔχομαι εἶναι,
οὐ δέμας οὐδὲ φυήν, ἐπεὶ οὔ πως οὐδὲ ἔοικε
θνητὰς ἀθανάτῃσι δέμας καὶ εἶδος ἐρίζειν.

vers 185 : καὶ τὸ κατειβόμενον Στυγὸς ὕδωρ, ὅς τε μέγιστος
186 : ὅρκος δεινότατός τε πέλει μακάρεσσι θεοῖσι,
187 : μή τί τοι αὐτῷ πῆμα κακὸν βουλευσέμεν ἄλλο

Eaux tombantes du Styx[22] – pour les dieux bienheureux c'est le plus redouté, le plus grand des serments ! – non ! je n'ai contre toi aucun autre dessein pour ton mal et ta perte ! Ce que j'ai dans l'esprit, ce que je te conseille, c'est tout ce que, pour moi, je pourrais souhaiter en si grave besoin. Mon esprit, tu le sais, n'est pas de perfidie ; ce n'est pas en mon sein qu'habite un cœur de fer ; le mien n'est que pitié. »

Elle dit et déjà cette toute divine l'emmenait au plus court. Ulysse la suivait et marchait sur ses traces, et déesse et mortel s'en revinrent ensemble à la grotte voûtée.

Il s'assit au fauteuil qu'Hermès avait quitté, la Nymphe lui servit toute la nourriture, les mets et la boisson, dont usent les humains destinés à la mort ; en face du divin Ulysse, elle prit siège ; ses femmes lui donnèrent ambroisie et nectar, puis, vers les parts de choix préparées et servies, ils tendirent les mains.

Mais, après les plaisirs du manger et du boire, c'est elle qui reprit, cette toute divine :

CALYPSO. – « Fils de Laërte, écoute, ô rejeton des dieux, Ulysse aux mille ruses ! C'est donc vrai qu'au logis, au pays de tes pères, tu penses à présent t'en aller ? tout de suite ? Adieu donc malgré tout ! Mais si ton cœur pouvait savoir de quels chagrins le sort doit te combler avant ton arrivée à la terre natale, c'est ici, près de moi, que tu voudrais rester pour garder ce logis et devenir un dieu[23], quel que soit ton désir de revoir une épouse vers laquelle tes vœux chaque jour te ramènent… Je me flatte pourtant de n'être pas moins belle de taille ni d'allure, et je n'ai jamais vu que, de femme à déesse, on pût rivaliser de corps ou de visage. »

22. Ce bras du fleuve Océan, soit sa fille aînée, tomberait d'un rocher abrupt (Hés., *Th.*, 785-789).

23. Sur l'immortalité que Calypso promet à Ulysse, cf. Crane, 1985.

Τὴν δ' ἀπαμειβόμενος προσέφη πολύμητις Ὀδυσσεύς·
ΟΔΥ. — Πότνα θεά, μή μοι τόδε χώεο· οἶδα καὶ αὐτὸς
πάντα μάλ', οὕνεκα σεῖο περίφρων Πηνελόπεια
εἶδος ἀκιδνοτέρη μέγεθός τ' εἰς ἄντα ἰδέσθαι·
ἡ μὲν γὰρ βροτός ἐστι· σὺ δ' ἀθάνατος καὶ ἀγήρως.
ἀλλὰ καὶ ὣς ἐθέλω καὶ ἐέλδομαι ἤματα πάντα
οἴκαδέ τ' ἐλθέμεναι καὶ νόστιμον ἦμαρ ἰδέσθαι.
εἰ δ' αὖ τις ῥαίῃσι θεῶν μ' ἐνὶ οἴνοπι πόντῳ,
τλήσομαι ἐν στήθεσσιν ἔχων ταλαπενθέα θυμόν·
ἤδη γὰρ μάλα πολλὰ πάθον καὶ πολλὰ μόγησα
κύμασι καὶ πολέμῳ· μετὰ καὶ τόδε τοῖσι γενέσθω.
Ὣς ἔφατ'· ἠέλιος δ' ἄρ' ἔδυ καὶ ἐπὶ κνέφας ἦλθεν·
ἐλθόντες δ' ἄρα τώ γε μυχῷ σπείους γλαφυροῖο
τερπέσθην φιλότητι, παρ' ἀλλήλοισι μένοντε.

ΤΑ ΠΕΡΙ ΤΗΝ ΣΧΕΔΙΑΝ

Ἦμος δ' ἠριγένεια φάνη ῥοδοδάκτυλος Ἠώς,
αὐτίχ' ὁ μὲν χλαῖνάν τε χιτῶνά τε ἕννυτ' Ὀδυσσεύς·
αὐτὴ δ' ἀργύφεον φᾶρος μέγα ἕννυτο Νύμφη,
λεπτὸν καὶ χαρίεν, περὶ δὲ ζώνην βάλετ' ἰξυῖ
καλήν, χρυσείην, κεφαλῇ δ' ἐφύπερθε καλύπτρην,
καὶ τότ' Ὀδυσσῆι μεγαλήτορι μήδετο πομπήν.

Ulysse l'avisé lui fit cette réponse :

ULYSSE. – « Déesse vénérée, écoute et me pardonne : je me dis tout cela ! Toute sage qu'elle est, je sais qu'auprès de toi Pénélope serait sans grandeur ni beauté ; ce n'est qu'une mortelle, et tu ne connaîtras ni l'âge ni la mort... Et pourtant le seul vœu que chaque jour je fasse est de rentrer là-bas, de voir en mon logis la journée du retour ! Si l'un des Immortels, sur les vagues vineuses, désire encor me tourmenter, je tiendrai bon : j'ai toujours là ce cœur endurant tous les maux ; j'ai déjà tant souffert, j'ai déjà tant peiné sur les flots, à la guerre ! S'il y faut un surcroît de peines, qu'il m'advienne[24] ! »

Comme Ulysse parlait, le soleil se coucha ; le crépuscule vint : sous la voûte, au profond de la grotte, ils rentrèrent pour rester dans les bras l'un de l'autre à s'aimer.

LE RADEAU D'ULYSSE

De son berceau de brume, à peine était sortie l'Aurore aux doigts de roses, qu'Ulysse revêtait la robe et le manteau. La Nymphe se drapa d'un grand linon neigeux, à la grâce légère ; elle ceignit ses reins de l'orfroi le plus beau ; d'un voile tombant, elle couvrit sa tête, puis fut toute au départ de son grand cœur d'Ulysse. Tout

24. Comme le remarque Hainsworth, *ad loc.*, avec ses mots, Ulysse fait ses adieux à Calypso, même s'il ne quitte l'île que quatre jours plus tard. Pour cette particularité de la composition archaïque, cf. Perry, 1937, 403-427.

δῶκε μέν οἱ πέλεκυν μέγαν, ἄρμενον ἐν παλάμῃσι,
χάλκεον, ἀμφοτέρωθεν ἀκαχμένον· αὐτὰρ ἐν αὐτῷ
στειλειὸν περικαλλὲς ἐλάινον, εὖ ἐναρηρός·
δῶκε δ' ἔπειτα σκέπαρνον ἐύξοον, ἦρχε δ' ὁδοῖο
νήσου ἐπ' ἐσχατιήν, ὅθι δένδρεα μακρὰ πεφύκει,
κλήθρη τ' αἴγειρός τ' ἐλάτη τ' ἦν οὐρανομήκης,
αὖα πάλαι, περίκηλα, τά οἱ πλώοιεν ἐλαφρά.
Αὐτὰρ ἐπεὶ δὴ δεῖξ' ὅθι δένδρεα μακρὰ πεφύκει,
ἡ μὲν ἔβη πρὸς δῶμα Καλυψώ, δῖα θεάων.
αὐτὰρ ὁ τάμνετο δοῦρα· θοῶς δέ οἱ ἤνυτο ἔργον·
εἴκοσι δ' ἔκβαλε πάντα, πελέκκησεν δ' ἄρα χαλκῷ,
ξέσσε δ' ἐπισταμένως καὶ ἐπὶ στάθμην ἴθυνε.
τόφρα δ' ἔνεικε τέρετρα Καλυψώ, δῖα θεάων.
τέτρηνεν δ' ἄρα πάντα καὶ [ἥρμοσεν ἀλλήλοισι,
γόμφοισιν δ' ἄρα τήν γε καὶ] ἁρμονίῃσιν ἄρηρεν.
ὅσσον τίς τ' ἔδαφος νηὸς τορνώσεται ἀνὴρ
φορτίδος εὐρείης, εὖ εἰδὼς τεκτοσυνάων,
τόσσον ἐπ' εὐρεῖαν σχεδίην ποιήσατ' Ὀδυσσεύς.
ἴκρια δὲ στήσας, ἀραρὼν θαμέσι σταμίνεσσι
ποίει, ἀτὰρ μακρῇσιν ἐπηγκενίδεσσι τελεύτα,
ἐν δ' ἱστὸν ποίει καὶ ἐπίκριον ἄρμενον αὐτῷ,
πρὸς δ' ἄρα πηδάλιον ποιήσατο, ὄφρ' ἰθύνοι,
φράξε δέ μιν ῥίπεσσι διαμπερὲς οἰσυΐνῃσι
κύματος εἶλαρ ἔμεν πολλὴν δ' ἐπεχεύατο ὕλην·
τόφρα δὲ φάρε' ἔνεικε Καλυψώ, δῖα θεάων,
ἱστία ποιήσασθαι· ὁ δ' εὖ τεχνήσατο καὶ τά,
ἐν δ' ὑπέρας τε κάλους τε πόδας τ' ἐνέδησεν ἐπ' αὐτῆς,
μοχλοῖσιν δ' ἄρα τήν γε κατείρυσεν εἰς ἅλα δῖαν.
Τέτρατον ἦμαρ ἔην καὶ τῷ τετέλεστο ἅπαντα·
τῷ δ' ἄρα πέμπτῳ πέμπ' ἀπὸ νήσου δῖα Καλυψώ,
εἵματά τ' ἀμφιέσασα θυώδεα καὶ λούσασα,
ἐν δέ οἱ ἀσκὸν ἔθηκε θεὰ μέλανος οἴνοιο

d'abord, elle vint lui donner une hache aux deux joues affûtées, un gros outil de bronze, que mettait bien en mains un manche d'olivier aussi ferme que beau ; ensuite elle apporta une fine doloire et montra le chemin vers la pointe de l'île, où des arbres très hauts avaient poussé jadis, aunes et peupliers, sapins touchant le ciel, tous morts depuis longtemps, tous secs et, pour flotter, tous légers à souhait. Calypso lui montra cette futaie d'antan, et la toute divine regagna son logis. Mais lui, coupant ses bois sans chômer à l'ouvrage, il jetait bas vingt arbres, que sa hache équarrit et qu'en maître il plana, puis dressa au cordeau. Calypso revenait : cette toute divine apportait les tarières.

Ulysse alors perça et chevilla ses poutres, les unit l'une à l'autre au moyen de goujons et fit son bâtiment. Les longueur et largeur qu'aux plats vaisseaux de charge donne le constructeur qui connaît son métier, Ulysse les donna au plancher du radeau ; il dressa le gaillard, dont il fit le bordage en poutrelles serrées, qu'il couvrit pour finir de voliges en long ; il y planta le mât emmanché de sa vergue ; en poupe, il adapta la barre à gouverner ; puis, l'ayant ceinturé de claies en bastingage, il lesta le plancher d'une charge de bois.

Calypso revenait ; cette toute divine apportait les tissus dont il ferait ses voiles : en maître encore, il sut les tailler, y fixer les drisses et ralingues ; il amarra l'écoute ; enfin, sur des rouleaux, il mit le bâtiment à la vague divine[25].

Au bout de quatre jours, tout était terminé. Calypso, le cinquième, le renvoya de l'île : elle l'avait baigné et revêtu d'habits à la douce senteur ; elle avait mis à bord une outre de vin noir, une plus grosse d'eau et, dans un

25. L'adresse technique d'Ulysse est un des traits de son personnage ; que l'on songe au lit nuptial qu'il a construit de ses propres mains et qui jouera un rôle fondamental dans la reconnaissance avec Pénélope, cf. XXIII, 183-204. Sur la question, cf. Hainsworth, *ad loc.*

τὸν ἕτερον, ἕτερον δ' ὕδατος μέγαν, ἐν δὲ καὶ ᾖα
κωρύκῳ, ἐν δέ οἱ ὄψα τίθει μενοεικέα πολλά,
οὖρον δὲ προέηκεν ἀπήμονά τε λιαρόν τε·
γηθόσυνος δ' οὔρῳ πέτασ' ἱστία δῖος Ὀδυσσεύς.
Αὐτὰρ ὁ πηδαλίῳ ἰθύνετο τεχνηέντως
ἥμενος· οὐδέ οἱ ὕπνος ἐπὶ βλεφάροισιν ἔπιπτε
Πληιάδας θ' ὁρόωντι καὶ ὀψὲ δύοντα Βοώτην
Ἄρκτόν θ', ἣν καὶ Ἄμαξαν ἐπίκλησιν καλέουσιν,
ἥ τ' αὐτοῦ στρέφεται κά(δ δ' Ὀα)ρίωνα δοκεύει,
οἴη δ' ἄμμορός ἐστι λοετρῶν Ὠκεανοῖο·
τὴν γὰρ δή μιν ἄνωγε Καλυψώ, δῖα θεάων,
ποντοπορευέμεναι ἐπ' ἀριστερὰ χειρὸς ἔχοντα.
Ἑπτὰ δὲ καὶ δέκα μὲν πλέεν ἤματα ποντοπορεύων·
ὀκτωκαιδεκάτῃ δὲ φάνη ὄρεα σκιόεντα
γαίης Φαιήκων, ὅθι τ' ἄγχιστον πέλεν αὐτῷ,
εἴσατο δ' ὡς ὅτε ῥινὸν ἐν ἠεροειδέι πόντῳ.

Τὸν δ' ἐξ Αἰθιόπων ἀνιὼν κρείων Ἐνοσίχθων
τηλόθεν ἐκ Σολύμων ὀρέων ἴδε· εἴσατο γάρ οἱ
πόντον ἐπιπλείων· ὁ δ' ἐχώσατο κηρόθι μᾶλλον,
κινήσας δὲ κάρη προτὶ ὃν μυθήσατο θυμόν·
ΠΟΣ. — Ὢ πόποι, ἦ μάλα δὴ μετεβούλευσαν θεοὶ ἄλλως
ἀμφ' Ὀδυσῆι ἐμεῖο μετ' Αἰθιόπεσσιν ἐόντος·

26. Cette constellation serait formée de sept étoiles : sept sœurs, filles d'Atlas et de Pleioné, divinisées. Selon Hésiode, leur lever indiquerait le moment de moissonner, leur coucher celui propice aux semailles (*Travaux*, 383 sq.). Sur l'astronomie homérique, cf. Dicks, 1970, 27-38.

27. Soit la constellation de l'Arcture. Selon Hésiode, *Tr.*, 566-567, en quittant l'Océan elle apportait aux hommes le printemps.

28. Aimée de Zeus, Callisto fut transformée par Héra en ourse. Zeus l'aurait placée dans le firmament, la transformant, à son tour, en

sac de cuir, les vivres pour la route, sans compter d'autres mets et nombre de douceurs ; elle avait fait souffler la plus tiède des brises, un vent de tout repos... Plein de joie, le divin Ulysse ouvrit ses voiles.

Assis près de la barre, en maître il gouvernait : sans qu'un somme jamais tombât sur ses paupières, son œil fixait les Pléiades[26] et le Bouvier[27], qui se couche si tard, et l'Ourse[28], qu'on appelle aussi le Chariot, la seule des étoiles qui jamais ne se plonge aux bains de l'Océan[29], mais tourne en même place, en guettant Orion[30] ; l'avis de Calypso, cette toute divine, était de naviguer sur les routes du large, en gardant toujours l'Ourse à gauche de la main.

Dix-sept jours, il vogua sur les routes du large ; le dix-huitième enfin, les monts de Phéacie et leurs bois apparurent : la terre était tout près, bombant son bouclier sur la brume des mers.

Or, du pays des Noirs[31], remontait le Seigneur qui ébranle le sol. Du haut du mont Solyme[32], il découvrit le large : Ulysse apparaissait voguant sur son radeau.

Redoublant de courroux, le dieu hocha la tête et se dit en son cœur[33] :

POSIDON. – « Ah ! misère ! voilà, quand j'étais chez les Noirs, que les dieux, pour Ulysse, ont changé leurs

constellation – la Grande Ourse ou Chariot. Selon les indications données par l'aède, le voyage d'Ulysse se déroulerait en automne.

29. Sur ce fleuve, qui entoure la terre, cf. Hés., *Th.*, 133 sq.

30. Sur Orion, voir V, 121 et note.

31. C'est-à-dire des Éthiopiens, cf. I, 22-5 et note.

32. Selon Hérodote, I, 173, et Strabon, I, 2, 10, ce mont se trouvait en Lycie.

33. Poséidon n'oublie pas qu'Ulysse a aveuglé son fils, Polyphème, cf. IX, 375 sq. Voir aussi I, 20-21 et note.

καὶ δὴ Φαιήκων γαίης σχεδόν, ἔνθά οἱ αἶσα
ἐκφυγέειν μέγα πεῖραρ ὀιζύος, ἥ μιν ἱκάνει·
ἀλλ' ἔτι μέν μίν φημι ἅδην ἐλάαν κακότητος.
Ὣς εἰπὼν σύναγεν νεφέλας, ἐτάραξε δὲ πόντον,
χερσὶ τρίαιναν ἑλών, πάσας δ' ὀρόθυνεν ἀέλλας
παντοίων ἀνέμων, σὺν δὲ νεφέεσσι κάλυψε
γαῖαν ὁμοῦ καὶ πόντον· ὀρώρει δ' οὐρανόθεν νύξ·
σὺν δ' Εὖρός τε Νότος τε πέσον Ζέφυρός τε δυσαὴς
καὶ Βορέης αἰθρηγενέτης, μέγα κῦμα κυλίνδων·
καὶ τότ' Ὀδυσσῆος λύτο γούνατα καὶ φίλον ἦτορ,
ὀχθήσας δ' ἄρα εἶπε πρὸς ὃν μεγαλήτορα θυμόν·
ΟΔΥ. — Ὤμοι ἐγὼ δειλός, τί νύ μοι μήκιστα γένηται;
δείδω μή μοι πάντα θεὰ νημερτέα εἶπεν,
ἥ μ' ἔφατ' ἐν πόντῳ, πρὶν πατρίδα γαῖαν ἱκέσθαι,
ἄλγε' ἀναπλήσειν· τάδε δὴ νῦν πάντα τελεῖται·
οἵοισιν νεφέεσσι περιστέφει οὐρανὸν εὐρὺν
Ζεύς, ἐτάραξε δὲ πόντον· ἐπισπέρχουσι δ' ἄελλαι
παντοίων ἀνέμων· νῦν μοι σῶς αἰπὺς ὄλεθρος.
τρισμάκαρες Δαναοὶ καὶ τετράκις, οἳ τότ' ὄλοντο
Τροίῃ ἐν εὐρείῃ, χάριν Ἀτρείδῃσι φέροντες.
ὡς δὴ ἐγώ γ' ὄφελον θανέειν καὶ πότμον ἐπισπεῖν
ἤματι τῷ, ὅτε μοι πλεῖστοι χαλκήρεα δοῦρα
Τρῶες ἐπέρριψαν περὶ Πηλείωνι θανόντι·
τῶ κ' ἔλαχον κτερέων καί μευ κλέος ἦγον Ἀχαιοί·
νῦν δέ με λευγαλέῳ θανάτῳ εἵμαρτο ἁλῶναι.

34. Dans ce vers, on retrouve la rose des vents utilisée tout au long de l'*Odyssée* : Euros, est ; Notos, sud ; Zéphyr, ouest ; Borée, nord.

35. Cet exploit est évoqué encore en XXIV, 36-42.

décrets. Il est près de toucher aux rives phéaciennes, où le destin l'enlève au comble des misères qui lui venaient dessus. Mais je dis qu'il me reste à lui jeter encor sa charge de malheurs ! »

À peine avait-il dit que, prenant son trident et rassemblant les nues, il démontait la mer, et des vents de toute aire, déchaînait les rafales ; sous la brume, il noyait le rivage et les flots ; la nuit tombait du ciel ; ensemble s'abattaient l'Euros, et le Notos, et le Zéphyr hurlant, et le Borée[34] qui naît dans l'azur et qui fait rouler la grande houle.

Sentant se dérober ses genoux et son cœur, Ulysse alors gémit en son âme vaillante :

ULYSSE. – « Malheureux que je suis ! quel est ce dernier coup ? J'ai peur que Calypso ne m'ait dit que trop vrai ! Le comble de tourments que la mer, disait-elle, me réservait avant d'atteindre la patrie, le voici qui m'advient ! Ah ! de quelles nuées Zeus tend les champs du ciel ! il démonte la mer, où les vents de toute aire s'écrasent en bourrasques ! sur ma tête, voici la mort bien assurée ! Trois fois et quatre fois heureux les Danaens, qui jadis, en servant les Atrides, tombèrent dans la plaine de Troie ! Que j'aurais dû mourir, subir la destinée, le jour où, près du corps d'Achille, les Troyens faisaient pleuvoir sur moi le bronze de leurs piques[35] ! J'eusse alors obtenu ma tombe ; l'Achaïe aurait chanté ma gloire[36]... Ah ! la mort pitoyable où me prend le destin ! »

36. La mort au combat confère aux héros la renommée, sa valeur faisant l'objet des chants de l'aède. Sur cette question, cf. Vernant, 1979, 1365-1374 = 1989, 91-101.

Ὣς ἄρα μιν εἰπόντ' ἔλασεν μέγα κῦμα κατ' ἄκρης,
δεινὸν ἐπεσσύμενον, περὶ δὲ σχεδίην ἐλέλιξε.
τῆλε δ' ἀπὸ σχεδίης αὐτὸς πέσε, πηδάλιον δὲ
ἐκ χειρῶν προέηκε· μέσον δέ οἱ ἱστὸν ἔαξε
δεινὴ μισγομένων ἀνέμων ἐλθοῦσα θύελλα·
τηλοῦ δὲ σπεῖρον καὶ ἐπίκριον ἔμπεσε πόντῳ.
Τὸν δ' ἄρ' ὑπόβρυχα θῆκε πολὺν χρόνον· οὐδὲ δυνάσθη
αἶψα μάλ' ἀνσχεθέειν μεγάλου ὑπὸ κύματος ὁρμῆς·
εἵματα γάρ ⟨ἑ⟩ βάρυνε, τά οἱ πόρε δῖα Καλυψώ.
ὀψὲ δὲ δή ῥ' ἀνέδυ, στόματος δ' ἐξέπτυσεν ἅλμην
πικρήν, ἥ οἱ πολλὴ ἀπὸ κρατὸς κελάρυζεν.
ἀλλ' οὐδ' ὧς σχεδίης ἐπελήθετο τειρόμενός περ,
ἀλλὰ μεθορμηθεὶς ἐνὶ κύμασιν ἐλάβετ' αὐτῆς,
ἐν μέσσῃ δὲ κάθιζε τέλος θανάτου ἀλεείνων.
τὴν δ' ἐφόρει μέγα κῦμα κατὰ ῥόον ἔνθα καὶ ἔνθα.
ὡς δ' ὅτ' ὀπωρινὸς Βορέης φορέῃσιν ἀκάνθας
ἂμ πεδίον, πυκιναὶ δὲ πρὸς ἀλλήλῃσιν ἔχονται,
ὣς τὴν ἂμ πέλαγος ἄνεμοι φέρον ἔνθα καὶ ἔνθα·
ἄλλοτε μέν ⟨ἑ⟩ Νότος Βορέῃ προβάλεσκε φέρεσθαι,
ἄλλοτε δ' αὖτ' Εὖρος Ζεφύρῳ εἴξασκε διώκειν.
Τὸν δὲ ἴδεν Κάδμου θυγάτηρ, καλλίσφυρος Ἰνὼ
Λευκοθέη, ἣ πρὶν μὲν ἔην βροτὸς αὐδήεσσα,
νῦν δ' ἁλὸς ἐν πελάγεσσι θεῶν ἐξέμμορε τιμῆς.
ἥ ῥ' Ὀδυσῆ' ἐλέησεν ἀλώμενον, ἄλγε' ἔχοντα,
[αἰθυίῃ δ' εἰκυῖα ποτῇ ἀνεδύσετο λίμνης,]
ἷζε δ' ἐπὶ σχεδίης καί μιν πρὸς μῦθον ἔειπε·
ΙΝΩ — Κάμμορε, τίπτέ τοι ὧδε Ποσειδάων ἐνοσίχθων
ὠδύσατ' ἐκπάγλως, ὅτι τοι κακὰ πολλὰ φυτεύει;

37. Ino, épouse d'Astydamas, aurait été la nourrice de Dionysos, son neveu. Héra, jalouse de cet enfant, fils de Zeus, se serait vengée en les frappant de folie. Astydamas aurait tué l'un de ses enfants en

À peine avait-il dit qu'en volute un grand flot le frappait : choc terrible ! Le radeau capota : Ulysse au loin tomba hors du plancher ; la barre échappa de ses mains, et la fureur des vents, confondus en bourrasque, cassant le mât en deux, emporta voile et vergue au loin, en pleine mer. Lui-même, il demeura longtemps enseveli, sans pouvoir remonter sous l'assaut du grand flot et le poids des habits que lui avait donnés Calypso la divine. Enfin il émergea de la vague ; sa bouche rejetait l'âcre écume dont ruisselait sa tête. Mais, tout meurtri, il ne pensa qu'à son radeau : d'un élan dans les flots, il alla le reprendre, puis s'assit au milieu pour éviter la mort et laissa les grands flots l'entraîner çà et là au gré de leurs courants... Le Borée de l'automne emporte dans la plaine les chardons emmêlés en un dense paquet. C'est ainsi que les vents poussaient à l'aventure le radeau sur l'abîme, et tantôt le Notos le jetait au Borée, tantôt c'était l'Euros qui le cédait à la poursuite du Zéphyr.

Mais Ino l'aperçut, la fille de Cadmos aux chevilles bien prises, qui, jadis simple femme et douée de la voix, devint au fond des mers Leucothéa et tient son rang parmi les dieux[37]. Elle prit en pitié les souffrances d'Ulysse, jeté à la dérive ; sous forme de mouette, elle sortit de l'onde et, se posant au bord du radeau, vint lui dire :

INO. – « Contre toi, pauvre ami, pourquoi cette fureur de l'Ébranleur du sol et les maux qu'en sa haine te plante Posidon ? Sois tranquille pourtant ; quel que soit son

croyant chasser un cerf, alors qu'Ino en aurait mis un autre dans le feu. Elle aurait ensuite plongé dans la mer et les dieux l'auraient transformée en une déesse marine, protectrice des marins, Leucothée. Euripide développait cette tradition dans l'*Astydamas*. Ino ou Ino-Leucothée était honorée à Mégare, Thèbes, Coronée. Cf. Ritschl, 1865 ; Wilamowitz, 1932, 206 sq.

οὐ μὲν δή σε καταφθίσει, μάλα περ μενεαίνων.
ἀλλὰ μάλ' ὧδ' ἔρξαι· δοκέεις δέ μοι οὐκ ἀπινύσσειν·
εἵματα ταῦτ' ἀποδὺς σχεδίην ἀνέμοισι φέρεσθαι
κάλλιπ', ἀτὰρ χείρεσσι νέων ἐπιμαίε' ⟨ἐφάψαι⟩
γαίης Φαιήκων, ὅθι τοι μοῖρ' ἐστὶν ἀλύξαι.
τῇ δέ, τόδε κρήδεμνον ὑπὸ στέρνοιο τανύσσαι
ἄμβροτον· οὐδέ τί τοι παθέειν δέος οὐδ' ἀπολέσθαι.
αὐτὰρ ἐπὴν χείρεσσιν ἐφάψεαι ἠπείροιο,
ἂψ ἀπολυσάμενος βαλέειν ἐπὶ οἴνοπα πόντον
πολλὸν ἀπ' ἠπείρου, αὐτὸς δ' ἀπὸ νόσφι τραπέσθαι.
  Ὣς ἄρα φωνήσασα θεὰ κρήδεμνον ἔδωκεν,
αὐτὴ δ' ἂψ ἐς πόντον ἐδύσετο κυμαίνοντα
αἰθυίῃ ἐικυῖα· μέλαν δέ ἑ κῦμα κάλυψεν.
  Αὐτὰρ ὁ μερμήριξε πολύτλας δῖος Ὀδυσσεύς,
ὀχθήσας δ' ἄρα εἶπε πρὸς ὃν μεγαλήτορα θυμόν·
ΟΔΥ.—Ὤμοι ἐγώ, μή τίς μοι ὑφαίνῃσιν δόλον αὖτε
ἀθανάτων, ὅτε με σχεδίης ἀποβῆναι ἀνώγει·
ἀλλὰ μάλ' οὔ πω πείσομ', ἐπεὶ ἑκὰς ὀφθαλμοῖσι
γαῖαν ἐγὼ ἰδόμην, ὅθι μοι φάτο φύξιμον εἶναι.
ἀλλὰ μάλ' ὧδ' ἔρξω, δοκέει δέ μοι εἶναι ἄριστον·
ὄφρα μὲν κεν δούρατ' ἐν ἁρμονίῃσιν ἀρήρῃ,
τόφρ' αὐτοῦ μενέω καὶ τλήσομαι ἄλγεα πάσχων·
αὐτὰρ ἐπὴν δή μοι σχεδίην διὰ κῦμα τινάξῃ,
νήξομ', ἐπεὶ ⟨μ'⟩ οὐ μέν τι πάρα προνοῆσαι ἄμεινον.
  Εἷος ὁ ταῦθ' ὥρμαινε κατὰ φρένα καὶ κατὰ θυμόν,
ὦρσε δ' ἐπὶ μέγα κῦμα Ποσειδάων ἐνοσίχθων,
δεινόν τ' ἀργαλέον τε, κατηρεφές, ἤλασε δ' αὐτόν·
ὡς δ' ἄνεμος ζαὴς ἤων θημῶνα τινάξῃ
καρφαλέων, τὰ μὲν ἄρ τε διεσκέδασ' ἄλλυδις ἄλλῃ,
ὣς τῆς δούρατα μακρὰ διεσκέδασ'· αὐτὰρ Ὀδυσσεὺς
ἀμφ' ἑνὶ δούρατι βαῖνε, κέληθ' ὡς ἵππον ἐλαύνων,
εἵματα δ' ἐξαπέδυνε, τά οἱ πόρε δῖα Καλυψώ,

désir, il ne peut t'achever. Mais écoute-moi bien : tu parais plein de sens. Quitte ces vêtements ; laisse aller ton radeau où l'emportent les vents, et te mets à la nage ; tâche, à force de bras, de toucher au rivage de cette Phéacie, où t'attend le salut. Prends ce voile divin ; tends-le sur ta poitrine ; avec lui, ne crains plus la douleur ni la mort. Mais lorsque, de tes mains, tu toucheras la rive, défais-le, jette-le dans la vague vineuse, au plus loin vers le large, et détourne la tête ! »

À peine elle avait dit que, lui donnant le voile, elle se replongeait dans la vague écumante, pareille à la mouette, et le flot noir couvrait cette blanche déesse. Le héros d'endurance, Ulysse le divin, restait à méditer. Il gémissait tout bas en son âme vaillante :

ULYSSE. – « Malheureux que je suis ! c'est un piège nouveau que me tend l'un des dieux, quand il vient m'ordonner de quitter ce radeau. Non ! non ! je ne veux pas lui obéir encore ; mes yeux n'ont perçu que de trop loin la terre où le sort, disait-il, me promet le salut... Il vaut mieux faire ainsi ; c'est, je crois, le plus sage : tant que mes bois tiendront, unis par les chevilles, je vais rester dessus, endurer et souffrir ; mais sitôt que la mer brisera le plancher, je me mets à la nage ; il ne me restera rien de mieux comme espoir. »

Son esprit et son cœur ne savaient que résoudre, quand l'Ébranleur du sol souleva contre lui une vague terrible, dont la voûte de mort vint lui crouler dessus... Sur la paille entassée, quand se rue la bourrasque, la meule s'éparpille aux quatre coins du champ ; c'est ainsi que la mer sema les longues poutres. Ulysse alors monta sur l'une et l'enfourcha comme un cheval de course, puis quitta les habits que lui avait donnés Calypso la divine ;

αὐτίκα δὲ κρήδεμνον ὑπὸ στέρνοιο τάνυσσεν,
αὐτὸς δὲ πρηνὴς ἁλὶ κάππεσε, χεῖρε πετάσσας,
νηχέμεναι μεμαώς. ἴδε δὲ κρείων Ἐνοσίχθων,
κινήσας δὲ κάρη προτὶ ὃν μυθήσατο θυμόν·
ΠΟΣ. — Οὕτω νῦν κακὰ πολλὰ παθὼν ἀλόω κατὰ πόντον,
εἰς ὅ κε Φαιήκεσσι διοτρεφέεσσι μιγείης·
ἀλλ' οὐδ' ὧς σε ἔολπα ὀνόσσεσθαι κακότητος.
Ὣς ἄρα φωνήσας ἵμασεν καλλίτριχας ἵππους,
ἵκετο δ' εἰς Αἰγάς, ὅθι οἱ κλυτὰ δώματ' ἔασιν.
[Αὐτὰρ Ἀθηναίη, κούρη Διός, ἄλλ' ἐνόησεν·
ἤτοι τῶν ἄλλων ἀνέμων κατέδησε κελεύθους,
παύσασθαι δ' ἐκέλευσε καὶ εὐνηθῆναι ἅπαντας,
ὦρσε δ' ἐπὶ κραιπνὸν Βορέην, πρὸ δὲ κύματ' ἔαξεν,
ἕως ὅ γε Φαιήκεσσι φιληρέτμοισι μιγείη
διογενὴς Ὀδυσεύς, θάνατον καὶ κῆρας ἀλύξας.]
Ἔνθα δύω νύκτας δύο τ' ἤματα κύματι πηγῷ
πλάζετο· πολλὰ δέ οἱ κραδίη προτιόσσετ' ὄλεθρον.
ἀλλ' ὅτε δὴ τρίτον ἦμαρ ἐυπλόκαμος τέλεσ' Ἠώς,
καὶ τότ' ἔπειτ' ἄνεμος μὲν ἐπαύσατο· ἡ δὲ γαλήνη
ἔπλετο νηνεμίη. ὁ δ' ἄρα σχεδὸν εἴσιδε γαῖαν
ὀξὺ μάλα προϊδών, μεγάλου ⟨ἀ⟩πὸ κύματος ἀρθείς.
ὡς δ' ὅτ' ἂν ἀσπάσιος βίοτος παίδεσσι φανήῃ
πατρός, ὃς ἐν νούσῳ κεῖται κρατέρ' ἄλγεα πάσχων,
δηρὸν τηκόμενος· στυγερὸς δέ οἱ ἔχραε δαίμων·
ἀσπάσιον δ' ἄρα τόν γε θεοὶ κακότητος ἔλυσαν·
ὣς Ὀδυσῆ' ἀσπαστὸν ἐείσατο γαῖα καὶ ὕλη·
νῆχε δ' ἐπειγόμενος ποσὶν ἠπείρου ἐπιβῆναι.
ἀλλ' ὅτε τόσσον ἀπῆν, ὅσσόν τε γέγωνε βοήσας,
καὶ δὴ δοῦπον ἄκουσε ποτὶ σπιλάδεσσι θαλάσσης·
ῥόχθει γὰρ μέγα κῦμα ποτὶ ξερὸν ἠπείροιο
δεινὸν ἐρευγόμενον· εἴλυτο δὲ πάνθ' ἁλὸς ἄχνῃ·
οὐ γὰρ ἔσαν λιμένες νηῶν ὄχοι, οὐδ' ἐπιωγαί,
ἀλλ' ἀκταὶ προβλῆτες ἔσαν σπιλάδες τε πάγοι τε.

sous sa poitrine, en hâte, il étendit le voile et, la tête en avant, se jetant à la mer, il ouvrit les deux mains pour se mettre à nager. Le puissant Ébranleur du sol le regardait et, hochant de la tête, se disait en son cœur :

POSIDON. – « Te voilà maintenant sous ta charge de maux ! va ! flotte à l'aventure ; avant qu'en Phéacie des nourrissons de Zeus t'accueillent, j'ai l'espoir de te fournir encor ton content de malheur. »

Il disait et, poussant ses chevaux aux longs crins, il s'en fut vers Égées[38], et son temple fameux. Mais Pallas Athéna eut alors son dessein : barrant la route aux vents, cette fille de Zeus leur commanda à tous la trêve et le sommeil ; puis elle fit lever un alerte Borée et rabattit le flot, afin que, chez les bons rameurs de Phéacie, son Ulysse divin pût aborder et fuir la Parque et le trépas.

Durant deux jours, deux nuits, Ulysse dériva sur la vague gonflée : que de fois, en son cœur, il vit venir la mort ! Quand, du troisième jour, l'Aurore aux belles boucles annonçait la venue, soudain le vent tomba ; le calme s'établit : pas un souffle ; il put voir la terre toute proche ; son regard la fouillait, du sommet d'un grand flot qui l'avait soulevé... Oh ! la joie des enfants qui voient revivre un père, qu'un long mal épuisant torturait sur son lit : la cruauté d'un dieu en avait fait sa proie ; bonheur ! les autres dieux l'ont tiré du péril ! C'était la même joie qu'Ulysse avait à voir la terre et la forêt. Il nageait, s'élançait pour aller prendre pied... Il n'était déjà plus qu'à portée de la voix ; il perçut le ressac qui tonnait sur les roches ; la grosse mer grondait sur les sèches du bord : terrible ronflement ! tout était recouvert de l'embrun des écumes, et pas de ports en vue, pas d'abri, de refuge ! rien que des caps pointant leurs rocs et leurs écueils !

38. Plusieurs cités grecques portaient ce nom, comme celle qui se trouvait en Achaïe (*Il.*, VIII, 203) où le dieu était honoré. Près de Samothrace (*Il.*, XII, 20, 1) se trouvait le palais sous-marin de Poséidon.

Καὶ τότ' Ὀδυσσῆος λύτο γούνατα καὶ φίλον ἦτορ·
ὀχθήσας δ' ἄρα εἶπε πρὸς ὃν μεγαλήτορα θυμόν·
ΟΔΥ. — Ὤμοι, ἐπεὶ δὴ γαῖαν ἀελπέα δῶκε ἰδέσθαι
Ζεύς, καὶ δὴ τόδε λαῖτμα διατμήξας ἐπέρασσα,
ἔκβασις οὔ πῃ φαίνεθ' ἁλὸς πολιοῖο θύραζε·
ἔκτοσθεν μὲν γὰρ πάγοι ὀξέες· ἀμφὶ δὲ κῦμα
βέβρυχεν ῥόθιον· λισσὴ δ' ἀναδέδρομε πέτρη·
ἀγχιβαθὴς δὲ θάλασσα καὶ οὔ πως μ' ἔστι πόδεσσι
στήμεναι ἀμφοτέροισι καὶ ἐκφυγέειν κακότητα·
μή πως μ' ἐκβαίνοντα βάλῃ λίθακι ποτὶ πέτρῃ
κῦμα μέγ' ἁρπάξαν· μελέη δέ μοι ἔσσεται ὁρμή.
εἰ δέ κ' ἔτι προτέρω παρανήξομαι, ἤν που ἐφεύρω
ἠιόνας τε παραπλῆγας λιμένας τε θαλάσσης,
δείδω μή μ' ἐξαῦτις ἀναρπάξασα θύελλα
πόντον ἐπ' ἰχθυόεντα φέρῃ βαρέα στενάχοντα,
ἠέ τί μοι καὶ κῆτος ἐπισσεύῃ μέγα δαίμων
ἐξ ἁλός, οἷά τε πολλὰ τρέφει κλυτὸς Ἀμφιτρίτη.
[οἶδα γὰρ ὥς μοι ὀδώδυσται κλυτὸς Ἐννοσίγαιος.]

Εἷος ὁ ταῦθ' ὥρμαινε κατὰ φρένα καὶ κατὰ θυμόν,
τόφρα δέ μιν μέγα κῦμα φέρε τρηχεῖαν ἐπ' ἀκτήν.
ἔνθά κ' ἀπὸ ῥινοὺς δρύφθη, σὺν δ' ὀστέ' ἀράχθη,
εἰ μὴ ἐπὶ φρεσὶ θῆκε θεὰ γλαυκῶπις Ἀθήνη·
ἀμφοτέρῃσι δὲ χερσὶν ἐπεσσύμενος λάβε πέτρης.
τῆς ἔχετο στενάχων, εἵως μέγα κῦμα παρῆλθε·
καὶ τὸ μὲν ὣς ὑπάλυξε· παλιρρόθιον δέ μιν αὖτις
πλῆξεν ἐπεσσύμενον, τηλοῦ δέ μιν ἔμβαλε πόντῳ.
[ὡς δ' ὅτε πολύποδος θαλάμης ἐξελκομένοιο
πρὸς κοτυληδονόφιν πυκιναὶ λάιγγες ἔχονται,
ὣς τοῦ πρὸς πέτρῃσι θρασειάων ἀπὸ χειρῶν
ῥινοὶ ἀπέδρυφθεν· τὸν δὲ μέγα κῦμα κάλυψεν.
ἔνθά κε δὴ δύστηνος ὑπέρμορον ὤλετ' Ὀδυσσεύς,
εἰ μὴ ἐπιφροσύνην δῶκε γλαυκῶπις Ἀθήνη·]

Sentant se dérober ses genoux et son cœur, Ulysse alors gémit en son âme vaillante :

ULYSSE. – « Malheur à moi ! quand Zeus, contre toute espérance, rend la terre à mes yeux, lorsque j'ai réussi à franchir cet abîme, pas une cale en vue où je puisse sortir de cette mer d'écumes ! Ce n'est, au long du bord, que pointes et rochers, autour desquels mugit le flot tumultueux ; par-derrière, un à-pic de pierre dénudée ; devant, la mer sans fond ; nulle part, un endroit où planter mes deux pieds pour éviter la mort ! Que j'essaie d'aborder : un coup de mer m'enlève et va me projeter contre la roche nue ; tout élan sera vain ! Mais si je continue de longer à la nage et cherche à découvrir la pente d'une grève et des anses de mer, j'ai peur que, revenant me prendre, la bourrasque ne me jette à nouveau dans la mer aux poissons. Ah ! j'aurai beau crier : heureux si l'un des dieux ne m'envoie pas du fond quelqu'un de ces grands monstres que nourrit en troupeaux la fameuse Amphitrite[39] ! Je sais combien me hait le glorieux Seigneur qui ébranle la terre ! »

Son esprit et son cœur ne savaient que résoudre : un coup de mer le jette à la roche d'un cap. Il aurait eu la peau trouée, les os rompus, sans l'idée qu'Athéna, la déesse aux yeux pers, lui mit alors en tête. En un élan, de ses deux mains, il prit le roc : tout haletant, il s'y colla, laissant passer l'énorme vague. Il put tenir le coup ; mais, au retour, le flot l'assaillit, le frappa, le remporta au large... Aux suçoirs de la pieuvre[40], arrachée de son gîte, en grappe les graviers demeurent attachés. C'est tout pareillement qu'aux pointes de la pierre, était restée la peau de ses vaillantes mains. Le flot l'ensevelit. Là, c'en était fini du malheureux Ulysse ; il devançait le sort, sans la claire pensée que lui mit en l'esprit l'Athéna aux yeux

39. Cf. III, 91, et surtout IV, 404-405.

40. Sur cet animal dont la ruse est surprenante, cf. Detienne-Vernant, 1974, 32-57.

κύματος ἐξαναδύς, τά τ' ἐρεύγεται ἤπειρον δέ,
νῆχε παρέξ, ἐς γαῖαν ὁρώμενος, εἴ που ἐφεύροι
ἠιόνας τε παραπλῆγας λιμένας τε θαλάσσης.
ἀλλ' ὅτε δὴ ποταμοῖο κατὰ στόμα καλλιρόοιο
ἷξε νέων, τῇ δή οἱ ἐείσατο χῶρος ἄριστος,
λεῖος πετράων, καὶ ἐπὶ σκέπας ἦν ἀνέμοιο·
ἔγνω δὲ προρέοντα καὶ εὔξατο ὃν κατὰ θυμόν·
ΟΔΥ. — Κλῦθι, ἄναξ, ὅτις ἐσσί· πολύλλιστον δέ σ' ἱκάνω,
φεύγων ἐκ πόντοιο Ποσειδάωνος ἐνιπάς.
αἰδοῖος μέν τ' ἐστὶ καὶ ἀθανάτοισι θεοῖσιν
ἀνδρῶν ὅς τις ἵκηται ἀλώμενος, ὡς καὶ ἐγὼ νῦν
σόν τε ῥόον σά τε γούναθ' ἱκάνω πολλὰ μογήσας.
ἀλλ' ἐλέαιρε, ἄναξ· ἱκέτης δέ τοι εὔχομαι εἶναι.
Ὣς φάθ'· ὁ δ' αὐτίκα παῦσεν ἑὸν ῥόον, ἔσχε δὲ κῦμα,
πρόσθε δέ οἱ ποίησε γαλήνην, τὸν δὲ σάωσεν
ἐς ποταμοῦ προχοάς· ὁ δ' ἄρ' ἄμφω γούνατ' ἔκαμψε
χεῖράς τε στιβαράς· ἀλὶ γὰρ δέδμητο φίλον κῆρ·
ᾤδεε δὲ χρόα πάντα θάλασσα δὲ κήκιε πολλὴ
ἂν στόμα τε ῥῖνάς θ'· ὁ δ' ἄρ' ἄπνευστος καὶ ἄναυδος
κεῖτ' ὀλιγηπελέων· κάματος δέ μιν αἰνὸς ἵκανεν.
Ἀλλ' ὅτε δή ῥ' ἔμπνυτο καὶ ἐς φρένα θυμὸς ἀγέρθη,
καὶ τότε δὴ κρήδεμνον ἀπὸ ἕο λῦσε θεοῖο
καὶ τὸ μὲν ἐς ποταμὸν ἁλιμυρήεντα μεθῆκεν·
ἂψ δ' ἔφερεν μέγα κῦμα κατὰ ῥόον· αἶψα δ' ἄρ' Ἰνὼ
δέξατο χερσὶ φίλῃσιν. ὁ δ' ἐκ ποταμοῖο λιασθεὶς
σχοίνῳ ὑπεκλίνθη, κύσε δὲ ζείδωρον ἄρουραν,
ὀχθήσας δ' ἄρα εἶπε πρὸς ὃν μεγαλήτορα θυμόν·
ΟΔΥ. — Ὤμοι ἐγώ, τί πάθω; τί νύ μοι μήκιστα γένηται;
εἰ μέν κ' ἐν ποταμῷ δυσκηδέα νύκτα φυλάσσω,

pers[41]. Quand il en émergea, le bord grondait toujours ; à la nage, il longea la côte et, les regards vers la terre, il chercha la pente d'une grève et des anses de mer. Il vint, toujours nageant, à la bouche d'un fleuve aux belles eaux courantes, et c'est là que l'endroit lui parut le meilleur : pas de roche, une plage abritée de tout vent ; il reconnut la bouche et pria dans son âme :

ULYSSE. – « Écoute-moi, seigneur, dont j'ignore le nom[42] ! Je viens à toi, que j'ai si longtemps appelé, pour fuir hors de ces flots Posidon et sa rage ! Les Immortels aussi n'ont-ils pas le respect d'un pauvre naufragé, venant, comme aujourd'hui je viens à ton courant, je viens à tes genoux, après tant d'infortunes ? Accueille en ta pitié, seigneur, le suppliant qui, de toi, se réclame ! »

Il dit, et suspendant son cours, le dieu du fleuve laissa tomber sa barre et, rabattant la vague au-devant du héros, lui offrit le salut sur sa grève avançante. Les deux genoux d'Ulysse et ses vaillantes mains retombèrent inertes : les assauts de la vague avaient rompu son cœur ; la peau de tout son corps était tuméfiée ; la mer lui ruisselait de la bouche et du nez ; sans haleine et sans voix, il était étendu, tout près de défaillir sous l'horrible fatigue. Mais il reprit haleine ; son cœur se réveilla ; alors, de sa poitrine, il détacha le voile, qu'il lâcha dans le fleuve et la vague mêlés ; un coup de mer vint l'emporter au fil de l'eau, et tout de suite Ino dans ses mains le reçut.

Mais Ulysse, sorti du fleuve, avait baisé la terre nourricière et, couché dans les joncs, il gémissait tout bas en son âme vaillante :

ULYSSE. – « Malheureux que je suis ! que vais-je encor souffrir ? Quel est ce dernier coup ? Si je reste en ce fleuve à veiller, quelle nuit de pénibles angoisses ! et

41. Sur cette épithète, cf. I, 44 et note.

42. Les prières grecques débutent par une invocation à la divinité dont on veut attirer l'attention, ici le fleuve de Schérie. Sur la question, cf. Burkert, 1985, 73-75, et Jost, 1992, 76-79.

μή μ' ἄμυδις στίβη τε κακὴ καὶ θῆλυς ἐέρση
ἐξ ὀλιγηπελίης δαμάσῃ κεκαφηότα θυμόν.
αὔρη δ' ἐκ ποταμοῦ ψυχρὴ πνέει ἠῶθι πρό.
εἰ δέ κεν ἐς κλιτὺν ἀναβὰς καὶ δάσκιον ὕλην
θάμνοισ' ἐν πυκινοῖσι καταδράθω, εἴ με μεθήῃ
ῥῖγος καὶ κάματος, γλυκερὸς δέ μοι ὕπνος ἐπέλθῃ,
δείδια μὴ θήρεσσι ἕλωρ καὶ κύρμα γένωμαι.
  Ὣς ἄρα οἱ φρονέοντι δοάσσατο κέρδιον εἶναι.
βῆ ῥ' ἴμεν εἰς ὕλην· τὴν δὲ σχεδὸν ὕδατος εὗρεν
ἐν περιφαινομένῳ, δοιοὺς δ' ἄρ' ὑπήλυθε θάμνους
ἐξομόθεν πεφυῶτας· ὁ μὲν φυλίης, ὁ δ' ἐλαίης.
τοὺς μὲν ἄρ' οὔτ' ἀνέμων διάη μένος ὑγρὸν ἀέντων,
οὔτ' ὄμβρος περάασκε διαμπερές, ὣς ἄρα πυκνοὶ
ἀλλήλοισιν ἔφυν ἐπαμοιβαδίς· οὓς ὑπ' Ὀδυσσεὺς
δύσετ', ἄφαρ δ' εὐνὴν ἐπαμήσατο χερσὶ φίλῃσιν
εὐρεῖαν· φύλλων γὰρ ἔην χύσις ἤλιθα πολλή,
ὅσσον τ' ἠὲ δύω ἠὲ τρεῖς ἄνδρας ἔρυσθαι
ὥρῃ χειμερίῃ, εἰ καὶ μάλα περ χαλεπαίνοι.
τὴν ⟨δὲ⟩ ἰδὼν γήθησε πολύτλας δῖος Ὀδυσσεύς,
ἐν δ' ἄρα μέσσῃ λέκτο, χύσιν δ' ἐπεχεύατο φύλλων.
ὡς δ' ὅτε τις δαλὸν σποδιῇ ἐνέκρυψε μελαίνῃ
ἀγροῦ ἐπ' ἐσχατιῆς, ᾧ μὴ πάρα γείτονες ἄλλοι,
σπέρμα πυρὸς σῴζων, ἵνα μή ποθεν ἄλλοθεν αὔῃ,
ὣς Ὀδυσεὺς φύλλοισι καλύψατο· τῷ δ' ἄρ' Ἀθήνη
ὕπνον ἐπ' ὄμμασι χεῦ', ἵνα μιν παύσειε τάχιστα
δυσπονέος καμάτοιο, φίλα βλέφαρ' ἀμφικαλύψας.

vers 479 : οὔτέ ποτ' ἠέλιος φαέθων ἀκτῖσιν ἔβαλλεν.

quand me saisiront le mauvais froid de l'aube et la rosée qui trempe, gare à la défaillance qui, me faisant pâmer, m'achèvera le cœur ! il s'élève des eaux une si froide brise avec le petit jour ! Mais gravir le coteau vers les couverts du bois, pour me chercher un lit au profond des broussailles ! J'ai peur que, réchauffé, détendu, je ne cède aux douceurs du sommeil : des fauves, je deviens alors la pâture et la proie ! »

Tout compté, le meilleur était d'aller au bois qui dominait le fleuve. Au sommet de la crête, il alla se glisser sous la double cépée d'un olivier greffé et d'un olivier franc qui, nés du même tronc, ne laissaient pénétrer ni les vents les plus forts ni les brumes humides ; le clair soleil ne leur lançait pas ses rayons ; jamais la pluie ne les perçait de part en part, tant leurs branches serrées les mêlaient l'un à l'autre.

Ulysse y pénétra ; à pleines mains, il s'entassa un vaste lit, car les feuilles jonchaient le sol en telle couche que deux ou trois dormeurs auraient pu s'en couvrir, même au temps où l'hiver est le plus rigoureux. À la vue de ce lit, quelle joie eut au cœur le héros d'endurance ! S'allongeant dans le tas, cet Ulysse divin ramena sur son corps une brassée de feuilles... Au fond de la campagne, où l'on est sans voisins, on cache le tison sous la cendre et la braise, afin de conserver la semence du feu, qu'on aura plus à s'en aller chercher au loin. Sous ses feuilles Ulysse était ainsi caché, et, versant sur ses yeux le sommeil, Athéna lui fermait les paupières, pour chasser au plus tôt l'épuisante fatigue.

ΟΔΥΣΣΗΟΣ ΑΦΙΞΙΣ ΕΙΣ ΦΑΙΑΚΑΣ

Ὣς ὁ μὲν ἔνθα καθεῦδε πολύτλας δῖος Ὀδυσσεὺς
ὕπνῳ καὶ καμάτῳ ἀρημένος· αὐτὰρ Ἀθήνη
βῆ ῥ' ἐς Φαιήκων ἀνδρῶν δῆμόν τε πόλιν τε,
οἳ πρὶν μέν ποτ' ἔναιον ἐν εὐρυχόρῳ Ὑπερείῃ,
ἀγχοῦ Κυκλώπων, ἀνδρῶν ὑπερηνορεόντων,
οἵ σφεας σινέσκοντο, βίηφι δὲ φέρτεροι ἦσαν.
ἔνθεν ἀναστήσας ἄγε Ναυσίθοος θεοειδής,
εἷσεν δὲ Σχερίῃ, ἑκὰς ἀνδρῶν ἀλφηστάων,
ἀμφὶ δὲ τεῖχος ἔλασσε πόλει καὶ [ἐδείματο οἴκους
καὶ νηοὺς ποίησε θεῶν καὶ] ἐδάσσατ' ἀρούρας.
ἀλλ' ὁ μὲν ἤδη κηρὶ δαμεὶς Ἄϊδος δὲ βεβήκει,
Ἀλκίνοος δὲ τότ' ἦρχε, θεῶν ἄπο μήδεα εἰδώς.
τοῦ μὲν ἔβη πρὸς δῶμα θεὰ γλαυκῶπις Ἀθήνη,
νόστον Ὀδυσσῆϊ μεγαλήτορι μητιόωσα,

1. En grec, *Hypéria*, la « terre au-delà de l'horizon ». Ce nom souligne que la Phéacie se trouve loin de toute terre habitée, idée répétée à maintes reprises dans ce chant et dans les suivants.

2. Cette allusion à ces voisins gênants, qui obligent les Phéaciens à quitter leur patrie, annonce en quelque sorte le bon accueil qu'ils feront à Ulysse. Pour l'opposition entre Phéaciens et Cyclopes, cf. Clay, 1997, 15-132.

L'ARRIVÉE CHEZ LES PHÉACIENS

(CHANT VI.) Or, tandis que, là-bas, le héros d'endurance, Ulysse le divin, dompté par la fatigue et le sommeil, dormait, Athéna s'en allait vers les pays et ville des gens de Phéacie. Jadis, ils habitaient Hauteville[1] en sa plaine ; mais, près d'eux, ils avaient les Cyclopes altiers[2], dont ils devaient subir la force et les pillages. Aussi Nausithoos[3] au visage de dieu les avait transplantés loin des pauvres humains et fixés en Schérie[4] : il avait entouré la ville d'un rempart, élevé les maisons, créé les sanctuaires et partagé les champs[5]. Mais depuis que la Parque l'avait mis à son joug et plongé dans l'Hadès, c'était Alkinoos[6], inspiré par les dieux, qui régnait sur ce peuple, et c'est en son manoir qu'Athéna s'en allait ménager le retour à son grand cœur d'Ulysse.

3. Les Phéaciens, descendants de Poséidon, sont par excellence des marins. La majorité de leurs noms dérive de leurs activités nautiques.

4. Ce nom vient de *skeros*, « côte ». Certains considèrent qu'Ulysse arrive dans un pays magique et, dans ce cas, il est inutile de chercher à le localiser. Pour d'autres commentateurs, l'île des Phéaciens se trouverait entre Istria et la Cyrénaïque. D'autres enfin, et c'est l'hypothèse la plus souvent retenue, l'associent à Corcyre, l'actuelle Corfou.

5. Héros fondateur, son action correspond à celle des chefs des colonies (*oikistes* ou archégète) de l'époque archaïque. Son nom est forgé à partir de *naus*, « vaisseau » et de *theô*, « courir ».

6. Les commentateurs pensent que son nom signifierait « celui qui est disposé à aider » ou « celui dont l'esprit est puissant ».

βῆ δ' ἴμεν ἐς θάλαμον πολυδαίδαλον, ᾧ ἔνι κούρη
κοιμᾶτ' ἀθανάτῃσι φυὴν καὶ εἶδος ὁμοίη,
Ναυσικάα, θυγάτηρ μεγαλήτορος Ἀλκινόοιο.
[πὰρ δὲ δύ' ἀμφίπολοι, Χαρίτων ἄπο κάλλος ἔχουσαι,
σταθμοῖιν ἑκάτερθε· θύραι δ' ἐπέκειντο φαειναί.]
Ἡ δ' ἀνέμου ὡς πνοιὴ ἐπέσσυτο δέμνια κούρης.
εἰδομένη κούρῃ ναυσικλειτοῖο Δύμαντος,
ἥ οἱ ὁμηλικίη μὲν ἔην, κεχάριστο δὲ θυμῷ.
Τῇ μιν ἐεισαμένη προσέφη γλαυκῶπις Ἀθήνη·
ΑΘΗ. — Ναυσικάα, τί νύ σ' ὧδε μεθήμονα γείνατο μήτηρ;
εἵματα μέν τοι κεῖται ἀκηδέα σιγαλόεντα·
σοὶ δὲ γάμος σχεδόν ἐστιν, ἵνα χρὴ καλὰ μὲν αὐτὴν
ἕννυσθαι, τὰ δὲ τοῖσι παρασχεῖν οἵ κέ σ' ἄγωνται·
ἐκ γάρ τοι τούτων φάτις ἀνθρώπους ἀναβαίνει
ἐσθλή, χαίρουσιν δὲ πατὴρ καὶ πότνια μήτηρ.
ἀλλ' [ἴομεν πλυνέουσαι ἅμ' ἠοῖ φαινομένηφι·
καί τοι ἐγὼ συνέριθος ἅμ' ἕψομαι, ὄφρα τάχιστα
ἐντύνεαι, ἐπεὶ οὔ τοι ἔτι δὴν παρθένος ἔσσεαι·
ἤδη γάρ σε μνῶνται ἀριστῆες κατὰ δῆμον
πάντων Φαιήκων, ὅθι τοι γένος ἐστὶ καὶ αὐτῇ.
ἀλλ'] ἄγ' ἐπότρυνον πατέρα κλυτὸν ἠῶθι πρὸ
ἡμιόνους καὶ ἄμαξαν ἐφοπλίσαι, ἥ κεν ἄγῃσι
ζῶστρά τε καὶ πέπλους καὶ ῥήγεα σιγαλόεντα·
καὶ δὲ σοὶ ὧδ' αὐτῇ πολὺ κάλλιον ἠὲ πόδεσσιν
ἔρχεσθαι· πολλὸν γὰρ ἀπὸ πλυνοί εἰσι πόληος.

vers 21 : στῆ δ' ἄρ' ὑπὲρ κεφαλῆς καί μιν πρὸς μῦθον ἔειπε.

7. L'étymologie de ce nom est douteuse. Sur la question, voir Hainsworth, *ad loc.*

8. En grec, *Charites*. Ces divinités, compagnes des Muses (Hés., *Th.*, 64) seraient filles de Zeus et d'Eurynomé, elle-même fille d'Océan (*Th.*, 907-909). Dans l'*Iliade*, elles sont attachées à Aphrodite pour qui elles confectionnent une robe (V, 338).

La déesse aux yeux pers s'en fut droit à la chambre si bellement ornée, où reposait la fille du fier Alkinoos, cette Nausicaa[7], dont l'air et la beauté semblaient d'une Immortelle : aux deux montants, dormaient deux de ses chambrières qu'embellissaient les Grâces[8] ; les portes, dont les bois reluisaient, étaient closes.

Comme un souffle de vent, la déesse glissa jusqu'au lit de la vierge et, debout au chevet, se mit à lui parler. Elle avait pris les traits d'une amie de son âge[9], tendrement aimée d'elle, la fille de Dymas, le célèbre armateur. Sous cette ressemblance, Athéna, la déesse aux yeux pers, lui disait :

ATHÉNA. – « Tu dors, Nausicaa ! la fille sans souci que ta mère enfanta ! Tu laisses là, sans soin, tant de linge moiré ! Ton mariage approche ; il faut que tu sois belle et que soient beaux aussi les gens de ton cortège ! Voilà qui fait courir les belles renommées, pour le bonheur d'un père et d'une auguste mère ! Vite ! partons laver dès que l'aube poindra, car je m'offre à te suivre pour finir au plus vite ! Tu n'auras plus longtemps, je crois, à rester fille : les plus nobles d'ici, parmi nos Phéaciens dont ta race est parente, se disputent ta main... Sans attendre l'aurore, presse ton noble père de te faire apprêter la voiture et les mules[10] pour emporter les voiles, draps moirés et ceintures. Toi-même, il te vaut mieux aller en char qu'à pied : tu sais que les lavoirs sont très loin de la ville. »

9. En IV, 796, Athéna envoyait une image, un fantôme à Pénélope. Ici, elle se transforme elle-même, comme dans l'épisode du songe d'Agamemnon (*Il.*, II, 20).

10. Les chars de guerre, comme ceux utilisés pour le voyage, étaient tirés par deux chevaux. Cependant, on prévoyait un troisième cheval pour que les deux premiers puissent se reposer. C'est pour cette raison que Ménélas propose d'offrir à Télémaque trois chevaux. Le char à mules est utilisé pour les voyages courts et pour le transport des marchandises, cf. *Il.*, XXIV, 178-180.

Ἦ μὲν ἄρ' ὣς εἰποῦσ' ἀπέβη γλαυκῶπις Ἀθήνη
[Οὔλυμπον δ', ὅθι φασὶ θεῶν ἕδος ἀσφαλὲς αἰεὶ
ἔμμεναι· οὔτ' ἀνέμοισι τινάσσεται, οὔτέ ποτ' ὄμβρῳ
δεύεται· οὔτε χιὼν ἐπιπίλναται· ἀλλὰ μάλ' αἴθρη
πέπταται ἀνέφελος· λευκὴ δ' ἐπιδέδρομεν αἴγλη·
τῷ ἔνι τέρπονται μάκαρες θεοὶ ἤματα πάντα.
ἔνθ' ἀπέβη Γλαυκῶπις, ἐπεὶ διεπέφραδε κούρῃ].
Αὐτίκα δ' Ἠὼς ἦλθεν ἐύθρονος, ἥ μιν ἔγειρε
Ναυσικάαν εὔπεπλον· ἄφαρ δ' ἀπεθαύμασ' ὄνειρον,
βῆ δ' ἴμεναι διὰ δώμαθ', ἵν' ἀγγείλειε τοκεῦσι,
πατρὶ φίλῳ καὶ μητρί, κιχήσατο δ' ἔνδον ἐόντας.
ἡ μὲν ἐπ' ἐσχάρῃ ἧστο σὺν ἀμφιπόλοισι γυναιξίν,
ἠλάκατα στρωφῶσ' ἁλιπόρφυρα· τῷ δὲ θύραζε
ἐρχομένῳ ξύμβλητο μετὰ κλειτοὺς βασιλῆας
ἐς βουλήν, ἵνα μιν κάλεον Φαίηκες ἀγαυοί.
Ἡ δὲ μάλ' ἄγχι στᾶσα φίλον πατέρα προσέειπε·
ΝΑΥ. — Πάππα φίλ', οὐκ ἂν δή μοι ἐφοπλίσσειας ἀπήνην
ὑψηλὴν εὔκυκλον, ἵνα κ⟨α⟩τὰ εἵματ' ἄγωμαι
ἐς ποταμὸν πλυνέουσα, τά μοι ῥερυπωμένα κεῖται;
καὶ δὲ σοὶ αὐτῷ ἔοικε μετὰ πρώτοισιν ἐόντα
βουλὰς βουλεύειν καθαρὰ χροῒ εἵματ' ἔχοντα·
πέντε δέ τοι φίλοι υἷες ἐνὶ μεγάροις γεγάασιν,
οἱ δύ' ὀπυίοντες, τρεῖς δ' ἠίθεοι θαλέθοντες·
οἱ δ' αἰεὶ ἐθέλουσι νεόπλυτα εἵματ' ἔχοντες.
ἐς χορὸν ἔρχεσθαι· τὰ δὲ ⟨μ' ἐν φρεσὶ⟩ πάντα μέμηλεν.
Ὣς ἔφατ'· αἴδετο γὰρ θαλερὸν γάμον ἐξονομῆναι
πατρὶ φίλῳ· ὁ δὲ πάντα νόει καὶ ἀμείβετο μύθῳ·

À ces mots, l'Athéna aux yeux pers disparut, regagnant cet Olympe où l'on dit[11] que les dieux, loin de toute secousse ont leur siège éternel : ni les vents ne le battent, ni les pluies ne l'inondent ; là-haut, jamais de neige ; mais en tout temps l'éther, déployé sans nuages, couronne le sommet d'une blanche clarté ; c'est là-haut que les dieux passent dans le bonheur et la joie tous leurs jours ; c'est là que retournait la déesse aux yeux pers, après avoir donné ses conseils à la vierge.

Mais l'Aurore, montant sur son trône, éveillait la vierge en ses beaux voiles : étonnée de son rêve, Nausicaa s'en fut, à travers le manoir, le dire à ses parents.

Elle trouva son père et sa mère au logis. Au rebord du foyer, sa mère était assise avec les chambrières, tournant sa quenouillée teinte en pourpre de mer. Son père allait sortir quand elle le croisa ; il allait retrouver les autres rois de marque : les nobles Phéaciens l'appelaient au conseil[12].

Debout à ses côtés, Nausicaa lui dit :

NAUSICAA. – « Mon cher papa, ne veux-tu pas me faire armer la voiture à roues hautes ? Je voudrais emporter notre linge là-bas, pour le laver au fleuve : j'en ai tant de sali ! Toi d'abord, tu ne veux, pour aller au conseil avec les autres rois, que vêtements sans tache, et, près de toi, cinq fils vivent en ce manoir, deux qui sont mariés, et trois encor garçons, mais de belle venue ! sans linge frais lavé, jamais ils ne voudraient s'en aller à la danse. C'est moi qui dois avoir le soin de tout cela. »

Elle ne parlait pas des fêtes de ses noces. Le seul mot l'aurait fait rougir devant son père.

Mais, ayant deviné, le roi dit en réponse :

11. Ces mots provoquent l'étonnement, d'autant plus qu'à maintes reprises dans l'*Iliade* et dans l'*Odyssée* l'Olympe est vraiment décrit comme la demeure des immortels.

12. Le roi Alkinoos dirige la Phéacie en s'aidant d'un conseil de douze membres ; cf. VIII, 390.

ΑΛΚ. — Οὔτέ τοι ἡμιόνων φθονέω, τέκος, οὔτέ τευ ἄλλου.
ἔρχευ· ἀτάρ τοι δμῶες ἐφοπλίσσουσιν ἀπήνην
ὑψηλὴν εὔκυκλον, ὑπερτερίῃ ἀραρυῖαν.
Ὣς εἰπὼν δμώεσσιν ἐκέκλετο· τοὶ δὲ πίθοντο.
οἱ μὲν ἄρ' ἐκτὸς ἄμαξαν ἐύτροχον ἡμιονείην
ὅπλεον. ἡμιόνους θ' ὕπαγον ζεῦξάν θ' ὑπ' ἀπήνῃ.
κούρη δ' ἐκ θαλάμοιο φέρεν ἐσθῆτα φαεινὴν
καὶ τὴν μὲν κατέθηκεν ἐυξέστῳ ἐπ' ἀπήνῃ·
μήτηρ δ' ἐν κίστῃ ἐτίθει μενοεικέ' ἐδωδὴν
παντοίην, ἐν δ' ὄψα τίθει, ἐν δ' οἶνον ἔχευεν
ἀσκῷ ἐν αἰγείῳ· κούρη δ' ἐπεβήσετ' ἀπήνης·
δῶκε δὲ ⟨οἱ⟩ χρυσέῃ ἐν ληκύθῳ ὑγρὸν ἔλαιον,
εἵως χυτλώσαιτο σὺν ἀμφιπόλοισι γυναιξίν.
ἡ δ' ἔλαβεν μάστιγα καὶ ἡνία σιγαλόεντα,
μάστιξεν δ' ἐλάαν· καναχὴ δ' ἦν ἡμιόνοιιν·
αἱ δ' ἄμοτον τανύοντο, φέρον δ' ἐσθῆτα καὶ αὐτήν,
οὐκ οἴην· ἅμα τῇ γε καὶ ἀμφίπολοι κίον ἄλλαι.
Αἱ δ' ὅτε δὴ ποταμοῖο ῥόον περικαλλέ' ἵκοντο,
ἔνθ' ἦτοι πλυνοὶ ἦσαν ἐπηετανοί, πολὺ δ' ὕδωρ
καλὸν ὑπεκπρόρεε⟨ν⟩ μάλα περ ῥυπόωντα καθῆραι,
ἔνθ' αἵ γ' ἡμιόνους μὲν ὑπεκπροέλυσαν ἀπήνης
καὶ τὰς μὲν σεῦαν ποταμὸν πάρα δινήεντα
τρώγειν ἄγρωστιν μελιηδέα· ταὶ δ' ἀπ' ἀπήνης
εἵματα χερσὶν ἕλοντο καὶ ἐσφόρεον μέλαν ὕδωρ,
στεῖβον δ' ἐν βόθροισι θοῶς ἔριδα προφέρουσαι.
Αὐτὰρ ἐπεὶ πλῦνάν τε κάθηράν τε ῥύπα πάντα,
ἑξείης πέτασαν παρὰ θῖν' ἁλός, ἧχι μάλιστα
λάιγγας ποτὶ χέρσον ἀποπλύνεσκε θάλασσα.
αἱ δὲ λοεσσάμεναι καὶ χρισάμεναι λίπ' ἐλαίῳ

13. Sur le cellier ou le trésor des palais homériques, cf. II, 337 et note.

ALKINOOS. – « Ce n'est pas moi qui veux te refuser, ma fille, ni les mules ni rien. Pars ! nos gens vont t'armer la voiture à roues hautes et mettre les ridelles. »

À ces mots, il donna les ordres à ses gens, qui, sitôt, s'empressèrent ; on tira, on garnit la voiture légère ; les mules amenées, on les mit sous le joug et tandis que la vierge, apportant du cellier[13] le linge aux clairs reflets, le déposait dans la voiture aux bois polis, sa mère, en un panier, ayant chargé les vivres, ajoutait d'autres mets et toutes les douceurs, puis remplissait de vin une outre en peau de chèvre.

Alors Nausicaa monta sur la voiture. Sa mère lui tendit, dans la fiole d'or, une huile bien fluide pour se frotter après le bain, elle et ses femmes. La vierge prit le fouet et les rênes luisantes. Un coup pour démarrer, et mules, s'ébrouant, de s'allonger à plein effort et d'emporter le linge et la princesse ; à pied, sans la quitter, ses femmes la suivaient[14].

On atteignit le fleuve aux belles eaux courantes. Les lavoirs étaient là, pleins en toute saison. Une eau claire sortait à flots de sous les roches, de quoi pouvoir blanchir le linge le plus noir. Les mules dételées, on les tira du char et, les lâchant au long des cascades du fleuve, on les mit paître l'herbe à la douceur de miel. Les femmes avaient pris le linge sur le char et, le portant à bras dans les trous de l'eau sombre, rivalisaient à qui mieux mieux pour le fouler. On lava, on rinça tout ce linge sali ; on l'étendit en ligne aux endroits de la grève où le flot quelquefois venait battre le bord et lavait le gravier. On prit le bain et l'on se frotta d'huile fine, puis, tandis que le

14. Une femme ne doit jamais quitter seule son domicile ni même descendre dans le *mégaron* où se réunissent les hommes sans que ses servantes l'accompagnent. Celles-ci indiquent son rang, comme le signale Hainsworth, *ad loc.* ; cf. XVIII, 182-184.

δεῖπνον ἔπειθ' εἵλοντο παρ' ὄχθῃσιν ποταμοῖο,
εἵματα δ' ἠελίοιο μένον τερσήμεναι αὐγῇ.
Αὐτὰρ ἐπεὶ σίτου τάρφθεν δμῳαί τε καὶ αὐτή,
σφαίρῃ ταὶ δ' ἄρ' ἔπαιζον, ἀπὸ κρήδεμνα βαλοῦσαι·
τῇσι δὲ Ναυσικάα λευκώλενος ἤρχετο μολπῆς·
οἵη δ' Ἄρτεμις εἶσι κατ' οὔρεα ἰοχέαιρα,
ἢ κατὰ Τηΰγετον περιμήκετον ἢ Ἐρύμανθον,
τερπομένη κάπροισι καὶ ὠκείῃσ' ἐλάφοισι·
τῇ δέ θ' ἅμα Νύμφαι, κοῦραι Διὸς αἰγιόχοιο,
ἀγρονόμοι παίζουσι· γέγηθε δέ τε φρένα Λητώ·
πασάων δ' ὑπὲρ ἥ γε κάρη ἔχει ἠδὲ μέτωπα,
[ῥεῖά τ' ἀριγνώτη πέλεται, καλαὶ δέ τε πᾶσαι·]
ὣς ἥ γ' ἀμφιπόλοισι μετέπρεπε παρθένος ἀδμής.
Ἀλλ' ὅτε δὴ ἄρ' ἔμελλε πάλιν οἶκον δὲ νέεσθαι
ζεύξασ' ἡμιόνους πτύξασά τε εἵματα καλά,
ἔνθ' αὖτ' ἄλλ' ἐνόησε θεὰ γλαυκῶπις Ἀθήνη,
ὡς Ὀδυσεὺς ἔγροιτο ἴδοι τ' εὐώπιδα κούρην,
ἥ οἱ Φαιήκων ἀνδρῶν πόλιν ἡγήσαιτο·
σφαῖραν ἔπειτ' ἔρριψε μετ' ἀμφίπολον βασίλεια·
ἀμφιπόλου μὲν ἅμαρτε, βαθείῃ δ' ἔμβαλε δίνῃ·
αἱ δ' ἐπὶ μακρὸν ἄυσαν· ὁ δ' ἔγρετο δῖος Ὀδυσσεύς,
ἑζόμενος δ' ὥρμαινε κατὰ φρένα καὶ κατὰ θυμόν·
ΟΔΥ. — Ὤμοι ἐγώ, τέων αὖτε βροτῶν ἐς γαῖαν ἱκάνω ; 119
ὥς τέ με κουράων ἀμφήλυθε θῆλυς ἀυτή· 122

vers 120 : ἦ ῥ' οἵ γ' ὑβρισταί τε καὶ ἄγριοι οὐδὲ δίκαιοι.
121 : ἦε φιλόξεινοι καί σφιν νόος ἐστὶ θεουδής ;
vers 123 : Νυμφάων, αἳ ἔχουσ' ὀρέων αἰπεινὰ κάρηνα
124 : καὶ πηγὰς ποταμῶν καὶ πίσεα ποιήεντα·

15. Cet épisode était très populaire dans l'Antiquité et le jeu de ballon devint un art si prisé qu'Alexandre le Grand n'hésita pas à donner la citoyenneté grecque à un joueur qui y excellait. Sophocle aurait tenu le rôle de Nausicaa dans l'une de ses tragédies ou l'un de

linge au clair soleil séchait, on se mit au repas sur les berges du fleuve ; une fois régalées, servantes et maîtresse dénouèrent leurs voiles pour jouer au ballon[15].

Nausicaa aux beaux bras blancs[16] menait le chœur. Quand la déesse à l'arc, Artémis, court les monts, tout le long du Taygète[17], on joue sur l'Érymanthe[18] parmi les sangliers et les biches légères, ses nymphes, nées du Zeus à l'égide, autour d'elle bondissent par les champs, et le cœur de Léto[19] s'épanouit à voir sa fille dont la tête et le front les dominent : sans peine, on la distingue entre tant de beautés. Telle se détachait, du groupe de ses femmes, cette vierge sans maître...

Pour rentrer au logis, l'heure approchait déjà de plier le beau linge et d'atteler les mules. C'est alors qu'Athéna, la déesse aux yeux pers, voulut pour ses desseins qu'Ulysse réveillé vît la vierge charmante et fût conduit par elle au bourg des Phéaciens. Elle lançait la balle à l'une de ses femmes ; mais la balle, manquant la servante, tomba au trou d'une cascade. Et filles aussitôt de pousser de hauts cris ! et le divin Ulysse éveillé de s'asseoir ! Son esprit et son cœur ne savaient que résoudre :

ULYSSE. – « Hélas ! en quel pays, auprès de quels mortels suis-je donc revenu ? chez un peuple sauvage, des bandits sans justice, ou des gens accueillants qui respectent les dieux ? Qu'entends-je autour de moi ? des voix fraîches de filles ou de nymphes, vivant à la cime des monts, à la source des fleuves, aux herbages des

ses drames satyriques et aurait remporté un fulgurant succès. Sur la question, cf. Athénée, I, 20 sq.

16. Dans l'*Iliade*, cette épithète s'applique à Héra.

17. Chaîne de montagnes qui sépare la Laconie de la Messénie.

18. La chaîne montagneuse au nord du Péloponnèse et plus précisément en Arcadie. Sur le sanglier de l'Érymanthe, tué par Héraclès, cf. Apollodore, *Bibliothèque*, II, 5, 4.

19. Mère d'Artémis et d'Apollon. Selon Hés., *Th.*, 404-407, Létô est la fille des Titans lumineux Coios et Phoebé.

ἀλλ' ἄγ' ἐγὼν αὐτὸς πειρήσομαι ἠδὲ ἴδωμαι.
Ὣς εἰπὼν θάμνων ὑπεδύσετο δῖος Ὀδυσσεύς,
ἐκ πυκινῆς δ' ὕλης πτόρθον κλάσε χειρὶ παχείῃ
φύλλων, ὡς ῥύσαιτο περὶ χροῒ μήδεα φωτός,
βῆ δ' ἴμεν ὥς τε λέων ὀρεσίτροφος, ἀλκὶ πεποιθώς,
ὅς τ' εἶσ' ὑόμενος καὶ ἀήμενος· ἐν δέ οἱ ὄσσε
δαίεται· αὐτὰρ ὁ βουσὶ μετέρχεται ἠ' ὀίεσσιν
ἠὲ μετ' ἀγροτέρας ἐλάφους· κέλεται δέ ἑ γαστήρ·
ὣς Ὀδυσεὺς κούρῃσιν ἐυπλοκάμοισιν ἔμελλε
μίξεσθαι γυμνός περ ἐών· χρειὼ γὰρ ἵκανε.
σμερδαλέος δ' αὖ τῇσι φάνη κεκακωμένος ἅλμῃ·
τρέσσαν δ' ἄλλυδις ἄλλη ἐπ' ἠιόνας προυχούσας·
οἴη δ' Ἀλκινόου θυγάτηρ μένε· τῇ γὰρ Ἀθήνη
θάρσος ἐνὶ φρεσὶ θῆκε καὶ ἐκ δέος εἵλετο γυίων.
στῆ δ' ἄντα σχομένη· ὁ δὲ μερμήριξεν Ὀδυσσεύς,
ἢ γούνων λίσσοιτο λαβὼν εὐώπιδα κούρην,
ἠ' αὔτως ἐπέεσσιν ἀποσταδὰ μειλιχίοισι
[λίσσοιτ', εἰ δείξειε πόλιν καὶ εἵματα δοίη].
ὣς ἄρα οἱ φρονέοντι δοάσσατο κέρδιον εἶναι
λίσσεσθαι ἐπέεσσιν ἀποσταδὰ μειλιχίοισι,
μή οἱ γοῦνα λαβόντι χολώσαιτο φρένα κούρη.
Αὐτίκα μειλίχιον καὶ κερδαλέον φάτο μῦθον·
ΟΔΥ. — Γουνοῦμαί σε, ἄνασσα· θεός νύ τις ἦ βροτός ἐσσι;
εἰ μέν τις θεός ἐσσι, τοὶ οὐρανὸν εὐρὺν ἔχουσιν,
Ἀρτέμιδί σέ ⟨γ'⟩ ἐγώ γε, Διὸς κούρῃ μεγάλοιο,

vers 125 : ἦ νύ που ἀνθρώπων εἰμὶ σχεδὸν αὐδηέντων
vers 134 : μήλων πειρήσοντα καὶ ἐς πυκινὸν δόμον ἐλθεῖν

20. Les monologues intérieurs d'Ulysse sont très courants dans l'épopée. Ils soulignent sa ruse et sa sagesse. Cf. V, 356 sq.

combes ? Ou serais-je arrivé chez des hommes qui parlent ? Mais allons ! de mes yeux, il faut tâcher de voir[20] ! »

Et le divin Ulysse émergea des broussailles. Sa forte main cassa dans la dense verdure un rameau bien feuillu, qu'il donnerait pour voile à sa virilité. Puis il sortit du bois. Tel un lion des monts[21], qui compte sur sa force, s'en va, les yeux en feu, par la pluie et le vent, se jeter sur les bœufs et les moutons, ou court forcer les daims sauvages, jusqu'en la ferme close attaquer le troupeau ; c'est le ventre qui parle. Tel, en sa nudité, Ulysse s'avançait vers ces filles bouclées : le besoin le poussait... Quand l'horreur de ce corps tout gâté par la mer leur apparut, ce fut une fuite éperdue jusqu'aux franges des grèves. Il ne resta que la fille d'Alkinoos : Athéna lui mettait dans le cœur cette audace et ne permettait pas à ses membres la peur. Debout, elle fit tête...

Ulysse réfléchit : irait-il supplier cette fille charmante et la prendre aux genoux ? ou, sans plus avancer, ne devait-il user que de douces prières afin de demander le chemin de la ville et de quoi se vêtir ? Il pensa, tout compté, que mieux valait rester à l'écart et n'user que de douces prières : l'aller prendre aux genoux pouvait la courroucer. L'habile homme aussitôt trouva ces mots touchants[22] :

Ulysse. – « Je suis à tes genoux, ô reine ! que tu sois ou déesse ou mortelle ! Déesse, chez les dieux, maîtres des champs du ciel, tu dois être Artémis, la fille du grand

21. Sur l'image du lion, cf. IV, 791-793 et note. On remarquera l'enchaînement de cette image avec celle où Nausicaa est présentée comme une chasseresse. Sur la question, cf. Glenn, 1998, 107-116.

22. Plus que touchants, les propos d'Ulysse sont flatteurs : Ulysse le rusé souhaite ardemment que la jeune fille le tienne pour un suppliant. Sur les suppliants, cf. Gould, 1973, pp. 74-103, et Crotty, 1997.

εἶδός τε μέγεθός τε φυήν τ' ἄγχιστα ἐΐσκω·
εἰ δέ τίς ἐσσι βροτῶν, τοὶ ἐπὶ χθονὶ ναιετάουσι,
τρισμάκαρες μὲν σοί γε πατὴρ καὶ πότνια μήτηρ,
τρισμάκαρες δὲ κασίγνητοι· μάλα πού σφισι θυμὸς
αἰὲν ἐυφροσύνῃσιν ἰαίνεται εἵνεκα σεῖο,
λευσσόντων τοιόνδε θάλος χορὸν εἰσοιχνεῦσαν·
κεῖνος δ' αὖ περὶ κῆρι μακάρτατος ἔξοχον ἄλλων,
ὅς κέ σ' ἐέδνοισι βρίσας οἶκον δ' ἀγάγηται,
οὐ γάρ πω ⟨τοιόνδε⟩ ἴδον βροτὸν ὀφθαλμοῖσιν,
οὔτ' ἄνδρ' οὔτε γυναῖκα· σέβας μ' ἔχει εἰσορόωντα.
Δήλῳ δή ποτε τοῖον Ἀπόλλωνος παρὰ βωμῷ
φοίνικος νέον ἔρνος ἀνερχόμενον ἐνόησα·
ἦλθον γὰρ καὶ κεῖσε· πολὺς δέ μοι ἕσπετο λαὸς
τὴν ὁδόν, ᾗ δὴ μέλλεν ἐμοὶ κακὰ κήδε' ἔσεσθαι.
ὣς δ' αὔτως καὶ κεῖνο ἰδὼν ἐτεθήπεα θυμῷ
δήν, ἐπεὶ οὔ πω τοῖον ἀνήλυθεν ἐκ δόρυ γαίης,
ὡς σέ, γύναι, ἄγαμαί τε, τέθηπά τε· δείδια δ' αἰνῶς
γούνων ἅψασθαι· χαλεπὸν δέ με πένθος ἱκάνει.
χθιζὸς ἐεικοστῷ φύγον ἤματι οἴνοπα πόντον·
τόφρα δέ μ' αἰεὶ κῦμα φέρε κραιπναί τε θύελλαι
νήσου ἀπ' Ὠγυγίης· νῦν δ' ἐνθάδε κάμβαλε δαίμων,
ὄφρά τί που καὶ τῇδε πάθω κακόν. οὐ γὰρ ὀίω
παύσεσθ'· ἀλλ' ἔτι πολλὰ θεοὶ τελέουσι πάροιθεν.
ἀλλά, ἄνασσ', ἐλέαιρε· σὲ γὰρ κακὰ πολλὰ μογήσας
ἐς πρώτην ἱκόμην, τῶν δ' ἄλλων οὔ τινα οἶδα
ἀνθρώπων, οἳ τήνδε πόλιν καὶ γαῖαν ἔχουσι.
ἄστυ δέ μοι δεῖξον, δὸς δὲ ῥάκος ἀμφιβαλέσθαι,
εἴ τί που εἴλυμα σπείρων ἔχες ἐνθάδ' ἰοῦσα.
σοὶ δὲ θεοὶ τόσα δοῖεν ὅσα φρεσὶ σῇσι μενοινᾷς,
[ἄνδρά τε καὶ οἶκον, καὶ ὁμοφροσύνην ὀπάσειαν
ἐσθλήν· οὐ μὲν γὰρ τοῦ γε κρεῖσσον καὶ ἄρειον

Zeus : la taille, la beauté et l'allure, c'est elle ! N'es-tu qu'une mortelle, habitant notre monde, trois fois heureux ton père et ton auguste mère ! trois fois heureux tes frères ! Comme, en leurs cœurs charmés, tu dois verser la joie, chaque fois qu'à la danse, ils voient entrer ce beau rejet de la famille ! Et jusqu'au fond de l'âme, et plus que tous les autres, bienheureux le mortel dont les présents vainqueurs t'emmèneront chez lui ! Mes yeux n'ont jamais vu ton pareil, homme ou femme ! ton aspect me confond ! À Délos autrefois, à l'autel d'Apollon, j'ai vu même beauté : le rejet d'un palmier qui montait vers le ciel[23]. Car je fus en cette île aussi, et quelle armée m'accompagnait alors sur cette route, où tant d'angoisses m'attendaient[24] ! Tout comme, en le voyant, je restai dans l'extase, car jamais fût pareil n'était monté du sol, aujourd'hui, dans l'extase, ô femme, je t'admire ; mais je tremble : j'ai peur de prendre tes genoux. Vois mon cruel chagrin ! Hier, après vingt jours sur les vagues vineuses, j'échappais à la mer : vingt jours que sans arrêt, depuis l'île océane, les flots me rapportaient sous les coups des rafales ! Lorsque les dieux enfin m'ont jeté sur vos bords, n'est-ce pour y trouver que nouvelles souffrances ? Je n'en vois plus la fin : combien de maux encor me réserve le ciel ! Ah ! reine, prends pitié ! C'est toi que, la première, après tant de malheurs, ici j'ai rencontrée ; je ne connais que toi parmi les habitants de cette ville et terre... Indique-moi le bourg ; donne-moi un haillon à mettre sur mon dos ; n'as-tu pas, en venant, apporté quelque housse ? Que les faveurs des dieux comblent tous tes désirs ! qu'ils te donnent l'époux, un foyer, l'union des cœurs, la belle chose[25] ! Il n'est rien de

23. Allusion au palmier où Létô se serait agrippée pour mettre au monde Apollon et Artémis. Cf. *H.h. Ap.*, 117.

24. Allusion probable à un arrêt sur l'île d'Apollon alors que les troupes achéennes se dirigeaient vers Troie.

25. Vœux qui correspondent exactement à ceux de Nausicaa ; cf. Hainsworth, *ad loc.*

ἢ ὅθ' ὁμοφρονέοντε νοήμασι οἶκον ἔχητον
ἀνὴρ ἠδὲ γυνή· πόλλ' ἄλγεα δυσμενέεσσι,
χάρματα δ' εὐμενέτῃσι· μάλιστα δέ τ' ἔκλυον αὐτοί.]

Τὸν δ' αὖ Ναυσικάα λευκώλενος ἀντίον ηὔδα·
ΝΑΥ. — Ξεῖν', ἐπεὶ οὔτε κακῷ οὔτ' ἄφρονι φωτὶ ἔοικας,
Ζεὺς δ' αὐτὸς νέμει ὄλβον Ὀλύμπιος ἀνθρώποισιν,
ἐσθλοῖσ' ἠδὲ κακοῖσιν, ὅπως ἐθέλῃσι, ἑκάστῳ·
καί που σοὶ τάδ' ἔδωκε· σὲ δὲ χρὴ τετλάμεν ἔμπης.
νῦν δ', ἐπεὶ ἡμετέρην τε πόλιν καὶ γαῖαν ἱκάνεις,
οὔτ' οὖν ἐσθῆτος δευήσεαι οὔτέ τευ ἄλλου,
ὧν ἐπέοιχ' ἱκέτην ταλαπείριον ἀντιάσαντα.
ἄστυ δέ τοι δείξω, ἐρέω τέ τοι οὔνομα λαῶν.
Φαίηκες μὲν τήνδε πόλιν καὶ γαῖαν ἔχουσιν·
εἰμὶ δ' ἐγὼ θυγάτηρ μεγαλήτορος Ἀλκινόοιο,
τοῦ δ' ἐκ Φαιήκων ἔχεται κάρτος τε βίη τε.
Ἦ ῥα καὶ ἀμφιπόλοισιν ἐυπλοκάμοισι κέλευσε·
ΝΑΥ. — Στῆτέ μοι, ἀμφίπολοι· πόσε φεύγετε φῶτα ἰδοῦσαι;
ἦ μή πού τινα δυσμενέων φάσθ' ἔμμεναι ἀνδρῶν;
οὐκ ἔσθ' οὗτος ἀνὴρ διερὸς βροτὸς οὐδὲ γένηται,
ὅς κεν Φαιήκων ἀνδρῶν ἐς γαῖαν ἵκηται
δηιοτῆτα φέρων· μάλα γὰρ φίλοι ἀθανάτοισι.
οἰκέομεν δ' ἀπάνευθε πολυκλύστῳ ἐνὶ πόντῳ,
ἔσχατοι, οὐδέ τις ἄμμι βροτῶν ἐπιμίσγεται ἄλλος.
ἀλλ' ὅδε τις δύστηνος ἀλώμενος ἐνθάδ' ἱκάνει,
τὸν νῦν χρὴ κομέειν· πρὸς γὰρ Διός εἰσιν ἅπαντες
ξεῖνοί τε πτωχοί τε· δόσις δ' ὀλίγη τε φίλη τε.
ἀλλ' ἄγε οἱ δότε φᾶρος ἐυπλυνὲς ἠδὲ χιτῶνα,
λούσατέ τ' ἐν ποταμῷ, ὅθ' ἐπὶ σκέπας ἔστ' ἀνέμοιο.

meilleur, ni de plus précieux que l'accord, au foyer, de tous les sentiments entre mari et femme : grand dépit des jaloux, grande joie des amis, bonheur parfait du couple ! »

Mais la vierge aux bras blancs le regarda et dit :

NAUSICAA. – « Tu sais bien, étranger, car tu n'as pas la mine d'un sot ni d'un vilain, que Zeus, de son Olympe, répartit le bonheur aux vilains comme aux nobles, ce qu'il veut pour chacun : s'il t'a donné ces maux, il faut bien les subir. Mais puisque te voilà en notre ville et terre, ne crains pas de manquer d'habits ni de rien que l'on doive accorder, en pareille rencontre, au pauvre suppliant. Vers le bourg, je serai ton guide et te dirai le nom de notre peuple... C'est à nos Phéaciens qu'est la ville et sa terre, et moi, du fier Alkinoos, je suis la fille, du roi qui tient en main la force et la puissance de cette Phéacie. »

Aux servantes bouclées, donnant alors ses ordres :

NAUSICAA. – « Mes filles, revenez : jusqu'où vous met en fuite la vue d'un seul homme ! Avez-vous donc cru voir l'un de nos ennemis[26] ? Il n'est pas encore né, jamais il ne naîtra, le foudre qui viendrait apporter le désastre en pays phéacien : les dieux nous aiment tant ! Nous vivons à l'écart, en cette mer des houles, si loin que nul mortel n'a commerce avec nous... Vous n'avez devant vous qu'un pauvre naufragé. Puisqu'il nous est venu, il doit avoir nos soins : étrangers, mendiants, tous nous viennent droit de Zeus[27]. Allons, femmes ! petite aumône, grande joie ! donnez à l'étranger de quoi manger et boire ; de nos linges lavés, donnez à l'étranger une écharpe, une robe, puis, à l'abri du vent, baignez-le dans le fleuve. »

26. Probable allusion aux pirates, le poète de l'*Odyssée* ne mentionnant nulle part des ennemis des Phéaciens.

27. Zeus *xénos* est, en effet, leur protecteur.

Ὣς ἔφαθ'· αἱ δ' ἔσταν τε καὶ ἀλλήλῃσι κέλευσαν,
κὰδ δ' ἄρ' Ὀδυσσῆ' εἷσαν ἐπὶ σκέπας, ὡς ἐκέλευσε· 212
πὰρ δ' ἄρα οἱ φᾶρός τε χιτῶνά τε εἵματ' ἔθηκαν, 214
δῶκαν δὲ χρυσέῃ ἐν ληκύθῳ ὑγρὸν ἔλαιον, 215
ἤνωγον δ' ἄρα μιν λοῦσθαι ποταμοῖο ῥοῇσι.
Δή ῥα τότ' ἀμφιπόλοισι μετηύδα δῖος Ὀδυσσεύς·
ΟΔΥ. — Ἀμφίπολοι, στῆθ' οὕτω ἀπόπροθεν, ὄφρ' ἐγὼ αὐτὸς
ἅλμην ὤμοιιν ἀπολούσομαι, ἀμφὶ δ' ἐλαίῳ
χρίσομαι· ἦ γὰρ δηρὸν ἀπὸ χροός ἐστιν ἀλοιφή. 220
ἄντην δ' οὐκ ἂν ἐγώ γε λοέσσομαι· αἰδέομαι γὰρ
γυμνοῦσθαι κούρῃσιν ἐυπλοκάμοισι μετελθών.
Ὣς ἔφαθ'· αἱ δ' ἀπάνευθεν ἴσαν, εἶπον δ' ἄρα κούρῃ.
αὐτὰρ ὁ ἐκ ποταμοῦ χρόα νίζετο δῖος Ὀδυσσεὺς
ἅλμην, ἥ οἱ νῶτα καὶ εὐρέας ἄμπεχεν ὤμους, 225
ἐκ κεφαλῆς δ' ἔσμηχεν ἁλὸς χνόον ἀτρυγέτοιο.
Αὐτὰρ ἐπεὶ δὴ πάντα λοέσσατο καὶ λίπ' ἄλειψεν,
ἀμφὶ δὲ εἵματα ἕσσαθ' ἅ οἱ πόρε παρθένος ἀδμής,
τὸν μὲν Ἀθηναίη θῆκεν, Διὸς ἐκγεγαυῖα,
μείζονά τ' εἰσιδέειν καὶ πάσσονα, κὰδ δὲ κάρητος 230
οὔλας ἧκε κόμας, ὑακινθίνῳ ἄνθει ὁμοίας· 231
ἕζετ' ἔπειτ' ἀπάνευθε κιὼν ἐπὶ θῖνα θαλάσσης, 236
κάλλεϊ καὶ χάρισι στίλβων· θηεῖτο δὲ κούρη.
Δή ῥα τότ' ἀμφιπόλοισιν ἐυπλοκάμοισι μετηύδα·

vers 213 : Ναυσικάα, θυγάτηρ μεγαλήτορος Ἀλκινόοιο
vers 232 : ὡς δ' ὅτε τις χρυσὸν περιχεύεται ἀργύρῳ ἀνὴρ
233 : ἴδρις, ὃν Ἥφαιστος δέδαεν καὶ Παλλὰς Ἀθήνη
234 : τέχνην παντοίην, χαρίεντα δὲ ἔργα τελείει,
235 : ὡς ἄρα τῷ κατέχευε χάριν κεφαλῇ τε καὶ ὤμοις

28. Les hommes étaient toujours baignés par les femmes, même vierges ; cf. le bain de Télémaque chez Nestor, III, 464 et celui d'Ulysse à Troie, IV, 252. Certains interprètent ce refus comme le

Elle dit : aussitôt, s'engageant l'une l'autre, ses femmes revenaient et l'ordre fut rempli, comme avait ordonné Nausicaa, la fille du fier Alkinoos. Quand Ulysse à l'abri du vent fut installé, on posa près de lui une orbe, une écharpe, pour qu'il pût se vêtir, et la fiole d'or contenant l'huile claire. On l'invita au bain dans les courants du fleuve.

Mais le divin Ulysse alors dit aux servantes :

ULYSSE. – « Ne restez pas si près, servantes ! sans votre aide, je saurai bien laver mon dos de cette écume et l'oindre de cette huile que, depuis si longtemps, ma peau n'a pas connue. Mais devant vous, me mettre au bain ! je rougirais de me montrer tout nu à des filles bouclées[28]. »

Il dit et, s'écartant, les femmes s'en allaient informer la princesse. Quand le divin Ulysse, puisant aux eaux du fleuve, eut lavé les écumes, qui lui plaquaient les reins et le plat des épaules, quand il eut, de sa tête, essoré les humeurs de la mer inféconde et qu'il se fut plongé tout entier, frotté d'huile, il mit les vêtements que lui avait donnés cette vierge sans maître, et voici qu'Athéna, la fille du grand Zeus, le faisant apparaître et plus grand et plus fort, déroulait de son front des boucles de cheveux aux reflets d'hyacinthe[29], tel un artiste habile, instruit par Héphaestos et Pallas Athéna de toutes leurs recettes[30], coule en or sur argent un chef-d'oeuvre de grâce : telle Athéna versait la grâce sur la tête et le buste d'Ulysse. Lorsqu'il revint s'asseoir, à l'écart, sur la grève, il était rayonnant de charme et de beauté.

Aussi, le contemplant, Nausicaa disait à ses filles bouclées :

signe du respect qu'Ulysse porte à l'étiquette : il serait trop sale pour se laisser approcher (cf. Hainsworth, *ad loc.*).

29. Athéna (II, 12-14 et VIII, 18-23) avait déjà « arrangé » l'apparence de Télémaque.

30. Ces deux divinités sont les artisans divins par excellence qui transmettent aux mortels les principes de leur art. Voir Detienne-Vernant, 1974, 167 sq.

ΝΑΥ. — Κλῦτέ μευ, ἀμφίπολοι λευκώλενοι, ὄφρά τι εἴπω·
οὐ πάντων ἀέκητι θεῶν, οἳ Ὄλυμπον ἔχουσι,
Φαιήκεσσ' ὅδ' ἀνὴρ ἐπιμίξεται ἀντιθέοισι·
πρόσθεν μὲν γὰρ δή μοι ἀεικέλιος δέατ' εἶναι,
νῦν δὲ θεοῖσι ἔοικε, τοὶ οὐρανὸν εὐρὺν ἔχουσιν.
ἀλλὰ δότ', ἀμφίπολοι, ξείνῳ βρῶσίν τε πόσιν τε.
Ὣς ἔφαθ'· αἱ δ' ἄρα τῆς μάλα μὲν κλύον ἠδὲ πίθοντο,
πὰρ δ' ἄρ' Ὀδυσσῆι ἔθεσαν βρῶσίν τε πόσιν τε.
ἦτοι ὁ πῖνε καὶ ἦσθε πολύτλας δῖος Ὀδυσσεὺς
ἁρπαλέως· δηρὸν γὰρ ἐδητύος ἦεν ἄπαστος.
Αὐτὰρ Ναυσικάα λευκώλενος ἄλλ' ἐνόησε·
εἵματ' ἄρα πτύξασα τίθει καλῆς ἐπ' ἀπήνης,
ζεῦξεν δ' ἡμιόνους κρατερώνυχας, ἂν δ' ἔβη αὐτή,
ὤτρυνεν δ' Ὀδυσῆα ἔπος τ' ἔφατ' ἔκ τ' ὀνόμαζεν·
ΝΑΥ. — Ὄρσεο δὴ νῦν, ξεῖνε, πόλιν δ' ἴμεν, ὄφρά σε πέμψω
πατρὸς ἐμοῦ πρὸς δῶμα δαΐφρονος, ἔνθά σέ φημι
πάντων Φαιήκων εἰδησέμεν ὅσσοι ἄριστοι.
ἀλλὰ μάλ' ὧδ' ἔρδειν· δοκέεις δέ μοι οὐκ ἀπινύσσειν·
ὄφρα μέν κ' ἀγροὺς ἴομεν καὶ ἔργ' ἀνθρώπων,
τόφρα σὺν ἀμφιπόλοισι μεθ' ἡμιόνους καὶ ἅμαξαν
καρπαλίμως ἔρχεσθαι· ἐγὼ δ' ὁδὸν ἡγεμονεύσω.
αὐτὰρ ἐπὴν πόλιος ἐπιβείομεν, ἣν πέρι πύργος
ὑψηλός, — καλὸς δὲ λιμὴν ἑκάτερθε πόληος,
λεπτὴ δ' εἰσίθμη· νῆες δ' ὁδὸν ἀμφιέλισσαι
εἰρύαται· πᾶσιν γὰρ ἐπίστιόν ἐστι ἑκάστῳ·
ἔνθα δέ τέ σφ' ἀγορή, καλὸν Ποσιδήιον ἀμφίς,

vers 244 : αἲ γὰρ ἐμοὶ τοιόσδε πόσις κεκλημένος εἴη
245 : ἐνθάδε ναιετάων, καί οἱ ἅδοι αὐτόθι μίμνειν

31. Les vœux de Nausicaa rejoignent ceux de son père Alkinoos (VII, 311-314), qui serait heureux d'avoir Ulysse pour gendre.

NAUSICAA. – « Servantes aux bras blancs, laissez-moi vous le dire ! Ce n'est pas sans l'accord unanime des dieux, des maîtres de l'Olympe, que, chez nos Phéaciens divins, cet homme arrive : je l'avoue, tout à l'heure, il me semblait vulgaire ; maintenant il ressemble aux dieux des champs du ciel ! puissé-je à son pareil donner le nom d'époux[31] ; s'il habitait ici ! qu'il lui plût d'y rester... Mes filles, portez-lui de quoi manger et boire. »

Elle dit : à sa voix, les femmes empressées posaient auprès d'Ulysse de quoi manger et boire. Avidement alors, il but, puis il mangea, cet Ulysse divin : tant de jours, il était resté sans nourriture, le héros d'endurance !

Mais la vierge aux bras blancs, poursuivant son dessein, ordonnait de charger dans la belle voiture tout le linge plié, puis d'atteler les mules aux pieds de corne dure, et, montée sur le char, elle invitait Ulysse, en lui disant tout droit :

NAUSICAA. – « Allons, debout, notre hôte ! il faut rentrer en ville ! Je m'en vais te conduire au manoir de mon père ; c'est un sage et chez lui tu pourras voir, crois-moi, la fleur des Phéaciens. Mais écoute-moi bien : tu parais plein de sens. Tant que nous longerons les champs et les cultures, suis, avec mes servantes, les mules et le char : vous presserez le pas ; je montrerai la route. Quand nous dominerons la ville[32], tu verras la hauteur de son mur, et la beauté des ports ouverts à ses deux flancs, et leurs passes étroites, et les doubles gaillards des vaisseaux remisés sur le bord du chemin, chacun sous son abri, et, dans ce même endroit, le beau Posidon[33], qu'entoure l'agora avec son carrelage de blocs tirés du mont,

32. La description que Nausicaa fait de Schéria est conforme à celle qu'un Grec ferait d'une *polis*.

33. Statue de la divinité protectrice des Phéaciens, peuple de marins issu de Poséidon. À côté de cette statue, se trouvait peut-être l'autel mentionné en XIII, 187.

ῥυτοῖσιν λάεσσι κατωρυχέεσσ' ἀραρυῖα·
ἔνθα δὲ νηῶν ὅπλα μελαινάων ἀλέγουσι,
πείσματα καὶ σπεῖρα, καὶ ἀποξύουσιν ἐρετμά·
οὐ γὰρ Φαιήκεσσι μέλει βιὸς οὐδὲ φαρέτρη,
ἀλλ' ἱστοὶ καὶ ἐρετμὰ νεῶν καὶ νῆες ἐῖσαι,
ᾗσιν ἀγαλλόμενοι πολιὴν περόωσι θάλασσαν· —
[τῶν ἀλεείνω φῆμιν ἀδευκέα, μή τις ὀπίσσω
μωμεύῃ, — μάλα δ' εἰσὶν ὑπερφίαλοι κατὰ δῆμον, —
καί νύ τις ὧδ' εἴπῃσι κακώτερος ἀντιβολήσας·
— Τίς δ' ὅδε Ναυσικάᾳ ἕπεται καλός τε μέγας τε
ξεῖνος ; ποῦ δέ μιν εὗρε ; πόσις νύ οἱ ἔσσεται αὐτῇ ;
ἤ τινά που πλαγχθέντα κομίσσατο ἧς ἀπὸ νηὸς
ἀνδρῶν τηλεδαπῶν, ἐπεὶ οὔ τινες ἐγγύθεν εἰσίν ;
ἤ τίς οἱ εὐξαμένῃ πολυάρητος θεὸς ἦλθεν
οὐρανόθεν καταβάς, ἕξει δέ μιν ἤματα πάντα ;
βέλτερον, εἰ καὐτή περ ἐποιχομένη πόσιν εὗρεν
ἄλλοθεν· ἦ γὰρ τούσδε γ' ἀτιμάζει κατὰ δῆμον
Φαίηκας, τοί μιν μνῶνται πολέες τε καὶ ἐσθλοί.
— Ὣς ἐρέουσιν· ἐμοὶ δέ κ' ὀνείδεα ταῦτα γένοιτο.
καὶ ⟨κ'⟩ ἄλλῃ νεμεσῶ ἥ τις τοιαῦτά γε ῥέζοι,
ἥδ' ἀέκητι φίλων πατρὸς καὶ μητρὸς ἐόντων
ἀνδράσι μίσγηται πρίν γ' ἀμφάδιον γάμον ἐλθεῖν.
ξεῖνε, σὺ δ' ὦκ' ἐμέθεν ξυνίει ἔπος, ὄφρα τάχιστα
πομπῆς καὶ νόστοιο τύχῃς παρὰ πατρὸς ἐμοῖο.]
δήομεν ἀγλαὸν ἄλσος Ἀθήνης ἄγχι κελεύθου
αἰγείρων· ἐν δὲ κρήνη νάει· ἀμφὶ δὲ λειμών.
ἔνθα δὲ πατρὸς ἐμοῦ τέμενος τεθαλυῖά τ' ἀλωή,
τόσσον ἀπὸ πτόλιος ὅσσόν τε γέγωνε βοήσας.
ἔνθα καθεζόμενος μεῖναι χρόνον, εἰς ὅ κεν ἡμεῖς
ἄστυ διέλθωμεν καὶ ἱκώμεθα δώματα πατρός.

34. Avant le mariage, une jeune fille ne devait pas se promener en compagnie d'un homme, comme elle le précise clairement au v. 285-288. Selon Woodhouse, 1969, 58, Nausicaa affirme habilement par ces mots son nom, son rang, sa condition de vierge à marier.

et, près des noirs vaisseaux, les fabricants d'agrès, de voiles, de cordages, les polisseurs de rames... Ne parle aux Phéaciens ni de carquois ni d'arc, mais de mâts, d'avirons et de ces fins navires qui les portent, joyeux, sur la mer écumante ! Il me faut éviter leurs propos sans douceur, car il ne manque pas d'insolents dans ce peuple pour blâmer par-derrière ; il suffirait qu'un plus méchant nous rencontrât ! Ah ! je l'entends d'ici : "Avec Nausicaa, quel est ce grand bel hôte ? où l'a-t-elle trouvé ? est-ce un mari pour elle ? est-ce un errant qu'elle a recueilli du naufrage ? d'où peut-il bien venir ? nous sommes sans voisins ! Le dieu de son attente est-il, à sa prière, venu du haut du ciel pour la prendre à jamais ? Tant mieux qu'en ses tournées elle ait enfin trouvé au-dehors un mari ! Elle allait méprisant tous ceux de Phéacie qui demandaient sa main ; et pourtant elle avait et le choix et le nombre[34] !" Voilà ce qu'on dirait : j'en porterais la honte. Moi-même, je n'aurais que blâme pour la fille ayant cette conduite : quand on a père et mère, aller à leur insu courir avec les hommes, sans attendre le jour des noces célébrées ! N'hésite pas, mon hôte ; entre dans mes raisons, si tu veux obtenir que mon père au plus tôt te fasse reconduire... Sur le bord du chemin, nous trouverons un bois de nobles peupliers : c'est le bois d'Athéna ; une source est dedans, une prairie l'entoure ; mon père a là son clos[35] de vigne en plein rapport ; c'est tout près de la ville, à portée de la voix... Fais halte en cet endroit ; tu t'assiéras, le temps que, traversant la ville, nous puissions arriver au manoir de mon père.

35. D'ordinaire le *témenos*, « clos », est une portion de terrain que les Anciens découpaient du territoire civique pour honorer une divinité ou un roi. Sur la question, cf. van Effenterre, 1967, 17-26, et Linkn 1994, 241-245.

αὐτὰρ ἐπὴν ἡμέας ἔλπῃ ποτὶ δώματ' ἀφῖχθαι,
καὶ τότε Φαιήκων ἴμεν ἐς πόλιν ἠδ' ἐρέεσθαι
δώματα πατρὸς ἐμοῦ μεγαλήτορος Ἀλκινόοιο·
ῥεῖα δ' ἀρίγνωτ' ἐστί, καὶ ἂν πάις ἡγήσαιτο
νήπιος· [οὐ μὲν γάρ τι ἐοικότα τοῖσι τέτυκται
δώματα Φαιήκων, οἷος δόμος Ἀλκινόοιο
ἥρω⟨ο⟩ς.] ἀλλ' ὁπότ' ἄν σε δόμοι κεκύθωσι καὶ αὐλή,
ὦκα μάλα μεγάροιο διελθέμεν, ὄφρ' ἂν ἵκηαι
μητέρ' ἐμήν. ἡ δ' ἧσται ἐπ' ἐσχάρῃ ἐν πυρὸς αὐγῇ,
ἠλάκατα στρωφῶσ' ἁλιπόρφυρα, θαῦμα ἰδέσθαι,
κίονι κεκλιμένη· δμῳαὶ δέ οἱ εἵατ' ὄπισθεν.
ἔνθα δὲ πατρὸς ἐμοῖο θρόνος ποτικέκλιται αὐγῇ,
τῷ ὅ γε οἰνοποτάζει ἐφήμενος ἀθάνατος ὥς.
τὸν παραμειψάμενος μητρὸς περὶ γούνασι χεῖρας
βάλλειν ἡμετέρης, ἵνα νόστιμον ἦμαρ ἴδηαι. 311
Ὣς ἄρα φωνήσασ' ἵμασεν μάστιγι φαεινῇ 316
ἡμιόνους· αἱ δ' ὦκα λίπον ποταμοῖο ῥέεθρα.
Αἱ δ' εὖ μὲν τρώχων, εὖ δὲ πλίσσοντο πόδεσσιν.
ἡ δὲ μάλ' ἡνιόχευεν, ὅπως ἅμ' ἑποίατο πεζοὶ
ἀμφίπολοί τ' Ὀδυσεύς τε, νόῳ δ' ἐπέβαλλεν ἱμάσθλην.
δύσετό τ' ἠέλιος καὶ τοὶ κλυτὸν ἄλσος ἵκοντο
ἱρὸν Ἀθηναίης, ἵν' ἄρ' ἕζετο δῖος Ὀδυσσεύς.
Αὐτίκ' ἔπειτ' ἠρᾶτο Διὸς Κούρῃ μεγάλοιο·

vers 312 : χαίρων καρπαλίμως, εἰ καὶ μάλα τηλόθεν ἐσσί·
313 : εἴ κέν τοι κείνη γε φίλα φρονέῃσ' ἐνὶ θυμῷ,
314 : ἐλπωρή τοι ἔπειτα φίλους ἰδέειν καὶ ἱκέσθαι
315 : οἶκον ἐυκτίμενον καὶ σὴν ἐς πατρίδα γαῖαν

Puis, lorsque tu pourras nous croire à la maison, viens alors à la ville ! demande aux Phéaciens le logis de mon père, du fier Alkinoos ; c'est facile à trouver ; le plus petit enfant te servira de guide ; dans notre Phéacie, il n'est rien qui ressemble à ce logis d'Alkinoos, notre seigneur ; et, sitôt à couvert en ses murs et sa cour, ne perds pas un instant : traverse la grand-salle et va droit à ma mère ; dans la lueur du feu, tu la verras assise au rebord du foyer, le dos à la colonne, tournant sa quenouillée teinte en pourpre de mer – enchantement des yeux ! Ses servantes sont là, assises derrière elle, tandis qu'en son fauteuil, le dos à la lueur, mon père à petits coups boit son vin comme un dieu. Passe sans t'arrêter et va jeter les bras aux genoux de ma mère[36], si tes yeux veulent voir la journée du retour, pour ton bonheur rapide, de si loin que tu sois ; si ma mère, en son cœur, te veut jamais du bien, tu peux avoir l'espoir de retrouver les tiens, de rentrer sous le toit de ta haute maison, au pays de tes pères. »

Elle dit et, du fouet luisant, poussa les mules. En vitesse, on quitta la ravine du fleuve. Au trot parfois, parfois au grand pas relevé, Nausicaa menait sans abuser du fouet, pour que les gens à pied, Ulysse et les servantes, pussent suivre le char.

Au coucher du soleil, ils longeaient le fameux bois sacré d'Athéna. C'est là que le divin Ulysse, ayant fait halte, implora sans tarder la fille du grand Zeus :

36. La mère de Nausicaa est Arété. Son nom signifie « celle à qui l'on adresse des prières » et expliquerait le rôle que Nausicaa lui accorde dans ces vers. Sur cette question, cf. Whittaker, 1999.

ΟΔΥ. — Κλῦθί μευ, αἰγιόχοιο Διὸς τέκος, Ἀτρυτώνη·
νῦν δή πέρ μευ ἄκουσον, ἐπεὶ πάρος οὔ ποτ' ἄκουσας
ῥαιομένου, ὅτε μ' ἔρραιε κλυτὸς Ἐννοσίγαιος.
δός μ' ἐς Φαίηκας φίλον ἐλθεῖν ἠδ' ἐλεεινόν.
Ὣς ἔφατ' εὐχόμενος· τοῦ δὲ κλύε Παλλὰς Ἀθήνη.

vers 329 : αὐτῷ δ' οὔ πω φαίνετ' ἐναντίη· αἴδετο γάρ ῥα
vers 330 : πατροκασίγνητον· ὁ δ' ἐπιζαφελῶς μενέαινεν
vers 331 : ἀντιθέῳ Ὀδυσῆι πάρος ἣν γαῖαν ἱκεσθαι

Ulysse. – « Fille de Zeus qui tient l'égide, Atrytonée[37], exauce ma prière ! C'est l'heure de m'entendre, ô toi qui restas sourde aux cris de ma détresse, quand j'étais sous les coups du glorieux Seigneur qui ébranle la terre ! Fais que les Phéaciens m'accueillent en ami et me soient pitoyables ! »

C'est ainsi qu'il priait : Athéna l'exauça, mais sans paraître encore devant lui, face à face, par respect pour son oncle[38], dont la fureur traquait cet Ulysse divin jusqu'à son arrivée à la terre natale.

37. Sur cette épithète, cf. IV, 762 et note.

38. Malgré son respect pour Poséidon, Athéna avait calmé la tempête qu'il avait soulevée pour sauver Ulysse ; cf. V, 382 ; Hainsworth, *ad loc.* ; Standford, 1954, 25-42, et Müller, 1968.

ΟΔΥΣΣΗΟΣ ΕΙΣΟΔΟΣ ΠΡΟΣ ΑΛΚΙΝΟΟΝ

Ὣς ὁ μὲν ἔνθ' ἠρᾶτο πολύτλας δῖος Ὀδυσσεύς·
κούρην δὲ προτὶ ἄστυ φέρεν μένος ἡμιόνοιιν.
ἡ δ' ὅτε δὴ οὗ πατρὸς ἀγακλυτὰ δώμαθ' ἵκανε,
στῆσεν ἄρ' ἐν προθύροισι· κασίγνητοι δέ μιν ἀμφὶς
ἵσταντ' ἀθανάτοισ' ἐναλίγκιοι, οἵ ῥ' ὑπ' ἀπήνης
ἡμιόνους ἔλυον ἐσθῆτά τ' ἔσφερον εἴσω·
αὐτὴ δ' ἐς θάλαμον ἑὸν ἤιε· δαῖε δέ οἱ πῦρ
γρηῢς ἀπειραίη, θαλαμηπόλος Εὐρυμέδουσα,
τήν ποτ' Ἀπείρηθεν νέες ἤγαγον ἀμφιέλισσαι,
Ἀλκινόῳ δ' αὖ τὴν γέρας ἔξελον, οὕνεκα πᾶσι
Φαιήκεσσι ἄνασσε, θεοῦ δ' ὣς δῆμος ἄκουεν·
ἣ τρέφε Ναυσικάαν λευκώλενον ἐν μεγάροισιν.
ἥ οἱ πῦρ ἀνέκαιε καὶ εἴσω δόρπον ἐκόσμει.
καὶ τότ' Ὀδυσσεὺς ὦρτο πόλιν δ' ἴμεν· ἀμφὶ δ' Ἀθήνη
πολλὴν ἠέρα χεῦε φίλα φρονέουσ' Ὀδυσῆι,

1. Cette épithète est traditionnelle et souligne la belle prestance des frères de Nausicaa qui, en Phéacie, exécutent la tâche dont se chargent les Heures dans l'Olympe ; cf. *Il.*, VIII, 432-435.

2. Soit « celle dont les préoccupations sont vastes ». Le nom de ce personnage inventé sied admirablement à une intendante.

L'ENTRÉE CHEZ ALKINOOS

(CHANT VII.) Mais tandis que, là-bas, le héros d'endurance, Ulysse le divin, faisait cette prière, la vaillance des mules avait jusqu'à la ville emporté la princesse. Arrivée au manoir splendide de son père, elle avait arrêté le char devant le porche ; pareils aux Immortels[1], ses frères, l'entourant et dételant les mules, avaient pris et porté le linge à la maison. Elle gagna sa chambre, où sa vieille Épirote, Euryméduse[2], vint lui allumer son feu : c'était sa chambrière ; sur leurs doubles gaillards, les vaisseaux autrefois l'avaient prise, en Épire[3] ; Alkinoos, hors part, l'avait eue en cadeau, étant le souverain de cette Phéacie où, comme l'un des dieux, le peuple l'écoutait ; elle était au manoir devenue la nourrice de la vierge aux bras blancs.

Elle alluma le feu et, dans la chambre même, vint servir le souper.

Ulysse se levait et prenait à son tour le chemin de la ville ; en son tendre souci, Athéna le couvrait d'une épaisse nuée[4], craignant qu'il ne croisât quelque fier

3. Ce vers laisse à penser que les Phéaciens pratiquent également la piraterie. Pour ceux qui considèrent que Schéria est l'île de Corfou, la patrie d'Euryméduse doit être l'Épire, au nord-ouest de la Grèce. Selon Hainsworth, *ad loc.*, le terme grec *Apira* serait une invention poétique sur le modèle d'Hypérie (VI, 4).

4. Sur le champ de bataille les dieux entourent leurs protégés de semblables nuages (*Il.*, III, 380-382 ; XIII, 189-191, etc.).

μή τις Φαιήκων μεγαθύμων ἀντιβολήσας
κερτομέοι τ' ἐπέεσσι καὶ ἐξερέοιθ' ὅτις εἴη.
Ἀλλ' ὅτε δὴ ἄρ' ἔμελλε πόλιν δύσεσθαι ἐραννήν,
ἔνθά οἱ ἀντεβόλησε θεὰ γλαυκῶπις Ἀθήνη
παρθενικῇ ἐικυῖα νεήνιδι, κάλπιν ἐχούσῃ.
στῆ δὲ πρόσθ' αὐτοῦ· ὁ δ' ἀνείρετο δῖος Ὀδυσσεύς·
ΟΔΥ. — Ὦ τέκος, οὐκ ἄν μοι δόμον ἀνέρος ἡγήσαιο
Ἀλκινόου, ὃς τοῖσδε μετ' ἀνθρώποισι ἀνάσσει;
καὶ γὰρ ἐγὼ ξεῖνος ταλαπείριος ἐνθάδ' ἱκάνω
τηλόθεν ἐξ ἀπίης γαίης· τῷ οὔ τινα οἶδα
ἀνθρώπων, οἳ τήνδε πόλιν καὶ γαῖαν ἔχουσι.
Τὸν δ' αὖτε προσέειπε θεὰ γλαυκῶπις Ἀθήνη·
ΑΘΗ. — Τοὶ γὰρ ἐγώ τοι, ξεῖνε πάτερ, δόμον ὅν με κελεύεις
δείξω, ἐπεί μοι πατρὸς ἀμύμονος ἐγγύθι ναίει.
ἀλλ' ἴθι σιγῇ τοῖον· ἐγὼ δ' ὁδὸν ἡγεμονεύσω·
μηδέ τιν' ἀνθρώπων προτιόσσεο μηδ' ἐρέεινε.
οὐ γὰρ ξείνους οἵ γε μάλ' ἀνθρώπους ἀνέχονται,
οὐδ' ἀγαπαζόμενοι φιλέουσ' ὅς κ' ἄλλοθεν ἔλθῃ.
νηυσὶ ⟨σφ⟩ῇσιν τοί γε πεποιθότες ὠκείῃσι,
λαῖτμα μέγ' ἐκπερόωσιν, ἐπεί σφισι δῶκ' Ἐνοσίχθων·
τῶν νέες ὠκεῖαι ὡς εἰ πτερὸν ἠὲ νόημα.
Ὣς ἄρα φωνήσασ' ἡγήσατο Παλλὰς Ἀθήνη
καρπαλίμως· ὁ δ' ἔπειτα μετ' ἴχνια βαῖνε θεοῖο.
τὸν δ' ἄρα Φαίηκες ναυσικλυτοὶ οὐκ ἐνόησαν·

vers 40 : ἐρχόμενον κατὰ ἄστυ διὰ σφέας· οὐ γὰρ Ἀθήνη
41 : εἴα ἐυπλόκαμος, δεινὴ θεός, ἥ ῥά οἱ ἀχλὺν
42 : θεσπεσίην κατέχευε φίλα φρονέουσ' ἐνὶ θυμῷ

5. Demander son nom à un étranger avant de lui offrir des cadeaux d'hospitalité est une attitude propre aux hommes civilisés. Ce vers, en soulignant la xénophobie des Phéaciens, vise à susciter le suspens auprès du public de l'aède. Cf. Rose, 1965, 387-406 ; de Vries, 1977, 113-121, et Ballabriga, 1998, 197-198.

Phéacien qui, l'insulte à la bouche, voudrait savoir son nom[5]. Comme il allait entrer en cette ville aimable, voici qu'à sa rencontre Athéna s'avançait : la déesse aux yeux pers avait pris la figure d'une petite fille[6] ; une cruche à la main, elle était devant lui, debout, et le divin Ulysse demanda :

ULYSSE. – « Mon enfant, voudrais-tu me conduire au logis du seigneur qui régit ce peuple, Alkinoos ? Je suis un étranger : après bien des épreuves, j'arrive de très loin, des pays d'outre-mer ; de tous les habitants de cette ville et terre, je ne connais personne. »

Athéna, la déesse aux yeux pers, répliqua :

ATHÉNA. – « Étranger, notre père ! je m'en vais t'indiquer la maison que tu veux : mon honorable père habite tout auprès. Mais suis-moi sans parler ; je te montre la route ; ne regarde personne et ne demande rien. Les étrangers ici reçoivent peu d'accueil[7] ; à qui vient du dehors, on ne fait pas grand-fête ni même d'amitiés ; nous mettons nos espoirs en nos croiseurs rapides ; car l'Ébranleur du sol a concédé le grand abîme à nos passeurs : nos vaisseaux sont plus prompts que l'aile ou la pensée[8]. »

En parlant, Athéna le menait au plus court. Il suivait la déesse et marchait sur ses traces. Invisible à ces armateurs de Phéacie, bien qu'il passât près d'eux au travers de la ville – en son tendre souci, la déesse bouclée, la terrible Athéna l'avait enveloppé d'une brume divine –,

6. Lors de son arrivée à Ithaque (XIII, 221-225), Athéna se présentera devant Ulysse sous les traits d'un pâtre. Depuis le chant V, sa protection à l'égard d'Ulysse est sans faille, même si le héros lui reproche de garder ses distances.

7. Voir, plus haut, v. 16-17 et note.

8. Ces propos seront repris par Alkinoos en VIII, 555-563. Sur ces vers, voir Ballabriga, 1998, 198-203.

θαύμαζεν δ' Ὀδυσεὺς λιμένας καὶ νῆας ἐίσας
αὐτῶν θ' ἡρώων ἀγορὰς καὶ τείχεα μακρὰ
ὑψηλά, σκολόπεσσιν ἀρηρότα, θαῦμα ἰδέσθαι.
  Ἀλλ' ὅτε δὴ βασιλῆος ἀγακλυτὰ δώμαθ' ἵκοντο,
τοῖσι δὲ μύθων ἦρχε θεὰ γλαυκῶπις Ἀθήνη·
ΑΘΗ. — Οὗτος δή τοι, ξεῖνε πάτερ, δόμος ὃν με κελεύεις
πεφραδέμεν· δήεις δὲ διοτρεφέας βασιλῆας
δαίτην δαινυμένους· σὺ δ' ἔσω κίε μηδέ τι θυμῷ
τάρβει· θαρσαλέος γὰρ ἀνὴρ ἐν πᾶσιν ἀμείνων
[ἔργοισιν τελέθει, εἰ καί ποθεν ἄλλοθεν ἔλθοι].
δέσποιναν μὲν πρῶτα κιχήσεαι ἐν μεγάροισιν·
Ἀρήτη δ' ὄνομ' ἐστὶν ἐπώνυμον, ἐκ δὲ τοκήων
τῶν αὐτῶν οἵ περ τέκον Ἀλκίνοον βασιλῆα.
[Ναυσίθοον μὲν πρῶτα Ποσειδάων ἐνοσίχθων
γείνατο καὶ Περίβοια, γυναικῶν εἶδος ἀρίστη,
ὁπλοτάτη θυγάτηρ μεγαλήτορος Εὐρυμέδοντος,
ὅς ποθ' ὑπερθύμοισι Γιγάντεσσιν βασίλευεν·
ἀλλ' ὁ μὲν ὤλεσε λαὸν ἀτάσθαλον, ὤλετο δ' αὐτός·
τῇ δὲ Ποσειδάων ἐμίγη καὶ ἐγείνατο παῖδα
Ναυσίθοον μεγάθυμον, ὃς ἐν Φαίηξι ἄνασσε·
Ναυσίθοος δ' ἔτεκεν Ῥηξήνορά τ' Ἀλκίνοόν τε.
τὸν μὲν ἄκουρον ἐόντα βάλ' ἀργυρότοξος Ἀπόλλων
νυμφίον, ἐν μεγάρῳ μίαν οἴην παῖδα λιπόντα

9. Le paysage qu'Ulysse admire est celui d'une péninsule, selon les commentateurs, cf. VI, 263.

10. Sur l'organisation de l'espace, sur la *polis* des Phéaciens, voir VI, 262 sq. Pour les fortifications, cf. Lorimer, 1950, 432-433.

11. Nausicaa avait donné le même conseil à Ulysse en VI, 303 sq.

12. Certains commentateurs croient que les vers 56-79 qui présentent Arété comme la nièce d'Alkinoos seraient interpolés. En tout cas, l'union d'Alkinoos et d'Arété est endogamique, voire incestueuse. Chez Homère, ce type d'union ne semble pas étonnant, du moins dans

il allait, admirant les ports[9], les fins navires et, dans les agoras, la foule des héros, et, merveilleuse à voir, la ligne des hauts murs, garnis de palissades[10].

Quand on fut au manoir magnifique du roi, c'est Pallas Athéna, la déesse aux yeux pers, qui reprit la parole :

ATHÉNA. – « Voici, pour t'obéir, étranger, notre père ! la maison que tu veux : tu vas trouver nos rois, les nourrissons de Zeus, en train de banqueter. Entre donc ; que ton cœur soit sans crainte ; l'audace vaut mieux en toute affaire quand on veut réussir, surtout à l'étranger.

Va droit à la maîtresse ; elle est en la grand-salle. Son nom est Arété[11] ; elle a reçu le jour des mêmes père et mère[12], qui furent les parents du roi Alkinoos. C'était Nausithoos, que l'Ébranleur du sol, Posidon, avait engendré de Péribée[13], la plus belle des femmes, la plus jeune des filles du fier Eurymédon[14], qui jadis était roi des farouches Géants, mais qui causa la perte de son peuple féroce et se perdit lui-même. Aimée de Posidon, Péribée mit au jour un fils, Nausithoos, qui de nos Phéaciens fut le roi magnanime, et, de Nausithoos, deux fils sont nés, Alkinoos et Rhéxénor[15]. Mais, sitôt marié, Rhéxénor succombait sous les traits d'Apollon, le dieu à l'arc d'argent ; il n'avait pas encore de fils ; il ne laissait

ces pays du bout du monde. En effet, les enfants d'Éole se sont mariés entre eux, cf. X, 2-12.

13. Cette géante n'est mentionnée que dans ces vers de l'*Odyssée*.

14. Géant dont le royaume se trouvait aux confins de la terre. Il aurait violé Héra alors qu'elle était enfant et, de cette union violente, serait né Prométhée. Sur ce personnage, voir schol. à l'*Il.*, XIV, 295. Pour le rapprochement entre Géants et Phéaciens, cf. Ballabriga, 1998, 188-198.

15. Personnage inconnu par ailleurs. Rhéxénor, « broyeur », est l'épithète d'Achille ; cf. *Il.*, VII, 228, et *Od.*, IV, 5.

Ἀρήτην· τὴν δ' Ἀλκίνοος ποιήσατ' ἄκοιτιν
καί μιν ἔτισ' ὡς οὔ τις ἐπὶ χθονὶ τίεται ἄλλη,
ὅσσαι νῦν γε γυναῖκες ὑπ' ἀνδράσι οἶκον ἔχουσιν·
ὣς κείνη περὶ κῆρι τετίμηταί τε καὶ ἔστιν
ἔκ τε φίλων παίδων ἔκ τ' αὐτοῦ Ἀλκινόοιο
καὶ λαῶν, οἵ μίν ῥα θεὸν ὣς εἰσορόωντες
δειδέχαται μύθοισιν, ὅτε στείχῃσ' ἀνὰ ἄστυ.
οὐ μὲν γάρ τι νόου γε καὶ αὐτὴ δεύεται ἐσθλοῦ·
οἷσί τ' εὖ φρονέῃσι, καὶ ἀνδράσι νείκεα λύει.]
εἴ κέν τοι κείνη γε φίλα φρονέῃσ' ἐνὶ θυμῷ,
ἐλπωρή τοι ἔπειτα φίλους ἰδέειν καὶ ἱκέσθαι
οἶκον ἐς ὑψόροφον καὶ σὴν ἐς πατρίδα γαῖαν.
Ὣς ἄρα φωνήσασ' ἀπέβη γλαυκῶπις Ἀθήνη
πόντον ἐπ' ἀτρύγετον, λίπε δὲ Σχερίην ἐρατεινήν,
ἵκετο δ' ἐς Μαραθῶνα καὶ εὐρυάγυιαν Ἀθήνην,
δῦνε δ' Ἐρεχθῆος πυκινὸν δόμον. αὐτὰρ Ὀδυσσεὺς
Ἀλκινόου πρὸς δώματ' ἴε κλυτά· πολλὰ δέ οἱ κῆρ
ὥρμαιν' ἱσταμένῳ πρὶν χάλκεον οὐδὸν ἱκέσθαι·
ὥς τε γὰρ ἠελίου αἴγλη πέλεν ἠὲ σελήνης
δῶμα καθ' ὑψερεφὲς μεγαλήτορος Ἀλκινόοιο.
χάλκεοι μὲν γὰρ τοῖχοι ἐληλέδατ' ἔνθα καὶ ἔνθα,
ἐς μυχὸν ἐξ οὐδοῦ· περὶ δὲ θριγκὸς κυάνοιο·
χρύσειαι δὲ θύραι πυκινὸν δόμον ἐντὸς ἔεργον·
σταθμοὶ δ' ἀργύρεοι ⟨ἐπὶ⟩ χαλκέῳ ἕστασαν οὐδῷ
ἀργύρεον δ' ἐφ' ὑπερθύριον, χρυσέη δὲ κορώνη·

16. Sur Arété, voir VI, 310 et note.

17. Malgré cette présentation très élogieuse d'Arété qui laisse à penser que son rôle est fondamental, c'est Alkinoos, le premier parmi les douze rois de l'île, qui dirige effectivement la politique. Sur le rôle d'Arété en Phéacie, cf. Whittaker, 1999, 140-150.

18. Athéna rentre en Attique par le nord, la plaine marécageuse de Marathon étant située à l'extrême pointe de la région.

qu'une fille, Arété[16]. Son frère Alkinoos, ayant pris Arété pour femme, l'honora comme pas une au monde ne peut l'être aujourd'hui, parmi toutes les femmes qui tiennent la maison sous la loi d'un époux. Elle eut, elle a toujours le cœur et les hommages de ses enfants, du roi Alkinoos lui-même ainsi que de ses peuples. Les yeux tournés vers elle, autant que vers un dieu, on la salue d'un mot quand elle passe au bourg : elle a tant de raison, elle aussi, de noblesse ! Sa bonté, même entre hommes, arrange les querelles. Si jamais, en son cœur, elle te veut du bien, tu peux avoir l'espoir de retrouver les tiens, de rentrer sous le toit de ta haute maison, au pays de tes pères[17]. »

À ces mots, l'Athéna aux yeux pers disparut vers la mer inféconde et s'en fut, en quittant cette aimable Schérie, retrouver Marathon[18], les larges rues d'Athènes[19] et, dans ses murs épais, le foyer d'Érechthée[20].

Ulysse allait rentrer dans la noble demeure du roi Alkinoos ; il fit halte un instant[21]. Que de trouble en son cœur, devant le seuil de bronze ! car, sous les hauts plafonds du fier Alkinoos, c'était comme un éclat de soleil et de lune ! Du seuil jusques au fond, deux murailles de bronze s'en allaient, déroulant leur frise d'émail bleu. Des portes d'or s'ouvraient dans l'épaisse muraille : les montants, sur le seuil de bronze, étaient d'argent ; sous le linteau d'argent, le corbeau était d'or,

19. Le poète suggère qu'Athènes est la cité préférée d'Athéna.

20. Roi mythique d'Athènes qui avait son palais sur l'Acropole. Il se confond souvent avec le héros Érecthonios, moitié homme, moitié serpent (cf. Loraux, 1996, 27-48 et 51-59). Le temple d'Athéna et son rapport avec Érechthée étaient connus depuis l'*Iliade*, II, 547-549.

21. Comme Hermès dans l'île de Calypso (V, 63 sq.), Ulysse se laisse charmer par la beauté qui l'entoure. Sur les palais homériques, cf. Lorimer, 1950, 406-451 ; Finley, 1967, 3-20 = 1975, 178-192.

χρύσειοι δ' ἑκάτερθε καὶ ἀργύρεοι κύνες ἦσαν,
οὓς Ἥφαιστος ἔτευξε ἰδυίῃσι πραπίδεσσι
δῶμα φυλασσέμεναι μεγαλήτορος Ἀλκινόοιο· 93
ἐν δὲ θρόνοι περὶ τοῖχον ἐρηρέδατ' ἔνθα καὶ ἔνθα, 95
ἐς μυχὸν ἐξ οὐδοῖο διαμπερές, ἔνθ' ἐνὶ πέπλοι
λεπτοὶ ἐύνητοι βεβλήατο, ἔργα γυναικῶν.
ἔνθα δὲ Φαιήκων ἡγήτορες ἑδριόωντο, 98
[χρύσειοι δ' ἄρα κοῦροι ἐυδμήτων ἐπὶ βωμῶν 100
ἕστασαν αἰθομένας δαΐδας μετὰ χερσὶν ἔχοντες,
φαίνοντες νύκτας κατὰ δώματα δαιτυμόνεσσι.
πεντήκοντα δέ οἱ δμῳαὶ κατὰ δῶμα γυναῖκες·
αἱ μὲν ἀλετρεύουσι μύλῃσ' ἔπι μήλοπα καρπόν
αἱ δ' ἱστοὺς ὑφόωσι καὶ ἠλάκατα στρωφῶσιν 105
ἥμεναι, οἷά τε φύλλα μακεδνῆς αἰγείροιο·
καιροσέων δ' ὀθονέων ἀπολείβεται ὑγρὸν ἔλαιον.
ὅσσον Φαίηκες περὶ πάντων ἴδριες ἀνδρῶν
νῆα θοὴν ἐνὶ πόντῳ ἐλαυνέμεν, ὣς δὲ γυναῖκες
ἱστὸν τεχνῆσσαι· περὶ γάρ σφισι δῶκεν Ἀθήνη 110
ἔργά τ' ἐπίστασθαι περικαλλέα καὶ φρένας ἐσθλάς.
ἔκτοσθεν δ' αὐλῆς μέγας ὄρχατος ἄγχι θυράων
τετράγυος· περὶ δ' ἕρκος ἐλήλαται ἀμφοτέρωθεν.
ἔνθα δὲ δένδρεα μακρὰ πεφύκασι τηλεθόωντα,
ὄγχναι καὶ ῥοιαὶ καὶ μηλέαι ἀγλαόκαρποι 115
συκέαι τε γλυκεραὶ καὶ ἐλαῖαι τηλεθόωσαι.
τάων οὔ ποτε καρπὸς ἀπόλλυται οὐδ' ἀπολείπει
χείματος οὐδὲ θέρευς, ἐπετήσιος· ἀλλὰ μάλ' αἰεὶ
Ζεφυρίη πνείουσα τὰ μὲν φύει, ἄλλα δὲ πέσσει.
ὄγχνη ἐπ' ὄγχνῃ γηράσκει, [μῆλον δ' ἐπὶ μήλῳ, 120

vers 94 : ἀθανάτους ὄντας καὶ ἀγήρως ἤματα πάντα
vers 99 : πίνοντες καὶ ἔδοντες· ἐπηετανὸν γὰρ ἔχεσκον

22. Selon Hainsworth, *ad loc.*, ces statues étaient inanimées.

et les deux chiens du bas, que l'art le plus adroit d'Héphaestos avait faits pour garder la maison du fier Alkinoos et rester immortels, jeunes à tout jamais, étaient d'or et d'argent[22].

Aux murs, des deux côtés, s'adossaient les fauteuils en ligne continue, du seuil jusques au fond ; sur eux, étaient jetés de fins voiles tissés par la main des servantes. C'était là que siégeaient les doges phéaciens, mangeant, buvant, ayant toute l'année de quoi.

Des éphèbes en or, sur leurs socles de pierre, se dressaient, torche en main pour éclairer, de nuit, la salle et les convives. Des cinquante servantes qui vivent au manoir, les unes sous la meule écrasent le blé d'or, d'autres tissent la toile ou tournent la quenouille, comme tourne la feuille au haut du peuplier ; des tissus en travail, l'huile en gouttant s'écoule[23] ; autant les Phéaciens sur le reste des hommes l'emportent à pousser dans les flots un croiseur, sur les femmes autant l'emportent les tisseuses, Athéna leur ayant accordé entre toutes la droiture du cœur et l'adresses des mains. Aux côtés de la cour, on voit un grand jardin[24], avec ses quatre arpents enclos dans une enceinte. C'est d'abord un verger dont les hautes ramures, poiriers et grenadiers et pommiers aux fruits d'or et puissants oliviers et figuiers domestiques, portent, sans se lasser ni s'arrêter, leurs fruits ; l'hiver comme l'été, toute l'année, ils donnent ; l'haleine du Zéphyr, qui souffle sans relâche, fait bourgeonner les uns, et les autres donner la jeune poire auprès de la poire vieillie, la pomme sur la pomme, la grappe sur la grappe,

23. Ces vers ont fait couler beaucoup d'encre. Certains pensent que le poète fait allusion à l'éclat du tissu qui ressemble à celui de l'huile. D'autres, comme Bérard, pensent que les Anciens utilisaient effectivement l'huile dans le tissage.

24. Sur ce jardin, présenté par le poète comme une sorte de jardin d'Éden, voir, Finley, 1967, 3-20 = 1975, 178-192.

αὐτὰρ ἐπὶ σταφυλῇ σταφυλή,] σῦκον δ' ἐπὶ σύκῳ.
ἔνθα δέ οἱ πολύκαρπος ἀλωὴ ἐρρίζωται,
τῆς ἕτερον μέν θ' εἰλόπεδον λευρῷ ἐνὶ χώρῳ
τέρσεται ἠελίῳ ⟨σταφυλ⟩ὰς δ' ἄρα τε τρυγόωσιν,
ἄλλας δὲ τραπέουσι· πάροιθε δέ τ' ὄμφακές εἰσιν
ἄνθος ἀφιεῖσαι· ἕτεραι δ' ὑποπερκάζουσιν.
ἔνθα δὲ κοσμηταὶ πρασιαὶ παρὰ νείατον ὄρχον
παντοῖαι πεφύασιν, ἐπηετανὸν γανόωσαι.
ἐν δὲ δύω κρῆναι· ἡ μέν τ' ἀνὰ κῆπον ἅπαντα
σκίδναται· ἡ δ' ἑτέρωθεν ὑπ' αὐλῆς οὐδὸν ἵησι
πρὸς δόμον ὑψηλόν, ὅθεν ὑδρεύοντο πολῖται.
τοῖ' ἄρ' ἐν Ἀλκινόοιο θεῶν ἔσαν ἀγλαὰ δῶρα.]
ἔνθα στὰς θηεῖτο πολύτλας δῖος Ὀδυσσεύς.

Αὐτὰρ ἐπεὶ δὴ πάντα ἑῷ θηήσατο θυμῷ,
καρπαλίμως ὑπὲρ οὐδὸν ἐβήσετο δώματος εἴσω,
εὗρε δὲ Φαιήκων ἡγήτορας ἠδὲ μέδοντας
σπένδοντας δεπάεσσιν ἐυσκόπῳ Ἀργειφόντῃ,
ᾧ πυμάτῳ σπένδεσκον, ὅτε μνησαίατο κοίτου.

Αὐτὰρ ὁ βῆ διὰ δῶμα πολύτλας δῖος Ὀδυσσεύς,
πολλὴν ἠέρ' ἔχων, ἥν οἱ περίχευεν Ἀθήνη,
ὄφρ' ἵκετ' Ἀρήτην τε καὶ Ἀλκίνοον βασιλῆα,
ἀμφὶ δ' ἄρ' Ἀρήτης βάλε γούνασι χεῖρας Ὀδυσσεύς,
καὶ τότε δή ῥ' αὐτοῖο πάλιν χύτ' ⟨ἀ⟩θέσφατος ἀήρ.
οἱ δ' ἄνεῳ ἐγένοντο δόμον κάτα φῶτα ἰδόντες,
θαύμαζον δ' ὁρόωντες· ὁ δὲ λιτάνευεν Ὀδυσσεύς·

ΟΔΥ. — [Ἀρήτη, θύγατερ Ῥηξήνορος ἀντιθέοιο,]
⟨Ὦ γύναι αἰδοίη μεγαλήτορος Ἀλκινόοιο,⟩

25. Si Alkinoos est le *primus inter pares*, ces rois sont les douze conseillers qui siègent avec lui pour diriger les Phéaciens. Cf. VIII, 390.

la figue sur la figue. Plus loin, chargé de fruits, c'est un carré de vignes, dont la moitié, sans ombre, au soleil se rôtit, et déjà l'on vendange et l'on foule les grappes; mais dans l'autre moitié, les grappes encore vertes laissent tomber la fleur ou ne font que rougir. Enfin, les derniers ceps bordent les plates-bandes du plus soigné, du plus complet des potagers ; vert en toute saison, il y coule deux sources; l'une est pour le jardin, qu'elle arrose en entier, et l'autre, sous le seuil de la cour, se détourne vers la haute maison, où s'en viennent à l'eau tous les gens de la ville. Tels étaient les présents magnifiques des dieux au roi Alkinoos.

Or, le divin Ulysse restait à contempler. Mais lorsque, dans son cœur, le héros d'endurance eut fini d'admirer, vite il franchit le seuil, entra dans la grand-salle et trouva, coupe en main, les rois de Phéacie : doges et conseillers[25] étaient en train de boire au Guetteur rayonnant[26] ; c'est à lui qu'en dernier, avant d'aller dormir, ils faisaient leur offrande. Sous l'épaisse nuée versée par Athéna, le héros d'endurance alla par la grand-salle, vers Arété et vers le roi Alkinoos. Comme il jetait les bras aux genoux[27] d'Arété, cet Ulysse divin, la céleste nuée soudain se dissipa et tous, en la demeure, étonnés à la vue de cet homme, se turent. Ulysse suppliait :

Ulysse. – « Arété, qu'engendra le noble Rhéxénor ! Ô femme vénérée du fier Alkinoos ! je viens à ton mari,

26. Épithète d'Hermès qui est honoré comme celui qui apporte le sommeil. Sur ce rôle, cf. V, 47, et *Il.*, XXIV, 445. Dans les banquets *(symposia)*, les Grecs faisaient des libations d'abord aux Olympiens, puis aux héros et enfin à Zeus Téléios, « celui qui accomplit ».

27. Sur la position du suppliant et sur la supplication, cf. III, 92, VI, 149 sq. et note.

σόν τε πόσιν σά τε γούναθ' ἱκάνω πολλὰ μογήσας
τούσδέ τε δαιτυμόνας· τοῖσιν θεοὶ ὄλβια δοῖεν
ζωέμεναι καὶ παισὶν ἐπιτρέψειε ἕκαστος
κτήματ' ἐνὶ μεγάροισι γέρας θ' ὅ τι δῆμος ἔδωκεν·
αὐτὰρ ἐμοὶ πομπὴν ὀτρύνετε πατρίδ' ἱκέσθαι
θᾶσσον, ἐπεὶ δὴ δηθὰ φίλων ἄπο πήματα πάσχω.
Ὣς εἰπὼν κατ' ἄρ' ἕζετ' ἐπ' ἐσχάρῃ ἐν κονίῃσι
πὰρ πυρί· οἱ δ' ἄρα πάντες ἀκὴν ἐγένοντο σιωπῇ·
ὀψὲ δὲ δὴ μετέειπε γέρων ἥρως Ἐχένηος,
ὃς δὴ Φαιήκων ἀνδρῶν προγενέστερος ἦεν
καὶ μύθοισι κέκαστο, παλαιά τε πολλά τε εἰδώς.
Ὅ σφιν ἐυφρονέων ἀγορήσατο καὶ μετέειπεν·
ΕΧΕ. — Ἀλκίνο', οὐ μέν τοι τόδε κάλλιον οὐδὲ ἔοικε
ξεῖνον μὲν χαμαὶ ἧσθαι ἐπ' ἐσχάρῃ ἐν κονίῃσιν·
οἵδε δὲ σὸν μῦθον ποτιδέγμενοι ἰσχανόωνται.
ἀλλ' ἄγε δὴ ξεῖνον μὲν ἐπὶ θρόνου ἀργυροήλου
εἷσον ἀναστήσας· σὺ δὲ κηρύκεσσι κέλευσον
οἶνον ἐπικρῆσαι, ἵνα καὶ Διὶ τερπικεραύνῳ
σπείσομεν, ὅς θ' ἱκέτῃσιν ἅμ' αἰδοίοισιν ὀπηδεῖ·
δόρπον δὲ ξείνῳ ταμίη δότω ἔνδον ἐόντων.
Αὐτὰρ ἐπεὶ τό γ' ἄκουσ' ἱερὸν μένος Ἀλκινόοιο,
χειρὸς ἑλὼν Ὀδυσῆα δαΐφρονα ποικιλομήτην
ὦρσεν ἀπ' ἐσχαρόφιν καὶ ἐπὶ θρόνου εἷσε φαεινοῦ,
υἱὸν ἀναστήσας ἀγαπήνορα Λαοδάμαντα,
ὅς οἱ πλησίον ἷζε· μάλιστα δέ μιν φιλέεσκε.
χέρνιβα δ' ἀμφίπολος προχόῳ ἐπέχευε φέρουσα
καλῇ, χρυσείῃ, ὑπὲρ ἀργυρέοιο λέβητος,
νίψασθαι, παρὰ δὲ ξεστὴν ἐτάνυσσε τράπεζαν·
σῖτον δ' αἰδοίη ταμίη παρέθηκε φέρουσα,

28. Malgré cette supplication très persuasive, la réponse d'Arété se fera attendre jusqu'au v. 233. Cf. Fenik, 1974, 1-18. Pour une confrontation entre Ulysse et les femmes puissantes, cf. Freiert, 1986.

je viens à tes genoux après bien des traverses ! Je viens à tes convives ! Que le ciel vous accorde à tous de vivre heureux et de laisser un jour, chacun à vos enfants, les biens de vos manoirs et les présents d'honneur que le peuple vous offre ! Mais pour me ramener au pays de mes pères, ne tardez pas un jour : si longtemps, loin des miens, j'ai souffert tant de maux[28] ! »

Il dit et, près du feu, au rebord du foyer, il s'assit dans la cendre[29], et tous restaient muets. Enfin, dans le silence, on entendit la voix du vieil Échénéos[30] : c'était le plus âgé des héros phéaciens, le plus disert aussi ; il savait tant et tant des choses d'autrefois ! C'est pour le bien de tous qu'il prenait la parole :

ÉCHÉNÉOS. – « Il n'est, Alkinoos, ni bon ni convenable qu'un hôte reste assis dans la cendre, par terre, au rebord du foyer. Si, tous, nous nous taisons, c'est pour te laisser dire... Relève l'étranger, fais-le s'asseoir en un fauteuil aux clous d'argent, puis ordonne aux hérauts de mélanger du vin : que nous buvions encore au brandisseur de foudre, à Zeus qui nous amène et recommande à nos respects les suppliants[31] ! et dis à l'intendante de prendre en sa réserve le souper de notre hôte ! »

Il dit. Sa Sainteté et Force Alkinoos eut à peine entendu, qu'il prit la main d'Ulysse, releva du foyer le rusé compagnon et, pour le faire asseoir, fit lever d'un fauteuil luisant l'un de ses fils qui siégeaient près de lui ; c'était Laodamas, ce fils au grand courage qu'il aimait entre tous. Vint une chambrière, qui, portant une aiguière en or, et du plus beau, lui donnait à laver sur un bassin d'argent et dressait devant lui une table polie. Vint la digne intendante ; elle apportait le pain et le mit devant

29. Cette position indique l'extrême détresse du héros que l'on peut comparer à celle de Pénélope en IV, 716-719.

30. Ce personnage, comme l'ont signalé beaucoup de commentateurs, est en quelque sorte « le Nestor » des Phéaciens.

31. Sur la question, cf. Burkert, 1985, 248.

εἴδατα πόλλ' ἐπιθεῖσα, χαριζομένη παρεόντων.
αὐτὰρ ὁ πῖνε καὶ ἦσθε πολύτλας δῖος Ὀδυσσεύς.
[Καὶ τότε κήρυκα προσέφη μένος Ἀλκινόοιο·
ΑΛΚ. — Ποντόνοε, κρητῆρα κερασσάμενος μέθυ νεῖμον
πᾶσιν ἀνὰ μέγαρον, ἵνα καὶ Διὶ τερπικεραύνῳ
σπείσομεν, ὅς θ' ἱκέτῃσιν ἅμ' αἰδοίοισιν ὀπηδεῖ.
Ὣς φάτο· Ποντόνοος δὲ μελίφρονα οἶνον ἐκίρνα,
νώμησεν δ' ἄρα πᾶσιν ἐπαρξάμενος δεπάεσσιν.
αὐτὰρ ἐπεὶ σπεῖσάν τε πίον θ' ὅσον ἤθελε θυμός...]
⟨Αὐτὰρ ἐπεὶ δείπνησε καὶ ἤραρε θυμὸν ἐδωδῇ,⟩
τοῖσιν δ' Ἀλκίνοος ἀγορήσατο καὶ μετέειπε·
ΑΛΚ. — Κέκλυτε, Φαιήκων ἡγήτορες ἠδὲ μέδοντες,
ὄφρ' εἴπω τά με θυμὸς ἐνὶ στήθεσσι κελεύει·
νῦν μὲν δαισάμενοι κατακείετε οἴκαδ' ἰόντες·
ἠῶθεν δὲ γέροντας ἐπὶ πλέονας καλέσαντες
ξεῖνον ἐνὶ μεγάροις ξεινίσσομεν ἠδὲ θεοῖσι
ῥέξομεν ἱερὰ καλά, ἔπειτα δὲ καὶ περὶ πομπῆς
φρασσόμεθ', ὥς χ' ὁ ξεῖνος ἄνευθε πόνου καὶ ἀνίης
πομπῇ ὑφ' ἡμετέρῃ ἣν πατρίδα γαῖαν ἵκηται
χαίρων καρπαλίμως, εἰ καὶ μάλα τηλόθεν ἐστί,
μηδέ τι μεσσηγύς γε κακὸν καὶ πῆμα πάθῃσι
πρίν γε τὸν ἧς γαίης ἐπιβήμεναι· ἔνθα δ' ἔπειτα
πείσεται ἅσσά οἱ Αἶσα κα⟨κ⟩ὰ Κλῶθές τε βαρεῖαι
γεινομένῳ νήσαντο λίνῳ, ὅτε μιν τέκε μήτηρ.
εἰ δέ τις ἀθανάτων γε κατ' οὐρανὸν εἰλήλουθεν,
ἄλλό τι δὴ τόδ' ἔπειτα θεοὶ περιμηχανόωνται,
αἰεὶ γὰρ τὸ πάρος γε θεοὶ φαίνονται ἐναργεῖς
ἡμῖν, εὖθ' ἔρδωμεν ἀγακλειτὰς ἑκατόμβας,

lui, puis lui fit les honneurs de toutes ses réserves ; le héros d'endurance, Ulysse le divin, but alors et mangea.

Sa Force Alkinoos dit ensuite au héraut :

ALKINOOS. – « Pontonoos, fais-nous le mélange au cratère et donne-nous du vin à tous en cette salle ; je veux que nous buvions au brandisseur de foudre, à Zeus qui nous envoie et recommande à nos respects les suppliants ! »

Il dit : Pontonoos mêla dans le cratère d'un vin fleurant le miel et s'en fut à la ronde en verser dans les coupes. Chacun fit son offrande et l'on but son content.

Alkinoos reprit la parole et leur dit :

ALKINOOS. – « Doges et conseillers de Phéacie, deux mots : voici ce que mon cœur me dicte dans ma poitrine. Le repas est fini : qu'on rentre se coucher ! Mais dès l'aube demain, invitant nos doyens en plus grand nombre encore, je veux qu'en ce manoir on fête l'étranger : nous offrirons aux dieux quelques belles victimes, et nous aviserons ensuite à son retour ! Je voudrais que nos soins épargnent à cet hôte et chagrins et fatigues, et qu'il rentre chez lui, d'une traite, joyeux, de si loin qu'il pût être, sans que, dans le trajet, il eût à endurer ni malheur ni souffrances, jusqu'au débarquement à la terre natale. Là, nous le laisserons subir la destinée qu'ont mise à leur fuseau les tristes Filandières[32], à l'heure où, de sa mère, il a reçu le jour... Mais peut-être est-ce un dieu, qui nous descend du ciel pour un nouveau dessein que les dieux ont sur nous : ne les vîmes-nous pas, cent fois dans le passé, à nos yeux apparaître ? Quand nous faisons pour eux nos fêtes d'hécatombes, ils viennent au festin s'asseoir à nos

32. C'est-à-dire les *Moirai*, divinités qui président à la vie et à la mort, en filant la part qui revient à chacun. Selon Hésiode, *Th.*, 218 et 905, elles étaient trois. Clotho filait, Lachésis tissait le destin de l'homme, et Atropos enfin coupait le fil mettant un terme à la vie. Sur la métaphore du tissage de la vie, cf. Dietrich, 1962, 86-101.

δαίνυνταί τε παρ' ἄμμι καθήμενοι ἔνθά περ ἡμεῖς·
εἰ δ' ἄρα τις καὶ μοῦνος ἰὼν ξύμβληται ὁδίτης,
οὔ τι κατακρύπτουσιν, ἐπεί σφισιν ἐγγύθεν εἰμὲν
ὥς περ Κύκλωπές τε καὶ ἄγρια φῦλα Γιγάντων.
Τὸν δ' ἀπαμειβόμενος προσέφη πολύμητις Ὀδυσσεύς·
ΟΔΥ. — Ἀλκίνο', ἄλλό τί τοι μελέτω φρεσίν· οὐ γὰρ ἐγώ γε
ἀθανάτοισι ἔοικα, τοὶ οὐρανὸν εὐρὺν ἔχουσιν,
οὐ δέμας οὐδὲ φυήν, ἀλλὰ θνητοῖσι βροτοῖσιν·
οὕς τινας ὑμεῖς ἴστε μάλιστ' ὀχέοντας ὀιζὺν
ἀνθρώπων, τοῖσίν κεν ἐν ἄλγεσι ἰσωσαίμην
καὶ δ' ἔτι κεν καὶ πλεῖον' ἐγὼ κακὰ μυθησαίμην,
ὅσσά γε δὴ ξύμπαντα θεῶν ἰότητι μόγησα.
[ἀλλ' ἐμὲ μὲν δορπῆσαι ἐάσατε κηδόμενόν περ·
οὐ γάρ τι στυγερῇ ἐπὶ γαστέρι κύντερον ἄλλο
ἔπλετο, ἥ τ' ἐκέλευσε ἕο μνήσασθαι ἀνάγκῃ
καὶ μάλα τειρόμενον καὶ ἐνὶ φρεσὶ πένθος ἔχοντα,
ὣς καὶ ἐγὼ πένθος μὲν ἔχω φρεσίν· ἡ δὲ μάλ' αἰεὶ
ἐσθέμεναι κέλεται καὶ πινέμεν, ἐκ δέ με πάντων
ληθάνει ὅσσ' ἔπαθον καὶ ἐνιπλησθῆναι ἀνώγει.]
ὑμεῖς δ' ὀτρύνεσθαι ἅμ' ἠοῖ φαινομένηφιν,
ὥς κ' ἐμὲ τὸν δύστηνον ἐμῆς ἐπιβήσετε πάτρης
καί περ πολλὰ παθόντα· ἰδόντά ⟨ἑ⟩ καὶ λίποι αἰών.
Ὣς ἔφαθ'· οἱ δ' ἄρα πάντες ἐπῄνεον ἠδὲ κέλευον
πεμπέμεναι τὸν ξεῖνον, ἐπεὶ κατὰ μοῖραν ἔειπε.
αὐτὰρ ἐπεὶ σπεῖσάν τε πίον θ' ὅσον ἤθελε θυμός,
οἱ μὲν κακκείοντες ἔβαν οἶκον δὲ ἕκαστος.
Αὐτὰρ ὁ ἐν μεγάρῳ ὑπελείπετο δῖος Ὀδυσσεύς·
πὰρ δέ οἱ Ἀρήτη τε καὶ Ἀλκίνοος θεοειδὴς
ἥσθην· ἀμφίπολοι δ' ἀπεκόσμεον ἔντεα δαιτός.
Τοῖσιν δ' Ἀρήτη λευκώλενος ἤρχετο μύθων·
ἔγνω γὰρ φᾶρός τε χιτῶνά τε εἵματ' ἰδοῦσα
καλά, τά ῥ' αὐτὴ τεῦξε σὺν ἀμφιπόλοισι γυναιξί·

vers 225 : κτῆσιν ἐμήν, δμῳάς τε καὶ ὑψερεφὲς μέγα δῶμα

côtés, aux mêmes bancs que nous ; sur le chemin désert, s'ils croisent l'un des nôtres, ils ne se cachent point : nous sommes de leur sang, tout comme les Cyclopes ou comme les tribus sauvages des Géants[33]. »

Ulysse avisé lui fit cette réponse :

ULYSSE. – « Ne garde pas, Alkinoos, cette pensée. Je n'ai rien de commun, ni l'être ni la forme, avec les Immortels, maîtres des champs du ciel ; je ne suis qu'un mortel et, s'il est un humain que vous voyez traîner la pire des misères, c'est à lui que pourraient m'égaler mes souffrances, et c'est encor de moi que vous pourriez entendre les malheurs les plus grands, car j'ai pâti de tout sous le courroux des dieux ! Mais laissez que je soupe, en dépit de ma peine ! Est-il rien de plus chien que ce ventre odieux[34] ? toujours il nous excite et toujours nous oblige à ne pas l'oublier, même au plus fort de nos chagrins, de nos angoisses ! Quand j'ai le deuil au cœur, il faut manger et boire ; il commande et je dois oublier tous mes maux : il réclame son plein ! Mais vous, sans plus tarder, dès que poindra l'aurore, rendez un malheureux à sa terre natale ! Que je pâtisse encor, que je perde le jour ; mais que je la revoie : mes servantes, mes biens, mon manoir aux grands toits ! »

Il dit : tous d'applaudir et d'émettre le vœu qu'on ramenât cet hôte qui savait si bien dire !

Quand on eut fait l'offrande et bu tout son content, chacun, pour se coucher, regagna son logis.

Près du divin Ulysse, assis dans la grand-salle, restaient Alkinoos au visage de dieu et la reine Arété ; les servantes rangeaient les couverts du repas... C'est la reine aux bras blancs qui rouvrit l'entretien ; car en voyant l'écharpe et la robe d'Ulysse, elle avait reconnu les fins habits tissés par elle et par ses femmes.

33. Les Phéaciens sont issus de Poséidon, comme les Cyclopes, et des Géants, par le biais de Péribée. Sur cette parenté, cf. VII, 56 sq.

34. La faim dévorante est le propre du mendiant, comme on le voit en XVII, 286-289. Sur ces vers, cf. Pucci, 1995, 242-254.

καὶ μιν φωνήσασ' ἔπεα πτερόεντα προσηύδα·
ΑΡΗ. — Ξεῖνε, τὸ μὲν σε πρῶτον ἐγὼν εἰρήσομαι αὐτή·
τίς, πόθεν εἰς ἀνδρῶν; τίς τοι τάδε εἵματ' ἔδωκεν;
οὐ δὴ φῂς ἐπὶ πόντον ἀλώμενος ἐνθάδ' ἱκέσθαι;
Τὴν δ' ἀπαμειβόμενος προσέφη πολύμητις Ὀδυσσεύς·
ΟΔΥ. — Ἀργαλέον, βασίλεια, διηνεκέως ἀγορεῦσαι
κήδε', ἐπεί μοι πολλὰ δόσαν θεοὶ οὐρανίωνες·
τοῦτο δέ τοι ἐρέω ὅ μ' ἀνείρεαι ἠδὲ μεταλλᾷς.
Ὠγυγίη τις νῆσος ἀπόπροθεν ἐν ἁλὶ κεῖται,
ἔνθα μὲν Ἄτλαντος θυγάτηρ δολόεσσα, Καλυψώ,
ναίει ἐυπλόκαμος, δεινὴ [θεός· οὐδέ τις αὐτῇ
μίσγεται οὔτε θεῶν οὔτε θνητῶν ἀνθρώπων.
ἀλλ' ἐμὲ τὸν δύστηνον ἐφέστιον ἤγαγε δαίμων
οἶον, ἐπεί μοι νῆα θοὴν ἀργῆτι κεραυνῷ
Ζεὺς ἐλάσας ἐκέασσε μέσῳ ἐνὶ οἴνοπι πόντῳ.
ἔνθ' ἄλλοι μὲν πάντες ἀπέφθιθεν ἐσθλοὶ ἑταῖροι·
αὐτὰρ ἐγὼ τρόπιν ἀγκὰς ἑλὼν νεὸς ἀμφιελίσσης
ἐννῆμαρ φερόμην· δεκάτῃ δέ με νυκτὶ μελαίνῃ
νῆσον ἐς Ὠγυγίην πέλασαν θεοί, ἔνθα Καλυψὼ
ναίει ἐυπλόκαμος, δεινὴ] θεός, ἥ με λαβοῦσα
ἐνδυκέως ἐφίλει τε καὶ ἔτρεφεν ἠδὲ ⟨μ'⟩ ἔφασκε
θήσειν ἀθάνατον καὶ ἀγήραον ἤματα πάντα,
ἀλλ' ἐμὸν οὔ ποτε θυμὸν ἐνὶ στήθεσσιν ἔπειθεν.
ἔνθα μὲν ἑπτάετες μένον ἔμπεδον, εἵματα δ' αἰεὶ
δάκρυσι δεύεσκον, τά μοι ἄμβροτα δῶκε Καλυψώ·
ἀλλ' ὅτε δή μοι ἐπιπλόμενον ἔτος ⟨ὄγδοον⟩ ἦλθε,

Elle éleva la voix et dit ces mots ailés :

ARÉTÉ. – « Ce que je veux d'abord te demander, mon hôte, c'est ton nom et ton peuple ? et qui donc t'a donné les habits que voilà ? Ne nous disais-tu pas que tu nous arrivais après naufrage en mer ? »

Ulysse l'avisé lui fit cette réponse :

ULYSSE. – « Comment pourrais-je, ô reine, exposer tout au long les maux dont m'ont comblé les dieux, maîtres du ciel ? Pourtant, puisque tu veux savoir et m'interroges, je m'en vais te répondre : loin d'ici, dans la mer, gît une île océane, qu'habite Calypso, la déesse bouclée à la terrible ruse ! Personne des mortels ni des dieux ne fréquente cette fille d'Atlas[35] ; pour mon malheur, un dieu me mit à son foyer. J'étais seul, puisque Zeus, de sa foudre livide, en pleine mer vineuse, avait frappé et mis en pièces mon croiseur[36]. Mon équipage entier de braves était mort ; j'avais noué mes bras à la quille de mon navire aux deux gaillards ; j'avais flotté neuf jours ; le dixième, les dieux m'avaient, à la nuit noire, jeté chez Calypso, la terrible déesse, en son île océane. Cette fille d'Atlas m'accueillit, m'entoura de soins et d'amitié, me nourrit, me promit de me rendre immortel et jeune à tout jamais ; mais, au fond de mon cœur, je refusai toujours. Je restait là sept ans, sans bouger, sans cesser de tremper de mes larmes les vêtements divins qu'elle m'avait donnés. Lorsque s'ouvrit le cours de la huitième année, soit par l'ordre de Zeus[37], soit

35. Cf. I, 52 et note.

36. Cf. XII, 415.

37. Ulysse ne connaît pas la visite d'Hermès à Ogygie, mais il suppose pourtant que la décision précipitée de la nymphe s'explique par un impératif divin.

καὶ τότε δή μ' ἐκέλευσεν ἐποτρύνουσα νέεσθαι,
Ζηνὸς ὑπ' ἀγγελίης, ἢ καὶ νόος ἐτράπετ' αὐτῆς,
πέμπε δ' ἐπὶ σχεδίης πολυδέσμου, πολλὰ δ' ἔδωκε,
σῖτον καὶ μέθυ ἡδύ, καὶ ἄμβροτα εἵματα ἕσσεν,
οὖρον δὲ προέηκεν ἀπήμονά τε λιαρόν τε.
ἑπτὰ δὲ καὶ δέκα μὲν πλέον ἤματα ποντοπορεύων·
ὀκτωκαιδεκάτῃ δὲ φάνη ὄρεα σκιόεντα
γαίης ὑμετέρης· γήθησε δέ μοι φίλον ἦτορ
δυσμόρῳ· ἦ γὰρ μέλλον ἔτι ξυνέσεσθαι ὀιζυῖ
πολλῇ, τήν μοι ἐπῶρσε Ποσειδάων ἐνοσίχθων,
ὅς μοι ἐφορμήσας ἀνέμους κατέδησε κέλευθον,
ὤρινεν δὲ θάλασσαν ἀθέσφατον, οὐδέ τι κῦμα
εἴα' ἐπὶ σχεδίης ἀδινὰ στενάχοντα φέρεσθαι·
τὴν μὲν ἔπειτα θύελλα διεσκέδασ'· αὐτὰρ ἐγώ γε
νηχόμενος τόδε λαῖτμα διέτμαγον, ὄφρα με γαίῃ
ὑμετέρῃ ἐπέλασσε φέρων ἄνεμός τε καὶ ὕδωρ.
ἔνθα κέ μ' ἐκβαίνοντα βιήσατο κῦμ' ἐπὶ χέρσου,
πέτρῃ πρὸς μεγάλῃ βά(λ)λον καὶ ἀτερπέι χώρῳ·
ἀλλ' ἀναχασσάμενος νῆχον πάλιν, εἷος ἐπῆλθον
ἐς ποταμόν, τῇ δή μοι ἐείσατο χῶρος ἄριστος,
λεῖος πετράων, καὶ ἐπὶ σκέπας ἦν ἀνέμοιο,
ἐκ δ' ἔπεσον θυμηγερέων· ἐπὶ δ' ἀμβροσίη νὺξ
ἤλυθ'· ἐγὼ δ' ἀπάνευθε διιπετέος ποταμοῖο
ἐκβὰς ἐν θάμνοισι κατέδραθον, ἀμφὶ δὲ φύλλα
ἠφυσάμην· ὕπνον δὲ θεὸς κατ' ἀπείρονα χεῦεν.
ἔνθα μὲν ἐν φύλλοισι, φίλον τετιημένος ἦτορ,
εὗδον παννύχιος καὶ ἐπ' ἠῶ καὶ μέσον ἦμαρ.
δείλετό τ' ἠέλιος, καί με γλυκὺς ὕπνος ἀνῆκεν·
ἀμφιπόλους δ' ἐπὶ θινὶ τεῆς ἐνόησα θυγατρὸς

qu'eût changé son cœur, c'est elle qui, soudain, me pressa de partir. Alors, sur un radeau de poutres assemblées, elle me mit en mer, après m'avoir comblé de pain et de vin doux et m'avoir revêtu de divines étoffes. Elle me fit souffler la plus tiède des brises, un vent de tout repos. Je voguai dix-sept jours sur les routes du large : le dix-huitième enfin, j'aperçus votre terre, ses monts et ses forêts ; j'avais la joie au cœur ! Mais, dans mon triste sort, je devais rencontrer encor tant de misères que l'Ébranleur du sol allait me susciter ! Jetant sur moi les vents pour me fermer la route, Posidon souleva une mer infernale[38]. J'eus beau gémir, crier ! la vague m'enleva du radeau ; la rafale en dispersa les poutres ; je me mis à la nage et, sur le grand abîme, je m'ouvris le chemin, tant qu'enfin, à vos bords, le vent qui me portait et les flots me jetèrent... J'allais y prendre pied quand, de toute sa force, en un lieu sans douceur, la vague me lança contre la grande roche... Puis la mer me reprit ; je dus nager encor jusqu'à l'entrée du fleuve, et c'est là que l'endroit – sous un abri du vent, une grève sans roches – me parut le meilleur. J'y tombai, défaillant. Mais, voyant arriver la nuit, l'heure divine, je sortis de ces eaux que vous donnent les dieux, et je m'en fus dormir en haut, sous les broussailles, dans un lit de feuillée, où le ciel me plongea en un sommeil sans fin. Durant toute la nuit, en dépit de l'angoisse, et le soleil levé, et jusqu'au plein midi, je dormis sous mes feuilles ; ce doux sommeil ne me quitta qu'au jour penchant ; c'est alors que je vis ta fille et ses servantes qui jouaient sur la grève ; elle semblait une déesse au milieu d'elles. Je l'implorai : qu'elle eut de

38. Cf. VI, 282 sq. (même si Ulysse attribue la tempête à Zeus, V, 303-305).

παιζούσας· ἐν δ' αὐτὴ ἔην ἐικυῖα θεῇσι.
τὴν ἱκέτευσ'· ἡ δ' οὔ τι νοήματος ἤμβροτεν ἐσθλοῦ,
ὡς οὐκ ἂν ἔλποιο νεώτερον ἀντιάσαντα
ἐρξέμεν· αἰεὶ γάρ τε νεώτεροι ἀφραδέουσιν·
ἥ μοι σῖτον δῶκε ἅλις ἠδ' αἴθοπα οἶνον
καὶ λοῦσ' ἐν ποταμῷ καί μοι τάδε εἵματ' ἔδωκε.
ταῦτά τοι ἀχνύμενός περ ἀληθείην κατέλεξα.
Τὸν δ' αὖτ' Ἀλκίνοος ἀπαμείβετο φώνησέν τε·
ΑΛΚ. — Ξεῖν', ἤτοι μὲν τοῦτό γ' ἐναίσιμον οὐκ ἐνόησε
παῖς ἐμή, οὕνεκά σ' οὔ τι μετ' ἀμφιπόλοισι γυναιξὶν
ἦγεν ἐς ἡμετέρου· σὺ δ' ἄρα πρώτην ἱκέτευσας.
Τὸν δ' ἀπαμειβόμενος προσέφη πολύμητις Ὀδυσσεύς·
ΟΔΥ. — Ἥρως, μή μοι τοὔνεκ' ἀμύμονα νείκεε κούρην·
ἡ μὲν γάρ μ' ἐκέλευε σὺν ἀμφιπόλοισιν ἕπεσθαι·
ἀλλ' ἐγὼ οὐκ ἔθελον δείσας αἰσχυνόμενός τε,
μή πως καὶ σοὶ θυμὸς ἐπισκύσσαιτο ἰδόντι·
δύσζηλοι γάρ τ' εἰμὲν ἐπὶ χθονὶ φῦλ' ἀνθρώπων.
Τὸν δ' αὖτ' Ἀλκίνοος ἀπαμείβετο φώνησέν τε·
ΑΛΚ. — Ξεῖν', οὔ μοι τοιοῦτον ἐνὶ στήθεσσι φίλον κῆρ
μαψιδίως κεχολῶσθαι· ἀμείνω δ' αἴσιμα πάντα.
αἲ γάρ, Ζεῦ τε πάτερ καὶ Ἀθηναίη καὶ Ἄπολλον,
τοῖος ἐὼν οἷός ἐσσι, τά τε φρονέων ἅ τ' ἐγώ περ,
παῖδά τ' ἐμὴν ἐχέμεν καὶ ἐμὸς γαμβρὸς καλέεσθαι
αὖθι μένων· οἶκον δέ τ' ἐγὼ καὶ κτήματα δοίην,
εἴ κ' ἐθέλων γε μένοις· ἀέκοντα δέ σ' οὔ τις ἐρύξει
Φαιήκων· μὴ τοῦτο φίλον Διὶ πατρὶ γένοιτο.
πομπὴν δ' ἐς τόδ' ἐγὼ τεκμαίρομαι, ὄφρ' ἐῢ εἰδῇς,
αὔριον ἔς· τῆμος δὲ σὺ μὲν δεδμημένος ὕπνῳ
λέξεαι, οἱ δ' ἐλόωσι γαλήνην, ὄφρ' ἂν ἵκηαι
πατρίδα σὴν καὶ δῶμα, καὶ εἴ πού τοι φίλον ἐστίν,

raison, de noblesse ! Je n'osais, de son âge, espérer cet accueil : trop souvent, le jeunesse a la tête si folle ! Mais elle me donna tout ce qu'il me fallait, du vin aux sombres feux, du pain, un bain au fleuve, les habits que voilà... Telle est la vérité que, malgré ma tristesse, je tenais à te dire. »

Ce fut Alkinoos qui lui dit en réponse :

ALKINOOS. – « Mon hôte ! notre enfant n'oublia qu'un devoir : ses femmes étaient là ; pourquoi ne pas t'avoir conduit jusque chez nous ? C'est elle qu'en premier, tu avais implorée. »

Ulysse l'avisé lui fit cette réponse :

ULYSSE. – « En tout cela, seigneur, ta fille est sans reproche ; ne va pas la blâmer. Elle m'avait offert d'accompagner ses femmes ; c'est moi qui refusai. J'avais peur, j'avais honte : à ma vue, si ton cœur allait se courroucer ! En ce monde, la jalousie est chose humaine. »

Ce fut Alkinoos qui lui dit en réponse :

ALKINOOS. – « Non, mon hôte ! mon cœur n'a jamais accueilli de si vilaines colères ! En tout, je fais passer la justice d'abord... Quand je te vois si beau et pensant comme moi, je voudrais, Zeus le père ! Athéna ! Apollon ! Je voudrais te donner ma fille et te garder avec le nom de gendre[39]... Si tu voulais rester, tu recevrais de moi et maison et richesses... Mais si tu veux partir, nous garde Zeus le père que nul des Phéaciens, malgré toi, te retienne ! Je fixe dès ce soir le jour de ton départ ; sache-le : c'est demain. Sous le joug du sommeil quand tu seras couché, nos rameurs s'en iront par le calme te mettre en

39. Les Anciens condamnaient ces vers jugeant invraisemblable qu'Alkinoos offrît la main de sa fille à un être qui lui était totalement étranger.

[εἴ περ καὶ μάλα πολλὸν ἑκαστέρω ἔστ' Εὐβοίης,
τήν περ τηλοτάτω φάσ' ἔμμεναι οἵ μιν ἴδοντο
λαῶν ἡμετέρων, ὅτε τε ξανθὸν Ῥαδάμανθυν
ἦγον ἐποψόμενον Τιτυόν, γαιήιον υἱόν,
καὶ μὲν οἱ ἔνθ' ἦλθον καὶ ἄτερ καμάτοιο τέλεσσαν
ἤματι τῷ αὐτῷ καὶ ἀπήνυσαν οἴκαδ' ὀπίσσω.
εἰδήσεις δὲ καὶ αὐτὸς ἐνὶ φρεσίν, ὅσσον ἄρισται
νῆες ἐμαὶ καὶ κοῦροι ἀναρρίπτειν ἅλα πηδῷ.]
Ὣς φάτο· γήθησεν δὲ πολύτλας δῖος Ὀδυσσεύς,
εὐχόμενος δ' ἄρ' ⟨ἔπειτα⟩ ἔπος τ' ἔφατ' ἔκ τ' ὀνόμαζε·
ΟΔΥ. — Ζεῦ πάτερ, αἴθ' ὅσα εἶπε τελευτήσειεν ἅπαντα
Ἀλκίνοος· τοῦ μέν κεν ἐπὶ ζείδωρον ἄρουραν
ἄσβεστον κλέος εἴη· ἐγὼ δέ κε πατρίδ' ἱκοίμην.
Ὣς οἱ μὲν τοιαῦτα πρὸς ἀλλήλους ἀγόρευον·
κέκλετο δ' Ἀρήτη λευκώλενος ἀμφιπόλοισι
δέμνι' ὑπ' αἰθούσῃ θέμεναι καὶ ῥήγεα καλὰ
πορφύρε' ἐμβαλέειν στορέσαι τ' ἐφύπερθε τάπητας
χλαίνας τ' ἐνθέμεναι οὔλας καθύπερθε ἕσασθαι·
αἱ δ' ἴσαν ἐκ μεγάροιο δάος μετὰ χερσὶν ἔχουσαι.
Αὐτὰρ ἐπεὶ στόρεσαν πυκινὸν λέχος ἐγκονέουσαι,
ὤτρυνον Ὀδυσῆα παριστάμεναι ἐπέεσσιν·

40. Il semble étonnant que l'Eubée apparaisse dans ces vers comme un lieu très lointain, ce qui pousse Bérard et Hainsworth, *ad loc.*, à supposer que le poète prend le point de vue d'un habitant de l'Ionie étranger à une vie d'aventures ou qu'il se réfère à une expression proverbiale qui daterait de la période précédant la colonisation. Sur l'Eubée, cf. Malkin, 1998, 1-10.

41. Sur ce personnage, cf. IV, 564 et note.

ta patrie, chez toi, plus loin si tu préfères, même beaucoup plus loin que cette île d'Eubée[40] que nos gens qui l'ont vue disent au bout des mers ; quand le blond Rhadamanthe[41] fut emmené par eux visiter Tityos[42], l'un des fils de la Terre[43], ils allèrent là-bas et revinrent chez nous, faisant du même jour ce trajet sans fatigue... Toi-même jugeras s'il est meilleurs navires ou rameurs plus adroits à soulever l'écume. »

Il dit et, plein de joie, le héros d'endurance se mettait à prier. Il parlait et disait, cet Ulysse divin :

ULYSSE. – « Permets, ô Zeus le père ! qu'Alkinoos achève tout ce qu'il vient de dire ! que son renom, à lui, vole éternellement sur la terre au froment ! et que je rentre, moi, au pays de mes pères ! »

Pendant qu'ils échangeaient ces paroles entre eux, Arété aux bras blancs avait dit aux servantes d'aller dresser un lit dans l'entrée[44] et d'y mettre ses plus beaux draps de pourpre, des tapis par-dessus et des feutres laineux pour les couvrir encor. Les servantes, sorties, torche en main, de la salle, avaient diligemment garni les bois du cadre.

Voici qu'elles rentraient pour inviter Ulysse :

42. Ce géant, fils de Zeus, serait originaire de Béotie si l'on s'en tient au nom de sa mère, Orchomène ou Mynias. Zeus l'aurait foudroyé et jeté dans l'Hadès parce qu'il avait tenté de violer Létô (cf. XI, 576 sq. ; Pind., *Pyth.*, IV, 160 sq). Pour lui rendre visite, Rhadamanthe aurait été déposé en Eubée avant d'atteindre la Béotie.

43. Sa mère est Élara. Probablement, pour empêcher qu'Héra ne déclenche sa colère d'épouse jalouse contre son fils, Zeus l'aurait caché sous terre. Chez Hésiode, Gê, la Terre, apparaît (*Th.*, 185) comme la mère des Géants, ce qui expliquerait la filiation de Tityos.

44. C'est également à l'entrée ou sous le portique du palais de Nestor (III, 399) et de Ménélas (IV, 297) que Télémaque dort dans un lit préparé par les servantes. Sur les vestibules homériques, cf. Lorimer, 1950, 415-422.

ΧΟΡ. — Ὄρσο κέων, ὦ ξεῖνε· πεποίηται δέ τοι εὐνή.
Ὣς φάν· τῷ δ' ἀσπαστὸν ἐείσατο κοιμηθῆναι.
ὣς ὁ μὲν ἔνθα καθεῦδε πολύτλας δῖος Ὀδυσσεὺς
τρητοῖσ' ἐν λεχέεσσιν ὑπ' αἰθούσῃ ἐριδούπῳ·
Ἀλκίνοος δ' ἄρα λέκτο μυχῷ δόμου ὑψηλοῖο·
⟨τῷ⟩ δὲ γυνὴ δέσποινα λέχος πόρσυνε καὶ εὐνήν.

Le Chœur[45]. – « Notre hôte, lève-toi ! et viens ! Le lit est prêt. »

À ces mots, combien douce au héros d'endurance fut la pensée du lit ! Il s'en fut, ce divin Ulysse, reposer sur le cadre ajouré, dans l'entrée résonnante, tandis qu'Alkinoos était allé dormir au fond du grand logis, où sa femme et régente lui tenait préparés le lit et le coucher[46].

45. Cf. II, 305 et note.

46. Cette formule homérique apparaît en III, 403-404 et IV, 304-305.

Bibliographie

Avertissement

La bibliographie concernant les poèmes homériques et particulièrement l'*Odyssée* est immense. Nous ne mentionnons ici que les ouvrages cités dans les notes et certains « classiques ». Nous conseillons vivement aux lecteurs de se reporter aux commentaires de l'*Odyssée* pour une plus ample bibliographie. Pour une mise à jour, voir le travail de M. Steinrück, *Gaia*, 1997. On consultera également les sites internet de l'*Année philologique* et de *Gnomon*, en accès direct et gratuit.

Les abréviations sont celles utilisés dans l'*Année philologique*.

Éditions, traductions, commentaires

T. W. Allen, *Homeri Opera*, Oxford, 1917-1919.

K. F. Ameis, C. Hentze, P. Cauer, *Homers Odyssee* (éd. comm.), 4 vol., Leipzig, 1920-1928.

S. H. Butcher et A. Lang, *Homer's Odyssey* (trad.), Londres, 1879.

F. Flocke, *Die Odyssee* (Tübingen, Beiträge zur Altertumswissenschaft, 37), Stuttgart, Berlin, 1943.

A. F. Garvie, *Homer, Odyssey. Books VI-VIII*, Cambridge, 1994.

A. Heubeck (éd.), *Omero, Odissea*, Milan, 1981-1987.

A. Heubeck, S. West et J. B. Hainsworth, *A Commentary on Homer's Odyssey*, vol. I (Books I-VIII), Oxford, 1988.

A. Heubeck et A. Hoekstra, *A Commentary on Homer's Odyssey*, vol. II, Oxford, 1989.

Homer's Odyssey, vol. III, Oxford, 1992.

HOMÈRE, *Odyssée*, trad. Ph. Jacottet, Paris, 1955 (rééd. 1982).
HOMÈRE, *Odyssée*, trad. V. Bérard, introd. et notes par J. Bérard, Paris, 1955.
D. B. MONRO, *Homer's Odyssey. Books XIII-XXIV* (éd. comm.), Oxford, 1901.
G. W. NITZSCH, *Erklärende Anmerkungen zu Homers Odyssee*, 3 vol., Hanovre, 1826-1840.
L'Odyssée. Poésie homérique, 3 vol., texte établi et traduit par V. Bérard, Paris, 1995 (1re éd., 1924).
W. B. STANFORD, *The Odyssey of Homer* (éd. comm.), 2 vol., Londres, 1959.
J. RUSSO, M. FERNANDEZ GALIANO et A. HEUBECK, *A Commentary on* J. Van Leeuwen, *Odysseia* (éd. comm.), 2 vol., Leyde, 1912-1913 (rééd. 1917).
J. VAN LEEUWEN et M. B. MENDES DA COSTA, *Odysseae Carmina* (éd. comm.), Leyde, 1890.
P. VON DER MÜHL, *Homeri Odyssea*, Bâle, 1961 (Stuttgart, 1984).

Cycle épique

A. BERNABÉ, *Poetae Epici Graeci. Testimonia e Framenta*, vol. 1, Leipzig, 1987.
M. DAVIES, *Epicorum Graecorum Fragmenta*, Göttingen, 1988.
Hesiod, *Homeric Hymns, Homerica*, with an english trans. by H. G. Evelyn-White, Cambridge (Mass.)-Londres, 1995 (1re éd., 1914).

Scholies

H. ERBSE (éd.), *Scholia Greca in Homeri Iliadem* (Scholia Vetera), Berlin, 1969-1987.
G. DINDORF, *Scholia Graeca in Homeri Odysseam*, Oxford, 1855.

Concordance, index, grammaire

P. CHANTRAINE, *Dictionnaire étymologique de la langue grecque*, Paris, 1968-1980 (= *DE*).
–, *Grammaire homérique*, I-II, Paris, 1958-1963.
H. EBELING, *Lexicon Homericum*, Leipzig 1885 (3e éd., Stuttgart, 1963).
A. GEHRING, *Index Homericum*, Leipzig, 1891.
D. B. MONRO, *A Grammar of the Homeric Dialect*, Oxford, 1891.
G. L. PRENDERGAST, *A Complete Concordance to the Iliad of Homer*, Darmstadt, 1962.

Ouvrages bibliographiques

D. W. PACKARD et T. MEYERS, *A Bibliography of Homeric Scholarship*, preliminary éd. 1930-1970, Malibu, Californie, 1974.
M. STEINRUECK, « Bibliographie homérique », *Gaia*, 1-2, 1997, 86-234.

ODYSSÉE, I-VII

C. C. ADAM, « Les rites de l'hospitalité », in *Analyses et Réflexions sur Homère. L'Odyssée*, Paris, 1992, 55-60.
A. W. H. ADKINS, « Threatening, Abusing and Feeling Angry in the Homeric Poem », *JHS*, 89, 1969, 7-21.
–, « Homeric Gods and the Values of Homeric Society », *JHS*, 92, 1972, 1-19.
M. ALDEN, « An Intelligent Cyclops ? », in Σπονδὲς στὸν Ὅμηρο. Ἀπὸ τὰ πρακτικὰ πρὸς συνεδρίου γιὰ τὴν Ὀδύσσεια (2-5 σεπτεμβρίου 1990), Ithaque, 1993, 75-95.
M. ALEXIOU, *The Ritual Lament in Greek Tradition*, Cambridge, 1974.

G. ALFORD, « Ἠλύσιον· A Foreign Eschatological Concept in Homer's *Odyssey* », *JIES*, 19, 1991, 151-161.

A. AMBÜHL, « Halitherses (2), Seher in der Odyssee », in *Der Neue Pauly, Enzyklopädie der Antike*, Stuttgart et Weimar, 1998, 96.

O. ANDERSEN, « Agamemnon's Singer », *SO* 67, 1992, 5-26.

M. J. APTHORP, « The Language of the *Odyssey* 5. 5-20 », *CQ*, 27, 1977, 1-9.

W. AREND, *Die typischen Szenen bei Homer*, Berlin, 1933, réimpression, 1975.

D. ARNOULD, « L'eau chez Homère et dans la poésie archaïque : épithètes et images » in R. Ginouvès, A.-M. Guimier-Sorbets, J. Jouanna, L. Villard (éd.), *L'Eau, la santé et la maladie dans le monde grec*, Paris, 1994, 15-23.

Chr. AUFFARTH, « Protecting Strangers, Establishing an Fundamental Value in the Religion of the Ancient ear East and Ancient Greece », *Numen*, 39, 1992, 193-216.

N. AUSTIN, « Odysseus *Polytropos* : Man of Many Minds », *Arche* 6, 1981, 40-52.

–, *Helen of Troy and her Shameless Phantom. Myth and Poetics*, Ithaca, 1994.

P. BACRY, « Trois fois Pénélope ou le métier poétique », *RFA* 93, 1991, 11-25.

Fr. BADER, « Les messagers rapides des dieux : d'Hermès ἐριούνιος à Iris ἀέλλοπος, ποδήνεμος, ὠκέα », *SCO* 41, 1991, 35-86.

–, « Le nom de Pénélope, tadorne à la "pene" », in L. Isebaert et R. Lebrun (éd.), *Quaestiones Homericae. Acta colloquii Namurcensis habiti diebus 7-9 mensis Septembris anni 1995*, Louvain-Namur, 1998, 1-41.

A. BALLABRIGA, *Les Fictions d'Homère. L'invention mythologique et cosmographique dans l'*Odyssée, Paris, 1998.

L. BARDOLLEY, « Athéna à face de chouette », *Kentron*, 7, 1991, 125-128.

Cl. BAURAIN, *Les Grecs et la Méditerranée orientale*, Paris, 1997.

V. BÉRARD, *Les Navigations d'Ulysse, IV : Nausicaa et le retour d'Ulysse*, Paris, 1929.

A. L. T. BERGREN, « Helen's Good "Drug" », in S. Kresic (éd.), *Contemporary Literary Hermeneutics and Interpretation of Classical Texts*, Ottawa, 1981, 201-214.

D. D. BOEDEKER, *Aphrodite's Entry into Greek Epic*, Leyde, 1974.

L. BRUIT-ZAIDMAN et P. SCHMITT-PANTEL, *La Religion grecque*, Paris, 1989.

W. BURKERT, *Greek Religion : Archaic and Classical*, trad. angl. J. Raffan, Oxford, 1985.

W. BURKERT, « Elysion », *Glotta*, 39, 1961, 208-13.

P. CARLIER, *Homère*, Paris, 1999.

J. CARNES, « With Friends like these : Understanding the Mythic Background of Homer's Phaiakians », *Ramus* 22, 1993, 105-115.

J. CASABONA, *Recherches sur le vocabulaire des sacrifices en grec, des origines à la fin de l'époque classique*, Aix-en-Provence,1966.

M. CASEVITZ, « *Mantis* : le vrai sens », *REG* 105, 1992, 81-103.

–, « Sur Calypso », in *L'Univers épique. Rencontres avec l'Antiquité classique II*, Annales de l'Université de Besançon, Institut Felix Gaffiot, Paris, 1992, 11-18.

L. L. CLADER, *Helen. The Evolution from Divine to Heroic in Greek Epic Tradition, Mnemosyne*, suppl. 42, Leyde,1976.

E. COOK, « A Note on *Odyssey* 3. 216-238 », *CPh* 89, 1994, 140-147.

Gr. G. CRANE, « The *Odyssey* and Conventions of Heroic Quest », *CA* 6, 1987, 11-37.

–, *Calypso. Stages of afterlife and immortality in the Odyssey*, Ann Arbor, 1985.

P. CARTLEDGE, *Sparta and Laconia : A Regional History 1300-362 B. C.*, Londres, 1979.

L. CASSON, « Odysseus' boat : (*Od.* 5, 244-5) », *IJNA* 21, 1992, 73-74.

–, *Ships and Seamanship in the Ancient World*, Princeton, 1971.

K. CROTTY, *The Poetics of Supplication. Homer's* Iliad *and* Odyssey, Ithaca, New York, 1994.

J. H. CROUWELL, *Chariots and Other Means of Land Transport in Bronze Age Greece*, Amsterdam, 1981.

E. DELEBECQUE, *Télémaque et la structure de l'*Odyssée, Aix-en-Provence, 1958.

M. DETIENNE, *Les Maîtres de vérité dans la Grèce archaïque*, Paris, 1973 (2e éd.).

M. DETIENNE et J.-P. VERNANT, *Les Ruses de l'intelligence. La mètis des Grecs*, Paris, 1974.

–, *La Cuisine du sacrifice en pays grec*, Paris, 1979.

G. J. DE VRIES, « Phaeacian Manners », *Mnemosyne* 30, 1977, 113-121.

C. DIANO, « La poetica dei Feaci », *Belfagor*, 18, 1963, 401-424.

D. R. DICKS, *Early Greek Astronomy to Aristotle*, Londres, 1970.

K. M. DICKSON, « Nestor among the Sirens », *Oral Tradition* 8, 1993, 21-58.

B. C. DIETRICH, *Death, Fate and the Gods*, Londres, 1965.

W. DONLAN, « Political Reciprocity in Dark Age Greece : Odysseus and his *hetairoi* », in Chr. Gill, N. Postlethwaite et R. Seaford (éd.), *Reciprocity in Ancient Greece*, Oxford, 1998, 51-71.

J.-L. DURAND, *Sacrifice et Labour en Grèce ancienne*, Paris-Rome, 1986.

H. ERBSE, « Nestor und Antilochos bei Homer und Arktinos », *Hermes* 121, 1993, 385-403.

Chr. FARAONE, « Hephaestus the Magician and Near Eastern Parallels for Alcinous' Watchdogs », *GRBS* 28, 1987, 257-280.

L. R. FARNELL, *The Cults of the Greek States* (5 vol.), Oxford, 1896-1909.

B. FEHR, « Entertainers at the Symposion : The *Akletoi* in the Archaic Period », in O. Murray (éd.), *Sympotica. A Symposium on the Symposion*, Oxford,1990, 185-195.

B. FENIK, *Studies in the Odyssey*, *Hermes*, suppl., 30, Wiesbaden, 1974.

A. FICHMAN et I. MALKIN, « Homer *Odyssey* III, 153-185 : a Maritime Commentary », *MHR* 2, 1987, 250-258.

M. I. FINLEY, « Mariage, Sale and Gift in the Homeric World », *R.I.D.A.* 2, 1955, 167-194 (= *Economy and Society in Ancient Greece*, Londres, 1981, 233-248).

–, « Homer and Mycenae : Property and Tenure », *Historia* 6, 1957, 133-159.

–, *Les Anciens Grecs*, trad. fr. de M. Alexandre, Paris, 1971.

–, *L'Économie antique*, trad. fr. par M.-P. Higgs, Paris, 1973.

–, *Les Premiers Temps de la Grèce : l'âge de bronze et l'époque archaïque*, trad. fr. de Fr. Hartog, Paris, 1973 (= 1980).

–, « Utopianism Ancient and Modern », in *Critical Spirit : Essays in honour of H. Marcuse*, Boston, 1967, 3-20.

–, *Le Monde d'Ulysse*, trad. fr. par Cl. Vernant-Blanc et M. Alexandre, Paris, 1990 (1re éd. fr. 1969).

E. D. FLOYD, « Homer's *Odyssey*, Book 1, line 1 », *Explicator* 49, 1991, 70-72.

A. FORD, *Homer : The Poetry of the Past*, Ithaca, New York et Londres, 1992.

Chr. FROIDEFOND, *Le Mirage égyptien dans la littérature grecque, d'Homère à Aristote*, Aix-en-Provence, 1971.

L. GERNET, *Anthropologie de la Grèce antique*, Paris, 1968.

D. E. GERSHENSON, « Odysseus' Shield and "Penelope" », *SCI* 12, 1993, 8-13.

M. GIGANTE, « Civiltà corsara nel mediterraneo. Raconto del falso mendico a Eumeo : *Odissea* XIV », *Aufidus* 16, 1992, 7-29.

–, « Il proemio dell'*Odissea* », in Σπονδὲς στὸν Ὅμηρο. Ἀπὸ τὰ πρακτικὰ πρὸς συνεδρίου γιὰ τὴν Ὀδύσσεια (2-5 σεπτεμβρίου 1990), Μνήμη Ἰ. Θ. Κακρίδη, Ithaque (Centre d'études odysséennes), 1993, 11-28.

–, « Il proemio dell'*Odissea* », in R. M. Aguilar, M. Lopez Salva, I. R. Alfageme (éd.), *Studia in honorem Ludovigi Aegidii, Homenaje a Luis Gil*, Madrid, 1994, 209-230.

R. GINOUVÈS, *Balaneutikè : recherches sur le bain dans l'Antiquité grecque*, Paris, 1962.

J. GLENN, « Odysseus confronts Nausicae : the lion simile of *Odyssey* 6. 130-136 », *CW*, 92, 1998, 107-116.

Fr. GRAF, « Ikarios (2), Vater der Penelope », in *Der Neue Pauly. Enzyklopädie der Antike*, 1998, 228.

D. H. F. GRAY, « Metal Working in Homer », *JHS*, 1954, 1-15.

G. K. GRESSETH, « The Homeric Sirens » *TAPA* 101, 1970, 203-218.

A. HAFT, « Τὰ δὲ δὴ νῦν πάντα τελεῖται· Prophecy and Recollections in the Assemblies of *Iliad* 2 and *Odyssey* 2 », *Arethusa* 25, 1992, 223-240.

W. M. HART, « High Comedy in the *Odyssey* », *California Publications in Classical Philology*, 12, 1943, 263-278.

Fr. HARTOG, *Mémoire d'Ulysse. Récits sur la frontière en Grèce ancienne*, Paris, 1996.

H. HUMBACH, « διϊ πετὴς und διοπετὴς », *Zeitschrift für vergleichende Sprach Forschung* 81, 1967, 276-283.

M. JOST, *Aspects de la vie religieuse en Grèce du début du Ve siècle à la fin du IIIe siècle avant J.-C.*, Paris, 1992.

J. JOUANNA, « Libations et sacrifices dans la tragédie grecque », *REG* 105, 1992, 406-434.

A. KAHANE, « The First Word of the *Odyssey* », *TAPA* 122, 1992, 115-131.

H. J. KAKRIDIS, *La Notion d'amitié et d'hospitalité chez Homère*, Thessalonique, 1963.

–, *Homer Revisited*, Lund, 1971.

W. K. LACEY, « Homeric Heedna and Penelope's *Kurios* », *JHS* 86, 1966, 55-68.

D. LATEINER, « The Suitor's Take : Manners and Powers in Ithaka », *Colby Quarterly* 29, 1993, 173-196.

Cl. LEDUC, « Comment la donner en mariage ? La mariée en pays grec (IXe-Ve siècle av. J.-C.) », in P. Schmitt-Pantel (éd.), *Histoire des Femmes* I, *L'Antiquité*, Paris, 1991, 259-316.

U. LESI, « Odisseo eroe della retorica nel terzo libro dell'*Iliade* », *Lexis* 11, 1993, 1-21.

P. LÉVÊQUE et L. SÉCHAN, *Les Grandes Divinités de la Grèce*, Paris, 1990 (nouv. éd.).

H. L. LEVY, « The Odyssean Suitors and Host-Guest Relationship », *TAPhA* 95, 1963, 145-163.

St. LINK, « Temenos and ager publicus bei Homer », *Historia* 43, 1994, 241-245.

H. L. LORIMER, *Homer and the Monuments*, Londres, 1950.

W. A. MAC DONALD, *The Political Meeting-Places of the Greeks*, 1943.

B. Mac LACHLAN, « Feasting with Ethiopians : Life on the Fringe », *QUCC* 40, 1992, 15-33.

I. MALKIN, *The returns of Odysseus. Colonization and ethnicity*, Berkeley, 1998.

–, « Ithaka, Odysseus and the Euboeans in the eight century », in M. Bats et B. d'Agostino (éd.), *Euboica. L'Eubea e la presenza euboica in Calcidica e in occidente, Atti del Convegno internazionale di Napoli, 13-16 novembre 1996*, Rome, 1998, 1-10.

M. MANTZIOU, « Prayers in the *Iliad* and the *Odyssee*. A Study in Comparison », in Φηγός, τιμητικό τόμο για τον καθηγητή Σωτήρη Δακάρη, Ioannina, 1994, 329-346.

S. E. MARK, « *Odyssey* 5. 234-53 and Homeric Ship Construction : a Reapraisal », *AJA* 95, 1991, 441-445.

R. MARTIN, *Recherches sur l'agora grecque*, Paris, 1951.

W. MATTES, *Odysseus bei den Phäaken. Kritisches zur Homeranalyse*, Würzburg, 1958.

H. MONSACRÉ, *Les Larmes d'Achille. Le héros, la femme et la souffrance dans la poésie d'Homère*, Paris, 1984.

J. MORRISON, « The Function and Context in homeric Prayers : A Narrative Perspective », *Hermes*, 119, 1991, 145-157.

Cl. MOSSÉ, « Ithaque ou la naisssance de la cité », *AION* 2, 1980, 7-19.

–, *La Femme dans la Grèce antique*, Paris, 1983.

H. MÜHLESTEIN, « Le nom des deux Ajax », *Studi Micenei* 2, 1967, 41-52.

–, « Nestor Enkel Peisistratos », *ZPE* 87, 1991, 78.

M. MÜLLER, *Athene als göttliche Helferin in der Odysse*, Heidelberg, 1966.

O. MURRAY, « Omero e l'etnografia », Κώκαλος 34-35, 1988-1989 [1992], 1-17.

G. NAGY, *The Best of the Achaeans*, Baltimore et Londres, 1979 (trad. fr. N. Loraux et J. Carlier, *Le Meilleur des Achéens. La fabrique du héros dans la poésie grecque archaïque*, Paris, 1993).

M. NDOYE, « Hôtes, thètes et mendiants dans la société homérique », in M.-M. Mactoux et E. Genty (éd.), *Mélanges Pierre Lévêque. Annales littéraires de l'Université de Besançon*, 1992, 261-271.

S. D. OLSON, « Women's Names and the Reception of Odysseus on Scheria », *EMC* 36, 1992, 1-6.

I. PAPADOPOULOU-BELMEHDI, « Tissages grecs ou le féminin en antithèse », *Diogène* 167, 1994, 43-60.

A. A. PARRY, *Blameless Aegisthus*, Leiden, 1973.

E. PASSALOGLOU, « The Use of the Number 9 in the Homeric Epos », Ἐπιστημ. ἐπετηρίδα τῆς φιλος.

σχολῆς τοῦ Ἀριστοτελείου πανεπιστημίου Θεσσαλονίκης, περίοδος Β', τεῦχος φιλολογίας, 4, 1994, 17-44.

H. PATZER, « Die Reise des Telemach », *ICS* 16, 1991, 18-35.

P. PAYEN, *Les Îles Nomades*, Paris, 1997.

E. PELLIZER, « Outlines of Sympotic Entertainment », in O. Murray (éd.), *Sympotica. A Symposium on the Symposion*, 1990, 177-184.

I. N. PERYSINAKIS, « Penelope's ἕεδνα again », *CQ* 41, 1991, 297-302.

R. PIETRE, « Les comptes de Protée », *Mètis* 8, 1993 [1996], 129-146.

J. PINSENT, « Had the Cyclops a Daughter and was Nausicaa a Giant ? », in Σπονδὲς στὸν Ὅμηρο. Ἀπὸ τὰ πρακτικὰ πρὸς συνεδρίου γιὰ τὴν Ὀδύσσεια (2-5 σεπτεμβρίου 1990), Μνήμη Ἰ. Θ. Κακρίδη, Ithaque, 1993, 97-115.

P. PLASS, « Menelaus and Proteus », *CQ* 65, 1969, 104 sq.

P. PUCCI, « The Proem of the *Odyssey* », *Arethusa*, 15, 1982, 39-62.

–, « Les figures de *mètis* dans l'*Odyssée* », *Metis* 1, 1986, 7-28.

–, *Ulysse Polutropos. Lectures intertextuelles de l'*Iliade *et de l'*Odyssée, trad. fr., Lille, 1995.

N. J. RICHARDSON, « Homer and Cyprys », in V. Karageorghis (éd.), *Proceedings of an International Symposion. The Civilisation of the Aegean and ther Diffusion in Cyprus and the Eastern Mediterranean, 2000-600 B. C.*, Larnaca, 1991, 125-128.

G. M. A. RICHTER, *The Furniture of the Greeks, Etruscans and Romans*, Londres, 1966.

E. RITSCHL, *Ino Leucothea*, Bonn, 1865.

J. DE ROMILLY, « Trois jardins paradisiaques dans l'*Odyssée* », *SCI* 12, 1993, 1-7.

G. P. ROSE, « The Unfriendly Phaeacians », *TAPhA*, 100, 1969, 387-406.

P. W. ROSE, « Class Ambivalence in the *Odyssey* », *Historia* 24, 1975, 129-148.

Fr. RUZÉ, *Délibération et pouvoir dans la cité grecque de Nestor à Socrate*, Paris, 1997.

S. SAÏD, « L'*Odyssée*, chants 5 à 13 », in D. Alexandre, A. -M. Meunier et S. Saïd (éd.), *L'Autre et l'ailleurs*, Paris, 1993, 5-83.

E. SCHEID-TISSINIER, « Télémaque et les prétendants, les νέοι d'Ithaque », *AC* 62, 1993, 1-22.

–, *Les Usages du don chez Homère. Vocabulaire et pratiques*, Nancy, 1994.

P. SCHMITT-PANTEL, *La Cité au Banquet. Histoire des repas publics dans les cités grecques*, Rome, 1992.

A. SCHNAPP-GOURBEILLON, *Lions, héros et masques. Les représentations de l'animal chez Homère*, Paris, 1981.

R. S. SCODEL, « Inscriptions, Absence and Memory, Epic and Early Epitaph », *SIFC* 75, 1992, 57-76.

Ch. P. SEGAL, *Singers, Heroes, and Gods in the Odyssey*, Cornell Univ. Press, 1994.

–, « The Phaeacians and the Symbolism of Odysseus' Return », *Arion* 1, 1962, 17-63.

R. Y. SMITH, *Homer's Telemachus. Man and Hero*, Ann Arbor, 1985.

Ph. DE SOUZA, *Piracy in the Graeco-Roman World*, Cambridge, 1999.

W. B. STANFORD, *The Ulysses Theme. A Study in the Adaptability of a Traditional Hero*, Oxford, 1954 (2e éd. 1968 ; Dallas, 1992).

–, « The Homeric Etymology of the Name Odysseus », *CP* 47, 1952, 209-213.

M. STEINRÜCK, « Der Bericht des Proteus », *QUCC* 42, 1992, 47-60.

J. STRAUSS CLAY, *The Wrath of Athena. Gods and Men in the* Odyssey, Londres, 1997 (1re éd., 1983).

J. SVENBRO, *La Parole et le marbre. Aux origines de la poétique grecque*, Lund, 1976.

E. VAN EFFENTERRE, « *Témenos* », *REG* 80, 1967, 17-26.

E. VERMEULE, *Aspects of Death in Early Greek Art and Poetry*, Berkeley, Los Angeles-Londres, 1981.

A. VENERI, « Omero e il palazzo miceneo : alcuni aspetti dell'evoluzione semantica di termini architettonici nel contesto della tradizione linguistico-stilistica dell'epos », in D. Musti *et al.* (éd.), *La transizione del miceneo all'alto arcaismo. Dal palazzo alla città, Atti del Convegno internationale, Roma, 14-19 marzo 1988*, Rome, 1991, 177-186.

J.-P. VERNANT, « PANTA KALA. D'Homère à Simonide », *Annali della Scuola normale superiore di Pisa*, 9 (4), 1979, 1365-1374.

–, « La belle mort et le cadavre outragé », *Journal de Psychologie* 2-3, 1980, 209-231 (repris dans G. Gnoli et J.-P. Vernant (éd.), *La Mort, les morts dans les sociétés anciennes*, Cambridge-Paris, 1982, 45-76 ; repris en 1989, 41-79).

–, « Le refus d'Ulysse », *Le Temps de la réflexion*, III, 1982, 13-18.

–, « Mort grecque. Mort à deux faces », *Le Débat* 12, 1981, 51-59.

–, « L'autre de l'homme : la face de Gorgô », in M. Olender (éd.), *Le Racisme. Mythe et sciences*, Bruxelles, 1981, 141-155.

–, « Théorie générale du sacrifice et mise à mort dans la θυσία grecque », in *Le Sacrifice dans l'Antiquité.* Entretiens sur l'Antiquité classique, 27, Fondation Hardt, Vandœuvres-Génève, 1981, 1-21.

–, *L'Individu, la mort, l'amour. Soi-même et l'autre en Grèce ancienne*, Paris, 1989.

–, *Figures, idoles, masques*, Paris, 1990.

–, « Mythes sacrificiels », in J.-P. Vernant et P. Vidal-Naquet, *La Grèce ancienne 1. Du mythe à la raison*, Paris, 1990, 1339-146.

–, « À la table des hommes. Mythe de fondation et de sacrifice chez Hésiode », in M. Detienne et J.-P. Vernant (éd.), *La Cuisine du sacrifice en pays grec*, Paris, 1979, 37-132.

P. Vidal-Naquet, « Valeurs religieuses et mythiques de la Terre et du Sacrifice dans l'*Odyssée* », *Annales E. S. C.*, 1970, 1278-1297 (repris in M. I. Finley éd., *Problèmes de la terre en Grèce ancienne*, La Haye et Paris, 1973, 269-292 = P. Vidal-Naquet, *Le Chasseur noir*, Paris, 1991 (nouvelle éd.), 39-68 = J.-P. Vernant et P. Vidal-Naquet (éd.), *La Grèce ancienne. 2. L'espace et le temps*, Paris, 1991, 101-133).

A. J. B. Wace et F. H. A Stubbings, *A Companion to Homer*, Londres, 1962.

P. Wathelet, « Argos et l'Argolide dans l'épopée, spécialement dans le catalogue des vaisseaux », in M. Piérart (éd.), *Polydipsion Argos. Argos de la fin des palais mycéniens à la constitution de l'État classique*, Fribourg, 1987, *BCH*, suppl 22, 1992, 99-118.

–, « Mentor/Athéna, maître d'initiation dans l'*Odyssée* », *Uranie* 4, 1994, 11-23.

J. Watson, « Athene's Sandals : *Odyssey* a 96-101», in Σπονδὲς στὸν Ὅμηρο. Ἀπὸ τὰ πρακτικὰ πρὸς συνεδρίου γιὰ τὴν Ὀδύσσεια (2-5 σεπτεμβρίου 1990), Μνήμη Ἰ. Θ. Κακρίδη, Ithaque (Centre d'études odysséennes), 1993, 233-244.

U. v. Wilamowitz-Moellendorff, « Hephaistos », in *Kleine Schriften* V 2, Berlin, 1937, 5-30.

–, *Der Glaube der Hellenen* I, Berlin, 1932.

H. Whittaker, « The Status of Arete in the Phaeacian episode of the *Odyssey* », *Symbolae Osloenses*, 74, 1999, 140-150.

W. J. Woodhouse, *The Composition of Homer's Odyssey*, Oxford, 1930, reimpr. 1969.

G. Wöhrle, *Telemachs Reise. Väter und Söhne in* Ilias *und* Odyssee *oder ein Beitrag zur Erforschung der Männlichkeitsideologie in der homerischen Welt*, Göttingen, 1999.

Table

Dans la même collection

1. Aristophane, *Lysistrata.*
2. Aristote, *Constitution d'Athènes.*
3. Cicéron, *L'Amitié.*
4. Platon, *Alcibiade.*
5. Suétone, *Vies des douze Césars, Claude ~ Néron.*
6. Plotin, *Première Ennéade.*
7. Eschyle, *Les Sept contre Thèbes.*
8. Platon, *Critias.*
9. Aristote, *La Poétique.*
10. Horace, *Odes.*
11. Pline l'Ancien, *Histoire Naturelle,* XXXV, *La peinture.*
12. Virgile, *Bucoliques.*
13. Platon, *Ménexène.*
14. Tacite, *Vie d'Agricola ~ La Germanie.*
15. Platon, *Protagoras.*
16. Sophocle, *Antigone.*
17. Sénèque, *La Vie heureuse ~ La Providence.*
18. Cicéron, *Le Bien et le Mal, De finibus*, III.
19. Platon, *Gorgias.*
20. Hérodote, *L'Égypte, Histoires*, II.
21. César, *Guerre des Gaules*, I-II.
22. Ovide, *Les Amours.*
23. Plotin, *Deuxième Ennéade.*
24. Sophocle, *Œdipe Roi.*
25. Tite-Live, *Histoire romaine, I, La Fondation de Rome.*
26. Virgile, *Géorgiques.*
27. Pseudo-Sénèque, *Octavie.*
28. Catulle, *Poésies.*
29. Aristote, *Politique*, II.
30. Aristophane, *Les Guêpes.*
31. Homère, *Iliade*, chants I à VIII.
32. Euripide, *Les Bacchantes.*
33. Plaute, *Pseudolus.*
34. Tertullien, *Apologétique.*
35. Homère, *Iliade*, chants IX à XVI.
36. Platon, *Phèdre.*
37. Homère, *Iliade*, chants XVII à XXIV.
38. Salluste, *La Conjuration de Catilina.*
39. Cicéron, *Pro Milone.*
40. Platon, *Lysis.*
41. Plotin, *Troisième Ennéade.*

42. Diogène Laërce, *Vie de Platon.*
43. Pline l'Ancien, *Histoire naturelle*, XXXIII, *Nature des métaux.*
44. Pétrone, *Satiricon.*
45. Apulée, *Apologie.*
46. Lucien, *Alexandre ou le faux prophète.*
47. Plutarque, *Les Vies parallèles. Alcibiade ~ Coriolan.*
48. Démosthène, *Sur la Couronne.*
49. Euripide, *Hécube.*
50. Mamertin, *Panégyriques de Maximien* (289 et 291).
51. Platon, *Hippias mineur.*
52. Xénophon, *Anabase*, I-II.
53. Suétone, *Vies des douze Césars, Tibère ~ Caligula.*
54. Salluste, *La Guerre de Jugurtha.*
55. Eschyle, *Les Perses.*
56. Sophocle, *Ajax.*
57. Horace, *Satires.*
58. Homère, *Odyssée*, chants I à VII.
59. Homère, *Odyssée*, chants VIII à XV.
60. Homère, *Odyssée*, chants XVI à XXIV.
61. Juvénal, *Satires.*
62. Cicéron, *De la vieillesse (Caton l'Ancien).*
63. Julien, *Misopogon.*
64. Aristote, *Économique.*
65. Pline l'Ancien, *Histoire naturelle*, XXX, *Magie et pharmacopée.*
66. Platon, *Apologie de Socrate.*
67. Eschyle, *Les Suppliantes.*
68. Christopher Marlowe, *La Tragique Histoire du Docteur Faust.*
69. *La Bhagavad-Gîtâ.*
70. Ben Jonson, *Volpone ou le Renard.*
71. William Shakespeare, *Richard II.*
72. William Shakespeare, *Les Joyeuses Commères de Windsor.*
73. Pierre Gassendi, *Vie et mœurs d'Épicure*, vol. I & II.
74. Thomas Middleton, *Femmes, méfiez-vous des femmes.*
75. John Marston, *La Tragédie de Sophonisbe.*
76. John Webster, *La Duchesse d'Amalfi.*
77. Jean Second, *Les Baisers* - Michel Marulle, *Épigrammes.*
78. Plutarque, *Sur les oracles de la Pythie.*
79. Euripide, *Hélène.*
80. Hérodote, *Marathon, Histoires*, VI.
81. Sénèque, *Lettres à Lucilius*, livres III et IV.
82. Apulée, *Les Métamorphoses ou L'Âne d'or.*
83. Suétone, *Vies des douze Césars, César ~ Auguste.*
84. Aristophane, *Ploutos.*

85. Plutarque, *Érotikos. Dialogue sur l'amour.*
86. Xénophon, *Économique.*
87. Julien, *Lettres.*
88. Hésiode, *Théogonie.*
89. Lucien, *Portraits de philosophes.*
90. Lucien, *Voyages extraordinaires.*
91. Aristophane, *Nuées.*
92. Théocrite, *Idylles.*
93. Ovide, *Les Métamorphoses.*
94. Mullâ Sadrâ Shîrâzî, *Le verset de la lumière. Commentaire.*
95. Thucydide, *La Guerre du Péloponnèse*, livres I, II.
96. Thucydide, *La Guerre du Péloponnèse*, livres III, IV, V.
97. Thucydide, *La Guerre du Péloponnèse*, livres VI, VII, VIII.
98. Cicéron, *Pour Sextus Roscius.*
99. Lucrèce, *De la Nature.*
100. Platon, *Le Banquet.*
101. Lysias, *Contre Ératosthène.*
102. Lucien, *Comédies humaines.*
103. Plutarque, *Sur les délais de la justice divine.*
104. Sénèque, *Tragédies.*
105. Basile de Césarée, *Aux jeunes gens.*
106. Sophocle, *Philoctète.*
107. Aristophane, *Les Grenouilles.*
108. Euripide, *Médée.*
109. Cicéron, *Les Catilinaires.*
110. Achille Tatius, *Le Roman de Leucippé et Clitophon.*
111. Porphyre, *Vie de Plotin.*
112. Virgile, *L'Énéide.*
113. Cicéron, *Les Devoirs.*
114. Eschyle, *Agamemnon.*
115. Plutarque, *Vie d'Antoine.*
116. Lucien, *Dans les secrets des dieux.*
117. Lucien, *Jouer avec les mots.*
118. Flavius Josèphe, *Guerre des Juifs*, V.
119. Flavius Josèphe, *Contre Apion.*
120. Euripide, *Héraclès.*
121. Hésiode, *Les Travaux et les Jours.*
122. Porphyre, *Lettre à Marcella.*
123. Pline le Jeune, *Panégyrique de Trajan.*
124. Épicure, *Lettres, Maximes et Sentences.*
125. Ovide, *Héroïdes.*
126. Aristophane, *L'Assemblée des femmes.*
127. Athénée, *Les Deipnosophistes*, livre XII, *Les plaisirs.*

Ce volume,
le cinquante-huitième
de la collection « Classiques en poche »,
publié aux Éditions Les Belles Lettres,
a été achevé d'imprimer
en août 2025
sur les presses de
l'imprimerie Présence Graphique
37260 Monts, France

N° d'éditeur : 11309
N° d'imprimeur : 082582142-00
Dépôt légal : mars 2017
Imprimé en France